Frank Kämpfer · »Der rote Keil«

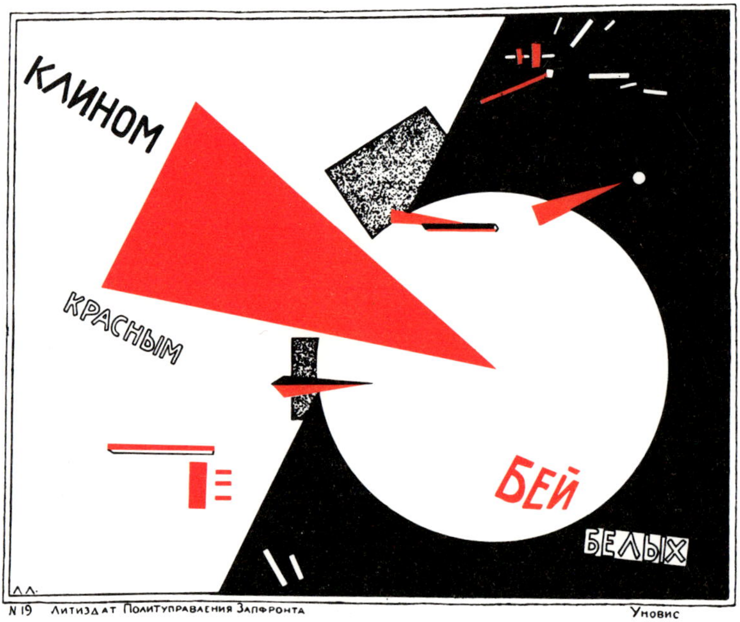
КЛИНОМ
КРАСНЫМ
БЕЙ
БЕЛЫХ
Л.Л.
N 19 Литиздат Политуправления Запфронта
Уновис

FRANK KÄMPFER

»DER ROTE KEIL«

Das politische Plakat
Theorie und Geschichte

GEBR. MANN VERLAG · BERLIN

Umschlag und Titelbild: »Mit dem roten Keil schlage die Weißen«
Plakat für die Westfront
von El Lissitzky,
Witebsk 1920, 59 × 48 cm.

CIP-Kurztitelaufnahme der Deutschen Bibliothek

Kämpfer, Frank:
»Der rote Keil«: d. polit. Plakat, Theorie u. Geschichte /
Frank Kämpfer. – Berlin: Mann, 1985.
(Gebr.-Mann-Studio-Reihe)
ISBN 3-7861-1367-X

Satz: Utesch Satztechnik GmbH · Hamburg
Druck und Verarbeitung:
Jos. C. Huber KG Graphische Kunstanstalt · Dießen/Ammersee
Lithographien: Carl Schütte & C. Behling · Berlin
Printed in Germany
ISBN 3-7861-1367-X

MEINER GORDANA GEWIDMET

Inhalt

TEIL II

Vorwort

Wenn überhaupt eine »Geschichte des politischen Plakates« geschrieben werden könnte, dann müßten Deutschland und die Sowjetunion die Materialien für eine solche Geschichte liefern. In den meisten Ländern spielte das Plakat auf politischem Felde episodische Rollen. Nach dem Ende des Ersten Weltkrieges sank überall die politische Propaganda auf das Niveau des Alltäglichen ab, unterbrochen lediglich von den Wahlkampagnen.

Nur in Deutschland und in der Sowjetunion (in eingeschränktem Umfang wäre noch Italien hinzuzuziehen) wird das politische Plakat in nicht abnehmender Intensität für die innere Auseinandersetzung verwendet. Nur hier stellt sich zur ständigen politischen Praxis der Werbefachleute eine theoretische Durchdringung der Wirkungsweise jenes Massenmediums ein, das Gebrauchs*kunst* sein will und Massenführungsmittel sein soll.

Nach dem Zweiten Weltkrieg, als das politische Plakat durch die Entwicklung von Radio, Film und Fernsehen viel von seiner mobilisierenden Bedeutung eingebüßt hatte, andererseits aber als historisches Medium bereits historisiert wurde, erwies sich das deutsche, vor allem das nationalsozialistische Plakat als geächtet, indes sich das sowjetische, »revolutionäre« Plakat mit einem Mythos umgeben hatte. Der Hochschätzung des sowjetischen Plakats in der zweiten Jahrhunderthälfte steht keineswegs ein ähnliches Gefühl bei den Zeitgenossen der zwanziger Jahre zur Seite – die frühen Sowjetplakate wurden von westlichen Fachleuten durchaus nicht als künstlerisch revolutionär angesehen. In der Tat sind nur wenige dieser Plakate avantgardistisch – und es steht zu fragen, ob gerade diese wohl wirkungsvolle Plakate gewesen sind.

In Bezug zum deutschen politischen Plakat gesetzt, ist das sowjetische von hohem Interesse. Wie sich das deutsche Kaiserreich nach Weltkrieg und Revolution über die Weimarer Republik in die Hitler-Diktatur entwickelte, so durchlebte Rußland den opferreichen Weg vom Zarenreich über Krieg und die Revolutionen des Jahres 1917, über den Bürgerkrieg in die Erholungsphase und weiter in den ökonomischen und politischen Terror des Stalinismus. Im Zweiten Weltkrieg stehen sich die beiden »totalitären« Staaten wiederum als Gegner und Feinde, ihre Völker zusätzlich auch als Opfer gegenüber.

Die Manipulation der Öffentlichkeit setzte in Deutschland zwar einige Jahre später ein als in der Sowjetunion, gleichwohl ergeben sich daraus für die Entwicklung des politischen Plakats weniger Unterschiede als Gemeinsamkeiten. Die Kommunistische Partei der Sowjetunion wie später die NSDAP hatten sofort nach der Machtergreifung die gesamte *politische Opposition* beseitigt:

Parteien und Presseorgane wurden verboten, die konkurrierenden Führungen vertrieben oder in Konzentrationslagern isoliert. Die Einheitsparteien bemächtigten sich des *Staatsapparats* und benutzten den Staat als Instrument der Parteiherrschaft. Der Scheinparlamentarismus, für das vorliegende Thema wichtig wegen der zahlreichen Wahlplakate, diente mehr der Kontrolle der Bevölkerung als der Legitimierung der Herrschaft. Die dritte Gemeinsamkeit zwischen Hitler-Diktatur und Stalin-Diktatur besteht darin, daß beide das Monopol der *Partei-Staats-Propaganda* zur Durchsetzung »neuer« Weltanschauungen, zur Erziehung eines »neuen Menschen« mißbrauchten. Die Kindererziehung durch Jugendorganisationen dient diesem Ziel ebenso wie die Politisierung des Privatlebens, indem Konfession, Kunst und sogar die Sprache Objekte von Propaganda und Manipulation werden. Um diese Umerziehung des Staatsbürgers unentrinnbar zu machen, pervertieren die deutsche wie die sowjetische Staats-Partei die Propaganda zum *Gesinnungsterror* und schließlich zum physischen Terror durch die politischen Polizeien gegen Ungehorsame und Andersdenkende.

Als gesellschaftliche Werte wurden hier wie dort mit allen Mitteln der Propaganda Führerkult, Adel der Arbeit, Wettbewerb und Wettkampf, Heldentum und Militarisierung der jungen Generation verbreitet. Die Festtage wurden in Umzügen und Aufmärschen verbracht, Parteikongresse wurden zu Propagandafestivals ausgestaltet ...

Plakate hatten bei dieser Propaganda die Aufgabe, auch den Medienflüchtling noch zu erreichen, jenen, der zu Versammlungen nicht ging, der die Presse nicht las und das Radio nicht anschaltete. Ihm sollte auch gegen seinen Willen das Plakat mit Bild, Symbol und Parole in die Augen springen.

* * *

Zum Plakat, auch zum politischen, sind an den verschiedensten Stellen geistreiche Gedanken geäußert worden.* Die vorliegende Abhandlung versucht nicht, aus allem die Summe zu ziehen. Sie ist vielmehr aus der akademischen Lehre hervorgegangen und gerade deswegen ein subjektiver Ansatz zur Durchdringung der schwierigen Quellengruppe zum Nutzen des Historikers.

Der Minister für Wissenschaft und Forschung des Landes Nordrhein-Westfalen hat die Entstehung des Buches durch die Gewährung eines Reisekostenzuschusses gefördert. Dem Imperial War Museum in London bin ich besonders zu Dank verpflichtet, weil es mir seine bedeutenden Bestände in sehr zuvorkommender Weise zur Verfügung gestellt hat.

---

* Genannt sei als jüngster Beitrag R. MALHOTRA, Künstler und politisches Plakat, in: Politische Plakate, hrsg. v. H. BOHRMANN. Dortmund 1984, 11–48. Gerade zur frühen Geschichte des politischen Plakats sind hier interessante Überlegungen und Daten zusammengetragen worden, die leider zu spät erschienen, um berücksichtigt zu werden.

Zur Zitationsweise und zu den Abbildungen

Die in Klammern ( ) zitierten Nummern beziehen sich auf die laufenden Nummern im Literaturverzeichnis.
Für das sowjetische politische Plakat liegen in deutscher Sprache drei gut aufbereitete Sammlungen vor, auf deren Material und kommentierenden Apparat ständig zurückgegriffen werden konnte. Es sind dies F. MIERAU, Links, links, links (Nr. 202), G. PILTZ, Rußland wird rot (Nr. 214) und K. WASCHIK, Seht her, Genossen! (Nr. 240). Eine repräsentative Auswahl aus der Plakatsammlung der Moskauer Leninbibliothek mit russischen und englischen Erläuterungen ist neu erschienen: N. I. BABURINA, The Soviet Political Poster (Nr. 156). Der materialreiche Katalog AFFICHES et imageries russes 1914–1921 (Nr. 153) ist leider wegen technisch unzureichender Abbildungen kaum zu gebrauchen. An russischen Werken ist immer noch, auch dank seiner zahlreichen guten Farblithographien, V. POLONSKIJ, Das russische revolutionäre Plakat (Nr. 216) grundlegend; unentbehrlich ist der unbebilderte Katalog von B. S. BUTNIK-SIVERSKIJ, Das sowjetische Plakat der Bürgerkriegsepoche 1918–1921 (Nr. 162).

In den Bilderläuterungen, wie schon in den Bildunterschriften, sind folgende Kürzel verwendet worden:

AFFICHES	– (Nr. 153)
BAK	– Bundesarchiv Koblenz
BS	– BUTNIK-SIVERSKIJ (Nr. 162)
BRIT. MUS.	– British Museum London
IMP. WAR MUS.	– Imperial War Museum London
MIERAU	– (Nr. 202)
PILTZ	– (Nr. 214)
POLONSKIJ	– (Nr. 216)
SCHOCKEL	– (Nr. 94)
WASCHIK	– (Nr. 240)

Die Ziffern am Rande verweisen auf die Abbildungsnummern.

Einleitung: Das Plakat in der Öffentlichkeit

Plakatbücher lassen sich einleiten, indem der Autor nach den Ursprüngen der Wandreklame fragt, auf Pompeji hinweist, Cicero anführt, die Anfänge der Buchreklame in der Inkunabelzeit nennt, den Begriff »Plakat« den antispanischen Aufständen in den Niederlanden zuweist und dann über die Französische Revolution zur lithographierten Plakatproduktion des 19. Jahrhunderts gelangt. Wandreklame umfaßt allerdings weit mehr als nur Plakate, darum empfiehlt es sich im Interesse der Konzentration auf das Wesentliche, strikt am Begriff des Plakates zu bleiben und Vermischungen mit anderen Formen öffentlicher Meinungskundgebung zu vermeiden. Das Wort »Plakat« scheint während des 16. Jahrhunderts in den Niederlanden entstanden zu sein, als die Aufständischen ihre antispanischen Flugblätter, Pamphlete, Einblattdrucke mit Kleber an öffentlichen Orten *»anplackten«* und diese angeplackten Bögen *»Plakatten«* nannten.[1]

Es lohnt sich wohl, einen Augenblick bei dem zunächst nebensächlich erscheinenden Vorgang zu verweilen, daß Flugblätter auf Wände oder andere Flächen geklebt wurden, womit jedes Exemplar sich zahlreichen Lesern darbot und zugleich der Vernichtung durch die feindliche Obrigkeit größtmöglichen Widerstand entgegensetzte. Man sollte sich nämlich davor hüten, im Plakat einen Abkömmling der Buchillustration oder des Wandbildes zu sehen. Das moderne *Poster* ist so sehr Bildreproduktion geworden, daß es keineswegs überflüssig ist, auf die besonderen Ursprünge des Plakats hinzuweisen.

Enger als mit dem Wandbild hängt das Plakat mit dem Flugblatt zusammen, man darf sogar das Flugblatt der Reformations-, Bauernkriegs-, Türkenkriegszeit als den Vater des Plakates ansehen. Die Kombination von Text und Holzschnittbild kennzeichnet sowohl den Einblattdruck der frühen Neuzeit als auch das moderne Plakat, wenn hier auch die schlichte Strenge des Holzschnittes zur raffinierten Manier geworden sein kann. Während des Ersten Weltkrieges haben in Rußland gerade avantgardistische Künstler wie Malevič und Majakovskij

---

[1] W. Bauer, Die öffentliche Meinung in der Weltgeschichte. Wildpark-Potsdam 1930, 200.

1 patriotische Volksbilderbogen archaischer Manier (»lubok« genannt) geschaffen und dabei teils bewußt Motive des 16. Jahrhunderts aufgegriffen.[2]

Ein wesentlicher Unterschied zwischen Flugblatt und Plakat ergibt sich daraus, daß das Flugblatt des 16. Jahrhunderts als Ware produziert und vertrieben wurde. Sensationsmeldungen, astronomisch-astrologische Ereignisse, Meldungen von Mißgeburten usw. wurden auf dem Markt verkauft, von Kolporteuren oder Zeitungshändlern angeboten – woraus sich ergäbe, daß mit privater Lektüre und Aufbewahrung gerechnet wurde.[3] Das Plakat hingegen wird in der Öffentlichkeit postiert, mag es nun aus dem »Untergrund« gegen die Obrigkeit polemisieren oder möge die Staatsgewalt ihrerseits in »Anschlägen« zum Untertanen sprechen. In beiden Fällen enthält der Akt der demonstrativen Fixierung das Recht auf öffentliche Kundgabe und das Recht des potentiellen Lesers auf politische Meinung.

Die Lebensdauer eines Plakates, das Wind und Wetter ausgesetzt wird, hängt wesentlich von der Qualität des *Papiers* ab. Mag die Wirtschaftsreklame, dem Gesamtaufwand einer Plakatkampagne entsprechend, auf wetterfeste Papierqualität achten – der Umgang mit den Originalen *politischer* Plakate lehrt, daß je nach finanzieller Lage der betreffenden Organisation die Papierqualität schwankt, mit ihr die Dauer der Wirksamkeit des Plakates in der Öffentlichkeit. In Zeiten schlechter materieller Bedingungen kann sogar die staatliche Plakatpropaganda unter diesen, auf den ersten Blick höchst nebensächlich scheinenden Faktoren leiden. In den Anfangsjahren Sowjetrußlands war Papier ein knappes Gut, selbst das weniger anspruchsvolle Zeitungspapier war kontingentiert, Flugblätter wurden auf die Rückseiten von Tee- oder Konfektreklamen gedruckt[4], Plakate mit Hand oder Schablone hergestellt und in leerstehende Schaufenster ausgehängt. Die Beschränkung auf die *Farben* schwarz und rot kann ebenfalls vom Mangel diktiert worden und ohne kausale Beziehung zum Wollen des Künstlers sein.

Sieht man das politische Plakat vom Standpunkt der historischen Hilfswissenschaften an, so ist es ein »Überrest«, ein mehr oder minder zufällig überkommenes Zeugnis vergangener Kommunikation. Im Unterschied zu vielen anderen Quellengenres sind seine Existenz- und Überlieferungsbedingungen besonders schwierig. Mindere Papierqualität und Großformat etwa sind Eigenschaften des Plakats, deren negative Wirkungen sich selbst in dem Falle sozusagen multipli-

---

[2] Zahlreiche Beispiele im Katalog der Ausstellung «Guerre et Révolution en Russie 1914–1921. Affiches et imageries». Paris 1982, Nr. 133–159.

[3] Vgl. Bauer (Nr. 3) 155–159.

[4] *Listovki* pervych let sovetskoj vlasti, Bd. 1. Moskva 1967, Nr. 1638, 1641, 1642.

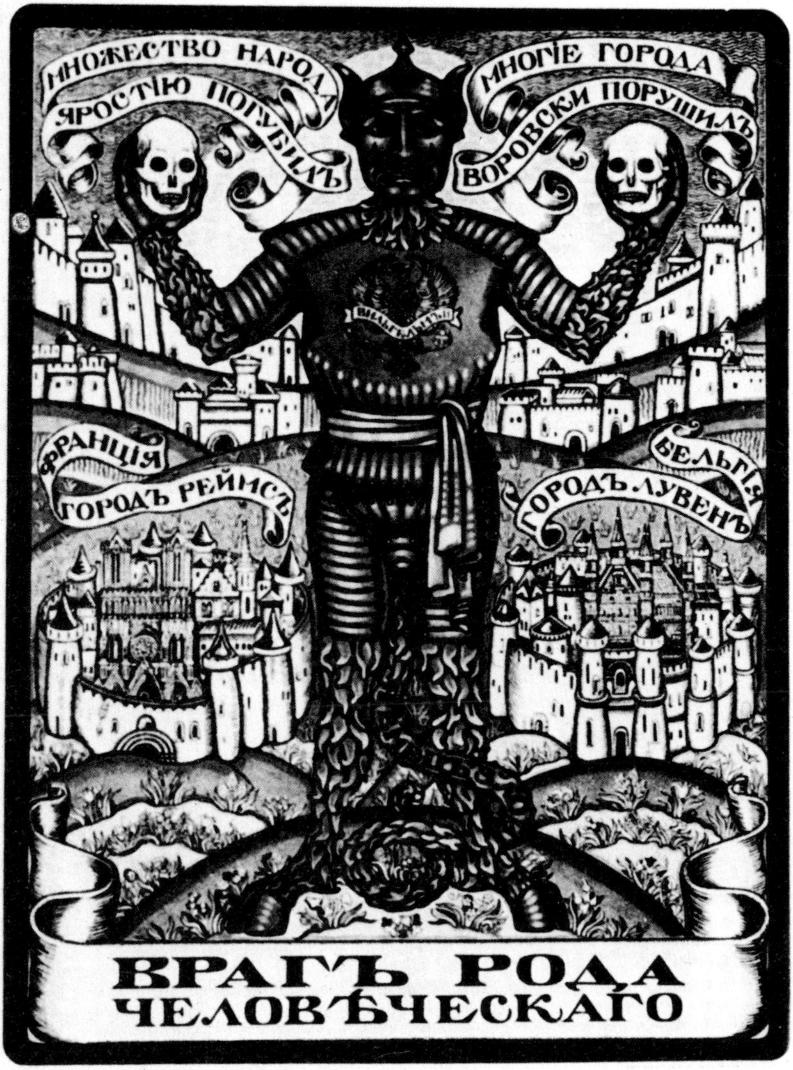

1 Der Feind des Menschengeschlechts.
Oben: Mengen Volks hat er wütend vertilgt, viele Städte hat er räuberisch zerstört. Links: Frankreich Stadt Reims. Rechts: Belgien Stadt Louvain. Brustpanzer: Wilhelm II. Schwanz: böser Deutscher.
Moskau 1915. 54 × 39,5 cm.

zieren, daß das Plakat *nicht* an eine Wind und Regen ausgesetzte Außenfläche geklebt worden, sondern an einem trockenen Ort verblieben ist. Nur in Museen mit Schränken, in denen das Plakat ungefaltet liegend aufbewahrt und vor Lichteinwirkung geschützt werden kann, hat es die Chance, einen Zeitraum historischer Ausdehnung zu überdauern. Wie bei manchen Tierarten liegt die Chance des Überlebens für das politische Plakat in der hohen Zahl, die bei zahlreichen Beispielen in die Hunderttausende ging und in neuerer Zeit wohl ein Vielfaches davon betragen kann.

Die Mitteilung auf dem Klebeblatt, in Wort und Bild gefaßt, ist Zweck des Plakats. Der Arbeitsprozeß von Entwurf, Herstellung und Veröffentlichung des Plakates ist insgesamt eine Verständigungshandlung, die mit der Reaktion der Angesprochenen ihr Ziel findet. Daß diese Verständigung in der *Schrift*sprache stattfinden muß, die Produzenten und Rezipienten gemeinsam haben, scheint selbstverständlich, wird aber durch Ausnahmen relativiert. Die deutschen Besatzungstruppen haben im Zweiten Weltkrieg u. a. russische und griechische Plakate herausgegeben, die Japaner haben in englischer Sprache Propaganda getrieben. Beim Bildplakat muß in gleicher Weise angenommen werden, daß die *Bild*sprache des Plakats vom umworbenen Betrachter verstanden werden müßte – kann man das aber immer voraussetzen? – Suprematistische Plakate, etwa von El Lissitzky, oder die abstrahierten Figuren V. Lebedevs sind schon von Zeitgenossen kritisiert worden. Wieviel schwerer ist es für den *Historiker,* sich in die Bildsprachen vergangener Epochen einzulesen, wenn ihm nicht die Kunsthistoriker Hilfestellung leisten! Die Ikonographie des 20. Jahrhunderts ist nicht minder schwierig als die vorhergehende, weil sie – zumindest im politischen Plakat – ganz auf bestimmte Zielgruppen ausgerichtet ist. Der Rotarmist im spitzen Tuchhelm wird fast immer als Schreckgespenst für den deutschen bürgerlichen Wähler benutzt, dasselbe Motiv kann aber – auf die prosowjetischen Wähler der KPD bezogen – positiv stimulierende Bedeutungen vermitteln.

Es ist zu vermuten, daß politische Plakate vor allem in Krisensituationen, sei es der Wechsel einer Legislative, seien es Krieg oder Revolution, gehäuft auftreten. Für einen solchen Zusammenhang ist das einzelne Plakatblatt nicht mehr als ein winziger Ausschnitt, der erst durch weitere Plakate zu Serien oder Folgen ergänzt werden müßte, ehe er Aussagen von Bedeutung ergäbe. Die bunten Blätter mit ihren kurzen, häufig fragmenthaft verkürzten Parolen scheinen nicht einmal die wichtigsten Maximen und Schlagworte von Parteien darzubieten. Dennoch könnte man erwarten, daß bei einer Rekonstruktion der Gesamt-Propaganda zu einem solchen Krisenaugenblick, von den offiziellen Veröffentlichungen der Staatsführung über Leitartikel, Kommentare und Berichte bis hin zu den Flugblättern und Plakaten, gerade die letzten besonders viel an

Erkenntnis und Veranschaulichung bieten könnten. Die Wahlschlachten der Weimarer Republik würden erst durch die unzähligen Flugblätter und Plakate als das darstellbar, was sie wirklich gewesen sind, als leidenschaftliches Ringen um den richtigen Weg aus der Krise.

Als Begriff für die Gesamtheit der Propaganda zu einem bestimmten Anlaß wird in Theorie und Praxis der militärische Ausdruck »Kampagne« verwendet. Es wird zu den Aufgaben dieses Buches gehören, an einem Beispielfall Umfang und Wirkungsweise einer Kampagne – soweit überhaupt möglich – zu rekonstruieren.

Die Französische Revolution von 1789 war dasjenige Ereignis, welches auf aktiver Beteiligung breiterer Bevölkerungsschichten beruhte und zum ersten Mal den Druck der öffentlichen Meinung zur politischen Umwälzung transformierte. Bekanntlich stammt der Begriff *»öffentliche Meinung«* aus dieser Epoche.[5] Das *Comité du Salut Public* ist es auch, das erstmals in der modernen Geschichte einen Künstler zur Herstellung von Plakaten und anderen Propagandabildern beruft. Im September 1793 wurde Louis David eingeladen,

> »seine Talente und die Mittel, die in seiner Macht sind, zur Verfügung zu stellen, um Gravuren und Karikaturen zu veröffentlichen, die der öffentlichen Meinung zeigen, wie gräßlich und lächerlich die Feinde der Freiheit und der Republik sind«.[6]

Für die russische anti-zaristische Bewegung bildete die Französische Revolution ein ständiges Vorbild und zugleich ein Studienobjekt, aus dem man zu lernen suchte. Einer der bedeutendsten kommunistischen Anarchisten, Fürst *Petr Aleksandrovič Kropotkin,* hat in einem Aufsatz der Jahre 1881/82 die Rolle der Propaganda in der Französischen Revolution behandelt. Dabei versuchte er, bestimmte Bedingungen Rußlands mit in seine Überlegungen einzubeziehen, etwa das Moment der Beeinflussung analphabetischer Gruppen und die Frage der Propaganda auf dem Dorf.

Kropotkin spricht zunächst vom Schrifttum, nennt dann kurz das Lied bzw. den Gassenhauer, und wendet sich dann dem Plakat zu:

> »Es ist aber hauptsächlich das Plakat, welches die Agitatoren verwenden. Das Plakat macht mehr von sich reden, es macht mehr Propaganda als Pamphlet oder eine Broschüre. Deshalb erscheinen die Plakate, gedruckt oder geschrieben, jedesmal an den Mauern, wann immer sich etwas ereignet, das die große Masse der Bevölkerung interessiert. Heute herabgerissen, erschienen sie morgen wieder, zum Ärger der Regierenden und ihrer

---

[5] Bauer (Nr. 3) 223. H. Reimann, Öffentliche Meinung, in: Sowjetsystem und demokratische Gesellschaft, Bd. 4, Sp. 808–828.

[6] L. F. Peters, Kunst und Revolte. Köln 1968, 27.

Knechte. – ›Wir haben deinen Großvater verfehlt, dich werden wir nicht verfehlen!‹ las eines Tages der König auf einem Blatt, das an die Mauer seines Schlosses geklebt war [. . .]
Die Höflinge planen ein Fest aus Anlaß der Geburt des Thronfolgers; Plakate drohen, die Stadt an allen vier Ecken anzuzünden, verbreiten so die Panik und bereiten die Geister für etwas Außergewöhnliches vor. Oder sie kündigen an, daß am Tage der Festlichkeiten: ›der König und die Königin unter guter Bewachung auf den Gréveplatz geführt werden, danach sich ins Stadthaus begeben, um ihre Verbrechen zu beichten und ein Schafott besteigen werden, um lebendig verbrannt zu werden.«
»Wenn man nur all die unzähligen Plakate sammeln könnte, welche in den zehn bis fünfzehn Jahren vor der großen französischen Revolution angeschlagen worden sind, würde man die ungeheuere Rolle begreifen, welche diese Art der Agitation bei der Vorbereitung der Erhebung gespielt hat. Im Anfang gutmütig und spottend, doch immer drohender werdend, je mehr man sich der Entwirrung nähert, ist das Plakat immer wachsam, immer bereit, auf jedes Ereignis der Tagespolitik und der Geistesverfassung der Volksmassen zu antworten; es facht den Zorn, die Verachtung an, es zeigt die wahren Feinde des Volkes, es erweckt unter den Bauern, den Arbeitern und im Schoße der Bourgeoisie den Haß gegen ihre Feinde, es kündigt den Tag der Befreiung und der Rache an.«[7]

Kropotkin schildert in diesem, in Paris unter dem Titel »Der Geist der Empörung« erschienenen Essay nicht nur sein Bild von der aus den Volksmassen herauswachsenden Französischen Revolution, sondern auch seine Prophezeiung, wie es einst in Rußland sein werde. Zwar war die Bewegung der *»Volkstümler« (narodniki),* die in gewisser Weise die Tätigkeit der *»Jacquerie«* aufnehmen zu wollen schienen, in jenen Jahren bereits gescheitert, weil unter den russischen Bauern kein *»Geist der Empörung«* zu wecken gewesen war. Die Hoffnung auf die Propaganda unter der russischen Bauernschaft besteht bei Kropotkin – wenn man die Verschlüsselung der folgenden Zitate durchschaut – dennoch:

»Aber es ist weder durch die Agitation gegen die Minister, noch durch das Anschlagen von Plakaten gegen die Königin in den Straßen von Paris, daß die Erhebung der kleinen Dörfer herbeigeführt werden konnte. Diese

---

[7] P. Kropotkin, Worte eines Rebellen. Reinbek 1972, 164–165. In seinem wesentlich später erschienenen Werk «La Grande Revolution» (1909) fehlen alle diese Gedanken; auf sie wird auch nicht in den Kommentaren späterer Herausgeber verwiesen, vgl. P. A. Kropotkin, Die Große Französische Revolution 1789–1793. Bd. 1, Leipzig 1982, 316 (Anm. 22 zum Aufsatzband »Worte eines Rebellen«), 318–319 (»Agitation«, »Volksagitator« bei Kropotkin).

Erhebung, eine Folge der allgemeinen Lage Frankreichs, wurde durch die Agitation vorbereitet, welche im Schoße des Volkes von jenen Menschen betrieben wurde, die aus demselben entsprungen, und die die unmittelbaren Feinde des französischen Volkes: den Gutsherrn, den priesterlichen Grundbesitzer, den Getreideaufkäufer, den reichen Bourgeois angriffen.«

»Das Pamphlet, das Flugblatt, drangen nicht bis in die Dörfer; der Bauer konnte in jener Zeit beinahe nie lesen. Nun, es war durch das gedruckte oder oft nur roh mit der Hand gekritzelte Bild, welches einfach und allgemein verständlich ist, daß sich die Agitation vollzog. Einige Worte neben ungeschickt gezeichneten Bildern hingemalt – und in der Einbildung des Volkes entstand ein ganzer Roman über den König, die Königin, den Grafen von Artois, Madame Lamballe, den Hungervertrag, die Gutsherren, ›jene Vampyre, die das Blut des Volkes aussaugen‹; diese Geschichten verbreiteten sich durch die Dörfer und bereiteten die Geister der Bauern vor.

Hier war es ein Plakat, mit der Hand gezeichnet, an einen Baum geklebt, welches das Kommen besserer Zeiten versprach, und über die Aufstände erzählte, die von einem Ende Frankreichs bis zum anderen ausgebrochen waren.«[8]

»Fortwährend sah man – teilt uns die Geschichte der französischen Revolution mit – in den Dörfern Plakate, welche ankündigten, daß hinfür keine Abgaben mehr zu zahlen seien, daß der »Volksrat« eine Verordnung in diesem Sinne erlassen habe usw.

›Brot! Keine Abgaben und Steuern mehr!‹ Dies ist das Losungswort, welches zu jener Zeit die Dörfer Frankreichs durchläuft.«[9]

Den Anarchisten faszinierten die Möglichkeiten, eine vorgeblich fest etablierte Monarchie mit Hilfe von Propaganda zu unterminieren und zu stürzen. Der Geist der Empörung mußte geweckt werden, dann würde sich das Volk wie in Frankreich daran gewöhnen,

»auf die Straße herabzusteigen, seine Meinung auf den öffentlichen Plätzen zu verkünden, der Polizei, dem Militär, der Kavallerie standzuhalten«.[10]

Anders wurde die Rolle von Propaganda und Plakat durch *Friedrich Engels* gesehen, der im Zusammenhang mit dem preussischen Pressegesetz 1849 folgendes schrieb:

---

[8] Kropotkin (Anm. 7) 168.
[9] Ebd. 169.
[10] Ebd. 166.

»Und was hilft mehr dazu, die revolutionäre Leidenschaft unter den Arbeitern lebendig zu erhalten, als gerade die Plakate, die jede Straßenecke in eine große Zeitung verwandeln, in der die vorbeikommenden Arbeiter die Tagesereignisse verzeichnet und glossiert, die verschiedenen Ansichten dargelegt und debattiert finden, wo sie zu gleicher Zeit Leute aller Klassen und Meinungen versammelt antreffen, mit denen sie die Plakate diskutieren können, kurz, wo sie ein Journal und einen Klub in einem haben, und alles das, ohne daß es sie einen Heller kostet.«[11]

Den Gesichtspunkt, Plakate seien *»kostenfreie Literatur«* und *»Straßenliteratur«* betont Engels auch an anderer Stelle. Im 20. Jahrhundert wird von dem nationalsozialistischen Theoretiker Erwin Schockel der Kostengesichtspunkt umgekehrt und auf den Produzenten des Plakats bezogen:

»An besonders stark besuchten Plätzen angebracht, kommt das Plakat so mühelos und billig weiten Kreisen der Bevölkerung zu Gesicht.«[12]

Bei Engels ist der sich kostenlos informierende Arbeiter, bei Schockel die preisgünstig manipulierende politische Partei derjenige Kommunikationspartner, welcher den Nutzen aus dem Plakatanschlag zieht. Die Vorstellung, der Plakat*leser* sei der Nutznießer, weist auf die emanzipatorischen Absichten von Engels hin, die in der Entwicklung des Plakates zum politischen und wirtschaftlichen Massenführungsmittel bald verschwanden oder von den jeweiligen Gegnern mit Ideologieverdacht belegt wurden.

Wenn Friedrich Engels von einem *»Klub«* sprach, den die plakatisierte Straßenecke bildete, metaphorisiert er das Phänomen der Öffentlichkeit mit einem damals gängigen Vergleich. Was für die bürgerliche Öffentlichkeit der Klub, die Journallektüre dort und die geschlossenen Debatten, das seien die Straßenecke, die Plakatwand, das Glossieren, Debattieren und Diskutieren der »offenen« Öffentlichkeit für die Arbeiterklasse.

Hatte Kropotkin die systemsprengenden Möglichkeiten der Propaganda betont, die Straßen-Öffentlichkeit als von Kampf und Aggressivität gekennzeichnet gesehen, so versucht Engels in diesem Zusammenhang, die *Teilhabe* der sich emanzipierenden Arbeiterschaft an der Öffentlichkeit zu begründen, ohne die revolutionierende Stimmungsmache besonders zu betonen. Engels erkennt immerhin die emotionalisierende Kraft des Plakats durchaus, spricht er doch von der *»revolutionären Leidenschaft«,* die das Plakat bewirkt. Für ihn wichtiger ist die neue Form von Öffentlichkeit, die wohl als eine Art Gegen-Öffentlichkeit zu

---

[11] Karl Marx, Friedrich Engels, Werke, Bd. 6. Berlin 1961, 440, vgl. 437; O. Negt, Öffentlichkeit und Erfahrung. Frankfurt 1972, 434, vgl. 431.

[12] E. Schockel, Das politische Plakat. Eine psychologische Betrachtung. 2. Aufl. Berlin 1939, 7.

verstehen ist. Außerdem betont er die hohe Effektivität des Plakats im Verhältnis zum Aufwand, was für den sich kostenlos informierenden Arbeiter ebenso gilt wie für die sich an ein Massenpublikum wendende Arbeiterpartei.

»Propaganda« – Wort und Bedeutung

Das politische Plakat ist untrennbarer Bestandteil jenes modernen Phänomens, das Propaganda genannt wird. Bei näherer Betrachtung erweist sich immerhin, daß dieser Begriff selbst schwer zu fassen ist, positive und negative Konnotationen hat und schließlich in Ost und West verschieden gebraucht wird. »Propaganda«, abgeleitet von propagare = verbreiten, wird in der von Karl Marx ausgehenden Tradition mit dem Begriff »Agitation« (von agitare = antreiben) eng zusammengestellt, in der Prägung »Agitprop« sogar zu einem Hybriden zusammengepfropft. Zu Agitation und Propaganda wird häufig der marxistische Theoretiker Georgij Plechanov zitiert, der beides gegeneinander abgegrenzt hat: »Der Propagandist vermittelt *viele* Ideen an eine oder mehrere Personen, der Agitator aber vermittelt *nur eine* oder nur wenige Ideen, dafür aber vermittelt er sie einer ganzen Menge von Personen.« Auch Lenin hat sich über diesen Zusammenhang geäußert, etwa indem er erläuterte, »der Propagandist wirkt . . . hauptsächlich durch das *gedruckte,* der Agitator durch das *gesprochene* Wort.«[13]

Die Rolle der mündlichen Indoktrinierung in ihrem Verhältnis zur Propaganda der Parteipresse usw. hat sich in der Sowjetunion mehrfach geändert; auf das politische Plakat bezogen wäre zunächst zu vermuten, daß man es zur Propaganda zählte. Es erweist sich jedoch, daß das Plakat zur Agitation gerechnet wird. In der Großen Sowjetenzyklopädie, deren erster Band 1929 erschien, werden die bekannten revolutionären Plakate unter dem Stichwort »Agitationsplakat« (Agitacionnyj plakat) abgehandelt. Der Verfasser stellt für die zwanziger Jahre den Übergang vom agitatorischen zum propagandistischen Plakat fest, wobei er mit dem letzteren das mehrgliederige, argumentierende Plakat meint.[14] In derselben Enzyklopädie wird sub verbo »Plakat« (dieser Band erschien 1940)

---

[13] »Propaganda«, in: Sowjetsystem und demokratische Gesellschaft, Bd. 5. Freiburg 1972, Sp. 372. Vgl. auch M. Schütte, Politische Werbung und totalitäre Propaganda. Düsseldorf 1968, 20–23.

[14] »Zur Ablösung des Agitationsplakates, das seine revolutionäre Rolle ausgespielt hat, tritt stufenweise der (schon in den Revolutionsjahren bemerkbare) Bilderbogen (lubok) an, der komplizierter und literarisch-ausgearbeiteter, propagandistisch und nicht agitatorisch ist«, A. Fedorov-Davydov, Agitacionnyj plakat, in: *Bol'šaja* sovetskaja ėnciklopedija, Bd. 1. Moskva 1929, Sp. 418.

ebenfalls vom »Agitationsplakat« gesprochen, dann aber gesagt, das Plakat sei in der UDSSR ein »Mittel der Propaganda«.[15]

Im Bereich der Parteisprache versteht man in der Sowjetunion unter »Propaganda« die Gesamtheit der ideologischen Einwirkung auf die Bevölkerung bzw., nach außen gerichtet, die Werbung für die von der Sowjetunion vertretenen Werte.[16]

Im wissenschaftlichen Bereich werden die Definitionen über die ideologischen Grundgedanken hinaus mit Erkenntnissen der (vor allem amerikanischen) Sozialpsychologie angereichert[17], und erhalten aus beiden Quellen eine Überbewertung des Begriffsinhaltes »Erziehung« auf Kosten der (negativ konnotierten) »Manipulation«. Als Beispiel sei folgendes zitiert: »Bei der Schaffung einer Theorie der Propaganda ist eine der grundlegenden Aufgaben des Wissenschaftlers die Konstruktion eines umfassenden *Systems der Einwirkung* (unter Berücksichtigung der sozialpsychologischen Binnenstruktur der Persönlichkeit), das zusammen mit der Lösung der gegebenen aktuell-konkreten Aufgabe auch der moralisch-ideellen *Formierung der Persönlichkeit* entsprechend den moralisch-ethischen Normen dient.«[18]

In der fundiertesten Kritik der NS-Propaganda von kommunistischer Seite, dem Buch Willi Münzenbergs, »Propaganda als Waffe«[19], wird Theorie und Praxis nationalsozialistischer Propaganda ausführlich dargestellt. Bei Münzenberg wird deutlich, daß die deutsche Linke im Begriff Propaganda »etwas Großes, Wertvolles, Geistiges, Wissenschaftliches« sieht. »Propaganda ist hier die Bezeichnung für die Lehre von der Theorie, von der wissenschaftlichen Begründung des Sozialismus im Gegensatz zu der sozusagen angewandten Propaganda bei der Massenwerbung, Mitglieder- und Wählerwerbung oder bei der Führung des täglichen Kleinkampfes (Lohnbewegung, Streik etc.), die als ›Agitation‹ bezeichnet wird.«[20]

NS-Autoren trennen die beiden Begriffe durch unterschiedliche Wertungen. Das Hitler-Reich hatte bekanntlich ein Propaganda-Ministerium, so wurde das

---

[15] »Plakat«, in: *Bol'šaja* sovetskaja ėnciklopedija, Bd. 45, Moskva 1940, Sp. 537.

[16] Vgl. die Stichworte in den verschiedenen Ausgaben der Großen Sowjetenzyklopädie.

[17] Š. A. Nadirašvili, Psichologija propagandy. Tbilisi 1978, 21–22 (Kommunikationstheorie S. Gardners).

[18] Ebd. 16 (Hervorhebungen von mir, FK).

[19] W. Münzenberg, Propaganda als Waffe. Paris 1937; ein stark gekürzter Wiederabdruck, nach welchem hier zitiert wird, befindet sich in: W. Münzenberg, Propaganda als Waffe. Ausgewählte Schriften 1919–1940, hrsg. von T. Schulz. Frankfurt 1977, 171–315.

[20] Münzenberg (Nr. 46) 175.

Wort »Propaganda« durchgehend positiv eingesetzt, »Agitation« hingegen negativ, vor allem zur Charakteristik der kommunistischen und sozialdemokratischen Propaganda. Einige Zitate aus einem unten noch näher zu besprechenden Buch über das »nationalsozialistische Kampfplakat« mögen das belegen:

> »Agitation ist negativ angreifend und soll die Massen aufpeitschen, ihre Leidenschaften auf den Siedepunkt bringen.« »Der Agitation wohnt vielfach eine Tendenz inne, die nicht nur zur Macht, sondern auch zur Gewalt drängt«, »Propaganda und Agitation sind die publizistischen Kampfmethoden, denen das Plakat am stärksten seinem Wesen nach dienen kann. Der begrenzte Raum einer Plakatfläche fordert geradezu einen knappen, klaren, schlagwortartigen Satzbau, was Wesenszüge einer gesteigert kämpferischen Propaganda und der Agitation sind.« »Propaganda und Agitation, die Methoden positiver und negativer, bejahender und oppositioneller, aufbauender und zersetzender Publizistik, formen Inhalt und Gestaltung jedes politischen Plakats.«[21]

Die Kriegsvorbereitungspropaganda im NS-Reich wurde u. a. durch ein »Psychologisches Laboratorium« des Reichskriegsministeriums wissenschaftlich untermauert. Hier wurde Propaganda in militärische Kategorien gefaßt und in direkter Verbindung mit militärischer Operation geplant:

> »Die Übertragung militärischer Begriffe kann somit nicht mehr als eine bildliche Ausdrucksweise hingenommen werden, sie entspringt vielmehr dem Bewußtsein, daß sich hier ein neues Geschehen vollzogen hat. Geistige Mobilmachung, geistige Kriegsführung, geistige Offensive, geistiges Trommelfeuer und ähnliche Begriffe sind grobe Wirklichkeit geworden.«[22]

Die psychologische Kriegsführung aller beteiligten Seiten hatte zur Begleiterscheinung, daß sich die sozialpsychologischen Aspekte der Propaganda in den Vordergrund drängten und an verschiedenen Orten wissenschaftlich durchleuchtet wurden. Die diesbezügliche amerikanische Forschung entwickelte unter anderem moderne Theorien der politischen Sprache überhaupt und auf dieser Basis neue Definitionen für Propaganda. Geht man davon aus, daß politische Sprache das Vehikel zur Erringung oder Festigung politischer Macht ist (H. Lasswell), kann man Agitation und Propaganda als Manipulation von Sprache zur Beherrschung der öffentlichen Meinung beschreiben.

Im deutschsprachigen Bereich haben P. R. Hofstätter für die Sozialpsychologie und W. Dieckmann für die Erforschung der politischen Sprache die amerikanischen Denkansätze übernommen. Kennzeichnend für Hofstätter ist in Hin-

---

[21] F. Medebach, Das Kampfplakat. Aufgabe, Wesen und Gesetzmäßigkeit des politischen Plakats, nachgewiesen an den Plakaten der Kampfjahre 1918–1933. Limburg 1941.

[22] Zit. nach Münzenberg (Nr. 46) 352, vgl. 179, 260.

sicht auf den Begriff der Propaganda die Betonung des positiven Aspekts, welcher, wohl in der Reaktion auf nationalsozialistische und kommunistische Propaganda, im Nachkriegsdeutschland fast verschüttet war. In einem besonderen Kapitel »Erziehung und Propaganda« rückt er die Nachbarschaft beider Begriffe wieder in das Bewußtsein und definiert: »Erziehung gibt eine normative Struktur, Propaganda versucht eine schon bestehende normative Struktur durch eine andere zu ersetzen.«[23] Die positiven Möglichkeiten von Propaganda sieht er darin, daß – speziell in Gesellschaften, die sich in schnellem Wandel befinden – sie die »Anpassung der Erziehung an den jeweils für die nächste Generation voraussehbaren Bedarf« leistet.[24]

Von Hofstätter ausgehend, definiert Dieckmann Propaganda als »Meinungsäußerung« und erläutert: »Als revolutionäre Propaganda steht sie im ausgeprägten Gegensatz zu Erziehung, deren Kanon von der Ideologie der Herrschenden bestimmt ist; als reformistische Propaganda will sie das gesellschaftliche Normensystem modifizieren und ergänzt die Erziehung . . .«[25].

Die Betonung positiver Aspekte der Propaganda soll gleichwohl ihre negativen, auf denen die Vorbehalte gegen Propaganda beruhen, nicht verschleiern. Wenn schon in der *Informations*politik einer Organisation meinungssteuernde Komponenten durch Zurückhaltung von Informationen üblich sind[26], so darf von *Propaganda* gesagt werden, sie diene sowohl der Unterrichtung als auch der Falschunterrichtung. Nicht nur in Wahlkampagnen gilt es als üblich, die hintergründigen Zwecke zu verbergen; eine Regierung kann es für richtig halten, verlorene Schlachten zu Siegen umzudeuten, Hungersnöte zu dementieren usw. Darum gehört sowohl begrifflich als auch praktisch die manipulative Falschunterrichtung zum Spektrum der Propaganda.

Als Zielobjekt der Plakatpropaganda wird in zahlreichen Büchern »der Passant« genannt, ihm widmet auch die Werbewirtschaft ihre Aufmerksamkeit. Der eigentlich Desinteressierte soll auf der Straße für einen kurzen Augenblick umworben werden, ein Bild, ein Schlagwort mit auf den Weg bekommen. So sehen es die Plakatinterpreten, wie noch zu zitieren sein wird. Gegen diese vereinfachte Beschreibung des Adressaten von Propaganda muß Bedenken

---

[23] P. R. Hofstätter, Einführung in die Sozialpsychologie. Stuttgart 1973, S. 281; der Ansatz ist in P. Hofstätter, Psychologie der öffentlichen Meinung. Wien 1949, Kapitel »Propaganda«, bereits vorhanden.

[24] Hofstätter (Nr. 25) 283.

[25] W. Dieckmann, Sprache in der Politik. Heidelberg 1975, 37.

[26] »Die meinungs- und verhaltenssteuernde Funktion der Information wird noch deutlicher, wenn man bedenkt, daß einer gegebenen immer auch eine Reihe nicht gegebener gegenübersteht«, ebd. 35.

erhoben und Differenzierung angestrebt werden.[27] Wir wissen, daß ein gewisser Teil der Plakate gar nicht für die Straße gedacht war, sondern als »Innenplakat« verwandt wurde. Vor allem Führerbilder wurden in den Amtsstuben, Versammlungsräumen usw. von totalitären Staaten ausgehängt, aber auch andere Plakate jeglicher Art. Hier vom »Passanten« zu sprechen, wäre natürlich falsch, denn eine Verweildauer des potentiellen Betrachters ist in der Regel vorauszusetzen. Aber auch auf der Straße ist nicht jedes Plakat für den Eiligen gedacht. Die unzähligen Schriftplakate verlangen nach Lektüre, ebenso jene Plakate, wo zum Bild ein Gedicht, ein Aufruf oder anderes Kleingedrucktes gestellt worden ist. Hier mag manches »Fließtext« sein, der nur sehr bedingt für die Lektüre bestimmt ist[28], aber für den »Passanten« fehlt hier meist das »visuelle Lasso« eines Schlagwortes. Nur das modern konzipierte Bildplakat mit knappster Parole kann wirklich für den Eiligen gedacht sein. Aber schon wenn zwei oder mehrere Bilder auf einem Plakatblatt zusammen- oder gegenübergestellt sind, bedarf es des Verweilens und Mitdenkens. Immerhin mag der Begriff »Passant« Geltung behalten, weil er auszudrücken vermag, daß ein öffentlicher Kommunikationsraum zur Plakatpropaganda gehört, sei es die Straße, die Kaserne, das Amt. Mit dem Stichwort *»öffentlicher Raum«* kehren wir zum Motiv der *»Straße«* zurück, das von Engels und Kropotkin angesprochen worden war. Das Plakat ist durch seine kontinuierliche Anwesenheit an einem Punkt des öffentlichen Raumes gekennzeichnet. Innerhalb seiner Wirkungsfrist bietet sich das Plakat an, ja, drängt sich dem Anwesenden auf. Diese Wirksamkeit des Plakates ist früh erkannt, aber auch überbewertet worden:

> »Das KÜNSTLERISCHE politische Plakat soll und kann aber jeden auf der Straße gedankenlos Vorüberbummelnden oder gedankenschwer Vorüberhastenden mit telepathischem Griffe fesseln, sein Gehirn durch ein kurz orientierendes Schlagwort in die gewollte politische Richtung drängen, sein

[27] Der bekannte Maler El Lissitzky, bekannt u. a. durch sein suprematistisches Plakat *»Schlag die Weißen mit dem roten Keil«,* hielt das sowjetrussische Plakat generell für *S.2*
narrativ: »Das traditionelle Buch wurde in einzelne Seiten zerrissen, hundertfach vergrößert, farbig gesteigert und als Plakat auf die Straße gebracht. Im Gegensatz zum amerikanischen war unser Plakat nicht geschaffen, damit das Auge es aus dem vorbeirasenden Auto sofort erfaßt, sondern um aus der Nähe gelesen und erklärt zu werden.« F. MIERAU, Links! Links! Links! Eine Chronik in Vers und Plakat, 1917–1921. Berlin 1970, 10.

[28] »Fließtexte« sind »Textpassagen, die in der Werbung eingefügt werden und die für den Konsumenten den Eindruck erwecken, als würden hier Informationen und Argumente geboten. Der Konsument ist meistens zu bequem, um diese ›Fließtexte‹ zu lesen, aber er honoriert sie, indem er die Werbung für informativ und glaubwürdig hält.« W. KROEBER-RIEL, G. MEYER-HENTSCHEL, Werbung, Steuerung des Konsumentenverhaltens. Würzburg-Wien 1982, 109–110.

Herz durch die Schönheit und Anmut eines Bildes gewinnen, sein Interesse durch den Witz satirischer Verstellung erhaschen, den Abscheu vor der ›andern‹ Richtung durch illustrative Darstellung der Konsequenzen gegnerischer Gedankengänge und der Schwächen ihrer bisherigen Taten und Persönlichkeiten erregen, oder durch dekorative und symbolische Glorifizierung der besonderen politischen Idee die Sympathie für die eigene Sache gewinnen und bestärken. Durch solche vielseitige künstlerische Bewehrung ergibt sich die Allgewalt und Unentrinnbarkeit eines guten politischen Künstlerplakates, eine Allgewalt und Unentrinnbarkeit, die allerdings durch die Konkurrenz der verschiedenen sich dieser Propaganda bedienenden Parteien keine absolute ist.«

»So haben in der neuesten, großen politischen Umwälzung unseres nordischen Nachbarreiches alle Parteien [. . .] die ungeheuere Macht des bildlichen Plakates auf die Massen ihrer Anhänger, Gleichgültigen und Gegner sofort erfaßt und benützen sie in ausgiebigstem Maße. ›Das politische Plakat ist die am meisten ins Auge fallende Erscheinung der deutschen Revolution‹, hieß es in vielen ernsthaften, nicht nur in Feuilletonberichten.«[29]

Der schweizerische Verfasser charakterisiert in sehr suggestiven Formulierungen den Stand des Wissens von 1920, als das politische Plakat der Friedenszeit seinen ersten Aufschwung erlebte: Der Passant auf der Großstadtstraße, der von konkurrierenden Propagandaproduzenten hin- und hergerissen, für und gegen politische Maximen aktiviert wird. Allgewaltig und unentrinnbar scheint das neue Medium, der Horizont des Passanten ist umstellt von politischen Plakaten . . .

---

[29] *Das künstlerische* politische Plakat in der Schweiz. Einleitung von E. Lüthy. Basel 1920, 4–5.

Teil I
Das politische Plakat als historische Quelle

1. Das politische Plakat als Problem: Publizistische Forschungen

Das Nachdenken über den Zusammenhang von politischem Plakat, Patriotismus und Durchhaltewillen, über die politischen Implikationen des Bildes überhaupt und das vormalig unpolitische Plakat im besonderen, begann während des Ersten Weltkrieges. Wie an einem Index kann man das an der Thematik der zuvor reklametechnisch orientierten Zeitschriften erkennen. In Berlin erschien »Das Plakat. Zeitschrift des Vereins der Plakatfreunde e. V.« – seit Kriegsbeginn verwandelt es sich in eine Dokumentation aller nur denkbarer künstlerischer Aktivitäten im Zusammenhang mit dem Krieg.[30] Auch die »Mitteilungen des Vereins deutscher Reklamefachleute« nahm sich der politischen Problematik an, kennzeichnend vielleicht der Beitrag von Albert Walter »Neun Milliarden Kriegsanleihe und die Reklame«.[31]

Das politische Plakat hatte durch die Ereignisse von Weltkrieg und Revolution einen festen Platz in den analytischen Bemühungen um Propaganda und Massenwerbung eingenommen.

Der Stand der Überlegungen zum politischen Plakat um 1920 ist oben bereits durch ein Zitat aus der schweizerischen Publikation charakterisiert worden. Ähnlich wie der Schweizer Herausgeber Edwin Lüthy zeigen der Deutsche Adolf Behne im Vorwort seiner »im amtlichen Auftrage« herausgegebenen Sammlung »Das politische Plakat« wie auch Oscar Gehrig in Heft 5 von »Wasmuths Kunstheften«, überschrieben »Plakatkunst und Revolution«, einen gewissen Optimismus angesichts der allseits festgestellten Gewalt des politischen Plakats. Dabei hätte wohl niemand die Macht der sozialen Bewegungen *allein* auf das politische Plakat zurückgeführt. Man erkennt zwischen den Zeilen die Hoffnung, daß das politische Plakat *guten* Zielen dienen möge, noch spricht man von »Ideen«, die nun statt der Waren angepriesen werden, nicht von Ideologien. Die deutsche sozialdemokratische Plakatwerbung hatte bewußt junge, avant-

---

[30] Die Beiträge der Zeitschrift umfassen meist nur wenig Text, so daß es sich nicht immer lohnte, sie in die Bibliographie aufzunehmen. Von größtem Wert aber ist die Bilddokumentation.

[31] Die Zeitschrift war leider nicht erreichbar, Zitat hier nach A. Szuber, Walka o przewagę duchową, Warszawa 1933, 184 (dort weitere Literatur). Auch in den Kriegsjahrgängen der Zeitschrift »Archiv für Buchgewerbe« findet sich Einschlägiges.

gardistische Künstler in ihren Dienst gestellt, und Adolf Behne unterstreicht, daß die »sozialistischen Werbeplakate« sich »an JEDES Publikum, an die MASSE« wende. Ob die »von radikalen Künstlern« wie Pechstein, Feininger, Tappert u. a. entworfenen Plakate »ein neues Kapitel in der Geschichte des Plakates«[32] bilden, ob sie überhaupt gute, d. h. wirkungsvolle Plakate gewesen sind, mag dahingestellt bleiben.

Daß die Sieger der deutschen Revolution ebenso optimistisch über die Wirkungskräfte des politischen Plakats dachten wie die Bolschewiki in Sowjetrußland, nimmt nicht wunder. Man hatte ein bisher der kapitalistischen Marktwirtschaft zugehöriges, ökonomisches Instrument als »politisches Führungsmittel« (so werden es die nationalsozialistischen Publizisten nennen) erkannt und eingesetzt.

Während der zwanziger Jahre wurde in Deutschland, was sicher im Zusammenhang allgemeiner Bewältigung der Kriegsniederlage und der Kriegsschuldfrage zu sehen ist, auch über den Propagandakrieg nachgedacht, den man verloren hatte wie den militärischen. Derlei Reflexionen drücken sich in polemischen Büchern gegen die alliierte Kriegspropaganda[33] aus, oder sie betrachten die Propaganda als solche und ihren Einfluß auf die öffentliche Meinung einer Gesellschaft, wie die Bücher von Johann Plenge[34] oder Edgar Stern-Rubarth[35]. Die Literatur über diesen Bereich ist für die zwanziger Jahre nahezu unübersehbar[36].

Man hätte daher vermuten dürfen, daß in dem Buch »Die öffentliche Meinung in der Weltgeschichte« von Wilhelm Bauer[37], den Plakaten als Meinungsträgern der neuesten Zeit einiger Raum zugewiesen würde.

Man ist jedoch erstaunt, in diesem repräsentativen Werk den Begriff »Plakat« nur zweimal zu finden. Einmal erwähnt Bauer die »Plakatten« während der Kämpfe in den Niederlanden im 16. Jahrhundert, zum anderen Mal bildet er ein Weltkriegsplakat mit der Aufforderung zur Zeichnung von Kriegsanleihen ab,

---

[32] A. BEHNE, Das politische Plakat. Herausgegeben in amtlichem Auftrage. Charlottenburg 1919, 10.

[33] F. SCHÖNEMANN, Die Kunst der Massenbeeinflussung in den Vereinigten Staaten von Amerika. Berlin 1924.

[34] J. PLENGE, Deutsche Propaganda. Die Lehre von der Propaganda als praktische Gesellschaft. Bremen 1922, neu aufgelegt 1965.

[35] E. STERN-RUBARTH, Die Propaganda als politisches Instrument. Berlin 1921.

[36] Vgl. SCHÜTTE (Nr. 39) passim (Bibliographie).

[37] BAUER (Nr. 3). Der Verfasser hatte bereits während des Weltkrieges zwei Bücher zu diesem Thema publiziert: *Die öffentliche* Meinung und ihre geschichtlichen Grundlagen (1914), sowie *Der Krieg* und die öffentliche Meinung (1915).

ohne jedoch im Text darauf einzugehen. Dieses zweite Beispiel zeigt, daß dem Verfasser Existenz und Wirksamkeit des politischen Plakats wohl gegenwärtig waren. Im Rahmen seines methodischen Horizonts aber und auf die Weltgeschichte gesehen, scheint Bauer das Plakat als Vehikel öffentlicher Meinung und Meinungsbildung nicht akzeptiert zu haben.[38]

Die kritische Analyse des politischen Plakats begann, als die Sieger der Propagandaschlachten der zwanziger Jahre an die Macht gelangt waren. In den Schriften von Hitler und Goebbels war vielmals von Propaganda die Rede gewesen, nun nahmen sich Wissenschaftler der publizistischen Institute der Propagandamedien im einzelnen an. Am bedeutendsten ist wohl die Dissertation von Friedrich Medebach[39], die – gemeinsam mit der Studie Erwin Schockels – für die weitere Analyse des politischen Plakats grundlegend geworden ist.

Als Indiz dafür sei angeführt, daß Medebach auch nach dem Zweiten Weltkrieg, in der dritten Auflage des »Handbuches der Publizistik«, herausgegeben von (Medebachs Doktorvater) Emil Dovifat, den Beitrag über das Plakat geliefert hat (s. u.). Außerdem darf man sagen, daß eine der bekanntesten Arbeiten zum Plakat der Weimarer Republik, Horst Reimanns Studie »Die politische Affiche in der ›Weimarer Zeit‹«[40], auf der Auswertung von Medebach beruht. Ähnliche Wirkung wie Medebachs Dissertation hat das genannte Buch von E. Schockel, das für den internen Gebrauch der NSDAP veröffentlicht wurde, erzielt.[41] Dieses Buch wurde von dem Amerikaner Gary Yanker ausgewertet. Yanker (der Medebach nicht, jedoch Reimann kennt) erklärt Schockel sogar für sein Vorbild.[42]

Die Plakat-Untersuchungen aus NS-Deutschland haben gegenüber dem Forschungsstand zuvor wesentliche Einsichten gebracht. Vor allem wurde das Bewußtsein von der Wichtigkeit des Bildplakates neu geschaffen. Es sei hier aus der einleitenden Reflexion Schockels über den Zusammenhang von Öffentlichkeit und politischer Manipulation zitiert:

> »Durch das dauernde Vorhandensein am Straßenbild hat es [das politische Plakat] unendlich dazu beigetragen, über das Unterbewußtsein auf das

---

[38] Nur wenig mehr findet man in dem für Kunst- und Antiquitätensammler bestimmten Buch von K. Schottenloher, Flugblatt und Zeitung. Ein Wegweiser durch das gedruckte Tagesschrifttum. Berlin 1922, vgl. 430–433.

[39] Medebach (Nr. 122).

[40] H. Reimann, Die politische Affiche in der »Weimarer Zeit«. Wahlplakate als parteipropagandistisches Mittel, in: Ders., Wahlplakate (= Anlage zur »Ruperto-Carola«) Heidelberg, 13 (1961), 5–29. Abb.

[41] Schockel (Nr. 94).

[42] G. Yanker, Prop art. Over 1000 Contemporary Political Posters. London 1972, 27: »I have sought to imitate his comprehensiveness«.

Denken der Massen einzuwirken. Dieses stete Einhämmern der Parolen der Parteien im politischen Plakat hat aber auch weiterhin die Aufgabe erfüllt, das Denken der Massen erst einmal wieder auf politischen Boden zu zwingen, und es mit Problemen zu beschäftigen, die sonst wegen einer gewissen Trägheit des menschlichen Geistes viel langsamer ans Tageslicht gekommen wären.«[43]

Schockel charakterisiert hier – *nicht* auf die nazistische Propaganda beschränkt – den langfristigen sozialen Lernprozeß, in dem – über die parteipolitischen Antagonismen auf den aktuellen Plakaten hinaus – das Medium »politisches Plakat« eine Verschiebung der öffentlichen Meinung in Richtung auf politische Erwartungen bewirken half. Das Plakat diente also als Vehikel zur Politisierung sozialer Spannungen, es half, den Pegel des politischen Bewußtseins anzuheben, der für die Radikalisierung unumgänglich war. Schockel betrachtet zu Recht das Plakat als untrennbaren Bestandteil der Propaganda, so daß er sehr viel über Propaganda-Psychologie spricht und daraus die Regeln für das gute und das schlechte Plakat zu ziehen sucht. Das Buch erschien in der »Schriftenreihe der Reichspropagandaleitung der NSDAP«, und so ist es kein Wunder, daß sich in den Ausführungen Schockels ständige Seitenblicke auf die entsprechenden Äußerungen von Hitler und Goebbels[44] bemerken lassen. Schockel analysiert nach einer historischen Einführung Plakate der alliierten Weltkriegspropaganda, vor allem die Entwicklung des Feindbildes. Die »verheerende Wirkung« der alliierten Greuelpropaganda fasziniert den Verfasser, und so versucht er, ihre psychologischen Kunstgriffe aufzudecken. Als »letzte Vollkommenheit« der Aussage eines Greuelplakats sieht er es an, »das im Plakat dargestellte Geschehen so stark als Einzelschicksal hinzustellen, daß es vom Beschauer direkt miterlebt
2 und mitgefühlt werden kann.«[45] Dabei verweist er auf das Plakat *«Souscrire à l'Emprunt de la Victoire. C'est mettre fin à la Piraterie»,* wo eine deutsche U-Bootbesatzung auf Schiffbrüchige schießt.

In den folgenden Kapiteln geht Schockel auf die Plakate der Weimarer Zeit ein, wobei er nicht nur die Plakate der NSDAP, sondern auch die der anderen Parteien beurteilt und auch die kommunistische Propaganda ausführlich darstellt. Da das Buch »ausschließlich für den parteiinternen Gebrauch bestimmt« war, hatte man von der ausführlichen Würdigung der gegnerischen Propaganda keine negativen Folgen zu befürchten. Auf die NSDAP bezogen unterscheidet Schockel die *Aufmerksamkeitsplakate* aus der Frühzeit der Partei, als Hitler

---

[43] SCHOCKEL (Nr. 94) 5.

[44] Sie werden auch bei MEDEBACH (Nr. 122) und MÜNZENBERG (Nr. 46) zitiert oder referiert.

 [45] SCHOCKEL (Nr. 94) 17.

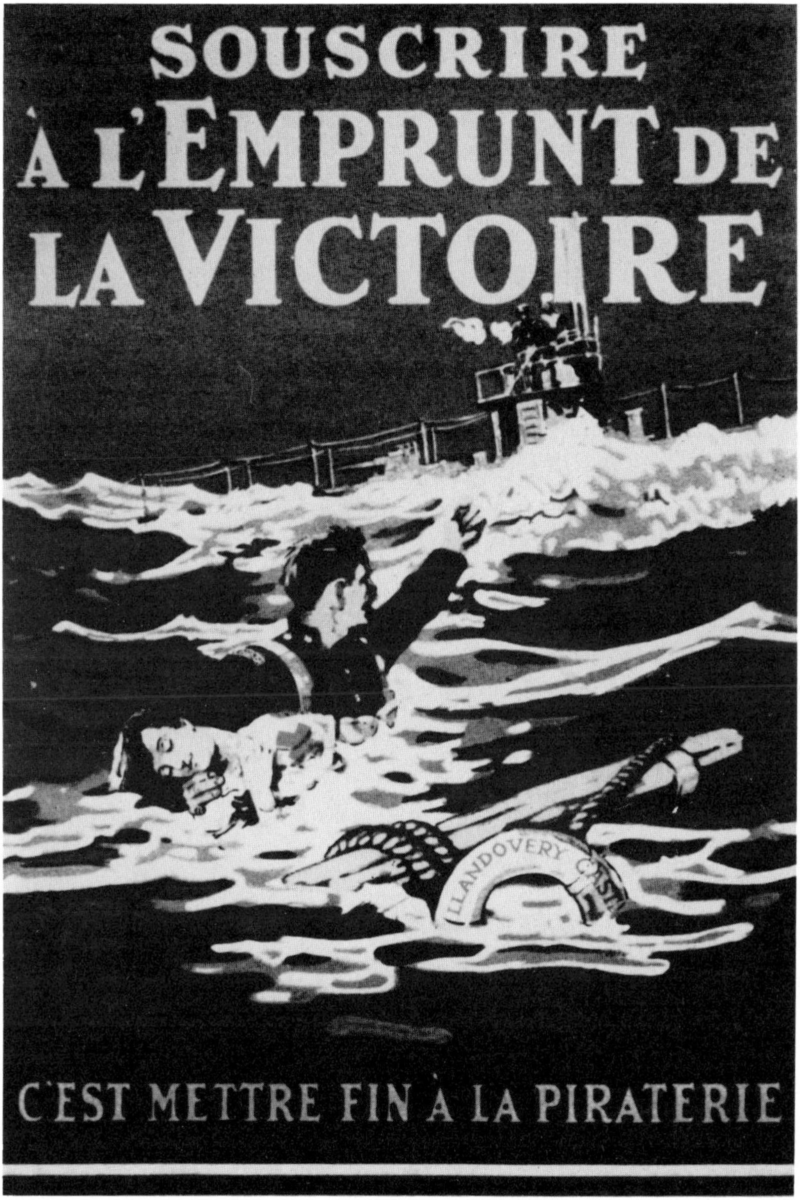

2 Souscrire à l'Emprunt de la Victoire, c'est mettre fin à la piraterie. 1918.

selbst noch (ausschließlich Schrift-)Plakate zu entwerfen pflegte. Hier arbeitete die NS-Propaganda mit Tricks und »Bluffs«, vermarktete Skandale usw.[46] In den folgenden Wahlkämpfen mußte sich die NSDAP mit ihren ideologischen Gegnern auseinandersetzen, die Plakate dieser Kampagnen sind für Schockel die *»Gruppe der reinen Kampfplakate«*.[47] Nach der Machtergreifung Hitlers geht zwar – nach den Worten Schockels – der Kampf um dieselben Ideen weiter, immerhin sondert er aber doch diese Plakate von der vorherigen Phase ab und faßt die *»Erinnerungsplakate«* noch einmal als eigene Gruppe auf.[48] Mit einer Reflexion über gute und schlechte Plakate versucht Schockel eine zusammenfassende Wertung politischer Plakate anhand von Beispielen, bei denen er auch Plakate der eigenen Partei kritisiert.[49]

Die Arbeit Schockels stellt, trotz ihrer ideologischen Fixierung auf den Nationalsozialismus, einen wesentlichen Schritt bei der Beurteilung des Propagandamediums »politisches Plakat« dar. Sowohl am einzelnen Beispiel als auch bei Verallgemeinerungen legt der Verfasser wichtige Fragen offen, die er dann aus seiner Sicht beantwortet. Sein Horizont reicht über den parteigebundenen Standpunkt seiner ideologischen Urteile hinaus, er nimmt nicht nur die alliierten Weltkriegsplakate, sondern auch sowjetische zeitgenössische Plakate in die Betrachtung hinein.

In der am Berliner Zeitungswissenschaftlichen Institut entstandenen Dissertation Friedrich Medebachs wird das politische Plakat vom publizistischen Standpunkt her analysiert. Für den Historiker ist diese Untersuchung zu technologisch aufgezogen, jedoch versteht es dieser Autor mehr als andere, Wirkungsfaktoren und Regeln des Mediums Plakat aufzudecken. Inwieweit er dabei die umfangreiche, heute kaum noch erreichbare Fachliteratur zum *kommerziellen* Plakat ausgewertet hat, merkt Medebach im einzelnen nicht an. Schon seine Definition des Plakats gibt deutlich die totalitäre Aufgabenstellung preis:

> »Das politische Plakat ist ein publizistisches Führungsmittel und hat damit eine geistige Aufgabe in der Öffentlichkeit zu erfüllen. Es ist eine der zahlreichen Waffen, die heute der moderne Publizist zur geistigen Formung und Führung der Massen und Völker einsetzt.«[50]

Verändern wir die positiven Konnotationen, die Medebach durch das Attribut »geistig« bewußt hineinbringt, indem wir statt »geistig« etwa »politisch« oder »ideologisch« sagen, setzen wir statt des euphemistischen Wortes »Führung-«

---

[46] Ebd. 119–152.

[47] Ebd. 152 ff.

[48] Ebd. 173 ff. Erinnerungsplakate 180, 186.

[49] Ebd. 187 ff.

[50] Medebach (Nr. 122) 3.

etwa »Manipulation« oder auch »Beeinflussung«, dann hätten wir damit eine fachspezifische Definition des Plakats vom Standpunkt des Publizisten der Politologen aus.

> »Bei allen anderen Führungsmitteln ist es mehr oder weniger von dem Willensentschluß des Umworbenen abhängig, ob er unter den Einfluß des publizistischen Mittels gerät. Eine Rede muß ich nicht hören, eine Zeitung brauche ich nicht zu lesen, ein Flugblatt brauche ich nicht anzunehmen, einen Film oder ein Theaterstück brauche ich nicht zu besuchen und selbst einem der wichtigsten modernen Führungsmittel, dem Rundfunk, kann ich mich entziehen.
> Es ist nun leicht einzusehen, daß ein Führungsmittel, das unabhängig von dem Willen des Umworbenen seine publizistische Aufgabe erfüllt, große Bedeutung für den Publizisten hat. Die *aktionstragende* Aufgabe des politischen Plakats ist es, die zu erfassen, die sich anderen Führungsmitteln entziehen. Auch ihnen kommt das Plakat auf Straßen und Plätzen zu Gesicht und drängt sich ihnen auf. Sie müssen sich mit dem Inhalt des Plakates auseinandersetzen, müssen Stellung nehmen und ihre Meinung fassen.«[51]

Man erinnere sich an den Schweizer Lüthy, der 1920 von der *»Allgewalt und Unentrinnbarkeit«* des Bildplakates gesprochen hatte! Ähnlich heißt es bei Schockel, nur die Blinden, die Gefängnisinsassen und Bettlägerigen kämen nicht mit dem Plakat in Berührung. Bei Medebach und Schockel können wir durchaus unterstellen, daß sie den totalen Anspruch des Plakats *positiv* sahen. Für sie war die *lückenlose Erfassung* der Bevölkerung durch die Propaganda ein Desideratum, die bei Medebach eingestandene Existenz von Gruppen, welche sich den übrigen »Führungsmitteln« bewußt entziehen, ein zu beseitigender Fehler des Systems.

Medebach versucht, wie gesagt, eine Systematik der Anwendung des politischen Plakates zu entwerfen. Neben der oben genannten *aktionstragenden* Wirkung des Plakats, nämlich passive Resistenz gegen die Propaganda zu durchbrechen, nennt er noch die aktions*stützende* Funktion. Damit meint er die besondere Reichweite des Plakates, das ja auch dahin gelangt, wo keine *»wirksame Bearbeitung großer Bevölkerungsteile durch hochentwickelte Führungsmittel«*[52] möglich ist, etwa auf dem Dorf.

Die Ausdrücke »aktions-tragend«, »aktions-stützend« weisen auf das Phänomen der *Propaganda-Kampagne* hin, von dem noch ausführlicher die Rede sein wird. Das Plakat ist kein singuläres Faktum, sondern mit der Absicht des

---

[51] Ebd., vgl. Schockel (Nr. 94) 147 f.
[52] Medebach (Nr. 122) 3.

Produzenten und einem häufig datierbaren Anlaß verknüpft. Im Bereich des politischen Plakats ist der Oberbegriff für »Plakat-Aktion« die Propagandakampagne, in welcher das Plakat – nach Medebach – eine entweder tragende oder stützende Rolle spielen kann.

Medebach versucht im folgenden, »Grundgesetze« oder besser »Regeln« für Propaganda und politisches Plakat aufzustellen. Es sind dies: Vereinfachung, Wiederholung, Einseitigkeit und emotionale Steigerung. Als *»Werbeelemente«* unterscheidet er sinnliche und formale – d. h., für das sinnliche Element Farbe differenziert er in Gefühlswirkung, Aufmerksamkeits- und Gegensatzwirkung. Unter die formalen Werbeelemente subsumiert er *Anzahl* (Häufung, Reihung, Gedächtniswirkung), *Anordnung* (Blickfang, Blicklenkung), *Größe* und *Placierung*. Schließlich unterscheidet Medebach unter den inhaltlichen Elementen gedankliche, gefühlsmäßige und wertmäßige.

Als Werbe*faktoren* stellt Medebach »Bild mit Bildinhalt und Bildgestaltung«, »Schrift mit Schriftinhalt und Schriftgestaltung« und »politisches Symbol mit Symbolinhalt und Symbolgestalt« nebeneinander.[53]

Nach dem systematischen Teil geht Medebach zur Untersuchung der Parteiplakate der Weimarer Republik über, etwa analog zu Schockel (den er nicht zu kennen scheint).

Wie schon angemerkt, hat Medebach auch nach dem Zweiten Weltkrieg über das Plakat gearbeitet. Im »Handbuch der Publizistik« von 1969 definiert er das Plakat als

> »öffentlicher Anschlagbogen, durch den eine bestimmte Werbeabsicht erfüllt werden soll. – Das publizistische *(politische)* Plakat hat eine auf Gemeinschaft, Gesellschaft und Staat hinzielende geistige, meinungs- und gesinnungsbildende Werbewirkung zu erfüllen, um das Handeln der Menschen zu beeinflussen. Auf Wänden, Mauern, Säulen, Tafeln u. a. Werbeträgern angebracht, soll es eine möglichst breite Öffentlichkeit erreichen.«[54]

Statt des Motivs der »Führung«, das im demokratischen Staat ja keinen Wert mehr repräsentiert, wird überwiegend von »Werbung«, also dem ursprünglich ökonomischen Terminus für Propaganda gesprochen, wobei das Wort *»meinungswerbend«* das Minimum an politisch erlaubter Manipulation zu bezeichnen scheint. Das obige Zitat zeigt aber die Kontinuität einer weltanschaulich untermauerten (»geistige«, *»gesinnungsbildende«*) technizistischen Ausdrucksweise. Auch im Inhaltlichen entspricht der Handbuchbeitrag der Dissertation

[53] Ebd. 18.

[54] F. MEDEBACH, Das publizistische Plakat, in: *Handbuch* der Publizistik. Bd. 3. Praktische Publizistik. 2. Teil. Berlin 1969, 1.

von 1941, im historischen Teil ist er natürlich entsprechend bis in die Gegenwart (Pariser Unruhen, Prager Ereignisse, Wirren in China) fortgeführt.

Wie das Beispiel Medebach zeigt, ist auf deutscher Seite die Plakatforschung um den Nestor der deutschen Zeitungswissenschaft, Emil Dovifat, nach dem Zweiten Weltkrieg fortgeführt worden. Zu nennen wäre die ungedruckte Dissertation von Rolf Brendel über das Schweizerische Plakat[55], ebenso die Untersuchung von Kurt Reumann über »Das antithetische Kampfbild«.[56].

Auch Reumann übernahm, wie Medebach, in der Neufassung des »Handbuches der Publizistik« von Emil Dovifat einen zusammenfassenden Beitrag, jenen über die Karikatur.[57] Das *»antithetische Kampfbild«* ist nach der Definition des Verfassers ein Bildtyp, auf dem die Opposition von Gut und Böse dargestellt wird. Die Bildaussage *gut* contra *böse* ist – Reumann zufolge – nicht auf das neuzeitliche politische Plakat beschränkt, sondern bildet einen Archetyp des politischen Bildes, was Reumann anhand historischer Beispiele belegt. Sie stammen überwiegend aus der Reformationszeit und den darauf folgenden Jahrhunderten. (Immerhin behandelt Reumann kurz auch die mittelalterliche Antithese »Ecclesia – Synagoge«.[58])

Wenn eine positive und eine negative Gruppe im Plakat erscheinen, kann man von *Plus*partei und *Minus*partei sprechen. Darin liegt die Voraussetzung inbegriffen, die positive Seite könne mit der propagierenden Gruppe/Partei identifiziert werden, also mit dem Auftraggeber oder dem Produzenten des betreffenden Plakats. Dieser Pluspartei entspricht ein Plusideal, d. h. ein durch Bild, Sprache oder Symbol ausgedrücktes positives, zu bejahendes Phänomen. Der amerikanische Forscher Harold Lasswell hat die Elemente dieserart propagandistischer Folklore durch den Ausruck »Miranda« gekennzeichnet (s. u.). Der positiven Seite steht auf dem antithetischen Kampfbild eine negative Welt gegenüber, sei es ebenfalls in Symbol oder Personifikation, sei es in der Form von Situationen oder Szenen.

Die auf dem Plakat zu findende Opposition gut contra böse (schlecht), können wir – Reumann folgend – metasprachlich, um die umgangssprachliche Verwendung der Wörter nicht zu blockieren, mit PLUS- (-partei, -ideologie) und

---

[55] R. BRENDEL, Das Schweizer Plakat. Versuch einer systematischen Darstellung der Gestaltungsformen, der Werbewirkung und der kultur-politischen Bedeutung des Plakats am Beispiel des Plakatschaffens der Schweiz. Berlin 1955.

[56] K. REUMANN, Das antithetische Kampfbild. Beiträge zur Bestimmung seines Wesens und seiner Wirkung. Berlin 1966.

[57] K. REUMANN, »Die Karikatur«, in: *Handbuch* der Publizistik. II. Praktische Publizistik. 1. Teil. Berlin 1969, 65–90, Abb.

[58] REUMANN (Nr. 53) 10 ff.

3 MINUS- (-partei, -ideologie) bezeichnen. Pluspartei und Minuspartei sind in der Regel die miteinander kämpfenden *politischen Gegner,* die Pluspartei dabei zugleich der Produzent des betreffenden Plakats.

Plus-Ideal und Minus-Ideal bilden (in der Aussage des Bildproduzenten) die ideologische Ebene des politischen Gegensatzes von Plus- und Minuspartei. Die Auftraggeber lassen jedoch in der Regel nicht Gleiches gegeneinander antreten, sondern verstärken – neben der implizierten Wertung – den Gegensatz noch: »Statt des Minus*ideals* erscheint die Minus*partei* als Gegenspieler des Plusideals. Antithetische Kampfbilder isolieren also den Gegensatz Plus*ideal* – Minus*partei* von allen anderen Verhältnissen und Vergleichsmöglichkeiten. Sie sind, sowohl der Form als auch der Aussage nach, dualistisch.«[59]

Der Dualismus des sowjetischen antithetischen Kampfbildes ist, durchaus in Übereinstimmung mit Reumann, ein radikaler: Den Gegnern wird alles Böse, Negative = alle Minus-Aussagen zugeschoben, eine Differenzierung findet nicht statt.[60]

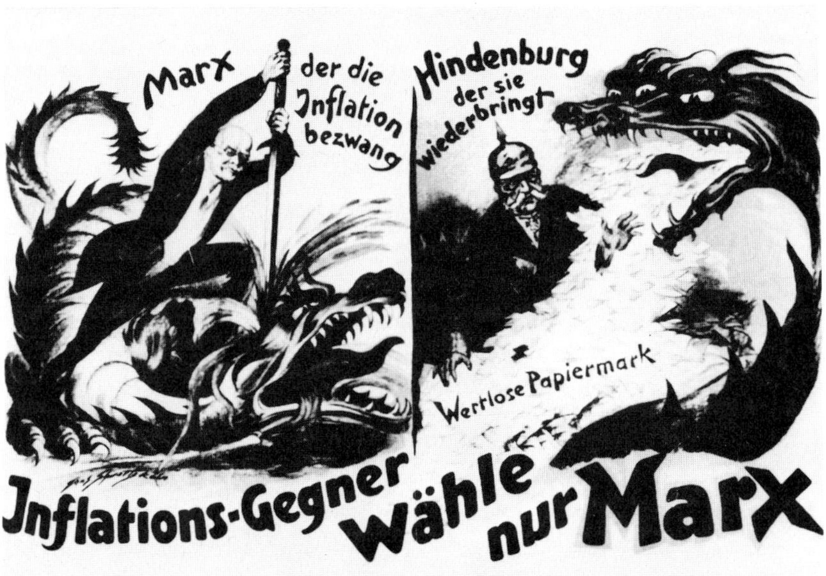

3 Marx, der die Inflation bezwang. H. Scholtz, Köln 1925.

[59] Ebd. 31.

[60] Reumann geht auf die »Klassentypen der kommunistischen Karikatur« (137–218) ein, bezieht sich dabei auch stark auf die Karikatur in der DDR.

In einem vom Verein »pro Plakat« herausgegebenen Vortragsband zum Thema »Politische Kommunikation durch das Plakat«[61] enthält der Beitrag von Vera Horvat-Pintarić über die Plakate der Pariser Studentenunruhen von 1968 einige interessante Überlegungen. Horvat-Pintarić versucht eine Klassifikation des politischen Plakats. Leider ist ihre Unterscheidung, »welche Einstellung zur Wirklichkeit« bzw. »zum Bestehenden« »in der Plakatbotschaft zum Ausdruck kommt«[62], weil Begriffe wie »Wirklichkeit« und »das Bestehende« nicht bestimmt wurden, wenig brauchbar. Horvat-Pintarić unterteilt die Plakate in zwei Gruppen: (1) in »Plakate, die Kritik am Bestehenden üben« – mit der Unterscheidung in Protest- und Aktionsplakate, und (2) in »Plakate, die sich für die Erhaltung des Bestehenden einsetzen«, mit der Differenzierung danach, ob das jeweilige Plakat (2a) »Mittel einer freien politischen Propaganda« ist oder aber (2b) einer »einseitigen«.[63]

Die Gegenüberstellung von kritischen und konservativen Plakaten vernachlässigt jenen Aspekt der Propaganda, der oben als »erzieherischer« oder »evolutionärer« Zweck von Meinungsbeeinflussung angeführt wurde. Diese Propaganda kann vom Staat ausgehen, aber auch von gesellschaftlichen Kräften, Parteien, Kirchen, informellen Gruppierungen. Sicherlich beruht auch der Versuch evolutionärer Veränderung auf der Kritik am Bestehenden, keinesfalls aber sollte man Plakate, die *für* neue gesellschaftliche Wertsetzungen plädieren, unter die Protest- oder Aktionsplakate subsumieren. Konsenswerbung für evolutionierende Aktivitäten sollten von Protest- und Aktionsplakaten einerseits, von systemstabilisierender Propaganda des Staates andererseits abgegrenzt werden.

Man könnte das Modell von Horvat-Pintarić insoweit adaptieren, daß man die Situation politischer Konkurrenz (die eine Freiheit öffentlicher Meinungskundgebung impliziert) von der Situation totalitärer Manipulation unterscheidet. In der Konkurrenz-Situation wären konservative, evolutionäre und revolutionäre Plakat-Absichten zu differenzieren, indes die totalitäre Situation nur offizielle und illegale Propaganda aufweist, die eine edukativ, die andere systemsprengend.

Wichtig ist bei Horvat-Pintarić die Unterscheidung der konkurrierenden »Parteienlandschaft« von der Propaganda-Hegemonie im Sinne des von Mede-

---

[61] *Politische* Kommunikation durch das Plakat. Bonn 1975, darin: C. Hundhaussen: Über das politische Plakat, 11–44; V. Horvat-Pintarić, Das politische Plakat, 45–96; F. Ronneberger, Leistungen und Fehlleistungen der Massenkommunikation, insbesondere bei politischen Parteien, 97–126.

[62] Horvat-Pintarić (Anm. 61) 48.

[63] Ebd. 51.

bach Beschriebenen. Die Erziehungspropaganda einer einzigen Staatspartei, zu sehen in Sowjetrußland bald nach der Oktoberrevolution, in NS-Deutschland fast schlagartig nach der Machtergreifung Hitlers, pervertiert nach der Stabilisierung der politischen Lage zur Manipulation der öffentlichen Meinung mit Hilfe moderner »Führungsmittel«.[64]

Daß der soziale Rahmen die Möglichkeiten der Verhaltenssteuerung determiniert, wird auch von der modernen Werbepsychologie gesehen. »Ob das jeweilige soziale Umfeld die verhaltenssteuernden Wirkungen einer Werbung auf einzelne Zielgruppen hemmt, hinnimmt oder verstärkt, hängt davon ab, inwieweit das Umfeld selbst in der gleichen Weise wie der einzelne gesteuert wird. [...] Hier stoßen wir wieder auf die Bedeutung der öffentlichen Meinung. In einem System, in dem diese gleichgeschaltet ist, fehlen wichtige Einflüsse, welche der Verhaltenssteuerung des einzelnen (von einzelnen Zielgruppen) entgegenwirken«.[65]

Probleme dieser Art werden von politologisch ausgerichteten Untersuchungen behandelt, etwa in dem Werk von Heidrun Abromeit über »Wahlwerbung und Wirtschaftswerbung in der Bundesrepublik«[66]. Mit Hilfe von qualitativen Inhaltsanalysen, überwiegend auf der Basis sozialpsychologischer Begriffe, vergleicht die Verfasserin politische und ökonomische Reklame der Gegenwart. Aus der Reklameforschung wendet sie zahlreiche Termini (Schlüsselwort, Konformitätsdruck usw.) auf die Sprache der politischen Propaganda an. Ihre Interpretationen bis hin zur Frage langfristiger Folgen komplexer Propaganda – etwa das Stichwort der Systemstabilisierung durch Entpolitisierung – bilden, gemeinsam mit dem von G. Müller aufbereiteten Material[67] – eine Basis für die Interpretation von Plakatparolen auch der ersten Jahrhunderthälfte.

2. Das politische Plakat als Quelle für den Historiker

Als Gattung historischer Quellen betrachtet, spielte das politische Plakat bisher eine marginale Rolle. Bezeichnend ist, daß es ein Soziologe war, der die Frageansätze Schockels und Medebachs wieder aufgriff und »Die politische Affiche in

---

[64] Diesem Thema ist gewidmet Schütte (Anm. 13) passim.

[65] Kroeber-Riel (Nr. 35) 46.

[66] H. Abromeit, Das Politische in der Werbung. Wahlwerbung und Wirtschaftswerbung in der Bundesrepublik. Opladen 1972.

[67] G. Müller, Das Wahlplakat. Pragmatische Untersuchungen zur Sprache in der Politik. Tübingen 1978.

der ›Weimarer Zeit‹« als historisches Phänomen darstellte – zum Zwecke der Gegenüberstellung mit der aktuell-politischen Wahlwerbung.[68]

Wesentlich später erst begannen Historiker, sich mit den methodischen und didaktischen Problemen dieser Quellengruppe zu befassen. Daß der erste Versuch dieser Richtung in der Zeitschrift »Geschichte in Wissenschaft und Unterricht« erschien und starken Bezug zum Geschichts*unterricht* hatte, läßt erkennen, daß das Plakat vor allem als Anschauungsmedium angesehen wurde. Der Versuch Volker Haertels, ein antithetisches Kampfbild, »Hitler contra Hindenburg« zu analysieren[69], kann leider nicht als gelungen angesehen werden. Das untersuchte Bild ist *kein* Plakat, sondern Seite 2 eines vierseitigen Flugblattes mit weiteren Illustrationen[70], es wendet sich keineswegs »korrekt-demokratisch an mündige Bürger«[71], weist vielmehr alles Gute der eigenen, alles Böse der Minus-Partei zu. Die Interpretation Haertels kann insofern nicht »als Exempel gelten«.[72]

Von grundsätzlichem Interesse ist der Beitrag zum »Diskussionforum« der Zeitschrift »Geschichte und Gesellschaft« von Manfred Hagen, »Das politische Plakat als zeitgeschichtliche Quelle«[73], weil er das hilfswissenschaftlich-methodische Problem für den Historiker formuliert. Hagen bezeichnet ausdrücklich das politische Plakat als eine »eigenständige Gattung nichtschriftlicher oder Bild-Text-Quellen«.[74] In der Fußnote zu diesem Zitat schließt er »das reine Textplakat (insbesondere das Plakat mit längeren, voll ausformulierten Sätzen)« als Sonderform der Wortpropaganda aus seiner Untersuchung aus. Auch die lediglich informierende Veranstaltungsankündigung und Vergleichbares hat für ihn kein interpretatorisches Interesse.

> »Um so mehr gilt das Augenmerk der Schein-Information, die unter dem bestimmenden Agitationszweck des politischen Plakats fast stets auf werbende Überhöhung oder denunzierende Unterstellung hinausläuft.«[75]

---

[68] Reimann (Nr. 134) kann als eine Art historische Einleitung in das aktuelle Thema gelten, das in Teil II des Beiheftes behandelt ist: Die Plakatpropaganda der Parteien im Bundestagswahlkampf 1961. Die politische Affiche – entideologisiert? (30–39).

[69] V. Haertel, Hitler contra Hindenburg – Analyse eines politischen Plakats. Plakate als Mittel fachübergreifenden Unterrichts, in: Geschichte in Wissenschaft und Unterricht 26 (1975), 733–743.

[70] Bundesarchiv Koblenz, Plakatsammlung Nr. 2/16/22.

[71] Haertel (Nr. 23) 735.

[72] M. Hagen, Das politische Plakat als zeitgeschichtliche Quelle, in: Geschichte und Gesellschaft 4 (1978), 414.

[73] Ebd. 412–436.

[74] Ebd. 414.

[75] Ebd. Anm. 6.

Derlei Einschränkungen wird man in einem kurzen Aufsatz machen dürfen, dennoch ist zu bedenken, daß Wortplakate einen guten Teil der Plakatpropaganda ausmachen. Interessanter sind in jedem Falle die Bild-Wort-Kombinationen, dennoch sollen auch die bildlosen »Anschläge« ihre Stelle erhalten. Eines der methodischen Hauptprobleme, das auch Hagen formuliert, wenn er sein Augenmerk auf die »Schein-Information« richtet, liegt eben in der verbalen Aussage des Plakats, sei sie von einem Bild begleitet, von ihm dominiert oder nicht. Wie sollen wir Informationen von »Schein-Information« unterscheiden? Oder dieselbe Frage andersherum: Wie definiert man »Information«, damit man »Nicht-Information« oder »Schein-Information« überhaupt feststellen kann? Wir können weitergehen und erklären, auch »denunzierende Unterstellung« sei Information. Oben ist bereits darauf hingewiesen worden, daß theoretisch und praktisch auch die *Falsch*information zum Begriff der Propaganda gehört. Anderer-
4 seits bilden Schein-Informationen, wie sie vordergründig etwa das Plakat *»Madige Schinken«* bietet, häufig den Stolperdraht für eine ganz andere Botschaft, in diesem Falle die Einladung zu einer nationalsozialistischen Propagandaveranstaltung. Aber auch die Tatsache, daß die NSDAP offensichtlich mit der Einzelhandelslobby liiert war, daß die Propagandisten sich viel davon versprachen, mit einem möglicherweise verdorbenen Warenhausartikel zur Sympathisantenwerbung auszuziehen, ist Information für den Historiker.

Natürlich geht Hagen auf die Funktion des Plakates ein, *»in Sekundenschnelle«* zu beeinflussen, den Passanten

> »der sich voraussichtlich mit der beabsichtigten Aussage nicht freiwillig beschäftigen wird, mit großformatigen und optimal placierten Aufrufen im Flug zu erreichen, seine Aufmerksamkeit optisch zu erzwingen, die nur fünf Schritte währende Aufmerksamkeitsspanne maximal zu nutzen und die ›Botschaft‹ schnellstens einzuprägen; volles Verstehen und tieferes Verarbeiten sind dabei nicht wesentlich.«[76]

Der Verfasser betont hier jene Funktion des Plakats, die Medebach die »aktionstragende« genannt hat: den sich Entziehenden doch zu erreichen, wobei gleichgültig sein kann, ob die Verweigerung aus politischer Opposition, politischer Abstinenz oder einfach aus Übermüdung und Überdruß erfolgt.

Insofern müssen wir Hagens Publikumsschilderung relativieren: »Der nachdenkene, zuhörende oder diskutierende, also der aktiv und vorsätzlich politischen Problemen zugewandte Mensch«[77] ist in jedem Falle auch Adressat des Plakats – denn er ist doch auch derjenige, der sich irre machen läßt, der vielleicht

---

[76] Ebd. 412.

[77] Ebd.

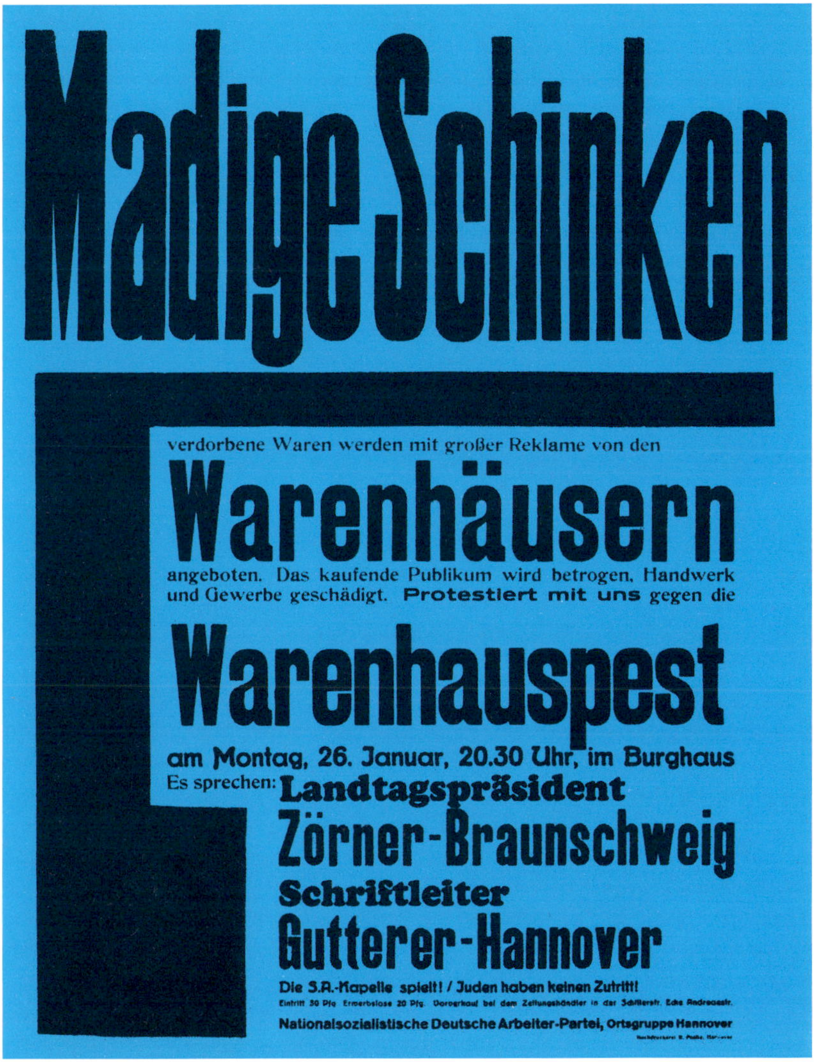

4 Madige Schinken. L. Gutterer, Hannover 1932.

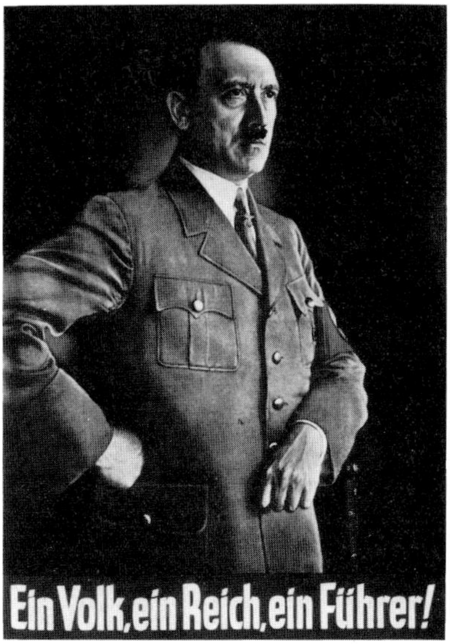

5 Ein Volk, ein Reich, ein Führer! Berlin 1938.

einem neuen Impuls (wie ihn Lüthy so pointiert formuliert hat) zugänglich ist. Der überzeugte Anhänger der einen Partei muß zumindest potentieller Adressat der konkurrierenden sein – wie wären sonst die Erfolge der NSDAP bei der zuvor von SPD und den Linksparteien beherrschten Arbeiterschaft zu erklären? Plakatpropaganda ist überdies – das wäre der zweite Einwand – keineswegs identisch mit Partei- oder Wahlpropaganda. Das Phänomen der von breitem Konsensus in Staat und Gesellschaft getragenen Propaganda, etwa die Rekrutierungskampagnen der Alliierten im Ersten Weltkrieg, bleibt bei Hagen außerhalb des Blickfeldes. Oben wurde versucht, den Begriff der Propaganda von seiner einseitig negativen Konnotation zu befreien – darauf muß hier noch einmal verwiesen werden. »Die Situation des Krieges stellt an die Bevölkerung der beteiligten Länder Anforderungen, die in deren friedensmäßigem Erziehungsprogramm nur unvollständig berücksichtigt zu sein pflegen; wir haben damit eine Lage vor uns, in der Propaganda typischerweise auftritt.«[78] Hier wird Propaganda genannt, welche die beschleunigte Anpassung an neue Herausforderungen, seien es Krieg oder Revolution, bewirken hilft. Sie stabilisiert das in einer Krise befindliche System durch Evolutionierung. Dieser Aspekt von Propaganda ist für die Untersuchung des politischen Plakats von großer Bedeutung.

[78] Hofstätter (Nr. 25) 283.

In der Interpretation Hagens ist der Gesichtspunkt systemstabilisierender Plakatpropaganda in der Sowjetuniotn wie im Hitlerreich durchaus berücksichtigt, wenn auch immer mit dem Vorbehalt negativer Bewertung.

»Auf dem berühmten NS-Plakat mit dem Text ›*Ein Volk – ein Reich – ein* 5
Führer‹ strahlt der in Cäsarenpose dargestellte Hitler, weitgeöffneten Auges verantwortungsschwer in die Zukunft blickend, die Suggestion geballter Führungskraft aus, und der maschinenpistolenschwingende ›Che‹ Guevara [...] kommt für den beabsichtigten Appell sogar ganz ohne Text aus, ebenso der über frohgläubigen Volksmassen schwebende Ho Tschi-minh, der mit weitausgreifendem Arm den Himmel zu öffnen scheint.«[79]

Die spöttische Distanz des Verfassers zu den Objekten seiner Untersuchung ist sicherlich legitim, sie ist wohl im Falle Hitlers sogar normativ, doch hätte man funktionale Überlegungen anschließen können, die dazu führen würden, daß das Bild des Führers zu den »Miranda« gehörte, die dem Staatsvolk vorgeführt werden müssen. Schon in spätantiken »Amtsstuben« hingen Kaiserbilder (laurata) als Zeichen der Omnipräsenz des Herrschers.

Ungeachtet dieser Einschränkungen sind die Ausführungen Hagens über Blickfang, Stereotypen positiver und negativer Art, über Symbole und Anti-Symbole und anderes vom Standpunkt des Historikers ein wesentlicher Fortschritt gegenüber dem bisherigen Stand der Forschung.

Das ungemein wichtige Thema der *Wirkung* von Plakaten wird von Hagen klar gesehen. Ob man allerdings im Wissen, daß die Zentrumspartei 1932 einen starken Popularitätsschwund erlebt hat, auf das Plakat dieser Partei mit der
Parole: *»Brüning, der Freiheit und Ordnung letztes Bollwerk. Wahrheit, Freiheit,* 6
Recht. Wählt Zentrum Liste 4« weisen und *»Verunsicherung und rapide abnehmende Standfestigkeit«*[80] konstatieren darf, bleibt doch strittig. Man sollte sich bei dieser Gelegenheit deutlich machen, daß die Interpretation von Bildern generell in weit höherem Maße subjektiv ist als die sprachlicher Texte. Das läßt sich an großen Kunstwerken leicht erweisen, bedenken wir, daß ganze Stile und Epochen, einschließlich ihrer Spitzenkönner, lange Zeit mißachtet werden, bis die psychische Disposition einer Generation zu ihrer »Entdeckung« und zur Evaluierung auch der minder wichtigen Werke führt. Was für Kunstwerke gilt, ist auch für jene Bilder von Bedeutung, die den Anspruch »Kunst« nicht erheben – es sind die meisten jeder Epoche.

---

[79] Hagen (Nr. 115) 423; dazu K. Weber, Führer und Geführte, Monarch und Untertan. Eine Studie zur politischen Ikonologie und ihre unterrichtliche Umsetzung. Frankfurt a. M. 1978, 23–25.

[80] Hagen (Nr. 115) 426.

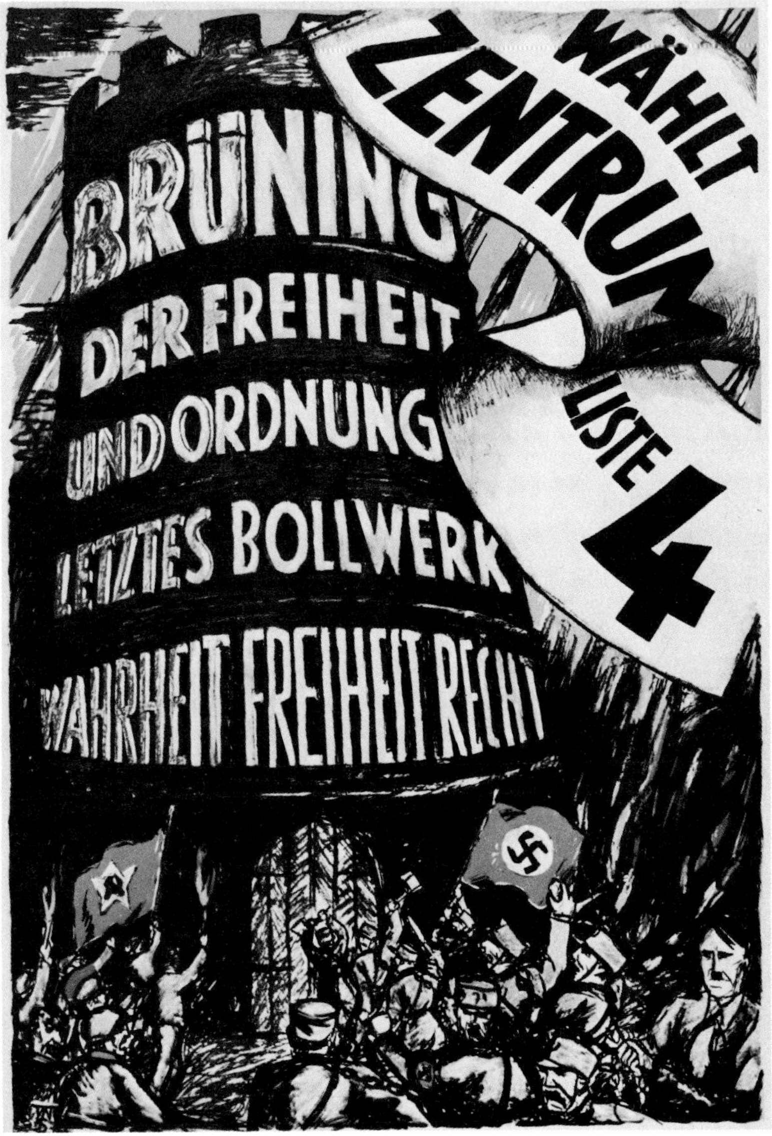

6 Brüning, der Freiheit und Ordnung letztes Bollwerk. Wahrheit, Freiheit, Recht. Wählt Zentrum Liste 4. – Brüning wurde als Reichskanzler am 30. 5. 1932 von Hindenburg entlassen, Reichstagswahlen fanden am 31. Juli und 6. November statt.

In der oben zitierten Schilderung des Hitler-Bildes hat M. Hagen durch einige ironisch überzogene Attribute (»*Cäsaren*pose, *weit*geöffneten Auges, verantwortungs*schwer*«) das Bild seiner Aura entkleidet, die es zu seiner Zeit sicherlich gehabt hat. Für den Historiker ist jedoch die Information von großem Belang und nicht durch Ironie zu verschütten, daß dieser Typ des Herrscherbildes eine Generation zuvor Aura, Charisma verströmte.[81]

Hagen arbeitet klar die Emotionalität der Plakatsprache heraus, vor allem die Aggressivität, Angriffslust der radikalen Parteien in den »Kampfjahren« (vgl. den Titel der Dissertation von Medebach) und in der Kriegspropaganda. Dabei hebt er die Sonderrolle des Plakats innerhalb der Propaganda hervor, vor allem, daß »radikale, handgreifliche, kompakte oder stark vereinfachte Appelle einen kürzeren Weg zum Bild finden als subtilere Entscheidungsfragen«.[82] Daß die bürgerlichen Parteien beim Einsatz des Bildes zaghafter waren, dürfte sich auf die Wortgläubigkeit der bürgerlichen, vor allem protestantisch-bürgerlichen Schichten zurückführen lassen. Das Wort bildete – aus der jüdisch-christlichen Tradition heraus – das dominante Kommunikationsmedium, das Auge war als Leseorgan lediglich Hilfsmittel für das »innere Ohr« geworden. Die Unterschichten lebten zwar nicht – wie in Sowjetrußland – analphabetisch, aber doch wohl ohne tiefere Bindung an argumentative Redeweise. So haben sich die schriftlichen Redeschlachten über den Köpfen der Massenwähler abgespielt, indes Kommunisten und Nationalsozialisten ihre Kommunikationsformen auf das Verstehensniveau ihrer Wähler einstellten, indem sie Bild und Schlagwort kombinierten.

Eine besondere, von Hagen mehrfach betonte Möglichkeit des Bildplakates ist es,

> »Behauptungen oder Ziele zu propagieren, deren Verbalisierung das Risiko faßbarer Eindeutigkeit und damit auch die Gefahr einer Strafverfolgung mit sich bringen würde.«[83]

Das Bildzeichen ist eben seiner Natur nach mehrdeutig, unbegrifflich und kann auf diese Weise vom Juristen kaum erfaßt werden. Wenn eine Propaganda Feindbilder und Sündenböcke braucht, sind sie durch Plakat-Karikatur »in heimtückischer Demagogie« leicht der Bevölkerung einzuflößen, Beispiele dazu führt Hagen reichlich an.

Über das politische Plakat der Sowjetunion als historische Quellengruppe

---

[81] Interessante Interpretationen zu diesem Thema finden sich bei Weber (Nr. 64) passim.

[82] Hagen (Nr. 115) 427.

[83] Ebd. 417, 428.

sind in jüngster Zeit zwei sehr unterschiedliche Beiträge erschienen. Der eine[84] ist überwiegend methodologisch ausgerichtet, jedoch von anderen Prämissen ausgehend als M. Hagen, der andere[85] klassifiziert die verschiedenen Wurzeln des sowjetischen Plakats, skizziert die organisatorische Entstehung der Plakatproduktion und geht dann – teils auf unveröffentlichtes Archivmaterial gestützt – auf die bedeutendsten Plakatkünstler des frühsowjetischen Plakats ein. Von besonderem Interesse ist die Darlegung der Gründe, warum die Qualität der Plakatpropaganda so früh ihren Niedergang erlebte.[86]

3. Methodische Ansätze zur Erklärung von Bild-Text-Plakaten

Bilder haben die Aufgabe, Anschauung von Sachverhalten zu geben, die wir *ohne* Bilder nicht sehen könnten. Dabei sagt der Ausdruck »eine Anschauung von etwas geben«, daß Anschauung eben nicht die Realität jenes Sachverhaltes bietet, sondern etwas anderes, ein Modell, ein Zeichen. Je nach der Dichte der Zeichenelemente, von der Umrißzeichnung bis zur Farbfotografie, wird im Betrachter ein Wiedererkennen oder »das Gefühl täuschender Ähnlichkeit« hervorgerufen. Die Möglichkeit, beim Betrachten eines politischen Plakats einer illusionistischen Täuschung zu verfallen, ist immerhin recht gering. Wir haben in den Plakaten nur Spuren jener Phänomene, welche die an der imitatio naturae orientierte Kunst pflegt. Die überwiegende Zahl der Plakate gibt sich auf den ersten Blick als nichtnaturalistisch zu erkennen, sei es durch »Plakativität« oder den Gehalt an verzerrender Karikatur, sei es durch Kompositionsbrüche à la Fotomontage oder ähnlich.

Das Problem ist immerhin formuliert: Wer uns mit Plakaten umstellt, will die sinnliche Anschauung lenken, eventuell täuschen. Das wurde von Lüthy essayistisch-pointiert beschrieben, bei Medebach begrifflich erfaßt und von allen Autoren mehr oder minder klar herausgearbeitet. Man kann diese Manipulation an vielen verschiedenen Beispielen exemplifizieren, darüber hinaus aber muß versucht werden, ein *Verfahren* zu finden, mit dessen Hilfe man jedes Plakat erschließen und fachkundig analysieren kann. Es geht also um Theorie und Methode für die Interpretation der *Quellengattung* »politisches Plakat«. Wie

---

[84] F. Kämpfer, Das frühsowjetische Plakat als historische Quellengruppe. Ein Beitrag zur Erkenntnistheorie des politischen Bildes, in: Forschungen zur Osteuropäischen Geschichte 25 (1978), 156–168.

[85] S. White, The Political Poster in Bolshevik Russia, in: Sbornik, Study Group on the Russian Revolution, 8 (1982), 24–37.

[86] White (Anm. 85) 32–33.

jede andere historische Quelle auch, ist das politische Plakat ein Überrest der Vergangenheit, damit ein Zeichen für gewesene Verständigungshandlungen und ein Text mit Informationen verschiedener Art. Aus diesem letzten Satz kann man mehrere Schlüsselbegriffe herausziehen und dazugehörige Theorien finden: Das Plakat war ein *Zeichen* von Seiten des Plakatproduzenten an den Plakatrezipienten, also müßte die *Zeichentheorie* (Semiotik, Semiologie) methodische Anleitung geben können. Sofern das Plakat Vehikel für *Informationen* gewesen ist, kann man die *Informations*- oder Kommunikationstheorie befragen. Schließlich lassen sich politische formal nicht von ökonomischen Plakaten scheiden – methodische Anleihen auch bei der *Werbepsychologie* könnten weiterführen.

Zeichentheorie[87]

Zeichen sind alle jene sinnlich wahrnehmbaren Objekte, die zur Zeichengebung verwendet werden. Plakate sind Zeichen, oder genauer »Zeichenträger« (sign vehicles), aus dem Gebiet sozialer Kommunikation. Die Unterscheidung von Zeichen und Zeichenträger hat innerhalb der visuellen Kommunikation den Sinn, zwischen dem eigentlichen Bedeutungsträger und seiner materiellen Basis, die zugleich Bestandteil des Kontextes ist, zu differenzieren. Der Leninkopf 7
zum Beispiel ist in der sowjetischen Kultur ein sehr bedeutsames Zeichen. Man findet ihn auf monumentalen Bildern, Plakaten, Gemälden und ihren Reproduktionen, ebenso auch auf Gegenständen wie Orden, Banknoten und Briefmarken. Dasselbe Zeichen (in nur geringfügiger Variantenbreite) erscheint in Gestalt unterschiedlicher Zeichenträger, die nicht nur in Form und Material voneinander abstechen können, sondern auch auf sehr verschiedene Weise wahrgenommen werden. Im Extremfalle muß man zum Betrachten eines Bildes seine Füße zu Hilfe nehmen, sei es, um ein monumentales Gemälde *abzuschreiten,* sei es, daß man *zurücktritt,* um eine Bildfläche ganz in den Blick zu nehmen. Andererseits finden wir das Zeichen »Leninkopf« auf winzigen Zeichenträgern,

---

[87] Die Zeichentheorie (Semiotik, Semiologie) umfaßt intentional *alle* Zeichenprozesse. Sie ist an der menschlichen Sprache (dazu s. u. anläßlich der Plakatparolen) entwickelt worden und befaßt sich nur nebenher mit der Bild-»Sprache« des Menschen. Als Einführung sehr zu empfehlen ist das Werk von G. Kerner und R. Duroy, Bildsprache, München, Bd. 1, 2. Auflage 1978, Bd. 2, 1981. Weiterhin ist zu nennen U. Eco, Einführung in die Semiotik, München 1972, und R. Barthes, Elemente der Semiologie, Frankfurt 1983. Die Terminologie der Semiotik ist nachzuschlagen in: *Wörterbuch* der Semiotik, hrsg. von M. Bense und E. Walther. Köln 1973.

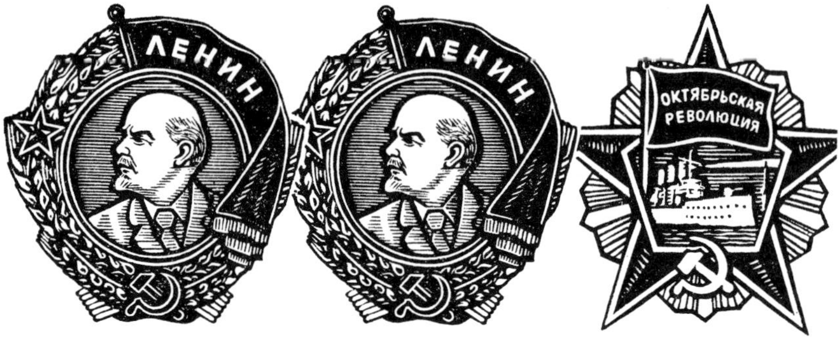

7 a) Leninorden in der Titelleiste der »Pravda«.

die ohne Blickbewegung von dem (sehr kleinen) Blickwinkel des Auges erfaßt werden können.

Bilder sind Zeichen, die Gegenstände oder Sachverhalte denotieren, indem sie sie abbilden oder bestimmte ihrer Eigenschaften imitieren.[88] Das Bild muß dabei keineswegs tatsächlich vorhandene Objekte bezeichnen: Jedermann weiß, daß es weder Drachen noch Flugpferde gibt, und dennoch findet man auf

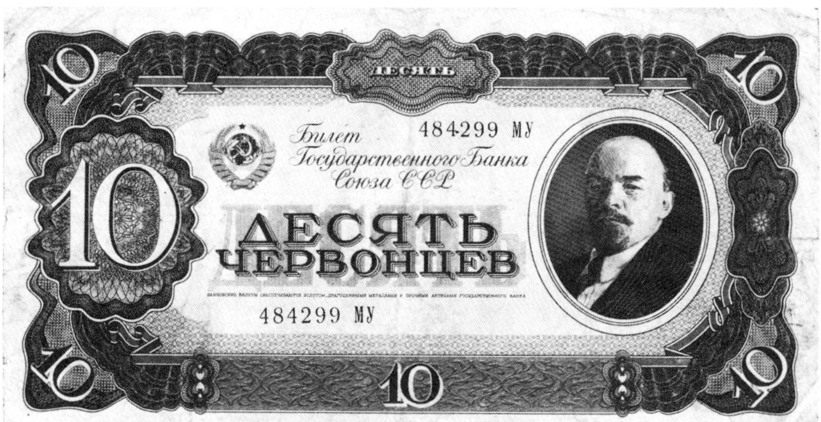

7 b) Sowjetische Banknote von 1937.

[88] Die multidisziplinäre Diskussion, wie sich Bilder zur Objektwelt verhalten, kann hier nicht wiedergegeben werden. Ich zitiere lediglich eine der für dieses Problem gültigen Lösungen: »Das einzige Merkmal, welches ein Bild haben muß, um Abbild einer bestimmten Sache zu sein, ist eine *Anordnung von Elementen*, welche der Anordnung von hervor-

vielen Bildern Drachen oder Pegasus. Auch die Konstruktionszeichnung eines erst zu bauenden Automodells bildet ab, obwohl der Gegenstand erst in der Zukunft existieren wird. Ebenso wie man künftige Sachverhalte darstellen kann, so auch vergangene. Jedes Historienbild ist ein ikonisches Zeichen *(Ikon)* der gemeinten Sachlage.

Symbole im Sinne der Semiotik sind u. a. die sprachlichen Zeichen. Das deutsche Wort »Papier« hat mit dem bezeichneten Gegenstand nicht mehr gemeinsam als die sprachliche Konvention, die beides aufeinander zuordnet. Bildliche Symbole sind gleichfalls aufgrund gesellschaftlicher Absprache zu erklären. So kann das Kreuz das Symbol für eine religiöse Gruppe, eine mathematische Operation oder andere vereinbarte Zwecke sein.

Das indexikalische Zeichen *(Index)* bezieht sich unmittelbar auf Objekte, wie etwa Hinweis- oder Richtungspfeile. Auch Symbole können indexikalisch verwandt werden, wenn z. B. das Kreuz auf dem Kirchturm die Ortsanzeige für die Kirche bildet.

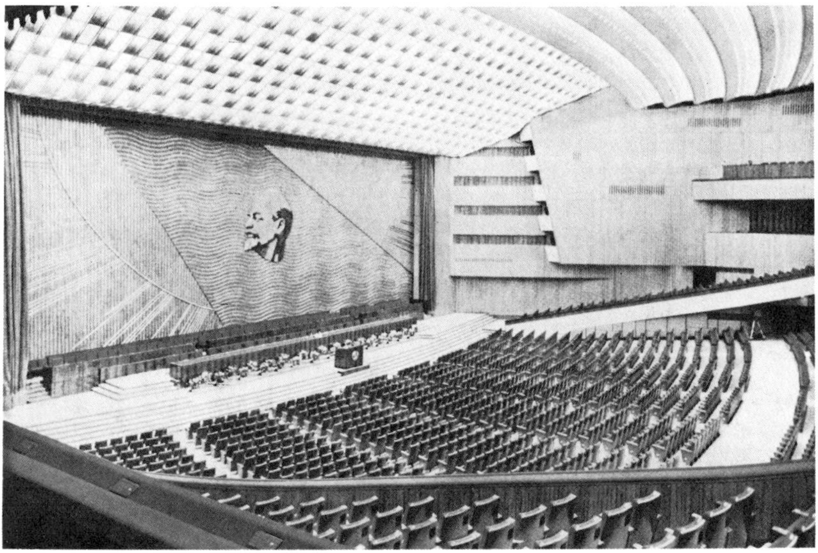

7 c) Kreml-Palast in Moskau, erbaut 1961.

---

stechenden visuellen Elementen des Gegenstandes *analog* ist«. S. LANGER, Philosophie auf neuen Wegen, 1965, 78 (Hervorhebung von mir, FK). Neben dem Werk von S. Langer ist zu nennen N. GOODMAN, Sprachen der Kunst. Ein Ansatz zu einer Symboltheorie. Frankfurt 1973.

Einer der möglichen Wege, die semiotische Methode zu charakterisieren, wäre ein Vergleich mit dem Vorgehen des Kunsthistorikers. Das kann hier natürlich nur oberflächlich geschehen, in eine pseudo-temporale Folge gebracht, die so vereinfacht auch bei leicht zu interpretierenden Plakaten nicht durchzuhalten wäre.

Der Kunsthistoriker rekonstruiert die Genese eines Kunstwerkes, wobei Auftraggeber und Produzent (Künstler) die Schlüsselfiguren zu sein pflegen.

Er analysiert die Erscheinungsformen des Bildes und eruiert die Herkunft seiner Elemente sowie die unterschiedlichen Bedeutungsschichten innerhalb der Bildaussagen.

Schließlich wendet sich der Kunsthistoriker der Geschichte des Bildes zu, verfolgt den Prozeß seiner Auratisierung zum Kunstwerk, sein Dasein im historischen Milieu (Aufstellung, Auktionierung, Raub . . .), seine Wirkung auf spätere Bilder (Plagiierung, Fälschung, Reproduktion usw.) und Menschen (Käufer, Dichter, Kunsthistoriker).

Das Schema Genese – Bedeutungsform – Wirkungsgeschichte mag der modernen Kunstwissenschaft nicht ganz gemäß sein, deutet aber doch in Annäherung die traditionelle Methode des Bildbeschreibens an.

Den Semiotiker interessiert zunächst das Repertoire sowie die vorliegende Erscheinungsform von Zeichen und Zeichenträger, ihre Zusammensetzung aus Elementen und evtl. die Ordnung der Zeichen zu Komplexen. Beim Plakat sind die *Elemente,* wie Schriftblock oder Bilder, leicht zu unterscheiden, als *komplexes* Zeichen wäre etwa eine vollgeklebte Plakatwand anzusehen. Die Zergliederung des Zeichens, die Verbindung zu anderen Zeichen, Bildern, Schrifttexten, überhaupt alle Relationen von Zeichen zu Zeichen werden von der *Syntaktik* behandelt.

Der nächste Gesichtspunkt, subsumiert unter dem Begriff der *Sigmatik,* sind die Beziehungen der Zeichen zu den von ihnen ikonisch wiedergegebenen Denotaten. Ob eine menschliche Figur karikiert, typisiert oder monumentalisiert, ob eine Sachlage fotografisch oder metaphorisch dargestellt ist, gehört in diesen Bereich.

Das komplizierte Problem der Bedeutung von Zeichen wird in der *Semantik* untersucht. Bedeutungszuweisung und -vereinbarung gehören zu den Grundbedingungen des Zeichens. Der Unterschied zur kunstwissenschaftlichen Fragestellung liegt in der Betonung des kommunikativen Aspekts: Das Zeichen designiert, signifiziert etwas *für* einen Empfänger, *zum Zweck* einer Interpretation durch den Empfänger. Das ist für das politische Plakat besonders leicht einsichtig.

Hatte die kunsthistorische Methode die Schöpfer von Kunstgegenständen methodisch von jenen getrennt, die als Betrachter, Käufer oder Sammler in der

Wirkungsgeschichte des Objektes auftreten, so vereint der *pragmatische Teil* der semiotischen Untersuchung alle unter dem gemeinsamen Merkmal, daß sie das Bild als Zeichen benutzen, die einen zur Abgabe, die anderen zum Empfang von Informationen. Die *Pragmatik* umfaßt alle psychologischen und soziologischen Aspekte des Zeichenprozesses.

Die eingangs aufgeworfene Frage, was die Zeichentheorie für die Interpretation von Plakaten hergebe, kann vor allem mit dem Hinweis darauf beantwortet werden, daß die Semiotik neben der kunstgeschichtlichen Methode das einzige Bilderklärungssystem entwickelt hat. Für Bild-Schrift-Texte erweist sich die Semiotik insofern als besonders attraktiv, weil ihre Kategorien in gleicher Weise für sprachliche Texte und Mischformen angewendet werden können.

Die Zeichentheorie liefert eine Methode zur Klassifikation von Bildelementen, Bildern und Bildkomplexen, wie sie in der modernen Massenkommunikation alltäglich sind. Befaßt sich die Kunstgeschichte in der Regel mit Kunstwerken und Künstlern, welche sie isoliert und in der Vereinzelung interpretiert, so geht die auf visuelle Kommunikation bezogene Semiotik vom Trivialbild aus, das von Produzenten für Rezipienten hergestellt wird. Begriffe wie Zeichen*menge* oder Zeichen*ordnung* dienen dazu, über das (im Normalfalle durch einen, wenn auch häufig imaginären Rahmen definierte) Einzelbild hinaus moderne Bildzusammenhänge zu interpretieren.

Informationstheorie, Kommunikationstheorie

Informations- und Kommunikationstheorie sind mit der Semiotik eng verbundene Wissenschaften mit eigenen wissenschaftlichen Instrumentarien.[89] Auf das politische Plakat bezogen, wäre zunächst zu fragen, welche Erwartungen man in dieser Richtung formulieren dürfte. Ausgangspunkt könnte die Tatsache sein, daß das Plakat »in Sekundenschnelle« aufgefaßt werden soll, daß sich der Reklamefachmann tatsächlich mit der Sekunde als Zeitraum der Wirkungsmöglichkeit einer Anzeige befaßt. So ist durch empirische Studien herausgefunden worden, »entscheidend für die Erinnerungsleistung ist vor allem die erste Sekunde der Anzeigenbetrachtung. Elemente, die erst in der zweiten oder dritten Sekunde Beachtung finden, werden gleich gut bzw. schlecht erinnert«.[90]

---

[89] Eine Einführung bietet H. Paschen, Kommunikation, bsv-Studienmaterial. München 1974. S. auch A. Moles, Informationstheorie und ästhetische Wahrnehmung. Köln 1971.

[90] Kroeber-Riel (Nr. 35) 85.

Stehen kommunikative Situationen unter solchem Zeitdruck, ist die Frage nach der Leistungsfähigkeit der Informations*kanäle* und der Nachrichten-*Kodes* von beträchtlicher Bedeutung. Setzen wir voraus, daß der Historiker in der Regel reine Schrifttexte bearbeitet und Bilder lediglich als beiläufige Quellen ansieht, wird es von Nutzen sein, die spezifischen Formen visueller Apperzeption kennenzulernen. *Wie* wird ein Bild gelesen?

Die *Informations- oder Nachrichtentheorie* befaßt sich mit den Möglichkeiten technischer Nachrichtenübertragung, hat aber auch für die menschliche Verständigung wichtige Ergebnisse gebracht. Aus der Perspektive der Informationstheorie gesehen ist das menschliche Gehirn mit seinem Nachrichtenverarbeitungssystem allen bisher konstruierten Computern weit überlegen – es übt also auch auf die überwiegend technisch interessierten Wissenschaftler dieser Disziplin eine große Faszination aus.

Der Informationstheorie gemäß wählt jemand, der *Sender* genannt werden kann, aus einem Nachrichtenvorrat, dem *Repertoire,* bestimmte Nachrichten oder *Informationen* aus und läßt sie über einen *Kanal* einem *Empfänger* zukommen. Man hat nun, u. a. um das Aufnahmevermögen von Informationskanälen oder auch Empfängern messen zu können, sich auf eine Grundeinheit von Information, das *bit,* geeinigt. Es erwies sich als zweckmäßig, den elementaren Auswahlvorgang als Maßeinheit für Information zu nehmen, der dann vorliegt, wenn zwischen zwei Elementen eines Repertoires entschieden werden muß. Wenn A, B vorliegen und entschieden wird: »B, nicht A«, so nennt man das eine Binärentscheidung oder ein bit (von englisch binary digit). Die Informationseinheit *bit* bezeichnet den Wissenszuwachs aus der richtigen Wahl zwischen zwei etwa gleichwertigen Möglichkeiten. Die Entscheidungsfrage: »Ist heute der 15. April oder der 15. Mai?« wird durch einfache Wahl beantwortet werden können (vorausgesetzt, sie ist richtig gestellt). Ein anderes Beispiel zeigt *un*gleichwertigen Informationsgehalt bei einer solchen Entscheidungsfrage:

»Natürlich wird der mich in einem Restaurant bedienende Ober auf meine Frage ›Sind Ihre Eier frisch oder nicht?‹ mit sehr viel größerer Wahrscheinlichkeit eine positive als eine negative Antwort geben. Deshalb würde die Information, die mir eine negative Antwort vermittelt, eben weil ich sie nicht erwarte, sehr viel größer als die einer bejahenden Antwort sein, die mich in Wahrheit nicht mehr über die Frische der Eier informiert, als ich schon vorher informiert war.«[91]

Wir können hinzufügen: Weil der Kellner mit Sicherheit die Frische der Eier bejaht, wird die Information der Antwort annähernd null sein. Es hat also kaum

---

[91] Moles (Nr. 42) 39.

Sinn, diese Frage zu stellen, es sei denn, man will keine Information über Eier, sondern über glaubhaftes oder unglaubhaftes Verhalten von Kellnern.

Unser Auge und das es leitende Gehirn muß bei der visuellen Aufnahme jener Wahrnehmungsebenen, die prinzipiell möglich sind, und der einen, die für die momentane Wahrnehmung richtig ist, unterscheiden. Beim Lesen sollte uns nicht die Papierstruktur interessieren, obwohl sie mitten in unserem Blickfeld anzutreffen ist. Auch die Form der einzelnen gedruckten oder geschriebenen Buchstaben wird uns im Regelfall nicht beschäftigen. Damit unsere Aufnahmekapazität richtig *aus*gelastet und von nebensächlichen Dingen nicht *be*lastet wird, konzentrieren wir uns auf die Worte, die wir (in unserer Muttersprache zumindest) kennen. Immerhin, »eine Druckseite kann als Ansammlung von Lichtflecken in zwei Dimensionen (z. B. von einem Affen) angesehen werden, aber auch als Aufreihung von Buchstaben in linearer Dimension (z. B. vom Korrektor), als Aufreihung von Worten in einer Dimension (vom Leser) oder schließlich als ausdrucksvoller Schriftblock in zwei Dimensionen (vom Grafiker oder vom Metteur)«.[92]

»Ausdrucksvolle Schriftblöcke in zwei Dimensionen« sind charakteristisch für das Schriftplakat. Anders als Druckseiten, deren Aufgabe es ist, Buchstabenreihen in linearer Dimension aufzunehmen, haben die Blätter von Schriftanschlägen fast immer auch Ausdrucks- oder Aufmerksamkeitsfunktion. Die Informationsmenge eines Plakatblattes weicht von der einer Druckseite mit gleicher Buchstabenmenge ab, weil auch die Buchstabenform und -größe, die Anzahl der auf dem Blatt verwendeten unterschiedlichen Schriftformen u. a. m. Informationen an den Betrachter, etwa über Wichtigkeit oder gar Erhabenheit des zu Lesenden, zu vermitteln pflegen.

Daß die visuelle Wahrnehmungsfähigkeit des Menschen begrenzt ist, nutzt bekanntlich der Kinofilm aus: Die Bilder werden so schnell hintereinandergeschaltet, daß das Auge sie nicht mehr voneinander trennen kann. Die natürliche Aufnahmegeschwindigkeit des Auges kann man daran bemessen, daß sich unsere Aufäpfel häufig sehr rasch hin- und herbewegen, in bis zu vier verschiedene Einstellungen pro Sekunde. Im menschlichen Auge sieht nur die Fovea, der Punkt des schärfsten Sehens, wirklich genau – und auch das optimal nur dann, wenn beide Augen koordiniert auf einen Punkt gerichtet sind. Die um Fovea und »Gelben Fleck« gelegene Netzhaut sieht nur undeutlich, leitet aber den Blick auf mutmaßlich wichtige Punkte.

»Der ›Inhalt‹ jedes einzelnen Blicks ist also gleichsam immer eine Antwort auf

---

[92] Ebd. 60.

eine Frage nach dem, was gesehen werden wird, wenn irgendein Teil der peripher gesehenen Szene auf die Fovea gebracht wird.«[93]

Das gilt unter anderem auch für das Lesen, bei dem die einzelnen Wortgestalten zuerst unscharf von der Retina, dann scharf vom Augenpunkt der beiden Foveas gesehen und danach schließlich wieder von der Retina aus dem Aufmerksamkeitsbereich hinausgeleitet werden. Beim schnellen Lesen konzentriert sich der Blick bekanntlich nicht mehr auf jedes Wort, geschweige denn auf jeden Buchstaben. Der Lesende

> »muß das Material generieren, das er noch nicht betrachtet hat, und zwar aufgrund von Bruchstücken, die er tatsächlich schon gesehen hat«.[94]

Doch kommen wir zur Betrachtung von Bildern.

> »Vorab ist daran zu erinnern, daß die dem Auge von einem Bild (wie von der Originalszene selbst) dargebotene Reizanordnung dem Gehirn nicht simultan zur Verfügung steht: Nur was ins Gesichtsfeld des Auges gerät, ist überhaupt sichtbar, und nur was in den kleinen Ausschnitt der Fovea fällt, wird deutlich gesehen.«[95]

Jedes Bild enthält bestimmte Punkte mit erhöhtem Aufmerksamkeitswert (Bildschwerpunkt, Farbzentrum, Kontrastzentrum, u. a.), die zuerst in einer Folge von mehrfachen flüchtigen Blicken untersucht werden, dann werden die übrigen Teile des Bildes erkundet.

Die Methode der Blickaufzeichnung mit Hilfe spezieller Geräte wird sowohl in der Kunstwissenschaft als auch – und besonders – in der Werbepsychologie angewandt.[96] Von einem der Punkte, die dem Betrachter »ins Auge springen«, ausgehend, tastet der Blick die Oberfläche des Blattes ab. »Das Verweilen des Blickes auf einem Punkt wird Fixation genannt, die schnellen Sprünge dazwischen sind Saccaden. [...] Eine Fixation dauert zwischen 200 und 400 m/sec, eine Saccade zwischen 30 und 90 m/sec.«[97]

Wenn die Kunsthistoriker meinen, das »Bilderlesen« sei spontan und ungelenkt[98], dann widersprechen ihnen – auf Reklamebilder bezogen – die Werbe-

---

[93] J. Hochberg, Die Darstellung von Dingen und Menschen, in: E. H. Gombrich, Kunst, Wahrnehmung, Wirklichkeit. Frankfurt 1977, 80.

[94] Ebd. 82.

[95] Ebd. 83.

[96] Näheres mit Abbildung des Geräts siehe Kroeber-Riel (Nr. 35) 77–80. Zur kunsthistorischen Anwendung vgl. auch E. Kotova, Glaz i zakony krasoty, in: Iskusstvo 1966, Heft 12, 8–14.

[97] Ebd. 79.

[98] »Bilderlesen geht nicht in einem vor sich, sondern stückweise. Man überläßt sich zunächst dem Zufall und versucht dann, den gefundenen Einzelheiten weiter nachzuge-

praktiker und weisen mit Hilfe von Tests nach, daß automatische Orientierungsreaktionen den Betrachter dazu bringen, in einem Porträt etwa zuerst das Augenpaar zu fixieren.[99] Künstlerische Intuition oder werbepsychologische Erfahrung verhelfen dem Plakatkünstler dazu, die Aufmerksamkeit des Betrachters zu wecken und zu lenken.

Für die Informationstheorie ist das Plakat ein *»Kanal«,* der wie andere materielle Träger *Informationen* durch Raum und/oder Zeit übermittelt. Informationstheoretische Spezifika des Plakats wären die besondere *Kodierung* (meistens eine Mischung von Schrift- und Bildelementen, häufig mehrere Farben), das massierte Auftreten in kurzen Kampagnen, daraus sich ergebend spezielle Formen der *Redundanz* (Zeichenverschwendung, Wiederholung) und des *Rauschens* (Möglichkeiten von Unverständnis, Mißinterpretation).

Die *Kommunikationstheorie* hat mit der Informationstheorie viel gemeinsam, wie »informieren« und »kommunizieren« eng zusammengehören. Vieles von dem über Kommunikation Geschriebenen ist schon 1946 von Harold D. Lasswell in den Fragesatz gefaßt worden, der als Lasswell'sche Formel bezeichnet wird: »Who says what in which channel to whom with what effect?«[100] Gegenüber der reinen Informationstheorie ist bei Lasswell die *Empfänger*seite stark betont: die audience analysis und die effect analysis treten als wichtige Forschungsbereiche hinzu. Nun kennt zwar auch die Informationstheorie das feedback, also die Erfolgskontrolle, jedoch nur in auxiliärem Sinne. Für die vollzogene Kommunikation gehört neben dem auf den Partner einwirkenden Sender ein Empfänger, der die Botschaft tatsächlich aufnimmt und auf sie reagiert. Wenn für die Information ein Sprechakt wie die *Mitteilung* typisch ist, so kann man für Kommunikation die *Frage* oder den *Befehl* als charakteristische Erscheinungsformen betrachten. Kommunikation ist Verständigung, was nicht bedeuten muß, daß beide Partner denselben Anteil an der Verständigungshandlung haben. Im Gegenteil, nicht-symmetrische Kommunikation dominiert eindeutig über den symmetrischen Dialog. Für die Massenkommunikation, der das Plakat zugehört, sind Sender und Empfänger quantitativ und qualitativ unterschiedliche Größen.

Die Kommunikationstheorie – besonders die amerikanische Forschung, die durch ihren behaviouristischen Ansatz und das Bemühen um empirische Bestätigung charakterisiert ist – fragt intensiv nach der Empfängerseite der Kommuni-

---

hen, bis sich ein zusammenhängendes Bild ergibt.«. E. GOMBRICH, Postskriptum, in: GOMBRICH (Anm. 93) 156.

[99] KROEBER-RIEL (Nr. 35) 36–39 u. ö.

[100] Vgl. dazu H. PRAKKE, Die Lasswell-Formel und ihre rhetorischen Ahnen, in: Publizistik 10 (1965) 285–298. S. auch Anm. 136.

kation. Das Verstehen einer Botschaft kann demzufolge nicht als ein Informationsempfang aufgefaßt werden, muß vielmehr als Interpretation (auch im Sinne der Zeichentheorie) und mitdenkendes Verändern der Botschaft gesehen werden. Für die Analyse politischer Plakate kann dieser Aspekt von großem Interesse sein, bedenkt man etwa die kommunikative Situation in Sowjetrußland während des Bürgerkrieges. Die bolschewistische Regierung wandte sich mit Hilfe des Plakates auch an die zahlreichen nicht-slavischen Völker des ehemaligen russischen Imperiums. Dabei wurde, wie in dem Plakat *»Zar, Pope und Großbauer«* der Schrifttext in sieben Sprachen verbreitet, jeweils mit gleichem Bild. Andere Plakate wandten sich an die – dem Sowjetsystem durchweg feindlich gesinnten – mittelasiatischen Völker mit islamischer, also bildfeindlicher, Kulturtradition. Es braucht nicht betont zu werden, daß keine Reaktionen auf diese Plakate überliefert sind, das Problem jedoch ist offenkundig. Es wird in der Frage der Kommunikationstheorie nach *gemeinsamem* Kode und Zeichenrepertoire zwischen den Partnern der Kommunikation aufgeworfen.

Generell sind die kommunikativen Möglichkeiten der Bildsprache kritisch zu bedenken, wobei die Unterscheidung logisch-emotional nicht ausreicht. Wie im Bereich der politischen *Schrift*-Sprache muß auch bei den Bildelementen nach den Verwendungszwecken und den modi significandi gefragt werden.

Sicherlich gehört der bekannte Gestus des Den-Finger-auf-die-Brust-Setzens zu den persuasiven »Vokabeln« der Bildsprache, ebenso der fixierende Blick. Mehrdeutig ist das Lachen, welches Freude oder Auslachen (Spott, Hohn) denotieren kann, eventuell aber auch als Zähnefletschen, also Drohung interpretiert werden muß. Der Begriff »Information« ist für derlei Aussagen zu eng gefaßt, »Kommunikation« nimmt immerhin den Betrachter und sein Reagieren mit in den Blick, doch eine explizite Klassifikation der verschiedenen Argumentationsformen ist auch in der Kommunikationstheorie noch nicht geleistet worden.

Werbepsychologie

Kennzeichnend für die Entstehung des Plakats als eines Mediums politischer Beeinflussung im Ersten Weltkrieg war die Mitarbeit der Reklamefachleute. Ökonomische Techniken wurden vom Staat in den Dienst genommen, der Plakatkünstler erhielt eine politische Aufgabe. In den Fachblättern der Werbebranche fanden sich während und nach dem Ersten Weltkrieg Beiträge über politische Werbung neben den üblichen kommerziell-künstlerischen Überlegungen.[101] In der Folge hat dann die Reklameforschung immer auch, meist flüchtige, Seitenblicke auf die politische Werbung eingeschlossen.

---

[101] s. o. S. 29 f.

In neuester Zeit haben sich auch die Zeichentheoretiker mit der Werbung und ihren Aussageformen befaßt. Der französische Strukturalist Roland Barthes führte semiotische Kategorien in die Analyse von Werbung ein[102] und wird regelmäßig in derlei Zusammenhängen zitiert. Auch Max Bense berücksichtigte in seiner Texttheorie die Sprache der Werbung als besonderes Phänomen.[103]

Unter dem Stichwort einer »Kritik der Bewußtseinsindustrie« wird Werbung von Seiten kritischer Kunstwissenschaftler als ideologisches Vermittlungssystem interpretiert, wobei für ikonographische Fragen interessante Parallelen zwischen Werbung und konventionellen Kunstobjekten aufgewiesen werden.[104]

Die modernste Zusammenfassung werbepsychologischer Forschung bietet sich in dem Buch von Werner Kroeber-Riel über die »Steuerung des Konsumentenverhaltens«[105] dar. Es ist als Ergebnis sozialwissenschaftlicher und quasimedizinischer Methoden für die Praxis konzipiert, beruht (trotz einiger Seitenblicke auf politische Werbung)[106] auf der Analyse moderner Konsumwerbung und beruft sich auf die Sehgewohnheiten des zeitgenössischen Verbrauchers. In Frage steht, mit welchen Abstrichen die Ergebnisse für die Untersuchung politischer Propaganda der ersten Jahrhunderthälfte genutzt werden können.

Trotz der Einschränkung, daß die Expansion der elektronischen Medien die visuelle Aufnahmefähigkeit des Menschen und sein Verhalten gegenüber Reklame generell verändert haben könnte, sind vermutlich einige der Ergebnisse Kroeber-Riels für die historische Betrachtung von Interesse.

Die *Sprache* auf kommerziellen Plakaten und vergleichbaren Bild-Schrift-Texten (Zeitschriftenreklame u. ä.) erweist sich in weit höherem Maße manipulativ, als man gemeinhin annimmt. Zwar ist vieles von dem über Werbesprache Gesagten bereits allgemeines Gut oder sogar – etwa in dem Buch von H. Abromeit – bereits auf den politischen Bereich angewandt worden, dennoch findet man bei Kroeber-Riel Neues, was das Automatische (und damit Zwangsläufige) sprachlicher Assoziationen auf Reizwörter betrifft, die der Werbefachmann aus Tabellen abliest.[107]

---

[102] R. Barthes, Rhetorik des Bildes, in: G. Schiwy (Hrsg.), Der Französische Strukturalismus. Reinbek 1969, 158–166 (zuerst erschienen 1964). Vgl. R. Barthes, Mythen des Alltags, Frankfurt 1964; s. auch Anm. 87.

[103] M. Bense, Einführung in die informationstheoretische Ästhetik. Grundlegung und Anwendung in der Texttheorie. Reinbek 1969, 127–129.

[104] H. K. Ehmer (Hrsg.), Visuelle Kommunikation. Beiträge zur Kritik der Bewußtseinsindustrie. Köln 1971 (u. ö.), darin v. a. die Beiträge des Herausgebers selbst.

[105] Kroeber-Riel (Nr. 35).

[106] Ebd. 22, 53, 105, 175.

[107] Ebd. 172, 162.

Wichtiger sind die Feststellungen über die Manipulation mit Hilfe des Bildes, der ohnehin das Hauptinteresse der Verfasser gilt. Generell wird festgestellt, »die Bedeutung von Bildern für die Werbung kann kaum überschätzt werden«[108], Bilder werden im allgemeinen *vor* dem Schrift-Text betrachtet.

Die psychologisch geschulte Werbung verwertet angeblich »fest vorprogrammierte automatische Verhaltensweisen des Menschen« bei der »Auslösung von Orientierungsreaktionen (wichtig zur Steuerung unserer Aufmerksamkeit)«, bei der »Darbietung von Schlüsselreizen (wichtig zur Steuerung unserer Gefühle)« und schließlich, zur Steuerung des Denkens, die »Ausnutzung von Denkmechanismen«.[109]

Die wichtigsten Instrumente dafür sind das Bild und das bildhafte Wort. Wenn sich feststellen ließ, daß die erste Sekunde der Bildbetrachtung den Erinnerungskoeffizienten bestimmte[110], wird die Bedeutung von Schlüsselreiz und Schlagwort gerade auch für das Plakat offensichtlich. Der schon genannte Orientierungsreflex[111] des Menschen, der auf einen Blickfang reagiert, erhält dabei für die öffentliche Wirkung des Plakats noch größere Bedeutung als für die im Journal placierte Anzeigenwerbung.

4. Typen des Plakats

Nachdem nun schon vieles über Plakate und ihr Dasein als Informationsträger, Zeichenträger und Texte gesagt worden ist, heißt es, noch einmal auf den einen der möglichen Ausgangspunkte zurückzugehen, die Frage: Was ist ein Plakat? Diese Frage hat nun eine andere Zielrichtung als am Anfang, denn es geht darum, den *Materialbereich* zu beschreiben.

Stellen wir fest, *ein Typ* von Plakaten enthält nur Schriftzeichen; es handelt sich um einen Maueranschlag, wie er seit der frühen Neuzeit kontinuierlich verwandt wird. Die ersten Beispiele solcher Schriftplakate sind aus dem

---

[108] Ebd. 57.
[109] Ebd. 36.
[110] Ebd. 85.
[111] »Der Orientierungsreflex ist eine auf die Darbietung eines Reizes folgende kurzzeitige Zuwendungsreaktion. Sie stellt den Organismus auf den Reiz ein und sensibilisiert das menschliche Informationsverarbeitungssystem für diesen Reiz. Wie die Bezeichnung ›Reflex‹ bereits ausdrückt, erfolgt die Zuwendung zum Reiz weitgehend automatisch. Auftreten und Stärke des Orientierungsreflexes werden hauptsächlich von den folgenden aktivierenden Eigenschaften eines Reizes bestimmt: Intensität, Farbe, Größe, Neuartigkeit, Ungewißheit.« Kroeber-Riel (Nr. 35) 83.

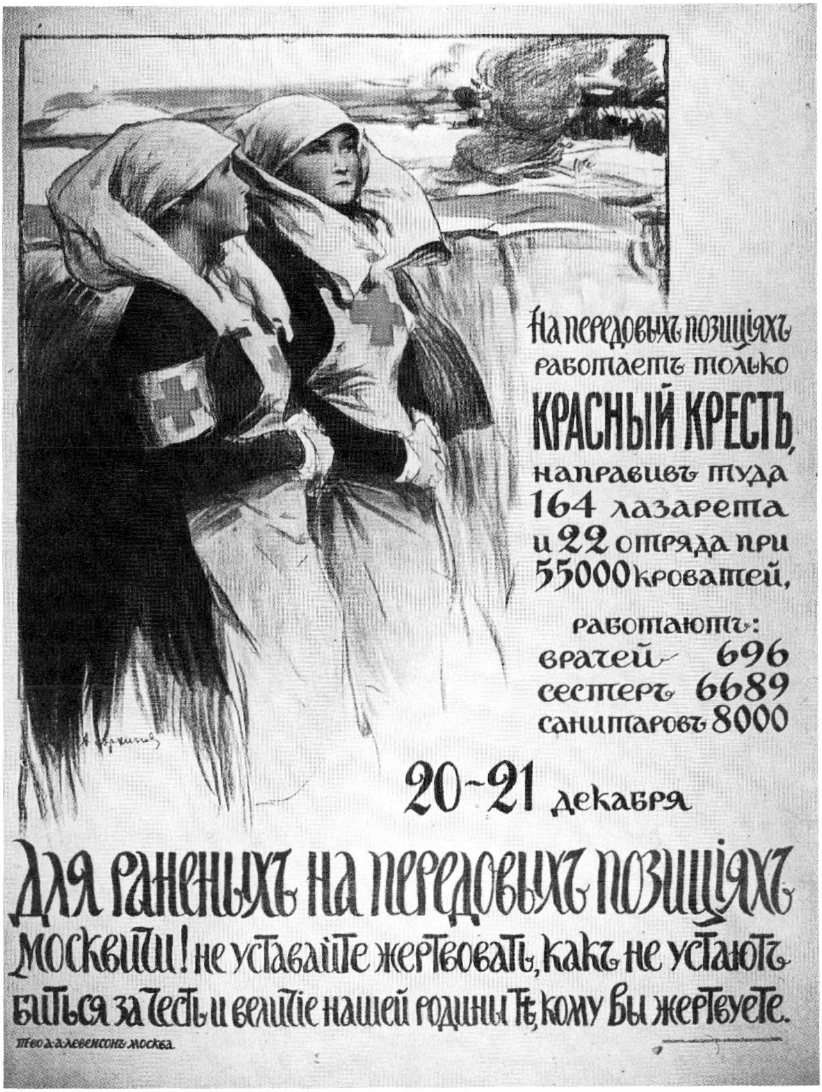

8 In den vordersten Stellungen arbeitet nur das Rote Kreuz, das dorthin entsandt hat 164 Lazaretts und 22 Abteilungen mit 55 000 Betten. Es arbeiten: 696 Ärzte, 6689 Schwestern, 8000 Sanitäter. 20.–21. Dezember, für die in den vordersten Stellungen Verwundeten. Moskauer! Laßt nicht nach zu opfern, wie die nicht zu kämpfen aufhören für die Ehre und die Größe unserer Heimat, für die ihr opfert. A. E. Archipov, Moskau 1914. 124 × 94 cm.

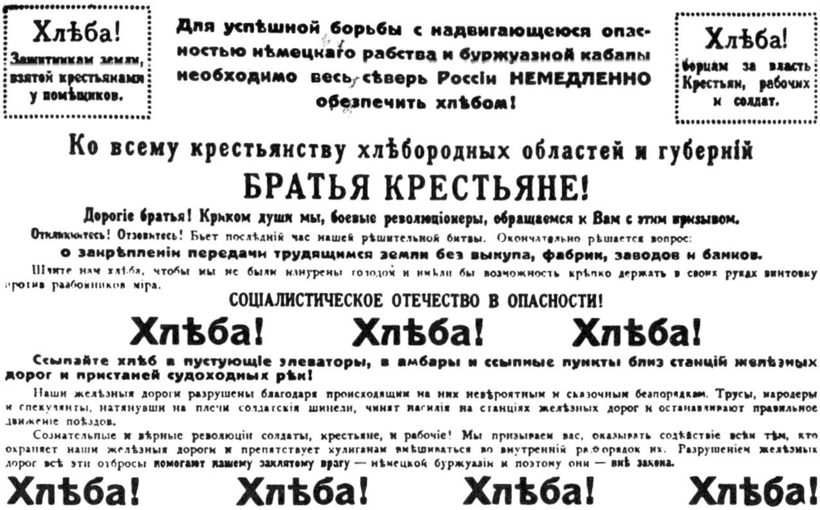

9 An alle Bauern der Getreidegebiete.
Brot! für die Verteidiger des Landes, das die Bauern den Grundbesitzern weggenommen haben. / Für den erfolgreichen Kampf mit der vordringenden Gefahr deutscher Sklaverei und bürgerlicher Knechtschaft ist es unvermeidlich, den ganzen Norden Rußlands unverzüglich mit Brot zu versorgen! / Brot! den Kämpfern für die Macht der Bauern, Arbeiter und Soldaten. / An die ganze Bauernschaft der Getreidegebiete und -gouvernements. Brüder Bauern! Liebe Brüder! Mit dem Aufschrei der Seele wenden wir, die kämpfenden Revolutionäre, uns mit diesem Aufruf an euch. Antwortet! Reagiert! Es schlägt die Stunde unserer Entscheidungsschlacht. Endgültig wird die Frage entschieden: Über die Festschreibung der Übergabe des Landes ohne Entschädigung, der Fabriken, Werke und Banken an die Werktätigen. Schickt uns Brot, damit wir nicht durch Hunger entkräftet werden und die Möglichkeit haben, das Gewehr fest in unseren Händen zu halten gegen die Räuber der Welt. Das sozialistische Vaterland ist in Gefahr! Brot! Brot! Brot! Schüttet Getreide in die leeren Elevatoren, in die Scheuern und die Sammelpunkte in der Nähe der Eisenbahnstationen und der Anlegestellen der schiffbaren Flüsse! Unsere Eisenbahnen sind zerstört aufgrund der sich dort ereignenden unwahrscheinlichen und märchenhaften Unordnung. Feiglinge, Marodeure und Spekulanten, die sich Soldatenmäntel umgehängt haben, üben Gewalt in den Eisenbahnstationen aus und stoppen die geregelte Bewegung der Züge. Bewußte und treue Soldaten, Bauern und Arbeiter! Wir rufen euch auf, allen jenen Hilfe zu leisten, die unsere Eisenbahnen erhalten und die Hooligans daran hindern, sich in ihren Fahrplan einzumischen. Durch die Zerstörung der Eisenbahnen hilft dieser Abschaum unserem verfluchten Feind – der deutschen Bourgeoisie und deswegen sind alle – außerhalb des Gesetzes. Brot! Brot! Brot! Brot!

15. Jahrhundert erhalten: Ein fahrender Buchhändler hat um 1460 per Plakat seine Bücherliste bekanntgemacht.[112] Will man derlei Plakate interpretieren, muß man sich mit den Lettern der Schriften (es sind häufig mehrere Schrifttypen) und deren möglichen Aussagen befassen – und natürlich mit dem sprachlichen Inhalt des Plakates.

Der Typ des reinen Schriftplakats entspricht in seinen visuellen Qualitäten nur ausnahmsweise dem Erscheinungsbild einer durchschnittlichen Buchseite, schon deswegen, weil in der Regel hervorstechende Überschriften oder Schlagworte darauf zu finden sind. Kennzeichnend ist für das Schriftplakat eher die Formulierung von Abraham Moles, wie ein Graphiker den Satzspiegel anzusehen pflegt: »als ausdrucksvollen Schriftblock in zwei Dimensionen«.[113] Die Typographie des 20. Jahrhunderts hält genügend Mittel bereit, einen laufenden Text vor der Eintönigkeit und damit der Nichtbeachtung zu retten – und diese Möglichkeiten nutzt der öffentliche Aushang. Für die deutschen Schriftplakate nach dem Ersten Weltkrieg ist das Nebeneinander von »national« anmutenden Frakturschriften und »klassisch« wirkenden Antiqua-Schriften kennzeichnend. Eine ganz ähnliche Parallelität unterschiedlich konnotierter Schriftsysteme gab es in Rußland, illustrativ zu erkennen etwa auf dem Weltkriegsplakat *»In den*
vordersten Stellungen arbeitet nur das Rote Kreuz . . .«[114] Abgesehen von Plaka- *8*
ten, die von Künstlern entworfen und typographisch gestaltet sind, verfügte auch das reine Schriftplakat über beträchtlichen Aufmerksamkeitswert. Der Aufruf an die russischen Bauern von 1918, Brotgetreide zu liefern, ist gekenn-
zeichnet durch die neunfache Wiederholung des kurzen Wortes *»Brot«*.[115] Man *9*
wird vermuten können, daß im Großformat des Plakats das fettgedruckte »Brot!« meterweit dem Dorfbewohner »in die Augen sprang« und seine Wirkung nicht verfehlte. Insofern ist dieses aus sechs Zeichen bestehende Element nahezu als Bild aufzufassen, zumindest als Signal ähnlich wie *»Stop!«*

Der Aufruf der Petrograder Sowjets vom 27. Februar 1917 illustriert die damaligen Möglichkeiten, einen Schriftanschlag zu differenzieren. Eine genauere Untersuchung der visuellen Gestaltung ist hier nicht möglich, doch zeigt schon die Verwendung von sieben gegeneinander abgesetzten Typen den Willen, den Eindruck ästhetischer Vielfalt zu erwecken und das Plakatblatt zu einem bildhaften Schriftblock zu machen.

---

[112] W. Meyer, Bücheranzeigen des 15. Jahrhunderts, in: Centralblatt für Bibliothekswesen 2 (1885) 437–463. Vgl. Schottenloher (Anm. 38) 431 f.

[113] Moles (Nr. 42) 60.

[114] Weitere Beispiele kunstvoller kyrillischer Schrifttypen finden sich bei K. Waschik, Seht her Genossen! Plakate aus der Sowjetunion. Dortmund 1982, Nr. 11, 17, 19, 23, 25.

[115] «Chleba!» ist Genitivus partitivus von »chleb«, d. h. Brot, Getreide.

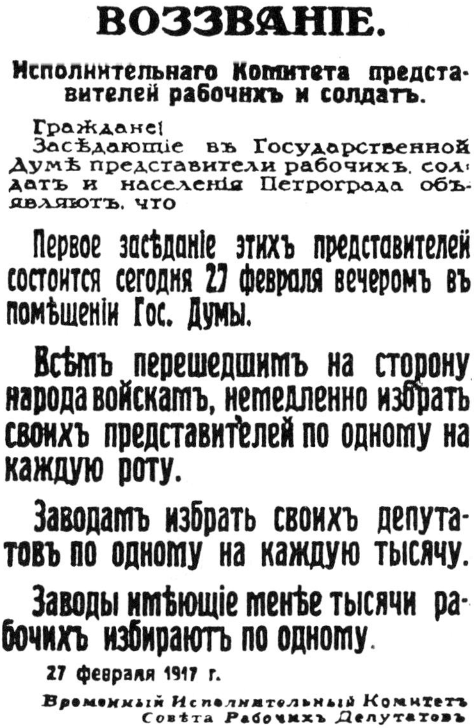
ВОЗЗВАНІЕ.

Исполнительнаго Комитета представителей рабочихъ и солдатъ.

Граждане!
Засѣдающіе въ Государственной Думѣ представители рабочихъ, солдатъ и населенія Петрограда объявляютъ, что

Первое засѣданіе этихъ представителей состоится сегодня 27 февраля вечеромъ въ помѣщеніи Гос. Думы.

Всѣмъ перешедшимъ на сторону народа войскамъ, немедленно избрать своихъ представителей по одному на каждую роту.

Заводамъ избрать своихъ депутатовъ по одному на каждую тысячу.

Заводы имѣющіе менѣе тысячи рабочихъ избираютъ по одному.

27 февраля 1917 г.

Временный Исполнительный Комитетъ Совѣта Рабочихъ Депутатовъ

10 Aufruf zur Wahl von Sowjets. Petrograd 1917.

10 »Aufruf.
Des Exekutivkomitees der Vertreter der Arbeiter und Soldaten.
Bürger! Die in der Staatlichen Duma zusammengekommenen Vertreter der Arbeiter, Soldaten und der Bevölkerung Petrograds machen bekannt, daß die erste Sitzung dieser Vertreter heute, am 27. Februar abends im Gebäude der Staatlichen Duma stattfinden wird.
Alle auf die Seite des Volkes übergegangenen Truppen sollen schnell ihre Vertreter wählen, je einen für jede Kompanie.
Die Fabriken sollen ihre Deputierten wählen, je einen auf jedes Tausend.
Fabriken, die weniger als tausend Arbeiter haben, wählen je einen.
27. Februar 1917
Provisorisches Exekutivkomitee des Rates der Arbeiterdeputierten.«[116]

---

[116] Vgl. *Illustrierte Geschichte* der Grossen Sozialistischen Oktoberrevolution. 3. Aufl. Berlin 1977, 18.

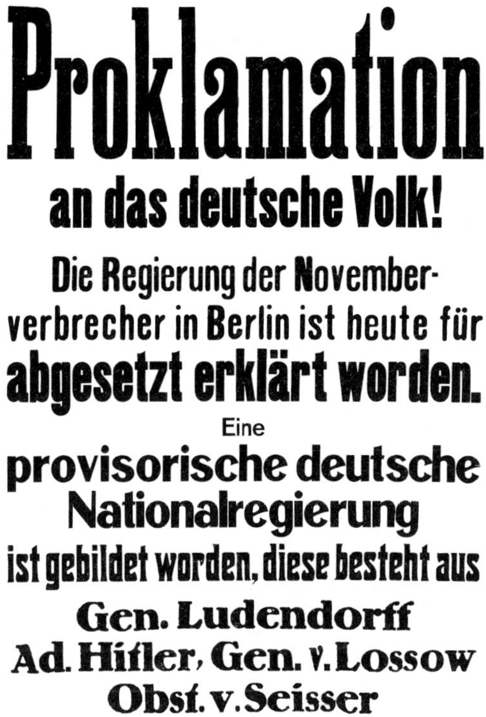
Proklamation
an das deutsche Volk!
Die Regierung der November-
verbrecher in Berlin ist heute für
abgesetzt erklärt worden.
Eine
provisorische deutsche
Nationalregierung
ist gebildet worden, diese besteht aus
Gen. Ludendorff
Ad. Hitler, Gen. v. Lossow
Obst. v. Seisser

11 Proklamation. München 1923.

Eine Parallele zu dieser Art typographischer Gestaltung findet man in dem bekannten Aufruf Ludendorffs und Hitlers vom November 1923, »*Proklamation an das deutsche Volk.*« *11* Der numerisch geringfügige Text wird mit Hilfe häufigen Typenwechsels (sieben Schriftformen) und der Wahl monumentaler Buchstaben zu einem eindrucksvollen visuellen Ganzen aufgebauscht. Der je eigene ästhetische Eindruck der Typen, das jeweilig andere Verhältnis von dunkel auf hell, von hoch zu breit, von rund zu eckig ergeben eine anschauliche Vielfalt. Sicherlich ist es kein Zufall, daß man die breitesten Lettern dort findet, wo Sicheres, Vertrauenswürdiges suggeriert werden sollte, in den Zeilen 7/8 und 10/11/12. Dabei dient die blockartige Zeile 9, deren Lettern am wenigsten Weißräume enthalten, als ein dicker Unterstreichungsbalken.

Der *zweite* Plakattyp weist neben den Schriftzeichen zusätzliche Elemente graphischer Gestaltung auf, die als Blickfang fungieren. Hier kann es sich, wie bei dem Plakat des Rotfrontkämpferbundes »*Rote Pfingsten in Berlin*« oder wie *12, 4* bei dem oben bereits angeführten NSDAP-Plakat »*Madige Schinken!*« um be- 65 deutungsleere Zeichen handeln, die *als Formen* Aufmerksamkeit erregen, oder es sind politische Symbole wie Hakenkreuz oder Sowjetstern, die als »visuelle Lassos« eingesetzt werden. Charakteristisch für *Typ II* ist der primär und autonom vorhandene Schrifttext, dem die übrigen Elemente des Blattes lediglich appliziert sind. Berücksichtigt man primär die Aussage und nicht die formale Struktur, darf man diesem Plakattyp auch Blätter zuordnen, die Bildelemente enthalten, sofern sie nichts anderes bewirken als die Bekräftigung des schriftlich Ausgesagten. Als Beispiel sei ein Plakat der Sozialdemokratischen Partei von

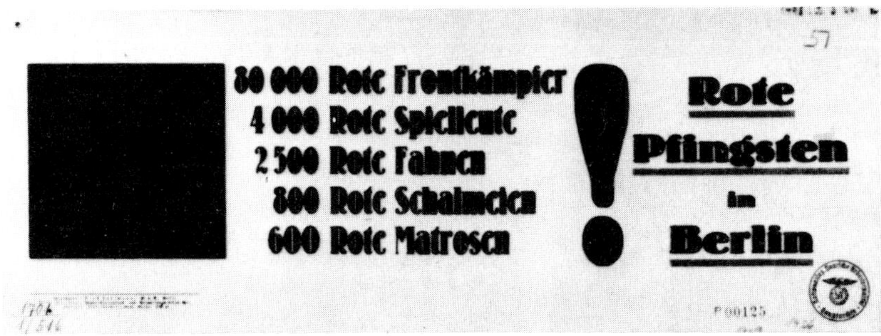

12 Roter Frontkämpferbund. Berlin 1926.

13 1932 angeführt, *»Und das ist* ADOLF HITLER*«,* auf dem Hitler als »Trommler« lächerlich gemacht wird. Die Karikatur dient als Blickfang, sie referiert nicht auf die ironische Benennung »Trommler«, sondern zeigt Hitler als »Schreihals«. Die ironische Aussage des Textes ist von der Karikatur unabhängig. Das Überraschende an dem Plakat ist, daß die SPD den Namen des Naziführers so hervorhebt – der Name der werbenden Partei ist um einige Schriftgrade kleiner gesetzt. Die Karikatur scheint vom Thema abzulenken, bekräftigt in der Tat aber die Abwehrhaltung der von der SPD avisierten Wählerschaft.

Der Anteil des Bildes an der Gesamtaussage des Plakatblattes wächst von der reinen Applikation über mehrere Stufen bis zu einer Synthese von Bild und Schrift, die sich nicht mehr trennen läßt. Als Beispiel für den *dritten* Plakattyp darf man eines jener Plakate wählen, die in Form eines »Kalenderblattes« das Dreijahresjubiläum der Oktoberrevolution ankündigten.

14 Das Plakat *»1917* OKTOBER *1920«* ist in Saratov an der Wolga herausgegeben worden: Visuell dominiert eindeutig das Bild über den Text, man müßte – quantitativ gesehen – das Blatt als Bildplakat reinster Prägung anerkennen. Immerhin fehlt der Komposition die Einheit zwischen Bild und Text. Dieser, das Kleingedruckte, dem ersten Blick nicht Zugängliche, erweist sich als ein Festge-

Und das ist Adolf Hitler

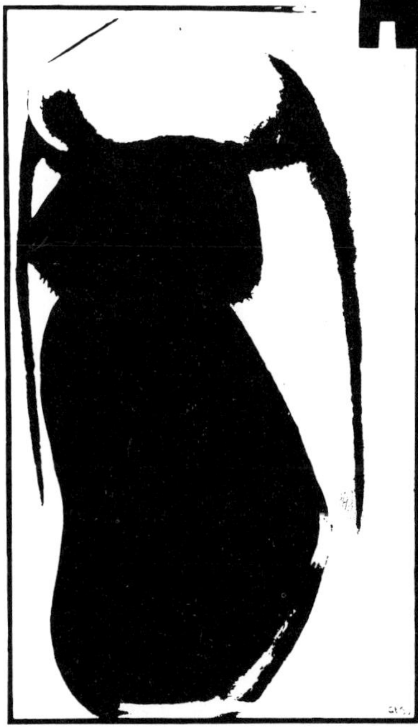

der allen erzählt, daß er einmal die Macht ergreift, der vor der Feldherrnhalle auf dem Bauche lag und sich in Hanfstaengls Bett verkrochen hatte.

Eine Neun-Zimmer-Wohnung, eine Villa, drei Autos u. eine Nilpferdpeitsche hat er schon.

Er ist der Erfinder der braunen Hemden und der Novemberverbrecher.

Dafür nennt ihn Thyssen seinen guten Freund, dafür darf er mit Bankdirektor von Stauß essen und mit Schacht Kaffee trinken.

Seine besten Kameraden sind die 5 Mörder von Potempa und Hauptmann Röhm.

Er garantiert billige Arbeitskräfte und hohe Löhne, hohe Getreidepreise und billiges Brot.

Wer Schmerzen hat, wende sich deshalb vertrauensvoll an ihn.

Nach seiner Angabe hat ihn die Vorsehung berufen, das deutsche Volk von den Marxisten zu befreien. Das macht er vom Flugzeug aus.

Seit dieser Berufung geht es dem deutschen Volke jeden Tag schlechter.

In seiner „Bescheidenheit" redet er nur von sich selbst und jammert, daß man ihn nicht hinläßt.

Seine Lieblingsbeschäftigung ist das Trommeln. Aber keine Trommler, sondern

Staatsmänner braucht Deutschland.

Deshalb wählt diesmal alles die Liste 2

Sozialdemokratische Partei Deutschlands.

13 SPD zur Reichstagswahl Nov. 1932.

dicht von drei Vierzeilern. Es spricht im ersten Vers von Kanonen, Bajonetten und blutiger Schlacht. Die zweite Strophe handelt vom Marsch ins lichte Reich der Arbeit, die dritte schließlich vom erschlagenen Drachen: »Vom Proletarierschwert gefällt, [seinen Geist] aushauchend, reißt der Drache des Imperialismus den Rachen auf. Die sowjetische, föderative, sozialistische Weltrepublik – es lebe ihre Macht!«

Vermutlich wurden zu derlei Jubiläen Hunderte solcher durchschnittlicher Gedichte verfaßt und mit Bildern kombiniert. Selbst wenn die Verse zu einem bereits vorliegenden Bild verfaßt worden sein sollten, bleiben beide Teile doch unverbunden – bis auf die beiden Metaphern »Drache« und »Schwert«.

Was die Bildhandlung anbetrifft, so hängt sie natürlich unmittelbar mit der St.-Georgs-Ikonographie zusammen und ist eigentlich eine Art geistigen Dieb-
79 stahls antikommunistischer Bildsprache, wie sie etwa im Plakat *»Für das einige Rußland!«* vorliegt. Auf den ersten Blick dürfte ein Russe, dem natürlich das Motiv bekannt war, gar nicht gemerkt haben, daß es sich um jemand anderen als St. Georg handele. Doch weil der heilige Georg mit der Stoßlanze zu kämpfen pflegte, wird der Betrachter auf Volksmärchen mit Wunderschwertern verwiesen (Feuervogel u. ä.). Erst die ideologisch richtige Interpretation der Farbe »rot« und die Entzifferung der Buchstabenkombinationen der Wimpel auf der Burg verweist ihn auf die Gegenwart. Der fünfzackige Stern am Helm denotiert diesen als Tuchhelm der Roten Armee (ansonsten entspricht die Form dem spitzen Helm altrussischer Krieger), so daß der Betrachter Gewißheit darüber erhält, daß der Reiter ein Rotarmist sein soll. Immerhin bedarf es noch der Erklärung, daß der Reiter nicht etwa ein Kosak ist, sondern ein Industriearbeiter – denn wer anders sollte das im Gedicht zitierte *Proletarier*schwert führen?

Aus dem visuellen Befund läßt sich weiterhin nur mit gutem Willen erschließen, daß der Drache dem Tode nahe ist. Der heilige Georg durchspießt den Drachen meistens durch den Rachen – dieser Reiter versucht offensichtlich, die Rückenpanzerung des Untiers mit dem Schwert zu durchschlagen. Drachenblut, das die Verwundung anzeigen könnte, ist nicht zu sehen.

Auf diese Weise bleibt alles im Vagen, wenn auch die gelungene schwarz-rote Komposition nicht ohne Reiz ist. Über die Dekorativität von Bildern ist hier nicht zu sprechen, sondern darüber, ob ein Plakat vorliegt, in welchem die Aussagen von Worten und Bildern so miteinander verschränkt sind, daß sie *gemeinsam* eine Botschaft aussenden, die mehr ist als die Summe der Teile. Das wird man hier verneinen müssen, weil die Konfiguration der Bildelemente ebenso wie die Aussagen der drei Verse nicht zu einer Bild-Text-Einheit synthetisiert worden sind.

Die Argumentation für die Zuweisung des soeben charakterisierten Bildpla-
68 kats zum Typ III kann am besten durch Begründung der Kriterien für *Typ IV*

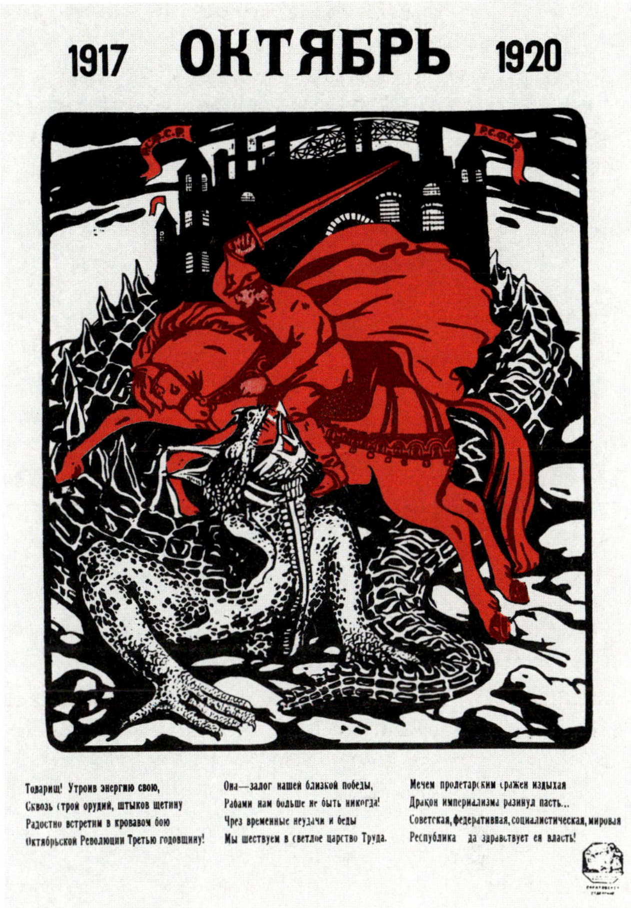

14 1917 Oktober 1920.
Genosse! Verdreifache deine Energie, durch der Kanonen Batterie, der Bajonette Igel, freudig begrüßen wir im blutigen Kampf der Oktoberrevolution dritten Jahrestag! / Sie ist ein Pfand unseres nahen Sieges, Knechte werden wir niemals mehr sein! Durch zeitweilige Mißerfolge und Nöte, schreiten wir in das lichte Reich der Arbeit. / Vom Proletarierschwert getroffen, aushauchend, reißt der Drachen des Imperialismus den Rachen auf . . . Die sowjetische, föderative, sozialistische Weltrepublik – es lebe ihre Macht!
Saratov 1920. 71 × 54 cm.

konsolidiert werden. Beginnen wir mit einem Beispiel, das mit dem vorhergehenden direkt vergleichbar ist: Der berühmte Plakatmaler Dmitrij Moor schuf 1920 ein Plakat mit der Losung: *»Wrangel ist noch lebendig, erledige ihn ohne Gnade«*. Es geht, wie das vorige, von einem Motiv aus, das teils Heiligenmalerei, teils Märchenillustration zu sein scheint: Ein Gnom streckt seinen Arm nach einem Schatz aus – ein strahlender Held erhebt sein Schwert, um ihm die Hand abzuhauen.[117] Der Schatz ist das Industrierevier des Donbass (Inschrift: »Doneckij bassejn«), der Gnom mit dem überlangen Arm ist General Wrangel, seit April 1920 Oberbefehlshaber der antibolschewistischen Armeen; hinter seiner Figur sieht man Schemen mit den Namensaufschriften »Kolčak, Judenič, Denikin«, Vorgänger von Wrangel. Der Rotarmist steht auf dem Horizont, im Maßstab dem Donbass gleich und in solcher Perspektive als »Riese« zu erkennen, wie ein Kunsthistoriker es interpretiert:

»Der Riese Proletariat ›als gutes Prinzip‹ dagegen, reduziert auf Kampftätigkeit noch ohne die Möglichkeit, eigene Lebensverhältnisse entwickeln zu können, bleibt abstrakt-allegorisch. Als linker Supermann erscheint er über dem Horizont, den Himmel (das Kontinuum der Geschichte als Geschichte der Herrschenden) aufreißend.«[118]

Man wird diese beinahe »anagogisch« zu nennende Interpretation nicht zu teilen brauchen. Die Strahlenaura um den Riesen-Rotarmisten (von Proletariat kann bei den *Bild*elementen keine Rede sein) ist bestimmt kein »aufgerissener Himmel«, sondern der Strahlenkranz des Erlösers, Zeichen für das den Heiland umstrahlende Licht. »Erlöser« heißt auf russisch »spas«, »spasitel'«, wörtlich »Retter« – und als Retter im Strahlenkranz tritt die Verkörperung der Roten Armee hier auf. Die Personifikation ist vor allem wieder an der spitzen Mütze mit dem Fünfzack zu erkennen, das Schwert in seiner Hand ebenso archaisch-indexikalisch wie bei dem vorhin interpretierten Plakat, mit dem allgemeinen Designat »Waffe«. Noch aus der Zeit des Zweiten Weltkrieges gibt es ein Plakat, auf dem ein Nachfolger dieses Recken mit dem Schwert den deutschen Drachen bekämpft.

Die lakonische Inschrift dürfte eine der Losungen gewesen sein, mit denen die Propagandazentrale der Armee, die »Politische Verwaltung des Revolutionären Kriegsrats der Republik« den Kampfgeist der bolschewistischen Truppen hoch-

---

[117] Eine erste Variante des Plakats wurde im Juli 1920 in der Zeitschrift »Rotarmist« unter der Überschrift »Die schwarze Hand des weißen Generals wird abgehauen werden« publiziert. B. S. Butnik-Siverskij, Sovetskij plakat ėpochi graždanskoj vojny 1918–1921. Moskva 1960, Nr. 960.

[118] E. Gillen, Von der politischen Allegorie zum sowjetischen Montageplakat, in: Kultur und Kulturrevolution in der Sowjetunion. Berlin 1978, 68.

zuhalten bestrebt war. Der Kampf um die Ukraine bot dem Plakatmaler das Motiv, die Losung zu konkretisieren und mit Inhalten zu füllen. *»Wrangel ist noch lebendig«* bedeutet ja keine Lebenserklärung, sondern heißt offenbar, daß General Wrangel politisch-militärisch lebendig, d. h. gefährlich für die sowjetische Macht sei. Auch die hier schon als »erledigt« gezeigten Generale waren keineswegs alle physisch tot, sondern *politisch* abgetreten. Dieses *»Lebendigsein«* Wrangels wird als *»Gefährlichsein«* mit Hilfe der suggestiven Rechts-Links-Bewegung, die in der überdimensionierten Hand tatsächlich bedrohlich wirkt, bildnerisch ausgedrückt. Die Figur des Generals scheint nur Anhängsel der gierigen Hand zu sein: Ein adäquateres Zeichen für »Gefährlichsein« wäre nicht leicht zu finden. – Im Strahlenkranz naht der Retter, noch weit entfernt, wenn man der Bildperspektive diese Deutung zumuten darf: Etwas Kosmisches liegt schon in dieser auf dem Horizont stehenden Figur; als Assoziation stellt sich der alte hagiographische Terminus der Orthodoxie *»Schnellhelfer«* (russisch: »skoropomoščnik«) ein, mit dem Heilige ausgezeichnet wurden, die in höchster Not (nach Ausweis ihrer Wunder u. a. die heiligen Georg und Nikolaus) geholfen haben.

Der zweite Teil der kurzen Parole gilt dem herbeieilenden Retter; dabei sagt der Imperativ *»dobej!«,* daß er ihn bereits geschlagen hat und ihm nun den Schlag geben soll, der Wrangel erledigt.

Der Zusammenhang zwischen Schrifttext und Bildtext ist ganz offensichtlich: sie durchdringen einander, sie sind beide von gleicher, auf das Wesentliche reduzierter Struktur, beide in derselben Weise auf die aktuelle politische Situation bezogen. Mit dieser Charakteristik des *Typs IV* dürften auch die Abgrenzungen gegenüber den anderen begründet sein. Die Unterschiede liegen in der Aussageweise, nicht im Formalen.

Typ V wird durch das narrative Plakat gebildet, das auf seiner Fläche zwei oder mehrere Bildeinheiten vereinigt. Zweck einer solchen Darstellung kann es sein, logische oder zeitliche Sequenzen zu verbildlichen. Auf mittelalterlichen Bildern wurden häufig mehrere zeitlich hintereinanderfolgende oder räumlich weit getrennte Szenen in einer Komposition vereint. Wollte man – im Sinne einer *Biblia pauperum* – den Stoff klarer gliedern, malte man ganze Serien erzählender Szenen in linearer Aufreihung. Etwas Ähnliches kann man auch bei einem Plakattyp beobachten, der seine Wirkung durch argumentative Rede erreicht. Natürlich muß ein solches Plakat den Passanten zum Stillstehen und Verweilen anregen, denn der flüchtige Blick eines Eiligen kann die Komposition nicht erfassen. Typ V gehört also zu den Verweilplakaten, und man kann hinzufügen, zu jenen Plakaten, die vom Betrachter eine gewisse intellektuelle Anstrengung, die des Vergleichs oder des logischen Schlusses, verlangen.

Die Folge der Aussagen auf einem mehrgliedrigen Plakat kann temporal

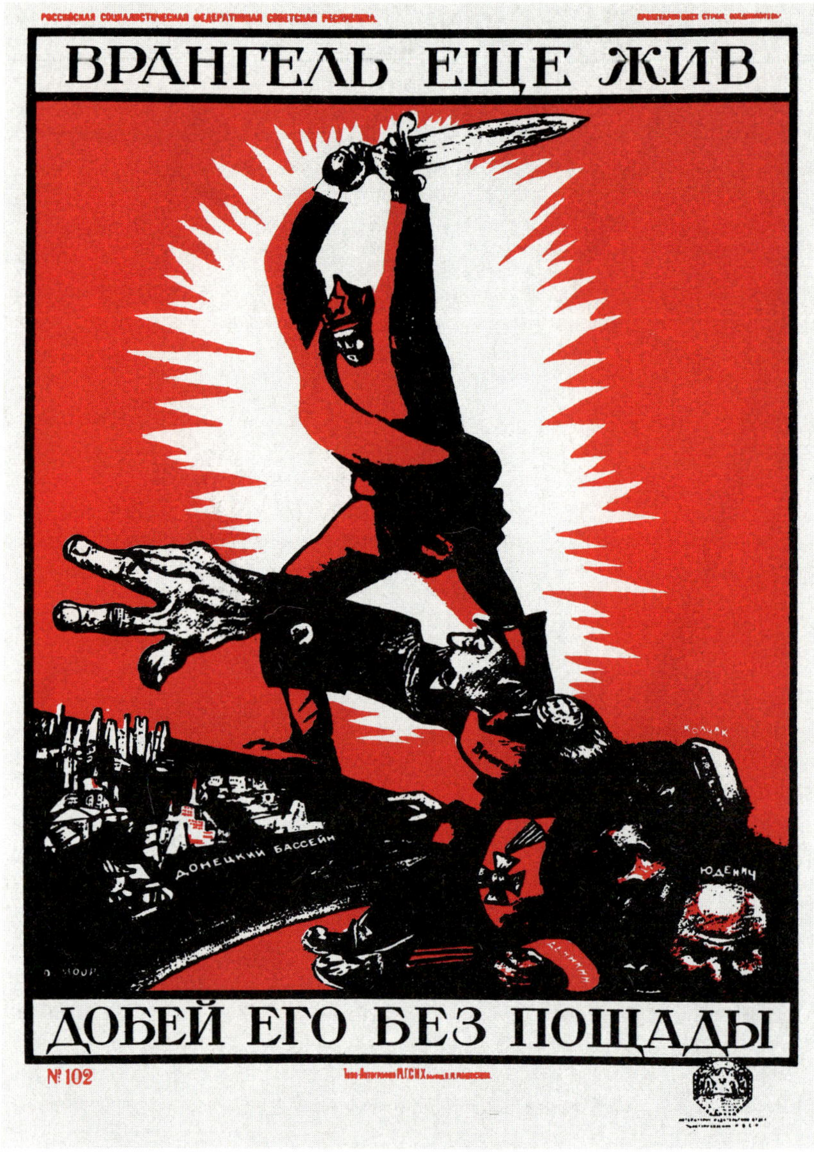

15 Wrangel ist noch lebendig, erledige ihn ohne Gnade.
D. Moor, Moskau 1920. 69 × 50 cm, 50 000 Ex.

organisiert sein, hier gibt es häufig das Motiv »vorher ... nachher«, es kann eine klare Pro–contra- oder Gut–Böse-Antithese enthalten (im Sinne des »antithetischen Kampfbildes«) oder aber beide Möglichkeiten mischen. Auf dem Plakat von D. Wilson *»Once a German – always a German«,* herausgegeben 1918 von 16
der antideutschen British Empire Union, erkennt man in der Kompositionsform viele Gemeinsamkeiten mit vormodernen narrativen Bildern. Im Zentrum steht zweifach die Gestalt des Deutschen, äußerlich als Böse-Gut-Konstruktion vorgestellt, wobei der Schrifttext gerade diese Vorstellung zerstört und darauf hinweist, daß es nur eine Einst-Jetzt-Antithese *ohne* Metamorphose von Böse zu Gut gebe.

Klarer ist das sowjetische Plakat von Viktor Deni *»Entweder Tod dem Kapital* 17
oder Tod unter dem Stiefel des Kapitals« von 1919. Das Entweder–Oder der Parole (töten–getötet werden) wird ergänzt durch die gegensätzlichen Aufschriften auf den Fahnen: »Es lebe die Arbeiter-Bauern-Sowjetmacht!« und »Alle Macht den Kapitalisten! Tod den Arbeitern und Bauern!«

Mit Hilfe dieser normativen Aussagen von Seiten der Pluspartei und der Minuspartei wird der Bezug auf die aktuelle politische Situation hergestellt. Die bildliche Antithese variiert das Entweder–Oder der Parole für die Zielgruppe des Plakats zum »Wir oder sie«.

Die dreifache Gegenüberstellung ist ohne jedes Beiwerk präsentiert; die Parteinahme für die Pluspartei, das Plusideal (»Arbeiter- und Bauern-Sowjetmacht«) für die Plusnorm, den Kampf gegen den Kapitalismus (»Tod dem Kapital«) ergibt sich zwingend.

In der sowjetischen Plakatforschung wird das in mehrere Bildfelder geteilte Blatt als »Lubók« bezeichnet, weil diese Darbietungsform in russischen Volksbilderbögen seit dem 17. Jahrhundert gepflegt wird. Insofern als andere termini technici nicht zur Verfügung stehen, mag der Begriff »Lubok« für dieses Genre übernommen werden können. »Lubok« bezeichnet demzufolge ein Plakat, das in Felder (mit oder ohne Rahmen) geteilt ist und inhaltlich eine Bildfolge, bis hin zur Comic-strip-artigen Sequenz, darstellt.

V. Polonskij, der den Ausdruck »revolutionärer Lubok« für dieses Genre sowjetischen Plakatschaffens geprägt zu haben scheint, meinte, »das Plakat ist von der Stadt geschaffen, der Lubok vom Dorf«.[119] Dem kann man sich nicht anschließen, wenn auch der Hinweis auf das Dorf gerade in Rußland schwer zu widerlegen ist. Sofern der Lubok ein *argumentierendes* Plakat ist (ohne Rücksicht darauf, wie das Argument vermittelt wird), dann bedurfte wohl auch die Stadt des Luboks, denn die russische Stadt, das waren nicht nur Moskau und Petrograd, sondern Hunderte von Provinzstädten, in denen die Masse der

---

[119] V. Polonskij, Russkij revoljucionnyj plakat. Moskva 1925, 112.

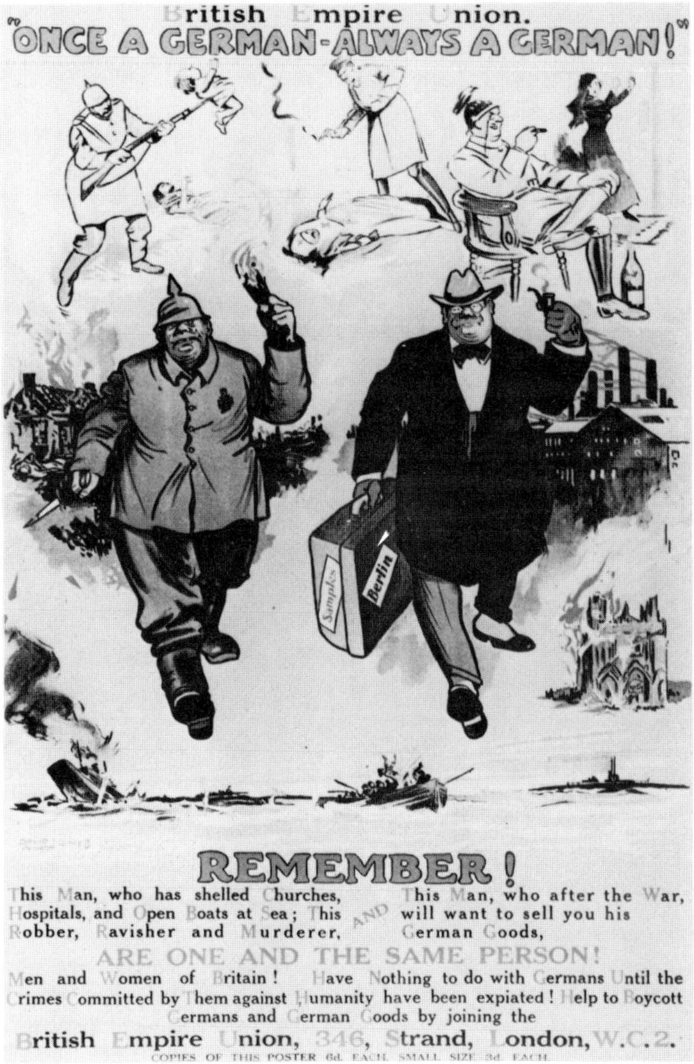

16 Once a German, always a German.
Plakat der British Empire Union zum Boykott deutscher Waren. Die Zeichnung wurde auch auf anderen Bildträgern verwendet.
David Wilson, London 1918. 75 × 50 cm. Eine Variante bei Darracott (Nr. 69) 69.

Bevölkerung den Bolschewiken feindlich, skeptisch oder zumindest indifferent gegenüberstand. Die Unterscheidung in jenen Betrachter, der für die Verinnerlichung eines Plakataufrufs vorbereitet war – nennen wir ihn den Sympathisanten der Bolschewiki (ob Industriearbeiter, Schustergeselle oder Student, ist hier nicht wichtig), und jenen anderen, der weder sein Leben aufs Spiel setzen noch sich überhaupt mit der riskanten Sache der Leninisten einlassen wollte, dürfte angemessener sein als die Trennung Stadt – Dorf.

Der Lubok als argumentierende Bildgeschichte ist auch in der Weimarer Republik übernommen worden, teils in offenkundiger Anlehnung an sowjetische Formen. Daß sich diese Bildgeschichten, wie *»Gegen Faschismus und Hindenburg-Politik! Kämpft mit der KPD – Wählt Liste 3«,* an das städtische Proletariat in Deutschland richteten, läßt deutlich erkennen, daß der Lubok nicht mit der Mentalität des Dörflers verbunden werden darf. Auch die Beobachtung, daß der Lubok strukturell den sogenannten »Satire-Fenstern« (ROSTA-Fenstern) am nächsten steht, diese aber ausschließlich in Großstädten verbreitet wurden, zeigt die Bindung des argumentierenden Plakates mit mehreren Feldern an die Stadt. *18*

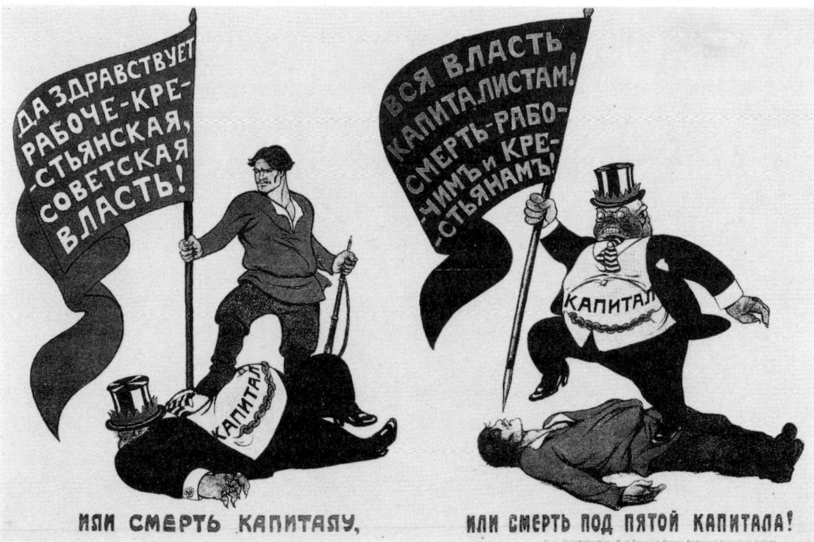

17 Entweder Tod dem Kapital – oder Tod unter dem Stiefel des Kapitals.
Fahne links: Es lebe die Arbeiter-Bauern-Sowjetmacht! Fahne rechts: Alle Macht den Kapitalisten! Tod den Arbeitern und Bauern!
V. Deni, Moskau 1919. 72 × 106 cm, 30 000 Ex.

Die inhaltlichen Aussagen des Plakats werden dominiert oder determiniert durch den sprachlichen Text, der die Botschaft in Worte faßt. Selbst, wenn es nur wenige Worte sind, die als Personennamen, Verbformen oder andere Erklärhilfen verwandt werden, nur durch sie wird die Konkretisation des nie ganz eindeutigen bildlichen Geschehens gesichert. Aber meistens findet sich mehr an Schrift oder Sprache (Vers-Beischriften sind mit Hilfe des Reims »akustifiziert«, »zum Sprechen gebracht«), seien es politische Losungen, ganze Traktate oder Gedichte. Das Verhältnis von Sprachtext und Bildtext ist nur schwer zu bestimmen; daß man mit dem Terminus »Illustration« nicht auskommt, dürfte bereits klar geworden sein. Von einer *Illustration der Losung* auf dem Plakat kann meist nicht die Rede sein. Wenn man von »illustrieren« sprechen will, dann kann allein der politische *Sachverhalt,* der die Botschaft des ganzen Plakatblattes ausmacht, das Designat des Bildes sein. Das Zeitwort »illustrieren« kann dabei heißen »veranschaulichen«, »mit sinnlichem oder emotionalem Gehalt füllen« – etwa dann, wenn Haß, Verachtung oder auch Stolz hervorgerufen werden sollen. Veranschaulichung geht parallel mit inhaltlicher Bereicherung der Plakataussage. Neben dem primären Zweck des komplexen Zeichens Plakat werden noch Hunderte von Einzelheiten, sozusagen als sekundäre Informationen, als redundante Aussagen, welche die Intention stützen, gleichfalls vermittelt. Schließlich kann Illustrierung auch bedeuten, daß die Losung präzisiert wird. Ausdrücke wie »der Feind« oder »mit uns« sind Verweisungen auf die Bildelemente, wo man erkennen kann, wer gemeint ist.

Wollten wir einen hypothetischen Vergleich zwischen einem reinen Schriftplakat und einem – inhaltlich als ihm kongruent gedachten – Bildplakat versuchen, würde der quantitative Vergleich ergeben, daß die Anzahl der Wörter auf dem Schriftplakat geringer ist als die Summe der auf dem Bildplakat unterscheidbaren Zeichenelemente. Weil aber das Bild seine Aussage in fertigen Bedeutungsstrukturen darbietet, kann auch der flüchtige Blick des Passanten das Designat des Ganzen erfassen, bevor und ohne daß nebensächliche Elemente überhaupt wahrgenommen werden. Für die Botschaft des Plakats *»Kosak, mit wem bist du? Mit uns oder mit ihnen«* beispielsweise ist es gleichgültig, ob der Betrachter die aus Totenköpfen bestehende Halskette der Figur mit der Aufschrift »Entente« visuell aufnimmt. Wichtig allein ist die negative Designation der Gruppe »die Weißen«, alles übrige ist Beiwerk. Nicht so bei einem beschreibenden Text, aus dem nur schwer eine Anzahl von Wörtern entnommen werden kann. Überdies verlangt der Schrifttext linear-zeilenwendiges Abtasten der Lettern und erlaubt nur bei spezieller typographischer Gestaltung, wie oben kurz dargestellt, ein Abtasten des Blattes »die Kreuz und die Quer«.

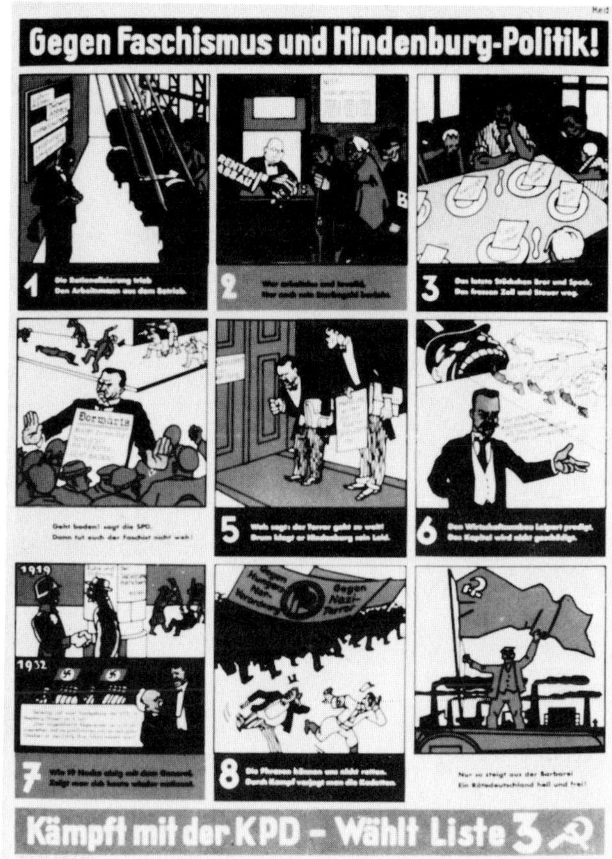

18 KPD-Plakat zur Reichstagswahl
Gegen Faschismus und Hindenburg-Politik! 1. Die Rationalisierung trieb den Arbeitsmann aus dem Betrieb. 2. Wer arbeitslos und invalid, nur noch sein Sterbegeld bezieht. 3. Das letzte Stückchen Brot und Speck, das fressen Zoll und Steuer weg. 4. Geht baden! sagt die SPD, dann tut euch der Faschist nicht weh! 5. Wels sagt: der Terror geht zu weit! Drum klagt er Hindenburg sein Leid. 6. Den Wirtschaftsumbau Leipart predigt, das Kapital wird nicht geschädigt. 7. Wie Noske einig mit dem General, zeigt man sich heute wieder national. 8. Die Phrasen können uns nicht retten, durch Kampf verjagt man die Kadetten. 9. Nur so steigt aus der Barbarei, ein Rätedeutschland hell und frei! Kämpft mit der KPD – Wählt Liste 3.

Plakatlosungen werden durch einen besonderen Zug charakterisiert, der nicht ohne Bedeutung für ihre Wirkungsweise ist. Die Losung wird von Parteiführern oder Propagandafachleuten formuliert, dabei mehrfach durchdacht und ausgefeilt, dann von Plakatspezialisten auf ihre optimale Wirksamkeit geprüft, ausgesucht und gestaltet. Diese Phase der raffinierten Vorbereitung der Losung und ihrer psychologisch richtigen Einbettung in das Bild enthält erheblichen intellektuellen Aufwand, um dann auf einen Rezipienten zu treffen, der auf niedrigerer intellektueller Stufe steht und außerdem nur für einen Augenblick – gerade, daß er die Aussage wahrnimmt – mit dem Plakat befaßt ist.

Diese Asymmetrie zwischen Textherstellung und Textrezeption ist kennzeichnend für zahlreiche Typen politischer Äußerung.[120] Man wird vermuten dürfen, daß sowohl der zeitgenössische Betrachter, als auch der Historiker den Anforderungen nicht gewachsen ist, die eine vollständige, die Hintergründe der Aussagen erhellende Interpretation verlangte. Das politische Bild der Neuzeit hat noch keine hilfswissenschaftliche Untersuchung und methodische Durchdringung erfahren, so daß die Informationen, die aus der Bild-Schrift-Kombination des modernen politischen Bildes gewonnen werden könnten, brach liegen.

Beginnt man über die Sprache auf Plakaten zu reden, wird man vom sogenannten »natürlichen« Sprachverständnis ausgehen können. Wörter bezeichnen Dinge, und eine Frage soll wirklich nach etwas fragen. Das ist die Sprachschicht, in welcher die Verbindung zwischen Wort und Ding noch unmittelbar vorhanden ist. Daß es Wörter ohne Dinge gibt, hatte sich schon gezeigt: Kentauren, Einhörner, UFO's sind weitere Wörter (und Bilder) ohne dazugehörige Dinge. Die Wirklichkeit eines Objektes in Form der *»gedanklichen Widerspiegelung«*[121] im menschlichen Bewußtsein reicht offensichtlich für die schöpferische Gestaltung aus. Auch das Paradies und die Dämonen kann man beschreiben, man kann sie zeichnen und Schriftliches über sie verfassen. Die Sprache auf den Plakaten kommt in der Regel ohne diese der Vergangenheit zugehörigen Worte aus. Aber fragen wir uns, ob *»Proletariat«, »Kapital«, »Sozialismus« u. v. a.* denn Objekte seien, die nicht nur auf Bildern sichtbar sind. Wohl kaum, sie gehören nicht der eigentlichen Realsprache an, obwohl sie in der politischen Rede so gebraucht werden, als seien sie konkrete Gegenstände wie ein Tisch oder ein Buch.

Wenn wir voraussetzen, daß der Plakatbetrachter, nicht nur der halbanalphabetische russische Bauer, *auf den ersten Blick* die Aussagen des Plakats *wörtlich*

---

[120] Vgl. dazu R. EIGENWALD, Textanalytik, bsv-Studienmaterial. 2. Aufl. München 1976, 17–18 (Text-Begriff nach Glinz).

[121] Einen Versuch, die »Widerspiegelungstheorie« mit der Semiotik zu vereinen, findet sich bei G. KLAUS, Semiotik und Erkenntnistheorie. 4. Aufl. Berlin 1973.

genommen hat, daß er zum Nachdenken über eine Plakatinformation vielleicht nicht gekommen ist oder dazu gar keine Voraussetzungen gehabt hat, welche Wirkung können dann Plakate ausüben? In dem einen Extremfall gar keine, weil Unverstandenes, wie die Psychologie lehrt, sehr schnell wieder vergessen wird; in dem anderen Extrem eine sehr starke, bis zu Überzeugungen führende, wenn der Betrachter die Plakatbotschaft für wahr nahm und zur kritischen Prüfung nicht imstande war. In der Mitte mag eine oberflächliche Kenntnisnahme liegen, wenn die Information aus faßlichen Elementen zusammengesetzt ist.

Die »Losungen« oder »Parolen« eines Plakates scheinen oft jener Teil der Aussage zu sein, der am leichtesten zu erklären ist. Doch schon die Bedeutung der beiden Begriffe im militärischen Bereich läßt vermuten, daß sie auch im politischen Gebrauch Signifikationen haben, die von ihrer umgangssprachlichen Bedeutung abweichen und nur Eingeweihten bekannt sind.

Nun scheint das Propagandaschlagwort, die mobilisierende Plakatlosung geradezu das Gegenteil von Geheimwissen zu sein, doch gilt das nur für die kommunikative Situation, in der die Propaganda stattfindet, nicht mehr für die Erkenntnissuche des rekonstruierenden Historikers. Das Schriftplakat mit der Losung *»Baut mehr Kartoffeln an. Die deutsche Kartoffel muß England besiegen!«*[122] bedarf sicherlich des Kommentars, obgleich kein Wort in dieser Aufforderung unklar ist. Vor die Aufgabe gestellt, das Schriftplakat mit der Losung *»Unsere Garnisonen sind Garnisonen des Friedens«*[123] einzuordnen, wird der Historiker ohne Entscheidungshilfen scheitern. Die modernen Untersuchungen zur politischen Sprache[124] haben ein Arsenal von Begriffen entwickelt, das auch die verkürzten Satzkonstruktionen auf Plakaten zu erklären hilft. Wie für den Bildbereich, so hat die *Semiotik* auch Theorien über den Zusammenhang von »Zeichen, Sprache und Verhalten« (so der Titel eines Buches von Ch. W. Morris), also die Interpretation sprachlicher Aussagen, vorgelegt.

Ch. W. Morris zufolge kann die Sprache u. a. dazu dienen, Informationen zu geben, Wertungen anzubieten und Verhalten anzuregen.

Der *informierende Sprachgebrauch* verwendet die Zeichen als *Designatoren*. Der Plakatproduzent versucht, den Leser der Plakatlosung »zu veranlassen, so

---

[122] Zeit des Ersten Weltkrieges, nicht näher datiert. Bundesarchiv Koblenz, Plakatsammlung Nr. 1/10/34. Das Kartoffel-Motiv findet sich auf Propagandapostkarten, vgl. »Durchhalten« in R. LEBECK, M. SCHÜTTE Propagandapostkarten I. 80 Bildpostkarten aus den Jahren 1898–1929. Dortmund 1980, Nr. 60.

[123] Nationalsozialistische Parole, nicht näher datiert, Bundesarchiv Koblenz Nr. 3/2/37.

[124] Übersicht bei R. BACHEM, Einführung in die Analyse politischer Texte. München 1979, Kapitel 3.

zu handeln, als habe irgendeine [...] Situation bestimmte Charakteristika«.[125] Wenn es der Propaganda gelingt, den Menschen glaubwürdig zu versichern, daß es für den Sieg der eigenen Sache nur noch einer letzten Anstrengung bedürfe, dann werden sie schließlich bereit sein, auch diese Entbehrung noch auf sich zu nehmen. Ob die Informationen von der Kriegs- oder Arbeitsfront wahrheitsgemäß sind oder nicht, ist keine Bedingung für die Überzeugungskraft (convincingness) der sprachlichen Äußerung.[126]

Will ein Sprecher bei einem Kommunikationspartner *Bewertungen* suggerieren, gebraucht er dazu *Appraisoren* (von: to appraise), also Wörter, die *positive oder negative Bewertungen* beim Empfänger hervorrufen (hierzu gehören fast alle Propaganda- und Reklameschlagworte). Auch hier ist der Erfolg das einzige Maß für die Bewertung des Zeichens, wie Morris betont: »Der Grad, in dem ein Zeichen irgendeinem Objekt den Vorzugsstatus gibt, zu dessen Durchsetzung es verwendet wird, ist ein Maß für seine Wirksamkeit oder Bewertungsadäquanz. Die Wirksamkeit verschiedener Arten von Zeichen variiert mit individuellen und sozialen Umständen.«[127]

Kriterium für die dritte Weise von Sprachgebrauch ist die Überredungskraft (persuasiveness), denn es geht darum, jemand anderen zu einer *Verhaltensänderung zu veranlassen.* Dieser inzitive Gebrauch (incitive usage) verwendet Zeichen, die *Preskriptoren* genannt werden (von: to prescribe). Sprachliche Mittel zur Verhaltensänderung sind vor allem Imperativsätze in ihren verschiedenen Formen, sei es der Imperativ »Hilf!«, sei es die Konstruktion »Lernen, lernen und nochmals lernen« (ein Leninzitat, das auch für Plakate gebraucht wurde) oder Vergleichbares. Morris kennzeichnet die Funktion von Preskriptoren in folgender Weise:

> »Beim inzitiven Zeichengebrauch werden Zeichen erzeugt, um zu bestimmen, wie der Zeicheninterpret auf irgendetwas reagieren soll, d. h. um mehr oder weniger spezifische Reaktionen hervorzurufen. [...] Der inzitive Zeichengebrauch hat zum Ziel, das Verhalten in bestimmte Kanäle zu lenken.«[128]

Die Zeichentheorie von Ch. W. Morris umfaßt potentiell alle Aussageformen und -zwecke der Sprache. Diese teils umstrittenen Teile seines Systems[129] brauchen hier nicht zu interessieren. Es ist ausreichend, wenn man für die Plakatanalyse die drei wichtigsten Aussageträger im Sinne von Morris klassifiziert: den

---

125 Ch. W. Morris, Zeichen, Sprache und Verhalten. Düsseldorf 1973, 186.
126 Ebd. 188.
127 Ebd. 189.
128 Ebd. 190.
129 Vgl. hierzu F. v. Kutschera, Sprachphilosophie. München 1972, 164–173.

Designator, welcher Fakten feststellt und Situationen im Sinne des Zeichengebers definiert, den *Appraisor* (der positive oder negative Bewertungen vermittelt) und den *Preskriptor,* das Zeichen für imperativische oder auf andere Weise auffordernde Rede.

Die Terminologie von Morris konkurriert (nicht nur in der semiotischen Fachsprache) mit anderen Begriffen. Für die wichtige Kategorie des »Appraisors« können auch Ausdrücke wie »hochaggregiertes Symbol« (das »sind Bezeichnungen für sehr allgemeine, auf hoher Abstraktionsstufe bezeichnete ökonomische, politische oder geistige Sachverhalte«)[130] »magisches Symbol«[131], »Hochwertwort«, »Reizwort«, »Schlüsselwort«, »Schlüsselsymbol« (key symbol)[132] oder »Schlagwort« verwendet werden.[133] Da kein Bedarf nach einem besonderen begrifflichen Instrumentarium für die Plakatanalyse besteht, brauchen die termini technici, nachdem mit ihrer Hilfe die Aussagemöglichkeiten klassifiziert sind, nicht mehr streng angewandt zu werden.

Die Parole in der sowjetischen Propaganda

Zu den sowjetischen Feiertagen werden von der Parteispitze spezielle politische Losungen formuliert und einheitlich im ganzen Land veröffentlicht. Als Zusammenstellung der jeweils offiziellen Aussagen über die gesellschaftlich aktuellen Werte und Normen sind diese Schlüsselsätze von großem Interesse. Für den 1. Mai 1919 ist der Entwurf der Liste mit Anmerkungen Lenins und die redigierte Fassung als Verordnung von Partei und Regierung, gedruckt am 25. April 1919 in »Izvestija« und »Pravda«, erhalten.[134]

»1. Der Festtag heller Hoffnung wurde zum Festtag erreichter und kommender Siege!

---

[130] G. Klaus, Sprache der Politik. Berlin 1971, 169.

[131] Th. Geiger, Ideologie und Wahrheit. Stuttgart 1953, 85.

[132] H. D. Lasswell, Language of Politics, in: R. N. Anshen, Language. New York 1957, 270–284, hier 273.

[133] Vgl. Bachem (Nr. 2) 63–65.

[134] *Dekrety* sovetskoj vlasti. Bd. 5. Moskva 1971, 88–90 (Entwurf), 90–92 (Veröffentlichter Text, ohne die Nr. 2, 4, 16); die Randbemerkungen Lenins (Zustimmung zu den Nr. 4, 13, 17, 18, 24) werden hier weggelassen. Vgl. auch S. Yakobson, H. D. Lasswell, May Day Slogans in Soviet Russia 1918–1943; in: *Language* of Politics, Cambridge 1965, 233–297. Zu den Maifeiern 1918 bis 1920 vgl. A. I. Mazaev, Prazdnik kak social'no-chudožestvennoe javlenie. Opyt istoriko-teoretičeskogo issledovanija. Moskva 1978, 243–253, 292–305.

2. Erster Mai – die Posaune des Erzengels vor dem Ende der alten Welt!
3. Erster Mai – Festtag der Arbeit. Es lebe die kameradschaftliche Arbeit, es lebe die Arbeitsdisziplin!
4. Der Frühlingssturm hat sich erhoben – laßt uns ihn zu einem Weltorkan entfachen!
5. Die internationale Revolution hat begonnen, laßt uns sie vollenden, Proletarier!
6. Erster Mai – Parade der Stoßbataillons der internationalen Revolution. Es lebe die durch Blut gefestigte Weltbruderschaft der aufständischen Proletarier!
7. Es lebe die Kommunistische Internationale, Kampfstab der Arbeiter-Weltrevolution!
8. Auf den Trümmern der bürgerlichen Staaten werden in der ganzen Welt rote Räte erwachsen!
9. Es lebe die Internationale Sozialistische Föderative Sowjetrepublik!
10. Der Kommunismus ist die Erlösung [Rettung] des Proletariats, der Kommunismus ist die Auferstehung [Wiedergeburt] der Menschheit!!
11. Nieder mit der räuberischen ›Liga der Nationen‹, es lebe die Weltunion der Republiken der Arbeit!
12. Wer den Frieden will, muß die internationale Bourgeoisie zerschlagen und entwaffnen!
13. Werdet Schafe und lebt in Frieden mit den Wölfen – sagen die Versöhnler. Reißt den Wölfen die Zähne aus und die lügnerischen Zungen den Verrätern – sagen wir.
14. Hüte und bewahre deine Waffe, Proletarier! Hüte und bewahre deine Rote Armee!
15. Die Bourgeoisie hat Gewehre und Maschinengewehre erfunden. Solange der Kapitalismus existiert, laßt sie nicht aus euren Händen!
16. Krieg dem Krieg – ist der Ruf der Roten Armee!
17. Unter das rote Sowjetbanner, gegen das schwarze Banner Kolčaks, der Generale, Kapitalisten, Gutsbesitzer!
18. Die Armee Kolčaks ist die letzte Hürde auf dem Weg zum Frieden, zu Brot, zur Freiheit. Laßt uns in vereinten Anstrengungen der Arbeiter und Bauern diese Hürde beseitigen!
19. Kolčak – die letzte Hoffnung der Alliierten und der russischen Bourgeoisie. Zerschlagt auch diese Hoffnung!
20. Kolčak kommt, um den Hauptherd der Weltrevolution zu löschen. Wer für die Weltrevolution ist, der ist gegen Kolčak!
21. Der Bauer wird Herr im Dorf sein, indes der Arbeiter Hausherr in der Stadt sein wird.
 22. Die Sowjetmacht erschießt jene Kommissare, die die Bauern ausplündern.

Der Gutsbesitzer Kolčak verleiht solchen seinen Dienern Auszeichnungen für Eifer im Dienst.
23. Das Bündnis von Arbeitern und Bauern wird das Bündnis von Bourgeois und Gutsbesitzern zerbrechen!
24. Der Arbeiter will den Bauern nicht kommandieren: Er will dem Bauern helfen und von ihm Hilfe bekommen.
25. Sozialismus in den Städten – nach dem Willen des Proletariats. Sozialismus im Dorf – nur nach dem Willen der Bauern!«

In diesen Beispielen finden sich sowohl die hauptsächlichen Appraisoren der kommunistischen Propaganda (mit den entsprechenden antipodischen Ausdrücken) in begrifflicher oder metaphorischer Form als auch typische Verbalformeln wie

– *»Nieder mit . . ., es lebe . . .!«*
(Wertzuweisungen, in unpersönliche Aufforderungen gekleidet.)
– *»Der Kommunismus ist . . .«*
(Wertzuweisung in Form von Sachaussagen)
– *»Es werden . . .«*
(Antizipationen, Vorhersagen des Erreichens von Zielen.)
– *»Hüte und bewahre . . .!«*
(Verhaltensvorschriften, -anstöße)
– *»Laßt uns . . . tun!«*
(Appelle, Tataufrufe)
– *»Für . . ., gegen . . .!«*
(Normative Formulierung von Alternativen.)
– *»Wer . . . will, muß zuvor . . .«*
(Durch Prämisse eingeleitete Aufforderung.)
– *»Die anderen sagen . . ., wir jedoch sagen . . .«*
(Antithese in Form einer Replik)

Solche Redeklischees mit eingewobenen Appraisoren und Preskriptoren überfluten periodisch die sowjetische Öffentlichkeit und begleiten den Sowjetbürger durch das Leben.[135] Die positiven Aspekte kontinuierlicher Propaganda hat H. Lasswell mit Blick auf die amerikanische Gesellschaft formuliert. Die

---

[135] In der Untersuchung von YAKOBSON und LASSWELL (Anm. 134) findet sich im Anhang einiges Material dazu. Die Verfasser analysierten die Schlüsselsymbole. »We are especially interested in the function they perform as links between the doctrinal subtleties of the theorists, the action language of the decision-makers, and the everyday speech of the common citizen.« (233). In Bezug auf die Redeformeln scheint mir die Unterteilung in expectation (descriptions), endorsement, denunciation, admonition, address, self-identification (242, 245) nicht ausreichend.

spezielle Stichwort-Sprache (language of cues) sei besonders zur Mobilisierung einer ganzen Bevölkerung geeignet. Darüber hinaus habe die Sprache der Schlüsselsymbole und Klischees die Funktion, »eine vereinheitlichende Erfahrung für alle Glieder des politischen Körpers zu vermitteln, unabhängig von ihrer Position in der Sozialstruktur. Schlüsselwörter und -ausdrücke gelangen in die Erfahrung von jung und alt, von Laien und Experten, Philosophen und Politikern. Solche Symbole vermitteln einen gemeinsamen Denominator zwischen denen, die auf politische ›Doktrin‹ oder auf die politischen ›Formula‹ spezialisiert sind, und den Nichtspezialisten, die nur die Folklore, die ›Miranda‹ der Gesellschaft kennen.«[136]

Die negative Seite politischer Sprachregelungen wird besonders dann erkennbar, wenn eine Partei mit Informationsmonopol die »vereinheitlichende Erfahrung« zu einem Konsens der Uninformierten umwandelt.

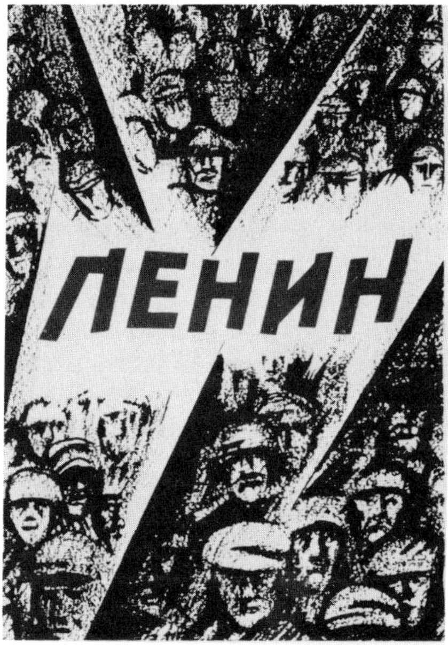

19 Lenin, Plakat anläßlich seines Todes im Januar 1924.

[136] H. Lasswell (Nr. 37) 273; Lasswell hatte schon zuvor die »Miranda« einer Gesellschaft als »the ceremonies and legends of public life« bezeichnet, in: H. D. Lasswell, The Structure and Function of Communication in Society, in: The Communication of Ideas, New York 1948 (^{2}1964), 44. Zu den Termini von Lasswell vgl. W. Dieckmann Sprache in der Politik, 2. Aufl. Heidelberg 1975, passim.

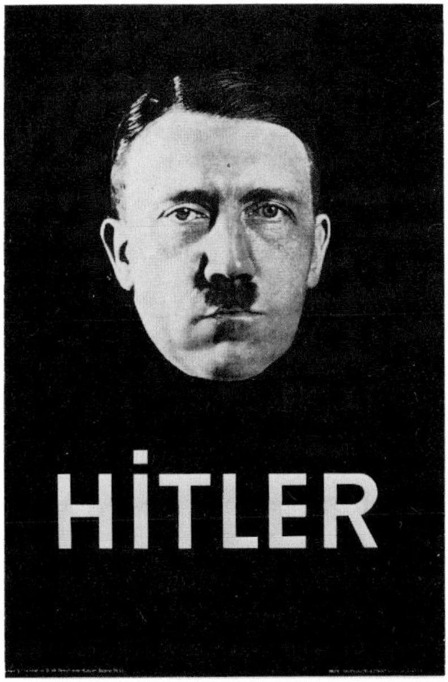

20 Hitler. München 1932. 84 × 57 cm.

Der politische Kontext der Maiparolen von 1919 war von diesem Stadium propagandistischer Konformität noch weit entfernt. Charakteristisch für die frühe Sowjetzeit ist eher ein Prozeß jener Art, wie er unten am Beispiel der Kampagne gegen die Deserteure aus der Roten Armee gezeigt werden soll: Eine *normative Setzung* von Seiten der Legislative beantwortet die Bevölkerung mit *Verweigerung* (auf Grund von Desinformation, Desinteresse oder Resistenz). Hierauf schreitet die Führung zur *Normdurchsetzung* mittels exekutiver und propagandistischer Maßnahmen. Der kommunikative Diskurs von Befehl – Verweigern – Insistieren – Durchsetzen dürfte für einen großen Teil der sowjetischen Propaganda konstitutiv sein und sowohl die Inhalte als auch die Formen der Aussagen auf Plakaten prägen.

Die von der Parteiführung formulierten Feiertagslosungen waren keineswegs alle für eine Verwendung auf Plakaten geeignet. Die Metaphern gaben nicht das an Bildlichkeit her, was für die Festtagsatmosphäre notwendig war, sie waren häufig zu lang und abstrakt. So muß man die Losung für den Wandspruch oder das Spruchband von der Plakatlosung trennen. Gleichwohl kann man sagen, daß die oben genannten Redeformeln für den gesamten Bereich der politischen Parole Geltung haben.

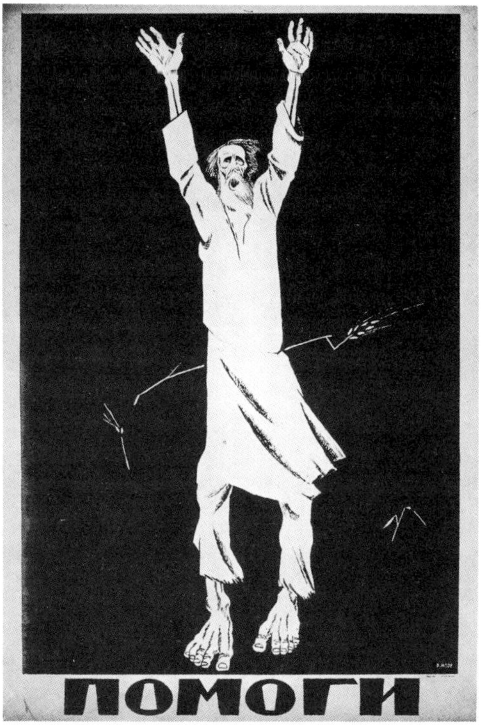

21 Hilf.
D. Moor, Moskau 1921.
106 × 71 cm, 16 000 Ex.

Entscheidet sich der Produzent eines Plakates für eine extrem kurze Losung, so muß er sie in der Regel an das begleitende Bild binden, das die Erläuterung dazu liefert. Ein Sonderfall ist das Plakat mit dem Namen des Führers, in Sowjetrußland dem Namen Lenins. Das Plakat mit dem rot (auf schwarzem
19 Bild) geschriebenen Namen *»Lenin«* ist in der Zeit unmittelbar nach dem Tode Lenins im Januar 1924 entstanden. Der auf den Betrachter hingehende Zug der Trauernden wird wie durchzuckt von dem Namen. Der Name »Lenin«, abgeleitet von Flußnamen »Lena« und von Lenin seit 1901 als Pseudonym verwandt, ist ja ähnlich wie andere Pseudonyme von Revolutionsführern (Stalin, Trockij, Tito u. a.) durch den eigentlichen Namen (Vladimir Il'ič Ul'janov) von der Persönlichkeit getrennt und eignet sich so sehr gut als Namens-»Ikon«, als ein Etikett in der ideologischen Vermarktung politischer Führer. Vorbedingung für die positive Konnotation von Pseudonymen war in Sowjetrußland die Hochschätzung der Arbeit im politischen Untergrund des Zarenreichs, ein Umstand, der etwa für Parteiführer der Weimarer Republik entfiel.

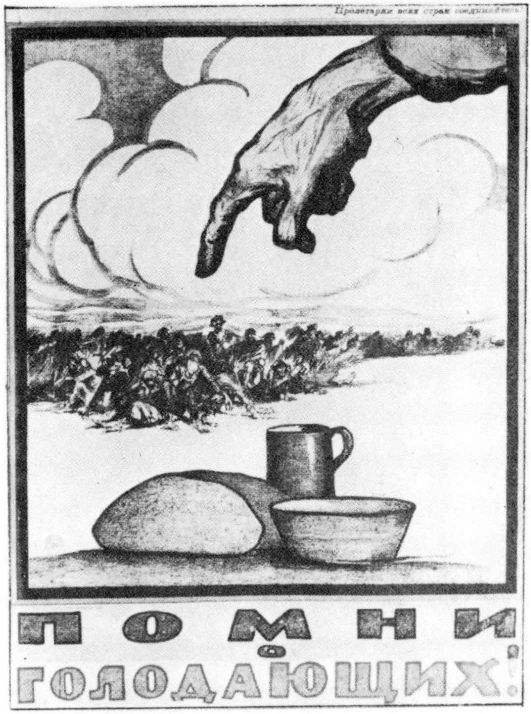

22 Gedenke der Hungernden!
I. Simakov, Petrograd 1921.
74 × 59 cm, 5000 Ex.

Die Konzentration der NSDAP-Propaganda auf die Person und das Bild Adolf Hitlers hat ebenfalls zu einem Plakat geführt, das als Parole lediglich den Namen »HITLER« in majestätischen Grotesk-Lettern enthält, dazu als Bildelement den frontalen Hitlerkopf mit hypnotischem Blick. Die Zeichen auf dem Blatt sind auf ein Minimum an quantitativer Aussage reduziert. Der Kopf (ohne Halsansatz) scheint auf dem schwarzen Grund zu schweben[137], die quadratischen Lettern des Namens, nur durch einen (überflüssigen) i-Punkt aufgelokkert, ruhen ebenfalls auf dem dunklen Grund, als ständen sie wie ein Sternbild auf dem Nachthimmel.

Neben dem Quasi-Bild des Führer-Namens sind »ja«, »nein«, Interjektionen und Imperative die kürzesten möglichen Plakatlosungen. Eindrucksvoll ist das

---

[137] Als Vorbild dafür wäre ein symbolisches Bild Napoleons denkbar, vgl.: *Porträt* 1. Der Herrscher. Graphische Bildnisse des 16.–19. Jahrhunderts aus dem Porträtarchiv Diepenbroick. Münster 1977, Nr. 110.

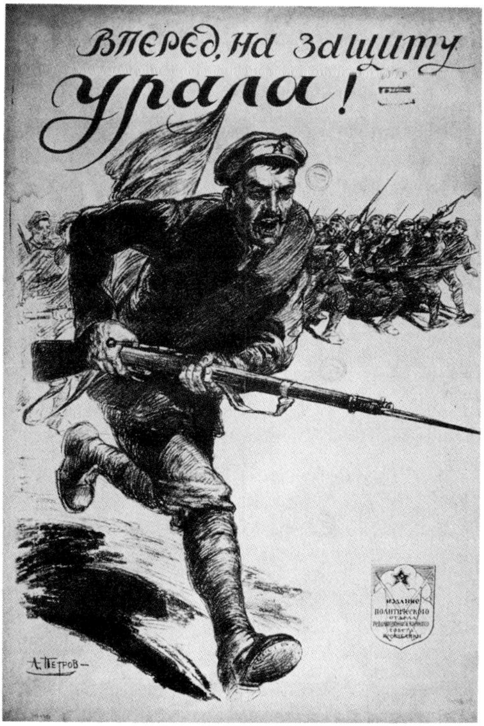

23 Vorwärts zur Verteidigung des Urals!
A. Petrov (Apsit), Moskau 1919, 106 × 73 cm, 50 000 Ex.

60 Plakat »ENLIST« von Fred Spear, das zu den von der Torpedierung der »Lusitania« inspirierten amerikanischen Plakaten gehört.[138] Das Motiv der Madonna mit Kind wurde auf dem Hintergrund eines grünen Aquariums mit Fisch und Wasserpflanzen zur Wasserleiche variiert. Die klobigen Buchstaben kontrastieren farblich und stilistisch mit dem Bild, so daß sie dem Betrachter in die Augen springen.

Das künstlerisch bedeutendste unter allen Plakaten mit extrem kurzer Losung
21 ist zweifellos das Hungerplakat *»Hilf«* von Dmitrij Moor: Das eine Wort wird durch zwei – drei Bildzeichen (eine menschliche Gestalt und zwei Kornhalme) zu einem eindringlichen Appell vervollständigt. *Einzeln* wäre das Bild mißverständlich – flieht der Alte aus dem *Dunkeln? Allein* wäre das Wort *»Hilf«* zu

[138] Dazu Z. ZEMAN, Selling the War. Art and Propaganda in World War II. London 1982, 10–11, und H. SCHUETZINGER, Angelsächsischer und deutscher Chauvinismus in der politischen Bildreklame, in: Das Plakat 10 (1915) 142 f.

allgemein, um einen Appell zu bilden. In dem Plakat »Pomogi« bedarf auch das eine Wort noch der Erläuterung: Den Imperativ »Hilf!« ruft nicht der hungrige Bauer, er geht vielmehr von einem kollektiven Subjekt aus, das mit dem Hilfegebot auf das Recht des Alten, Hilfe zu erwarten, hinweist. Das Leben und die Menschenwürde des hungernden Bauern sind Forderungen an die humane Solidarität, nicht flehendes Bitten eines Armen um ein Stück Brot.

Diesen Gedanken bringt ein Plakat mit demselben Thema von I. Simakov, erschienen in Petrograd 1921, durch die eindrucksvolle Gebärde der von oben kommenden Hand zum Ausdruck. Die Inschrift lautet: *»Gedenke der Hungernden!«* Die Verknüpfung von Norm- und Wertaussagen, wie sie typisch ist für politische Plakate, läßt sich an diesem Beispiel gut erkennen. 22

An den Parolen mit extrem kurzem Text sei ein schon angedeutetes Problem noch einmal genannt. Das *Einzelwort* (in besonderer typographischer Gestaltung) entspricht quantitativ einem durchschnittlichen Bildelement, also einem Auffassungsschritt. Der Betrachter benötigt zu seiner Wahrnehmung nur eine

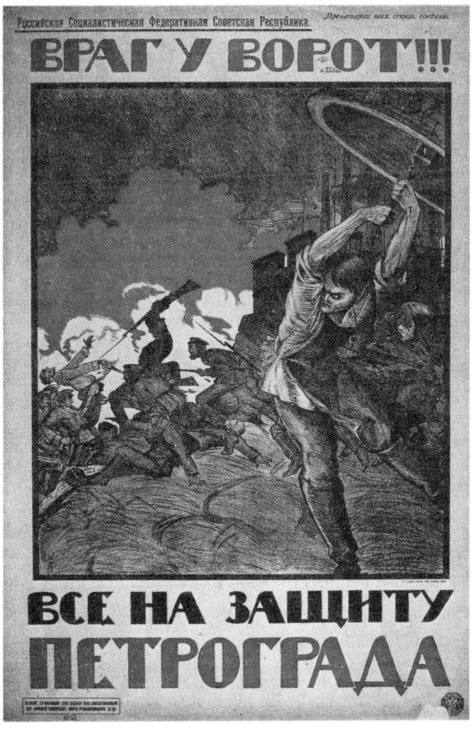

24 Der Feind ist vor den Toren!!!
Alle zur Verteidigung Petrograds.
N. M. Kočergin, Moskau 1919.
107 × 71 cm, 20 000 Ex.

Blickbewegung. Das bedeutet, Wörter wie »Hilf« oder »Nein!« sind ohne die für das Lesen notwendige Links-Rechts-Bewegung der Augen auffaßbar. Sie werden, wie oben zitiert, durch Abtasten des Blattes gemeinsam mit anderen *Bild*elementen apperzipiert und verarbeitet. Ein Stichwort solcher Art hat eigene Farbe, Raumtiefe, dynamische Richtungsbezogenheit usw.

Sein Vorteil ist eben jene, von der Plakatforschung als für moderne Plakate wesentlich erkannte, Erfaßbarkeit im Vorübergehen, analog der Wirkung von Reizwörtern in der Markenartikelwerbung.

Imperativisch sind zahlreiche kurze Parolen, die auf den sowjetischen Kriegs-
23 plakaten erscheinen: *»Vorwärts zur Verteidigung des Urals!«* oder *»Der Feind ist*
24 *vor den Toren !!! Alle zur Verteidigung Petrograds«.* Appelle dieser Art sind nicht nur wesentlich kürzer als die oben zitierten Parteilosungen, sie nähern sich in ihrer Kürze deutlich der Knappheit militärischer Befehle, selbst wenn sie, wie die letzte der Losungen, eine Prämisse vor die Aufforderung setzen.

Neben den ad-hoc-Formulierungen der genannten Art und offiziellen Parteilosungen anläßlich von Jubiläen und Feiertagen spielt das Klassiker- oder Führerzitat in der Plakatpropaganda eine wichtige Rolle. Aus dem »Kommunisti-
103 schen Manifest« wird der Satz *»Ein Gespenst geht um in Europa, das Gespenst des Kommunismus«* verwandt und auf Lenin bezogen. Von Lenin wird z. B. der Satz als Losung verwendet, *»Was ist das, Kommunismus? Das ist Sowjetmacht plus Elektrifizierung«*[139], von Kriegskommissar Lev Trockij der Aufruf: *»Räuber sind im Haus! Bürger des Sowjetlandes, Arbeiter und Arbeiterin, Bauer und Bäuerin, in unserem Hause sind Räuber!«*[140] Während der Stalinzeit erscheinen ständig Zitate aus seinen Reden auf Plakaten, häufig aktuell-politische Feststellungen, wie auf einem Plakat von 1939: *»Nicht einen Fingerbreit fremden Landes wollen wir. Aber von unserem Land, nicht einen Zoll unseres Landes werden wir hergeben, an niemanden. I. Stalin«.*[141]

Mag das Führerzitat in vielen Situationen lediglich den Sinn haben, die Allgegenwart und Allkompetenz des Herrschers zu bekräftigen, sehr häufig sind es doch Schlüsselformulierungen, die der Bevölkerung eingeprägt werden sollen.

In den ersten Jahren Sowjetrußlands wurde auch das Parteivolk insgesamt aufgerufen, den Schatz kommunistischer Parolen zu bereichern. Im Juli 1918 hat die Zeitung »Izvestija« einen Aufruf des Kulturkommissars A. Lunačarskij abgedruckt, mit dem ein Wettbewerb eröffnet wurde, der das Ziel verfolgte,

---

[139] Butnik-Siverskij (Nr. 162) Nr. 748.

[140] Polonskij (Nr. 216) Nr. 364 (fehlt bei Butnik-Siverskij).

[141] Dieses Zitat ist schon 1932 als Losung zum 1. Mai veröffentlicht worden, vgl. Yakobson, Lasswell (Anm. 134) 266.

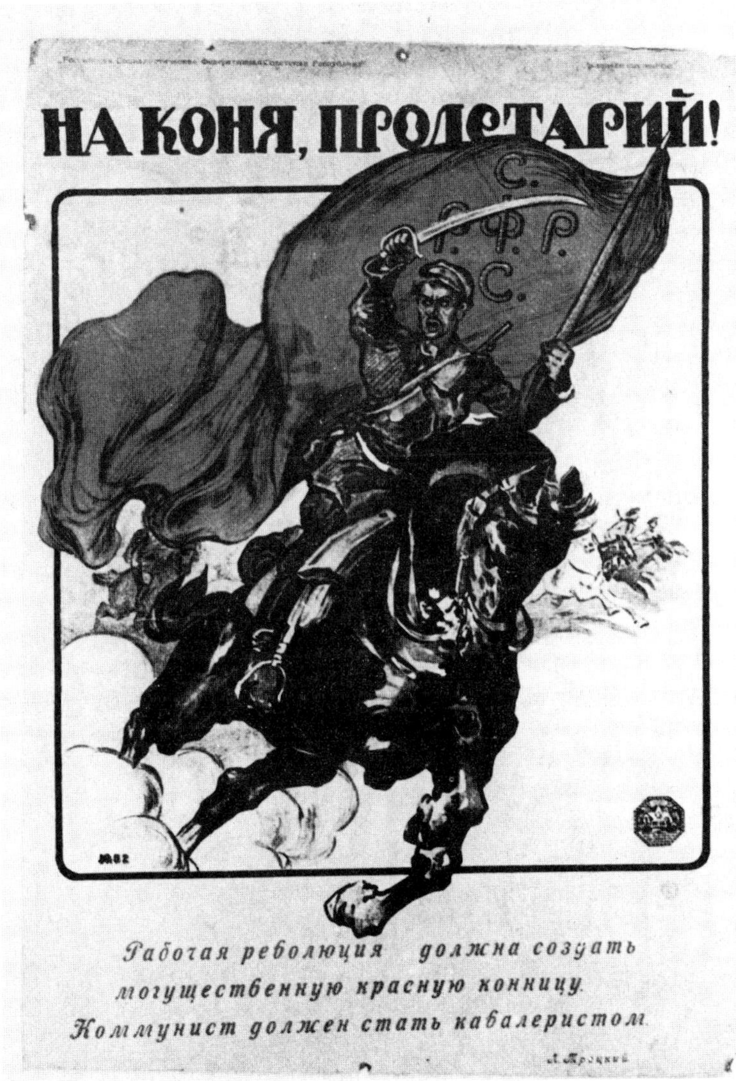

25 Auf das Pferd, Proletarier!
Die Arbeiterrevolution muß eine mächtige rote Reiterei schaffen. Der Kommunist muß Kavallerist werden. L. Trockij.
Apsit, Moskau 1919. 104 × 71 cm.

»kurze, feurige, tiefe Aussprüche zu suchen und einzusenden, die geeignet sind, den vorübergehenden Menschen zum Nachdenken anzuhalten und den Funken eines lichten Gedankens oder heißen revolutionären Gefühls in seiner Seele zu gebären.«[142] Dieser Aufruf hängt nicht mit der Plakatpropaganda zusammen, weil die Parteiführung zu jenem Zeitpunkt noch völlig dem Ideal der Wortpropaganda per Schrifttafel ergeben war. Von 1920 bis 1922 gab das Zentralkomitee den »Anzeiger für Agitation und Propaganda«[143] heraus, in welchem neben der Veröffentlichung von Losungen und allgemeinen Artikeln auch Kommentare zu Plakaten und Anweisungen zur Verbildlichung politischer Parolen verbreitet wurden. Während des Bürgerkrieges war die Propagandaabteilung des Kriegskommissars Trockij wohl die aktivste und bedeutendste. So werden auch von ihm mehr Losungen ausgegangen sein, als wir aufgrund fehlenden Materials wissen. 1919 bei der Inauguration der Kampagne zur Schaffung einer Roten Kavallerie wurde eine seiner Losungen durch Plakate popularisiert: *»Auf das Pferd, Proletarier! Die Arbeiterrevolution muß eine mächtige rote Kavallerie schaffen. Der Kommunist muß Kavallerist werden! L. Trockij«*.[144] Diese Parole wurde durch das suggestive Bild einer Kavallerieattacke veranschaulicht. Das Bild stellt einen zum Bolschewiken gewordenen Kosaken dar, den in Rußland seit Jahrhunderten erfolgreichen und gefürchteten Reiter. Designat der Parole wie des Plakats ist der Vorzug der Reiterei vor den Fußtruppen. Sie ist auf dem Hintergrund des zusammenbrechenden Transportsystems und der Notwendigkeit, im südrussischen Steppenraum operieren zu müssen, jedermann verständlich. Das Bild folgt hier nicht der Wortaussage durch redundante Bildelemente, sondern gibt ihr durch das Motiv der Schnelligkeit und des Ungestüms von Reiterangriffen eine klare Interpretation, aber auch die Anschaulichkeit des Gemäldes. Dieser Plakattyp findet in der gelungenen Kombination einer politischen Losung mit einem passenden Bild seine optimale Aussagefähigkeit.

Plakattyp IV zeigt ein ganz anderes Verhältnis von Schrift und Bild, weil die Parole vom Bild nicht losgelöst werden kann. Das Bildplakat vom Typ IV zeichnet sich, wie oben gesagt, durch untrennbare Verschweißung des geschriebenen Textes mit den Bildzeichen aus, so daß das eine ohne das andere defekt wäre. Nun soll nicht behauptet werden, Parolen wie *»Kosak, mit wem bist du?*

---

[142] Vgl. N. I. Šantyko, Grafika, in: *Sovetskoe* izobrazitel'noe iskusstvo 1917–1941. Moskva 1977, 132.

[143] Butnik-Siverskij (Nr. 162) 18.

[144] Polonskij (Nr. 216) 36. Ohne die intensive Porpagandakampagne wäre die schnelle Entstehung einer schlagkräftigen roten Kavallerie sicherlich nicht möglich gewesen. In den einschlägigen Katalogen finden sich Hunderte von Flugblättern und Plakaten zu diesem Thema.

Mit uns oder mit ihnen?« seien nicht verständlich – defekt ist immerhin die Gesamtaussage, weil »mit uns« oder »mit ihnen« einer Erklärung bedürfen. Die Parole ist in die Form einer direkten Frage gekleidet, die einen Zeigegestus impliziert – und dieses paralinguistische Zeichen wird durch das Bild geliefert.

Als Beispiel, daß auch Parolen mit dem vordergründigen Charakter von Feststellungen eine nur defekte Nachricht vermitteln, sei ein Plakat des Militärkommandos von Orel, das in einer Auflage von 2000 Exemplaren gedruckt worden ist, angeführt: *7. November: erster sonniger Tag im Leben des Proleta-* *26*
riats!« Die unmittelbare sprachliche Aussage wäre etwa: »7. XI. 1920: Sonnenschein für N. N. nach Schlechtwetterperiode«. Mehr als die Erkenntnis, daß es sich bei der Plakatinschrift *nicht* um eine der üblichen Bekanntmachungen des Militärkommandos handeln kann, läßt sich aus der Behauptung vom Sonnentag zunächst nicht ziehen. Ein Teil der Angesprochenen mag sich daran erinnert haben, daß seit der Kalenderreform vor zwei Jahren das Datum der *Oktober*revolution dreizehn Tage später, nämlich auf den 7. *November,* fiel. Der Neologis-

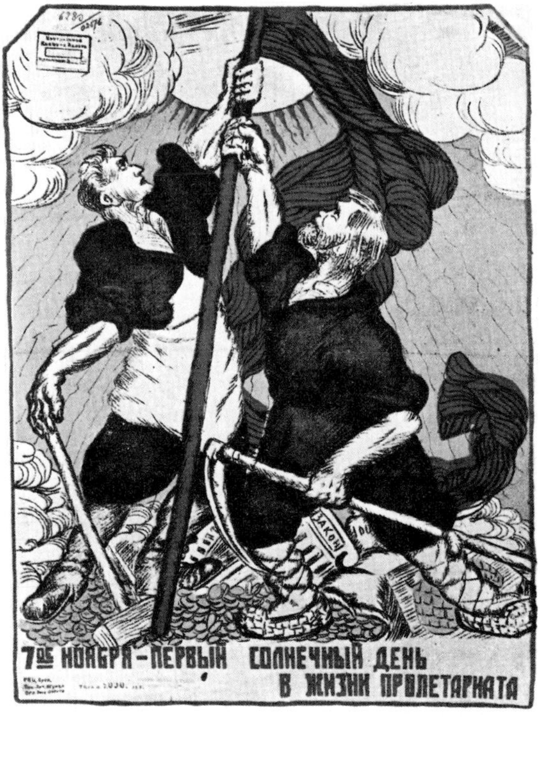

26 7. November – erster sonniger Tag im Leben des Proletariats.
Orel 1920. 74 × 59 cm, 2000 Ex.

mus »Proletariat« als Ausdruck für die armen Leute mag der Bevölkerung Orels bekannt gewesen sein.

Sieht man von der Parole auf das Bild, wird die Metapher »Sonnentag« als solche erkennbar; daß der Ausdruck »Proletariat« Arbeiter *und Bauern* bezeichnen soll, ist nun verständlich; der Bezug auf die Revolution von 1917 erweist sich durch die rote Fahne und die »Trümmer des Alten« hergestellt. Insgesamt kann dann erschlossen werden, daß die »Bekanntmachung« des Sonnentages inhaltlich wohl eine *Aufforderung* sein dürfte, sich an den Feiern zu beteiligen und damit seine Sympathie für die Bolschewiki auszudrücken.

Wenn Plakate Fragen stellen . . .

Im Unterschied zur Feststellung und zum Befehl ist die Frage ein dialogischer Akt, bei dem sich der Fragende um eine Information bemüht, die er bei dem Angesprochenen als vorhanden voraussetzt. Er scheint einzuhalten und auf die Antwort zu warten. Fragen bilden eine besondere Form von Aufforderungen an den Dialogpartner, eine Information zu liefern[145] d. h. auf bestimmte Weise zu antworten.

Im politischen Plakat, wo ein echter Dialog nicht möglich ist, scheint die Frageform sinnvoll nicht einsetzbar. Dennoch gibt es zahlreiche Plakate, die durch eine fragende Parole wirksam den Betrachter ansprechen:

27–30, *»Du hast dich als Freiwilliger eingeschrieben?«*
62, 87 *»Du, womit hast du der Front geholfen?«*
"Daddy, what did YOU do in the Great War?"
"Who's absent? Is it you?"
»Und eure Pflicht? Zeichnet Kriegsanleihe.«
»Kosak, mit wem bist du? Mit uns oder mit ihnen?«
»Für wen arbeitet der Deserteur?«
"Are YOU in this?"

Da die Frage eine sehr schwierige und in der Linguistik noch nicht zu Ende diskutierte Aussageform ist, mag die Untersuchung einiger Beispiele von Nutzen sein.

Eines der berühmtesten sowjetischen Plakate ist das von Dmitrij Moor 1920
27 geschaffene Rekruten-Plakat mit der Aufschrift *»Du hast dich als Freiwilliger*

---

[145] Vgl. F. HUNDSNURSCHER, Semantik der Fragen, in: Zeitschrift für germanist. Linguistik 3 (1975), 1–14, hier 9 (nach der Sprechakttheorie von J. R. Searle); zum Problemstand vgl. auch R. CONRAD, Studien zur Syntax und Semantik von Frage und Antwort. Berlin 1978.

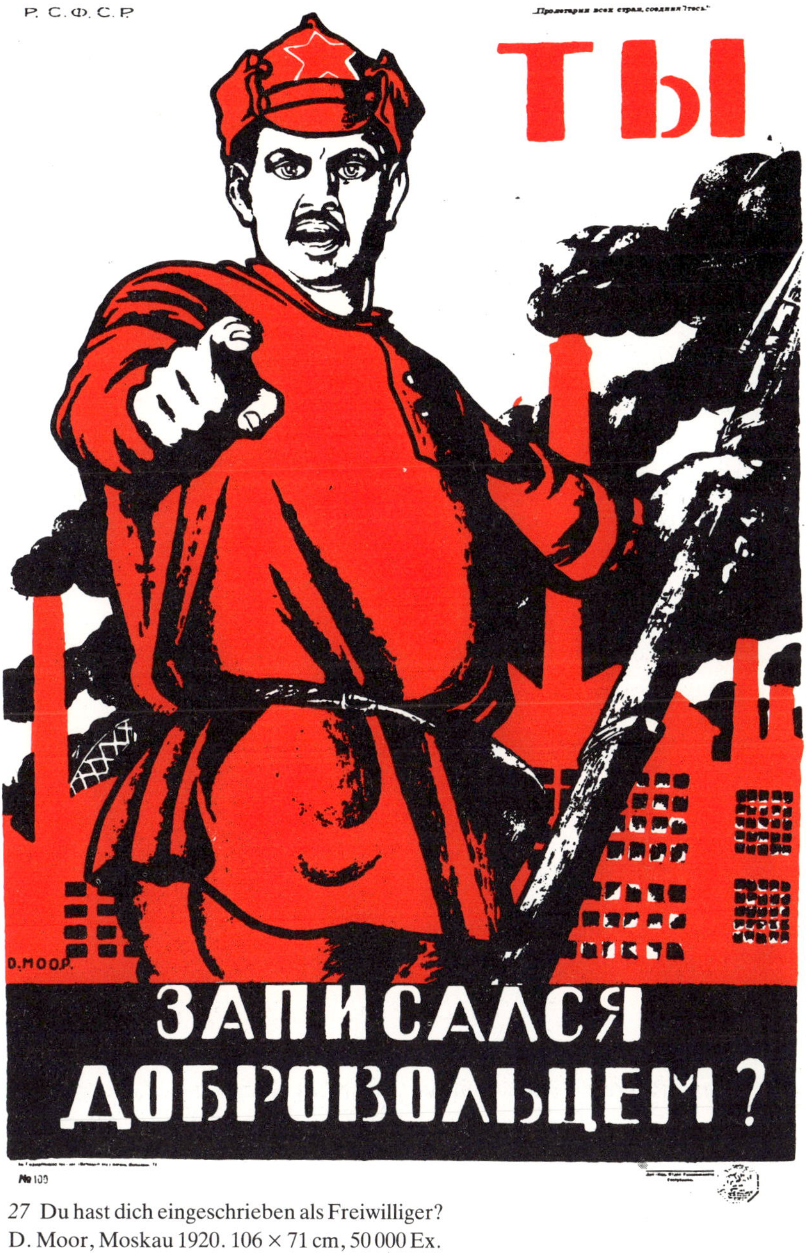

27 Du hast dich eingeschrieben als Freiwilliger?
D. Moor, Moskau 1920. 106 × 71 cm, 50 000 Ex.

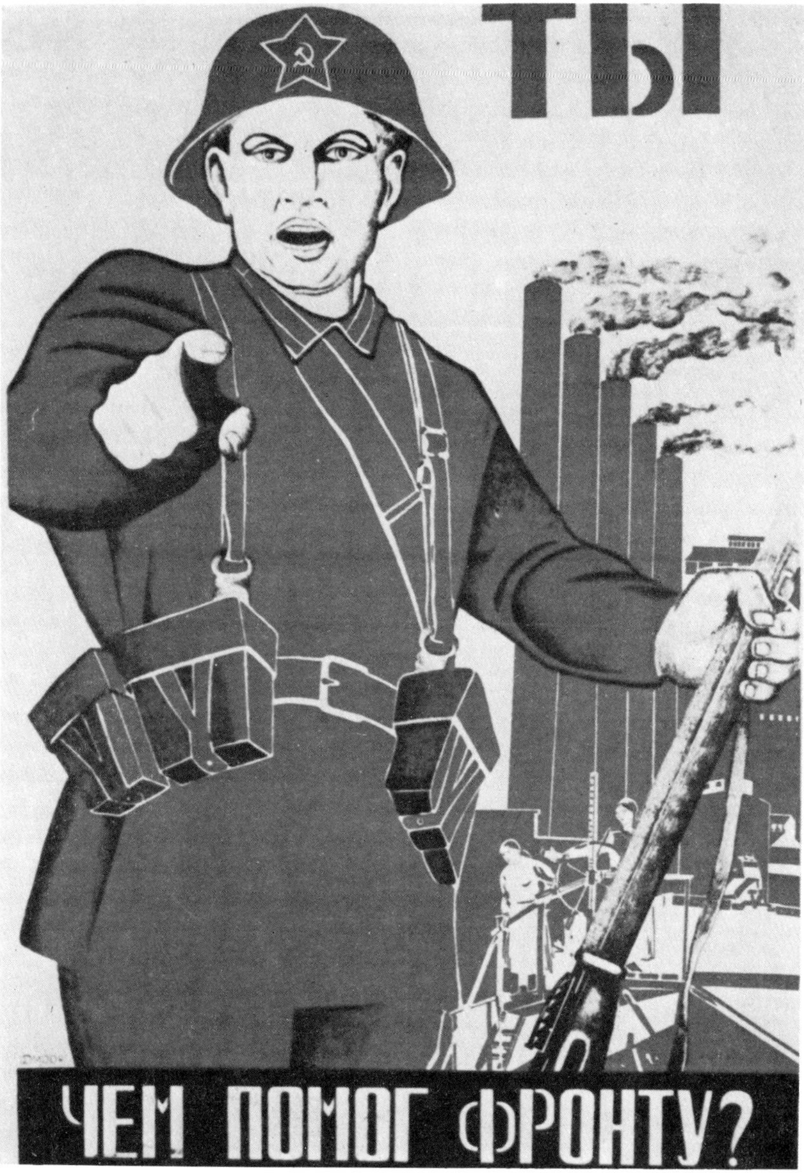

28 Du, womit hast du der Front geholfen?
D. Moor, Moskau 1941.

eingeschrieben?« Tritt man vom sprachlichen Befund her an das Plakat heran, so handelt es sich um die Frage, ob sich ein nicht näher Bezeichneter als Freiwilliger für eine ungenannte Organisation eingeschrieben habe. Aus der in Rußland nicht allgemein üblichen Du-Form läßt sich eine gewisse Vertrautheit zwischen Fragendem und Angesprochenem voraussetzen. Als Antwort würde man ein »Ja« oder »Nein« erwarten, je nachdem, ob der Befragte eingeschriebener Freiwilliger war oder nicht. *28*

Das Blatt als Ganzes belehrt uns auf den ersten Blick, daß der isolierte sprachliche Text semantisch defekt ist. Weder stehen auf dem Bild zwei Figuren im Dialog, noch geht es um eine Wahrheitsfrage nach dem Freiwilligenstatus des Befragten. Aus dem Zusammenhang von Schrift und Bild ergibt sich für den Betrachter, daß er selbst sich in einer Dialogsituation mit der Figur auf dem Plakat befindet. Augenkontakt und Fingerzeig des fragenden Rotarmisten wenden sich an *jeden* Betrachter und machen ihn zu seinem, die Antwort schuldigen Dialogpartner. Der Sprachtext wiederum entläßt alle, auf die die Frage nicht zutrifft, aus der Dialogsituation; das heißt: Frauen, Kinder, aber auch dem Werben der Roten Armee feindlich gegenüberstehende Zeitgenossen entziehen sich leicht der ihnen überraschend aufgedrungenen Dialogsituation.

Die genauere Betrachtung des Plakates ergibt etwa folgenden Hintergrund für das Geschehen: Der Proletarier hat seine Fabrik verlassen und ist Rotarmist geworden. Er stellt seine Frage an diejenigen Arbeiter, welche diesen Schritt *noch nicht* getan haben. Die Frage impliziert die Verneinung und will das Gefühl nicht geleisteter Pflicht erwecken. Zielgruppe des Plakates ist wahrscheinlich die mit dem Klassen-Du ansprechbare Industriearbeiterschaft Rußlands. Der Fragende, mit Augen und Zeigefinger Fixierende könnte derjenige sein, dem die militärische Befehlsgewalt übertragen worden war, ähnlich, wie auf dem britischen Vorbild dieses Plakats der englische Kriegsminister erscheint. Auf dem Plakat ist kein Platz für Versuche, Andersgesinnte für die Sache der Roten Armee einzunehmen. Aus den Bildelementen »Fabrik« und »Rotarmistenmütze« ergibt sich eine Eingrenzung des angesprochenen Publikums wie schließlich eine Erläuterung des im Schrifttext unbestimmten Wortes »Freiwilliger«.

Die fragende Plakatparole ist unmittelbar vom Bildinhalt abhängig; das Bild designiert die Dialogsituation und die Prämisse für die Frage. Wie auf vielen Rekrutierungsplakaten wird auch hier die Prämisse vorgezeigt, nicht genannt: Der Appell »Folge mir nach!« kommt von jemandem, der offensichtlich das zwingend Notwendige bereits getan hat. An die Stelle der Aufforderung »Schreibe dich als Freiwilliger ein!« tritt die suggestive Entscheidungsfrage mit deutlicher Festlegungsabsicht, die man vielleicht durch die Frage formulieren könnte: »Du hast dich doch als Freiwilliger eingeschrieben, oder etwa nicht?« Der Appell an das schlechte Gewissen wird ähnlich auch in dem britischen

62 Plakat »*Who's absent? Is it you?*« ausgedrückt; die doppelte Frage richtet einen viel intensiveren Appell an den Betrachter als es eine preskriptive Äußerung wie »You are absent, join the Army!« könnte.

29 Ein Meisterwerk lakonischen Ausdrucks ist das deutsche Anleiheplakat »*Und Eure Pflicht? Zeichnet Kriegsanleihe*«, das 1918 von F. Horrmeyer geschaffen wurde. Die elliptisch verkürzte Frage enthält den Appraisor »Pflicht« und verweist sehr suggestiv auf das Bild, wo sich die Prämisse (»*ich* habe meine Pflicht getan«) am blutigen Augenverband des Fragenden ablesen läßt. Der Preskriptor »Zeichnet Kriegsanleihe!« kommt sogar ohne Ausrufezeichen aus, so intensiv ist die Wirkung der wenigen Aussageelemente dieses Blattes.

30 Das oben bereits angeführte Beispiel »*Mit wem bist du, Kosak? Mit uns oder mit ihnen?*« formuliert eine Doppelfrage innerhalb einer bildlich dargestellten Dialogsituation. Der Befragte steht zwischen der fragenden Wir-Gruppe und einem weiter entfernten Grüppchen, das »die anderen« visualisiert. Bei genauerem Hinsehen erkennt man, daß auch hier die Frage an eine Voraussetzung gekoppelt ist. Das Bild ist es, welches die Tatsachenbehauptung aufstellt, die politische Situation sei eine solche und keine andere. Gary Yanker nannte das Verfahren »limiting alternatives«:[146] Dem Angesprochenen wird die Alternative »gut contra böse« vorgeführt und von ihm verlangt, daß er zu wählen habe. In
31 einer Vorstudie zu diesem Plakat hat D. Moor das »limiting alternatives« weniger vollendet, aber noch deutlicher vorgeführt. Es war die Politik der Bolschewisten, die Bevölkerung in eine Plus- und in eine Minuspartei zu spalten. Das kommt deutlich in einem 1918 erschienenen Flugblatt des Petrograder Wehrkreises zum Ausdruck: »Bleib stehen, Bauer und Arbeiter! Ganz Rußland ist geteilt in Weiße und Rote . . .«[147]

Mit der unbedingten Entscheidung für oder gegen Lenins *Partei* wurde die ideologische Alternative für oder gegen Sozialismus gekoppelt. Der Interrogativsatz der Parole enthält eine Entscheidungsfrage, welche sich nach einem kurzen Blick auf das Bild als *keine* solche erweist: Diese Frage will gar nicht fragen, sie ist ein verkappter Imperativ.

Unter den Plakatlosungen mit *Ergänzungs*fragen mag ein Plakat, von dem unten noch die Rede sein wird, als Beispiel dienen. In der Plakatkampagne gegen die Fahnenflucht aus der Roten Armee wurde ein Lubok verwandt,
87 dessen sehr lange Parole mit der Frage »*Für wen arbeiten die Deserteure?*«[148] eingeleitet wird. Die Frage wird auf dem Blatt in Wort und Bild beantwortet, u. a. indem die Frage wiederholt wird: »Für wen denn nun arbeiten die Deser-

---

146 G. Yanker (Nr. 102) 19.

147 *Listovki* (Nr. 197) Bd. 1, Nr. 2229.

 148 s. u. S.

teure?« und unter anderem folgendes als Antwort gegeben wird: »Sie arbeiten für die Kapitalisten, Gutsbesitzer und Zarengenerale«. Das Blatt schließt mit dem Ausruf: »Wehe den Deserteuren!« An diesem Beispiel ist die Kombination der (hier impliziten) *Prämisse* (Deserteure scheinen politisch neutral zu sein; das trifft aber nicht zu; Deserteure arbeiten für jemanden), der *Frage,* der *Antwort* und der *Verhaltensnorm* besonders klar zu erkennen.

Aussageformen und -zwecke

Das Problem der Plakatparole ist überaus vielschichtig und bedürfte – speziell im Hinblick auf das Zusammenwirken von Bild und Parole – über das bisher Geleistete hinaus einer ausführlichen Darstellung im Rahmen der Erforschung politischer Sprache. Am schwierigsten und nur ungenügend in Regeln zu fassen ist die Diskrepanz von Aussage*form* und Aussage*zweck*, wobei gerade das Medium Plakat mit Interjektion, Frage, Befehl, mit Reim, Wortspiel, Wortwitz, Paradoxon oder Ironie in seinen häufig verkürzten Sätzen eher eine Rätselsammlung als eine Folge vernünftiger Aussagen zu ergeben scheint. Eine kurze Zusammenfassung zu diesem Thema mag gleichwohl hilfreich sein.

Die häufigste Satzform auf Plakaten ist die *Feststellung* (Designator). Sie pflegt Formen zu haben wie »Es gibt . . .«, »A ist (hat die Eigenschaft) . . .«, »A hat . . . getan« oder »Es ist der Fall, daß . . .«.

(1) Die sprachliche Form des Indikativsatzes behauptet das So-Sein von Sachverhalten in der Gegenwart. Dabei kann Nicht-Wirkliches als real hingestellt werden, sowohl auf einzelne Satzglieder (»roter Oktober«) als auch auf den ganzen Satz bezogen *(»Die Toten der Pariser Kommune sind auferstanden unter dem roten Banner der Sowjets«).*

(2) Die Feststellung wird auch dazu verwandt, die Existenz oder das So-Sein von Sachverhalten zu negieren *(»Kein Heizmaterial – alles ist tot«).*

(3) Von Feststellungssätzen können auch Aussagen über vergangene oder zukünftige Sachlagen getroffen werden *(»Herrin der Welt wird die Arbeit sein«).*

(4) Objekten, Personen und Aktionen werden in Feststellungssätzen positive oder negative Bewertungen (Appraisoren) zugelegt, Schemata dieses Typs sind z. B.: »A ist gut (schlecht, böse)« oder »a zu tun ist besser (schlechter) als b« oder »Die Pluspartei verwirklicht das Plusideal«.

Eine gängige Variante wurde oben bei den russischen Maifeier-Losungen mehrfach belegt, zwei deutsche Plakatparolen von 1918 seien als Beispiele für negative Appraisoren hinzugefügt: *»Anarchie ist Helfer der Reaktion und Hungersnot«, »Elend und Untergang folgen der Anarchie«.* *32*

Eines der Probleme des Ist-Satzes besteht darin, daß er auf verschiedene

Weise Werturteile verbergen kann.[149] Die Kopula ist dabei nicht das Entschei-
56 dende, wie etwa die Parole *»Unsere letzte Hoffnung* HITLER*«* zeigt. Die Form der Sachaussage suggeriert dem Rezipienten, daß durch die Gleichsetzung Wesensmerkmale des Subjektes ausgedrückt werden. Die Parole *»Danzig ist deutsch«* verführt den Plakatleser dazu, das Adverb »deutsch« als eine Eigenschaft des Städtenamens (»deutsches Danzig«) anzusehen, obgleich es sich hier sowohl um eine Wertung (»deutsch, nicht etwa polnisch«) als auch um eine normative Aussage (»Danzig muß deutsch bleiben«) handelt. Doch der Feststellungssatz vermag auch über den Ist-Satz hinaus Wertungen zu vermitteln, wie die Parole
38 *»Genosse Lenin reinigt die Erde von Unrat«* zeigt. Die politischen Gegner werden zu Ungeziefer und zu Objekten des Besens degradiert. Ebenso kann die Sachaussage inzitive Zwecke verfolgen, wie auf dem Plakat *»Ganz Deutschland hört den Führer mit dem Volksempfänger«*.

Befehls- oder Aufforderungssätze (Preskriptoren) haben Formen wie *»Räche!«,* »du sollst . . .!«, »Laßt uns . . .!«, »tue a, jedoch nicht b!« und zahlreiche andere. Zu unterscheiden wären (1) Wunsch und Ausruf: »Es lebe . . ., nieder mit . . .!«, »Fort mit . . .!«, *»Nie wieder Krieg!«, »Möge Friede sein!«, »Wehe den Deserteuren!«*

(2) Bitte, Aufforderung und Befehl folgen in der Intensität des Imperativen
21 aufeinander: *»Hilf!«, »Alle zu den Sowjetwahlen!«, »Auf die Mörder unserer Frauen und Kinder: Feuer!«*

(3) Mahnung, Warnung, Drohung, Gebot/Verbot – diese Reihe enthält eine breite Palette von Preskriptoren des Alltags und analoge Ausdrucksformen auf
22 dem Plakat, wie *»Gedenke der Hungernden!«* oder *»Hände weg!!!«*

Die dritte Form von Plakatparolen, *Frage- oder Interrogativsätze,* ist oben charakterisiert worden. Grammatisch gesehen unterscheidet man bekanntlich Entscheidungs-, Ergänzungs- und rhetorische Fragen. Die einfache, mit »ja« oder »nein« zu beantwortende (1) Entscheidungsfrage liegt in der schon behan-
27 delten Parole *»Du hast dich als Freiwilliger eingeschrieben?«* vor. An Häufigkeit steht sie der (2) Ergänzungsfrage sicherlich nach, welche sich augenscheinlich auf einen umfangreicheren Themenkatalog anwenden läßt: *»Für wen arbeiten*
87, 28 *die Deserteure?«, »Was hast du für die Front getan?«* und dergleichen.

Die (3) rhetorische Frage schließlich, die keine Antwort heischt, sondern lediglich Akklamation für in der Frage implizierte Meinung, ist in der Propaganda ein nicht fortzudenkendes Instrument. Ein sowjetisches Beispiel, auf die Deserteure bezogen, wäre: *»Können wir sie in unseren Reihen dulden?«*[150]

---

[149] GEIGER, Ideologie und Wahrheit (Anm. 131) Kapitel IV: Das Werturteil – eine ideologische Aussage.

[150] *Listovki* (Nr. 197) Bd. 1, Nr. 1542.

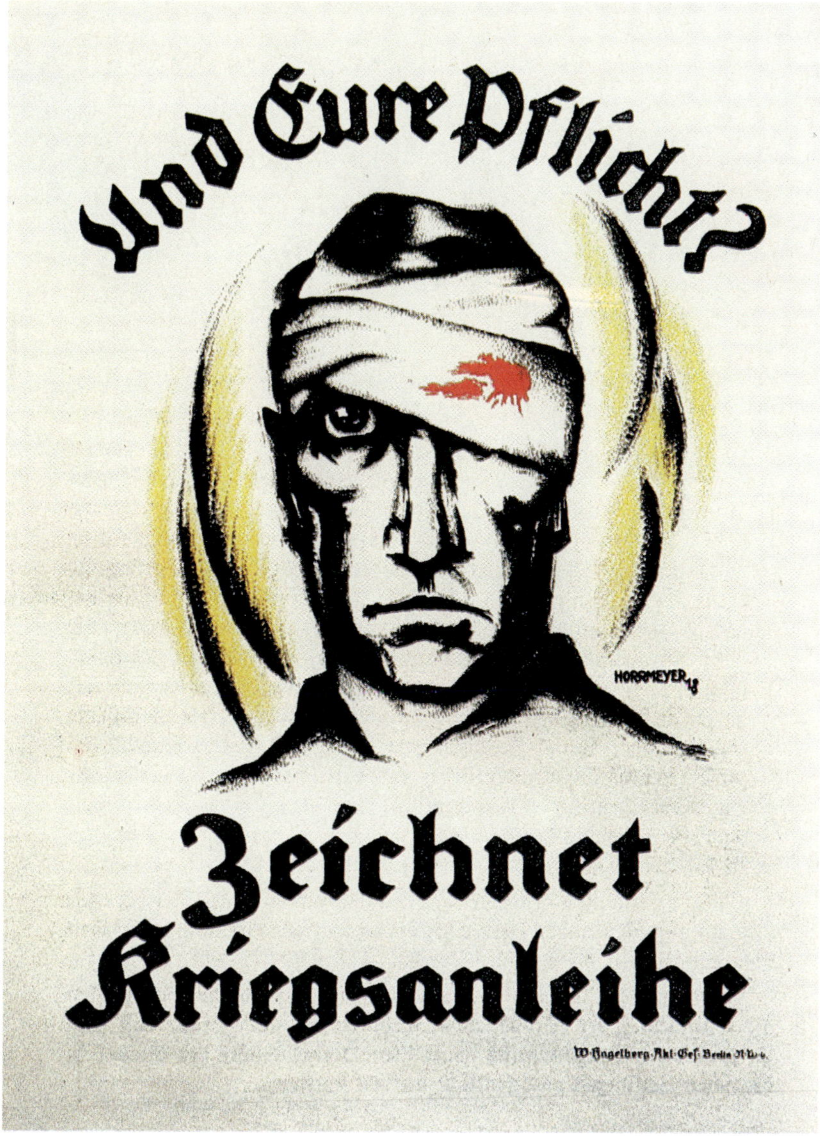

29 Und eure Pflicht?
F. Horrmeyer, Berlin 1918.

Mit Hilfe von Aussageeinheiten der genannten Arten setzt der Plakatproduzent den Plakattext zusammen, sofern er mehr als nur einen kurzen Anruf auf das Blatt placieren möchte. (Speziell in den Endzwanzigern und Dreißiger Jahren wurden in der Sowjetunion Kollagen-ähnliche Plakattexte in großer Menge produziert, Losungen, die auf ähnliche Weise wie Fotomontagen dekodiert werden mußten.) Außer den angeführten Satzformen gibt es selbstverständlich weitere, weil praktisch jede Satzform, einschließlich der elliptischen oder der defekten *(»Wenn morgen Krieg sein wird . . .«),* ein politisches Motiv aufnehmen kann.

6. Die Aussagen der Bilder: Illustration, Information

Oben wurde bereits ausgeführt, der Terminus *»Illustration«* enthalte mehrere Aspekte: »illustrare« oder »illuminare« bezieht sich z. B. auf die *Veranschaulichung* von Gesagtem. Rede erhält sinnliche Qualität für das Auge, über das

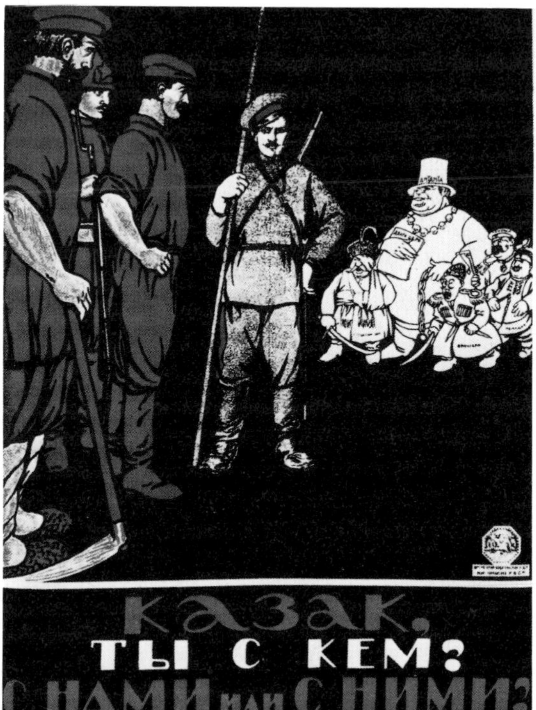

30 Kosak, mit wem bist du? Mit uns oder mit ihnen? D. Moor, Moskau 1920. 69 × 54 cm.

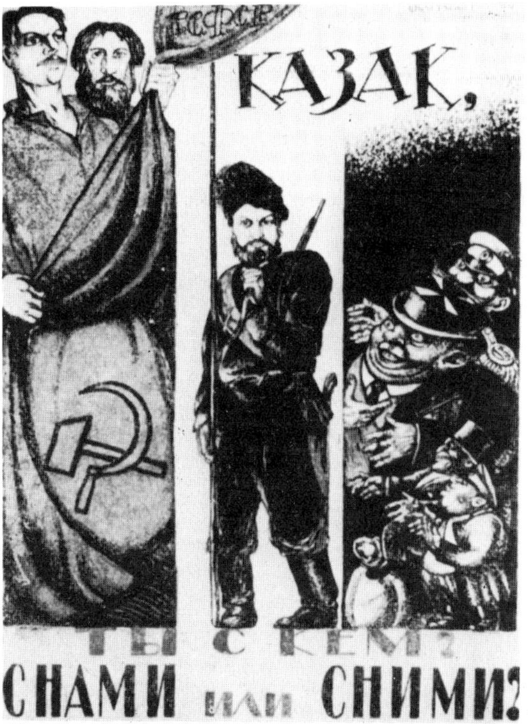

31 Vorstudie zu Abb. 30.

Auge dann für die Vorstellungskraft. Die Illustration *amplifiziert* die Information des Schrifttextes: Das Bild kann zahlreiche Details in die Komposition aufnehmen, ohne daß dies die schnelle und richtige Auffassung der primär wichtigen Information stören muß (wenn auch durchaus *kann*.) Im Schrifttext kann aber schon eine Anzahl überflüssiger Adjektive (oder Nebensätze) den Leser verärgern und ihn dazu bringen, den Kopf abzuwenden. Die *Amplifizierung* ist als *Bereicherung* anzuerkennen, sofern sie nicht übertrieben wurde, sie
27 geht Hand in Hand mit der *Präzisierung*. Eine so kurze Losung wie *»Du hast dich als Freiwilliger eingeschrieben?«* bedarf dringend des Präzisierens, es könnte sich ja auch um eine Werbung für die Feuerwehr, das Rote Kreuz oder gar eine antibolschewistische Truppe handeln. Der Fünfzack an der Rotarmistenmütze beseitigt für den Sympathisanten alle Zweifel. Es wurde schon darauf hingewiesen, daß die Parolen auf vielen Plakaten defekt sind und nicht nur einer Präzisierung bedürfen, sondern überhaupt erst einer *Determinierung*.

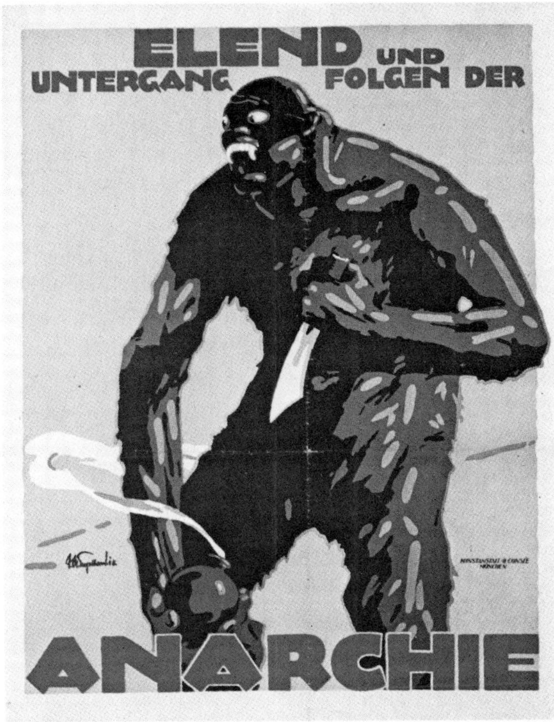

32 Elend und Untergang folgen der Anarchie. J. Engelhardt, München 1918. 123 × 92 cm.

Im Unterschied zu Bildern, die von der Aura des Kunstwerkes umgeben sind, gilt für Plakate, sie seien politische *Texte* aus dem Bereich Agitation-Propaganda-Überzeugungsarbeit-Massenführung. Daraus läßt sich ableiten, alle Gesamt- und Einzelbedeutungen seien politischen Absichten des Produzenten untergeordnet. Insofern kann man von einer *prinzipiellen Intentionalität* des Plakats sprechen (das gilt auch für die Warenreklame). Die Intention prägt alle Designate, aber auch die Struktur des Plakats (d. h. die syntaktischen Beziehungen der Zeichenelemente).

Aus der Aufgabe, die Aussage dem Umworbenen schnell und nachhaltig aufzudrängen, ergibt sich die *Forderung nach optimaler Verständlichkeit.* Die Struktur des Plakats muß demzufolge unzweideutig, verständlich und eingängig sein. Was der Text nicht sagen kann, muß das Bild ausdrücken und umgekehrt. Die Forderung nach Zweckrationalität gilt aber nicht nur für die Struktur, sondern auch für die Zeichenelemente: Überflüssiges (Redundanz) ist kalkuliert einzusetzen, das bedeutet generell, daß Ausmalungen von Details unterbleiben sollten, sofern sie die Aufmerksamkeit des Betrachters ablenken könnten. Unter diesem Gesichtspunkt scheint manches Plakat nicht ideal konstruiert und im Einzelnen rationalisiert. Aber auch hier ist ein Urteil sehr schwer zu finden, solange wir den genauen Kontext nicht kennen. Man vergleiche etwa zwei Plakate mit stark redundantem Repertoire:

26 *»7. November: erster sonniger Tag im Leben des Proletariats«*. Es finden sich Häufchen von Goldmünzen, die dem Plakat die Assoziation »Schatzsucher« verleihen, das zerbrochene Kapitell mit der Aufschrift »Gesetz« und ähnliche Nebensachen. Ein noch größerer Wust von dekorativen Details ziert das Plakat
33 *»1. Mai 1920* [unten, ganz klein geschrieben:] *Über die Trümmer des Kapitalismus zur weltweiten Verbrüderung der Werktätigen!«* Manche Ähnlichkeit spricht dafür, daß das provinzielle Plakat zum 7. November 1920 von diesem Moskauer Plakat zum 1. Mai desselben Jahres abhängig ist.

Überladen sind beide Plakate; zu fragen wäre, ob man nun sagen darf, es handele sich um *un*zweckmäßig gestaltete Plakate. Gegen die ästhetische Seite solcher Plakate gab es Polemik; so schreibt ein führendes Mitglied des Proletkults 1920:

»Warum protestieren [die Maler] mit keinem Wort gegen die entsetzlichen Plakate im Volkskunststil, die von verschiedenen Sowjetinstitutionen herausgebracht werden?«[151]

Dagegen heißt es in einem (späteren) Aufsatz des Plakatmalers Dmitrij Moor:

»Das Plakat wird jetzt häufig ein Mittel zur Verschönerung der Straße. In den Tagen der proletarischen Feste bildet das Plakat, in großen Mengen überall angeklebt, einen Bestandteil der allgemeinen Ausschmückung der Stadt. Das hat die dekorativen Tendenzen in der Farbkomposition der Plakate geboren.« »Das Plakat soll schmücken, die Laune der vorübergehenden Menge heben. Es soll ermutigen, sie erfreuen.«[152]

Sieht man sich nach diesem Zeugnis das gold-rot-bunte Plakat zum »Feiertag der Arbeiterklasse« an, dann will die eingleisige Interpretation in Richtung auf zweckrationales Vermitteln von Informationen nicht mehr stimmen. Dekorativkoloristische Plakate können Werte vermitteln, und die *festliche Stimmung des Feiertags* ist ein Wert von hohem Rang. Das gilt nicht nur, weil der Alltag von

---

[151] R. Lorenz (Hrsg.), Proletarische Kulturrevolution in Sowjetrußland (1917–1921). Dokumente des »Proletkult«. München 1969, 171. (Es handelt sich um den futuristisch beeinflußten Platon Keržencev, den Chef der Telegrafenagentur Rosta.)

[152] D. S. Moor, R. Kaufman, Sovetskij političeskij plakat 1917–1933, in: Iskusstvo 1933, Heft 4, 238, 241.

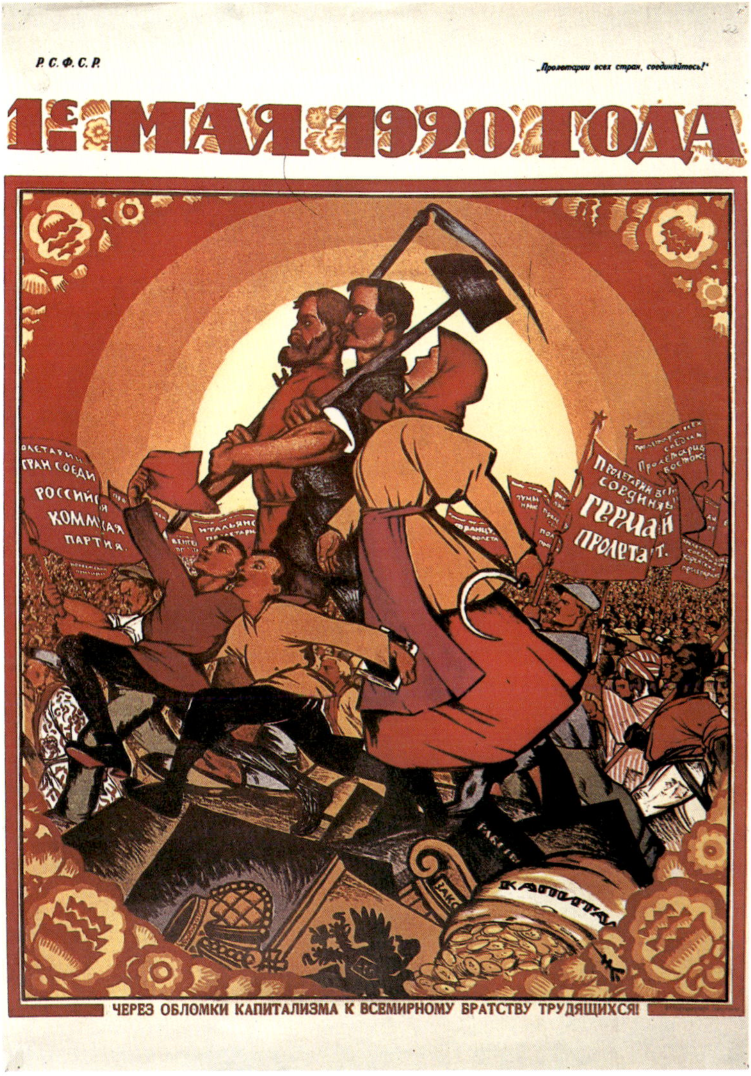

33 1. Mai 1920. Über die Trümmer des Kapitalismus zur weltweiten Verbrüderung der Werktätigen!
N. M. Kočergin, Moskau 1920. 70 × 52 cm.

1920 trist und von Mangel bestimmt gewesen ist, sondern auch deshalb, weil die integrierende Wirkung der Feiertage erkannt war und gepflegt wurde.[153]

Der Gesichtspunkt *»Intentionalität«* des Plakats hält uns also dazu an, bevor wir ein Plakat als zu überladen oder auf andere Weise nicht zweckbestimmt ansehen dürfen, die Aspekte des Appraisiven zu bedenken. Aber auch die konsequente Ausrichtung auf eine Zielgruppe kann die Abkehr von rationaler Gestaltung begründen. Auf den Plakaten sowjetischer Aufklärungskampagnen für die Landbevölkerung herrscht nicht selten folkloristische Dekorativität, sei es in der Tradition des russischen Volksbilderbogens, sei es – wenn etwa kaukasische oder mittelasiatische Völker die Zielgruppe bilden – auf der Basis einheimischer Bildersprache.

Für das moderne Bildplakat gilt trotz aller möglichen Einschränkungen das Gesetz der Vereinfachung. Ob dafür die Psychologie des vorüberhastenden Passanten der Großstadt oder die Überzeugung, nur die hämmernde Wiederholung einfacher Phrasen werde von der Masse aufgenommen, als Ausgangspunkt genommen werden kann, ist nicht entscheidend. V. Polonskij sprach von »Lakonismus« oder »Lakonisation« der Plakatkunst und verwies auf die kapitalistische Devise »Zeit ist Geld«, welche die Begründung für die ökonomische Gestaltung der Plakate liefere.[154]

Die Vereinfachung der Bildsprache auf dem Plakat ist – wenn man sie als bewußte Gestaltung ansieht – vgl. dazu die Veränderung zwischen Vorstudie und Endform des Plakats *»Kosak, mit wem bist du? Mit uns oder mit ihnen?«* – als *30* das Abwerfen von Überflüssigem, das Zurückführen auf das für die Aussage Entscheidende zu erkennen. Als Terminus, der diese schöpferische Tätigkeit ausdrückt, kann *»Reduktion«* gewählt werden. Die Kunst des Weglassens ist eine Erfindung des kommerziellen Plakats und war noch vor dem Ersten Weltkrieg vervollkommnet worden. Im Ersten Weltkrieg gibt es so hervorragende Beispiele von Reduktion wie *»Enlist«* (Motiv der Wasserleiche) von Fred Spear *60* oder *»The Hun – his Mark«*. Unter den – lange Zeit als minderwertig geltenden – russischen Plakaten sei genannt *»Kriegsanleihe 5½ %«* oder *»Freiheit! Gleich- 68, 75 heit! Und Brüderlichkeit«*.

Reduktion ist notwendig, lediglich die Grenze zur Ausdünnung der Bedeutung darf nicht überschritten werden. Gombrich hat die Reduktion einmal als

---

[153] Dazu v. a. MAZAEV (Nr. 40); sowie A. V. LUNAČARSKIJ o massovych prazdnestvach, èstrade, cirke. Moskva 1981; CH. A. P. BINNS, Sowjetische Feste und Rituale, in: Osteuropa, 29 (1979), Teil I, in: Heft 1, 12–21; Teil II, in: Heft 2, 110–122.

[154] POLONSKIJ (Nr. 216) 8; am Beispiel des futuristischen Künstlers V. V. Lebedev stellt er die Frage »nach den Grenzen der Lakonisation: Wo ist diese Grenze, hinter welcher das Plakat aufhört, zum Auge und Bewußtsein des Betrachters zu sprechen?« (102 f.).

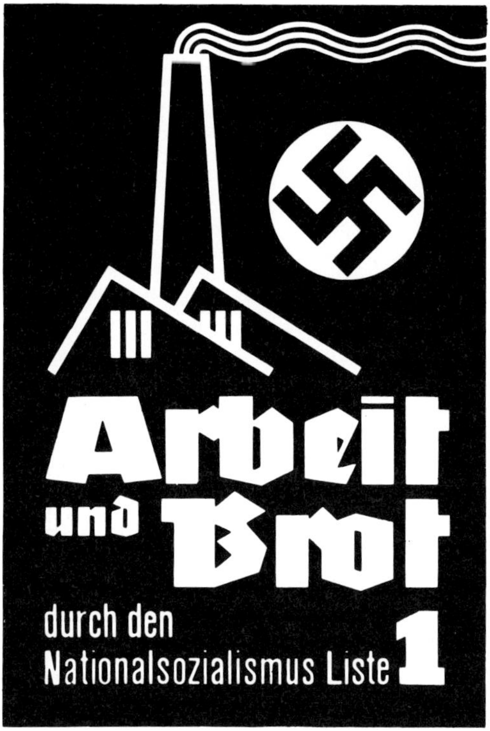

34 Arbeit und Brot.
Von Gäfgen.

»Teleskopieren einer ganzen Kette von Ideen in ein prägnantes Bild« genannt[155] – das Fernrohr läßt ja nichts fort, wenn man es umdreht, sondern reduziert das Blickfeld ins Miniaturformat.

Die Reduktion im Bildplakat kann quantitativer oder qualitativer Natur sein. Aus der Notwendigkeit optimaler Auffaßbarkeit ergibt sich, daß die Zahl der Bildzeichen auf dem Blatt klein sein sollte. Anstelle von Gruppen (Proletarier, Bauern usw.) sind Repräsentanten gezeigt, diese werden schematisiert, um Redundanzen zu verringern. Das Plakat reduziert Gestalten auf Silhouetten, den Raum in die Fläche, vereinfacht das Spektrum in zwei–drei kontrastive Farben, ohne auf Lokalfarben zu achten.

Die *qualitative Reduktion* überträgt hochaggregierte Symbole wie »Frieden«, »Freiheit«, »Sozialismus«, »Kapital«, »Weltjudentum«, »Entente« in visuelle

[155] E. H. Gombrich, Das Arsenal des Karikaturisten, in: Ders., Meditationen über ein Steckenpferd. Wien 1963, 130.

Zeichen. Dabei ergeben sich die bekannten politischen Karikaturen, wie auch die einprägsamen Gestalten des Rotarmisten oder SA-Manns, die schloterauchende Fabrik als Zeichen für *»Arbeit und Brot durch den Nationalsozialismus* *34*
Liste 1« oder als Metonymie für Industrialisierung und sozialistischen Aufbau, *101*
die Varianten der Madonna mit Kind als Zeichen für Mutterglück (Frieden, Freude) u. a. m.

Für die aus der Sprache in die Bildkommunikation übertragenen Stereotypen und Schlagwörter hat Umberto Eco den Terminus »Ikonogramm« geprägt.[156] Harold D. Lasswell nannte die Bestandteile der »politischen Folklore«, ob nun Nationalhymne, Nationalheilige oder bildliche Verehrungsobjekte, die *»Miranda«* einer Kommunikationsgemeinschaft.[157] Der letztere Begriff, ergänzt um sein Gegenteil, die in jeder Propaganda überaus wichtigen *»Antimiranda«* der Minuspartei, könnte bei der Interpretation politischer Bilder sehr gut dazu dienen, »visuelle Schlüsselwörter«, die positive oder negative Appraisoren enthalten, zu bezeichnen.

Über die Spannweite des Begriffs *»Information«* ist bereits einiges gesagt worden. Auf politische Bilder der Vergangenheit bezogen muß gefragt werden, inwieweit die damals *aktuelle Information* für den Historiker rekonstruierbar ist. Wir können immerhin voraussetzen, daß ein Plakat dazu bestimmt war, irgendeine *neue Nachricht, neue Wertung* oder *neue Verhaltensnorm* zu propagieren. (Im Falle wiederaufgegriffener Parolen oder Plakate bestünde die neue Aussage wohl darin zu bekräftigen, daß die Parole *noch* oder *wieder* oder *immer* Gültigkeit habe.) Im Zusammenhang einer propagandistischen Kampagne pflegen die Aussagen der einzelnen Plakate, Leitartikel usw. eng zu korrespondieren – immerhin kann angenommen werden, daß jedes Glied der Kampagne sein Eigenes an *innovativer Information* enthält.

Das Zusammenwirken von Wort und Bild auf Bildplakaten ist bereits skizziert worden. Das Bild übernimmt dabei häufig die Aufgabe, beträchtliche Teile der Gesamtinformation des Plakates zu transportieren. Es erhält dabei unter anderem auch die Aufgabe, neue Begriffe und Zeichen zu erklären, d. h. *Designatoren* zu verbreiten. Als Lenin und die Parteispitze beschlossen, den 1. Mai 1920 nicht als »Feiertag der Arbeiterklasse« mit Arbeitsruhe und Feiern zu begehen, sondern daraus einen »Feiertag der Arbeit« zu machen, an dem unentgeltlich kommunale Arbeiten geleistet werden sollten, wurde der normative Wechsel von »Maiumzug« auf »Arbeitseinsatz« auch durch die Bilder auf den Mai-Plakaten propagiert.

---

[156] Eco (Nr. 12) 236 ff.

[157] Vgl. Anm. 136; Bachem (Nr. 2) 15, 64 f.

Informationen über gesellschaftliche *Normen,* also *inzitiven* Gebrauch von Informationen findet man dort, wo Bilder emotionalisieren sollen: Haß gegen den Feind, Liebe und Verehrung gegenüber den Führern, Stolz auf die Errungenschaften des Kampfes werden durch das Medium des Bildes propagiert. Auf diese Weise werden neue Wert-Norm-Konventionen geschaffen, die sich symbolisiert oder personifiziert in ein Mirandum oder Antimirandum fassen lassen.

Eine andere Variante der durch das Bild vermittelten Information bezieht sich auf *Werte und Autoritäten.* Sie sind natürlich eng mit den normativen Aussagen der angeführten Art verknüpft, sind jedoch nicht direkt handlungsbezogen. Die Konsenspropaganda greift bei ihrem Werben um Anerkennung gesellschaftlicher Normen zur Begründung häufig auf Wort und Bild der Führer zurück, in Deutschland auf Hindenburg oder Hitler, in der Sowjetunion auf Lenin, im Bereich des Militärischen auch auf Trockij, später auf Stalin. Der Gestalt Lenins kommt auch nach seinem Tode, als psychischer Person, die Rolle oberster Autorität zu, ablesbar an Plakaten mit Leninbild und Parolen vom Typ *»Lenin ist mit uns«,* die in der Sowjetunion in immer neuen Varianten herausgebracht werden. Der bildliche Faktor der darin veranschaulichten Lenin-Vorstellung ist angesichts der Enge der Lenin-Ikonographie häufig nur textbegleitend; weil aber auch die Plakatparolen auf Wiederholung beruhen, kann man auf bewußte Stereotypisierung dieses Segments der Konsenspropaganda schließen.

Neben den auf Personen und Personenvorstellungen bezogenen Konsens-Plakaten werden mit Hilfe dogmatischer Aussagen, in der Regel um Schlagworte wie »Revolution« und »Sozialismus« gruppiert, Wertvorstellungen, oberste Güter (sowie ihre Antithesen) veranschaulicht. Längere Zeit waren es das wogende Kornfeld und die schloterauchende Fabrik, die »Sozialismus« visualisierten.

Eine besondere Erscheinungsform der Information ist das Argument. Wie schon gezeigt, finden wir argumentative Bildstrukturen im Lubok. Die Bild*folge* selbst enthält argumentative Information, etwa diese, daß »wenn–dann«, »zuvor–nachher«, »gut–böse« und ähnliche Denkformen den gezeigten Bildern Tatsachen zugrundeliegen.[158]

30 Eine andere Art von Argument fand sich in jenem Plakat *»Kosak, mit wem bist du? Mit uns oder mit ihnen?«,* in welchem dem Angesprochenen eine Alternative *vor Augen gestellt* worden war. Damit wurde auch für den der Zielgruppe zugehörigen Betrachter eine bestimmte politische Interpretation als vitales Dilemma bewußt gemacht. Man kann den Kosaken in der Entscheidungssituation *sehen,* seinen Zwiespalt erleben.

---

 [158] Vgl. YANKER (Nr. 102) 19 f.

Die Suggestivität des Bildes, seine angeblich unmittelbare Verbindung zu der dahinterstehenden Realität, ist in der Geschichte wohlbekannt. »Die Mehrzahl der Menschen hat immer angenommen, daß die Existenz eines bestimmten Wortes letztlich seinen Grund darin habe, daß es auch einen Sachverhalt gibt, den dieses Wort bezeichnet.«[159]

Mit noch größerem Recht kann diese Annahme auch auf die Bilder angewandt werden, vor allem, wenn sie sich um illusionistische Täuschung bemühen. Die Verbindung zwischen dem, was der unbefangene Betrachter »mit eigenen Augen« gesehen und dem, was er daraus folgend als richtig erkannt hat, ist sicherlich eng geknüpft. In eine Kette von einzelnen Schlüssen gebracht könnte man den Vorgang so darstellen:

gezeigt	gesehen	erkannt	anerkannt	zugestimmt
also	also	also	also	also
zeigbar	sichtbar	wirklich	wahr	gut.

Bedenkt man, daß in unserem Jahrhundert bedeutende Philosophen die Wahrheit, Richtigkeit und Zulässigkeit von Sätzen wie »Das runde Viereck existiert nicht«, oder »Der goldene Berg ist 1000 m hoch« oder »Der König von Frankreich hat eine Glatze« ausdebattiert haben, dann kann man die Hilflosigkeit des ungeschulten Plakatlesers angesichts von durch Bilder untermauerten Feststellungssätzen leicht ermessen.

Der Pegasus kommt auf Plakaten bisweilen vor, hat auch für ihn der Pseudo-Syllogismus zeigbar-sichtbar-wirklich-wahr gegolten? Wir wollen es nicht annehmen; beim Drachen wäre man weniger sicher. Wie aber ist es mit dem häßlichen Dickwanst Kapital, dem bluttriefenden Bolschewisten der deutschen Plakate, dem heimtückischen Juden, dem vertierten Deutschen? Alles das kann das Plakat zeigen, auch als Fotografie. Wenn etwas gezeigt und benannt werden kann, dann wird es schon seine Richtigkeit haben. Dieser Punkt braucht nicht weiter ausgeführt zu werden, das Prinzip ist leicht einzusehen: Das Plakat kann fiktive Gegenstände und Tatbestände inklusive der damit verbundenen Wertungen vorzeigen und nennen, so daß deren Wirklichkeit auf den ersten Blick nicht zweifelhaft erscheint. Dieser Aspekt der Information wurde unter das argumentative Informieren subsumiert; immerhin ist die Behauptung, ein Gegenstand sei existent, er sei von dieser und jener Beschaffenheit und sei auf diese oder jene Weise zu beurteilen, eine Form argumentativer Rede.

Noch ein Segment von Information wäre anzuführen: Man spricht von Emotionalisierung durch Illustration, versteht darunter das Erregen von Zorn und Haß, Verehrung und Liebe usw. Ein Aspekt dieser Emotionalisierung ist das Lachen, vor allem das böse Lachen, subsumiert meistens unter dem Begriff der

---

[159] Klaus (Nr. 30) 161.

Karikatur. Der zum Unmenschen, Untier oder Affen verzerrte Gegner ist auf alliierten Plakaten des Ersten Weltkrieges häufig zu finden – hier spricht man von Karikatur, dennoch handelt es sich um Anstiftung zur Abscheu, nicht zum Lachen. Die propagandistische Technik, den politischen oder militärischen Gegner durch Lächerlichkeit zu treffen, wurde während des Ersten Weltkrieges nicht durch das Plakat, sondern (von der Zeitungsillustration ausgehend) von der Propagandapostkarte und ähnlichen Medien getragen.[160] Erst im Zweiten Weltkrieg spielte die ätzende satirische Zeichnung auf dem Plakat eine Rolle.[161]

Im Parteienkampf der Weimarer Republik wird die Karikatur als Vehikel für das böse Lachen relativ häufig zur Disqualifikation des politischen Gegners

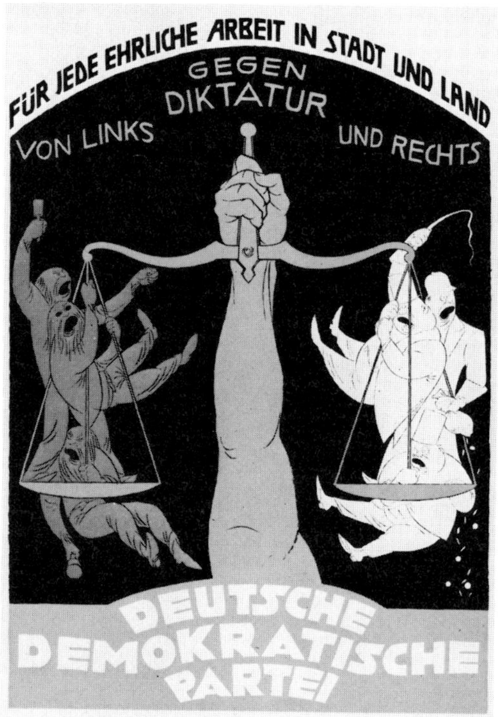

35 Plakat der DDP zur Reichstagswahl 1920.

[160] Lebeck, Schütte (Nr. 39). Weiteres Material in den entsprechenden Jahrgängen der Zeitschrift »Das Plakat«.

[161] Zahlreiche Beispiele in J. Darracott und B. Loftus, Second World War Posters, 2. Aufl. London 1981, passim.

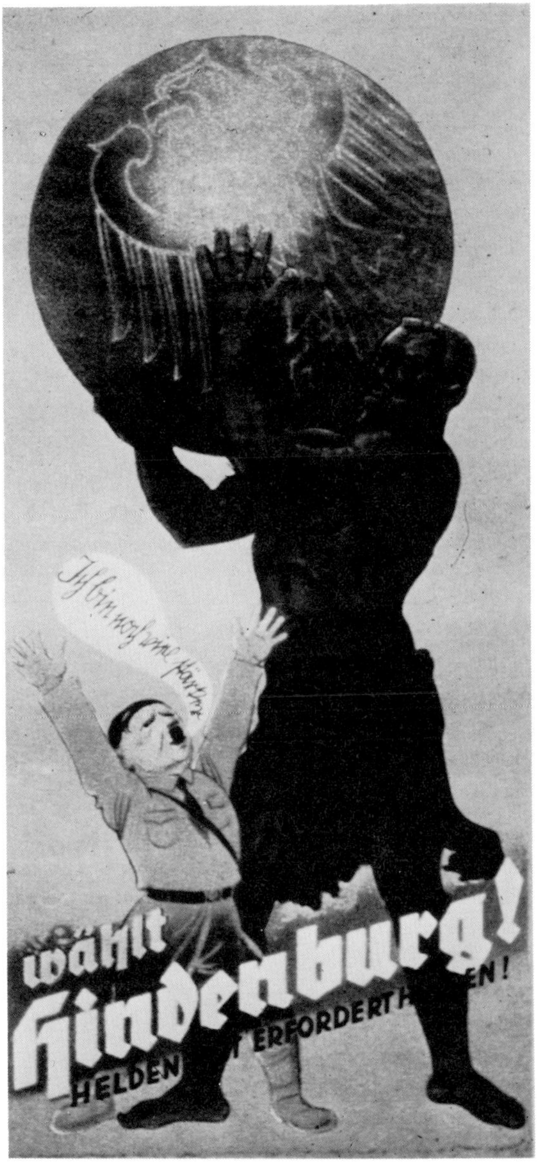

36 Wählt Hindenburg!
F. Glaß, München 1932.

verwandt. Wenn so prominente Karikaturisten wie Karl Arnold für die Plakatproduktion arbeiten, bringen sie die Spezifika ihres Stiles mit ein, wie etwa in
35 dem Beispiel *»Für jede ehrliche Arbeit in Stadt und Land. Gegen Diktatur von Links und Rechts. Deutsche Demokratische Partei.«* Hier ist der Stil des »Simplizissimus«, für den K. Arnold arbeitete, in das Monumentalformat übertragen worden. Auf der Waage der Justitia findet sich in roter Farbe die revolutionäre Linke auf einige affenähnliche Typen mit Handgranate reduziert, auf der weißen Seite die Rechten, versehen mit der Reitpeitsche und dem Geldsack, ebenso auf brüllende Schemen simplifiziert.

Im Kampf gegen den Nationalsozialismus gaben sowohl die Führer Hitler und Goebbels als auch die demagogische Propaganda der NSDAP zahlreiche Motive für Spott und Hohn her. Hitler wurde noch im Wahlkampf von 1932 als Zwerg
36 gegenüber dem Atlanten Hindenburg gezeigt: *»Wählt Hindenburg! – Heldenlast erfordert Helden!«* Sicherlich wurde damit nicht auf das zu vermutende Stimmergebnis angespielt, sondern auf den in vielen Varianten gezeigten Gegensatz

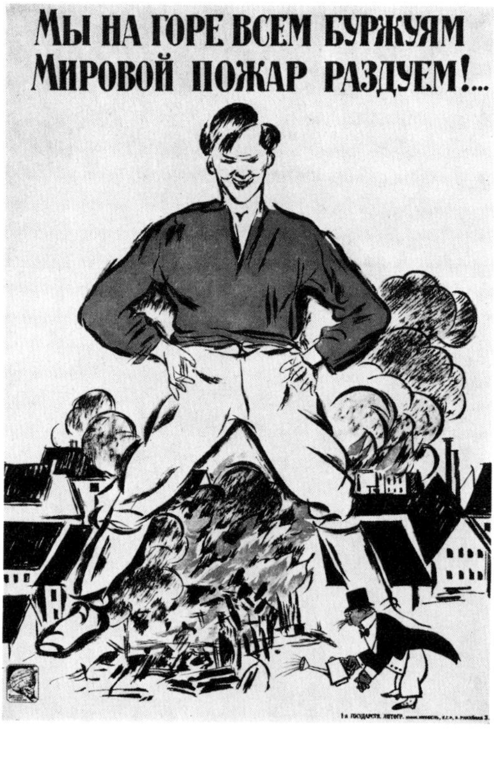

37 Wir blasen zum Weh aller Bourgeoise den Weltenbrand an! . . .
Petrograd 1918. 70 × 50 cm.

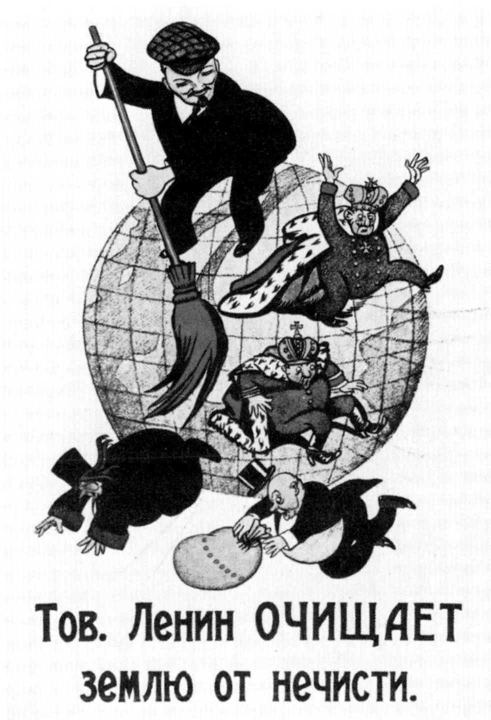

38 Gen. Lenin REINIGT die Erde von Unrat.
V. Deni, Kazań 1920.
68 × 44 cm.

zwischen Staatsmann und »Trommler«, dem Helden und dem »Maulhelden«, einen Gegensatz, den die NSDAP später mit der Nuancierung *»Der Feldmarschall und der Gefreite«* ins Positive ummünzte.[162]

Der Einfluß der Karikaturisten auf die Plakatgestaltung war in Sowjetrußland weit prägender als in Deutschland. Hier erwies es sich als ein Glücksfall für die bolschewistische Regierung, daß sich eine ganze Anzahl erfahrener Karikaturisten für die Zusammenarbeit gewinnen ließ. Hinzu kommt, daß zugleich einige begabte Dichter passende Propagandaverse lieferten, sei es im futuristischen Stil von Vladimir Majakovskij, sei es im Tone folkloristischer Knittelverse, wie es Demjan Bednyj hervorragend verstand.[163]

---

[162] Das deutsche Material ist in der Plakatbibliographie (Titel Nr. 104 ff.) ausreichend, wenn auch nicht vollständig nachgewiesen.

[163] Vgl. die Beispiele unten.

In einem 1931 erschienenen Aufsatz hat der bedeutende Plakatmaler Dmitrij Moor, der schon vor der russischen Revolution ein bekannter Zeitschriften-Karikaturist war,[164] diese Entwicklung skizziert: »Das Faktum, daß sich Karikaturisten als führende Künstler der kämpfenden Kunst in der Periode des Kriegskommunismus erwiesen – Deni, Maljutin, Moor, Čeremnych u. a. – erweist sich als Bekräftigung für die Behauptung von der entscheidenden Rolle der Satire in der Schaffung des proletarischen Plakats. Die Methode der Satire bot die Möglichkeit, schnell die Emotionen des Betrachters zu beherrschen. Die Methode der Satire erleichterte die Aufgabe der Demaskierung des Feindes und seiner Diskreditierung. Die Methode der Satire erleichterte die Aufgabe der schneidenden Interpretation des Themas. Die Methode der Satire schärfte beim Künstler die Auffassung der Wirklichkeit. Schließlich half die Methode der Satire bei der Überwindung von schädlichen Tendenzen des alten Plakats.«[165]

Das frühe sowjetische Plakat lebte von der satirischen Karikatur, weil die Feinddarstellung seine wichtigste Aufgabe war. Mit dem boshaften Zerrbild des Feindes lenkte der Künstler die Gefühle des Betrachters in Richtung auf Spott, Hohn und Verachtung. Es ist nicht immer das befreiende Lachen des Bildwitzes, das die sowjetischen Plakate charakterisiert, sondern häufig das böse Lachen verächtlichen Überlegenheitsgefühls.

Lachen ist keine Information, aber Bilder, die zum Lachen reizen, müßten Informationen im Sinne der Informationstheorie enthalten, bildet doch ihr Überraschungseffekt ein »bit« nicht (oder nicht gerade so) erwarteter Information, eben das, was das Lachen auslöst. Unter den wenigen Plakaten mit eher
37 gutmütigem Witz ist *»Wir blasen zum Weh aller Bourgeoise den Weltenbrand an!...«*[166] am meisten auf bildliche Mittel konzentriert. Der Witz liegt im Gulliver-Motiv und in der Komik des mit Gießkanne bewehrten »Kapitalisten«.
38 Die Abwertung der ideologischen Gegner wird in dem Plakat *»Gen. Lenin* REINIGT *die Erde von Unrat«* viel krasser ausgedrückt. Das »Ausräumen des Augiasstalles« als zugrundeliegendes Motiv[167] macht die Repräsentanten der »alten Ordnung« zu Objekten des Reisigbesens, zu Ungeziefer.

Die meisten politischen Karikaturen dieser Zeit beruhen auf der Diskrepanz zwischen Plus- und Minuspartei, sie sind antithetische Kampfbilder im Sinne von

---

164 Vgl. White (Nr. 241) 27–29; Lapšin, V. P. Chudožestvennaja žizń Moskvy i Petrograda v 1917 godu. Moskva 1983, 86 f. 94 u. ö.

165 Moor, Kaufman (Nr. 205) 211.

166 «My na gore vsem buržujam mirovoj požar radujem»; andere Übersetzung siehe G. Piltz, Rußland wird rot. Satirische Plakate 1918–1922. Berlin 1977, Nr. 1; es handelt sich um ein Zitat nach A. Blok.

167 Vgl. Gillen (Nr. 178) 57–59, 64.

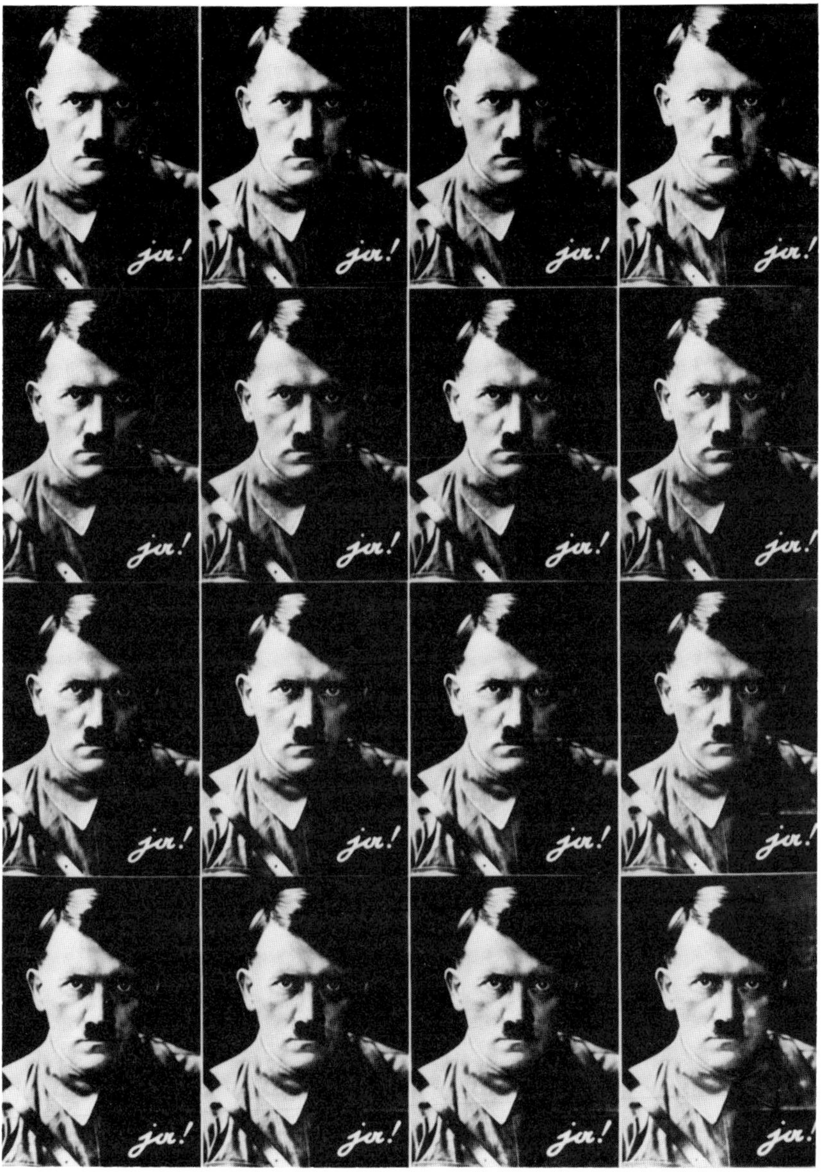

39 Plakat zur Volksabstimmung vom 19. 8. 1934.

K. Reumann. Der Bildwitz der Karikatur wird häufig durch den Sprachwitz des Knittelverses ergänzt und verstärkt. Die ihrem Wesen nach private Ausdrucksform des Lachens verwandelt sich mit Hilfe der Karikatur und des gereimten Verses zu einem Medium politischer Indoktrinierung. Die darin enthaltene Information enthält Wertungen, oder, mit den oben vorgeschlagenen Begriffen, Miranda und Antimiranda.

Repertoire

Die Untersuchung und Bestimmung von Bildinhalten wird durch den kunsthistorischen Forschungszweig der Ikonographie geleistet. Die ikonographische Methode besteht darin, das Zeichenrepertoire einer Bildsprache diachronisch und synchronisch zu beschreiben, die Regeln der Verknüpfung von Zeichen (Syntax, etwa die Kompositionsregeln barocker Hochaltäre) festzustellen und beides mit der abgebildeten Wirklichkeit in Verbindung zu setzen.[168]

Eine Beschreibung der Bilderschrift politischer Plakate im Sinne einer Ikonographie ist im vorliegenden Zusammenhang nicht möglich. Die Bildelemente sind vielfältig; sie reichen von der Übernahme traditioneller Formeln, im sowjetischen Bereich beispielsweise von Ikonen-Persiflagen oder Volksbilderbogen mit ihrem archaischen Inventar, bis hin zu suprematistischen Konstruktionen. Sinnvoll erscheint immerhin ein Versuch der Klassifikation häufiger Zeichenelemente, die das Gros der Bildinhalte politischer Plakate ergeben. Es geht dabei nicht nur um die menschliche Figur, um Requisiten und Symbole, sondern auch um eine Reihe von formalen Elementen subikonographischer Art, die auf dem Plakatblatt von Bedeutung sind. Dazu gehört z. B. das Papierblatt mit seinen Eigenschaften, allgemeine Ordnungszeichen wie Symmetrie oder Perspektive, das Problem der Farbbedeutung u. ä. Diese Dinge sollen nicht ausführlich, sondern nur skizzenhaft angesprochen werden, soweit sie für die Interpretation von Plakaten wichtig sind.

Die *Ordnung* von Bildelementen auf Plakaten ist – ebenso wie die Anordnung von Schriftzeichen – selbst ein Faktum visueller Verständigung.[169] Als Beispiel kann das Hitler-Fotoplakat dienen, welches sechzehnmal das Brustbild von

---

[168] »Die Ikonographie bezieht sich also auf die Kunde und Beschreibung von Personen und Vorgängen, auf den Inhalt, der bildlich darstellt wird und, vom verwirklichten Kunstwerk her gesehen, praeexistent ist«, G. Bandmann, Ikonologie der Architektur. Darmstadt 1969, 7; vgl. auch E. Kaemmerling (Hrsg.), Ikonographie und Ikonologie, Theorien, Entwicklung, Probleme. Köln 1979, passim.

[169] Vgl. Kerner, Duroy (Nr. 28) 236–275.

Adolf Hitler mit einem auf ein Eckfeld inserierten *»ja!«* zeigt. Die Bilder formieren ein Raster von extremer Ordnung, das die Funktion erfüllt, den Porträtkopf mit seinen suggestivsten Elementen, dem fixierenden Blick und dem akklamierenden »ja!« sowohl in der Horizontale als auch in der Vertikale zu multiplizieren. In welcher Richtung auch gelesen, bekräftigt die Botschaft des Bildes immer wieder sich selbst. Angenommen, der Betrachter will sich des Sinns dieser ungewöhnlichen Komposition vergewissern, indem er alle sechzehn Felder zeilenwendig wie einen geschriebenen Text liest, dann wirkt die starre Wiederholung des Bildes (das ja selbst als Plakat aufgefaßt werden kann) entweder hypnotisch oder irritierend. In beiden Fällen ist die Beharrlichkeit des Kommunikators in das Bewußtsein des Betrachters gedrungen. *39*

Nahezu entgegengesetzt wirkt das Spiel der beiden Symbole auf dem Plakat des Reichsbannerbundes, auf dem chaogene Zeichenrelationen zu herrschen scheinen. Dreipfeil und Hakenkreuz (jeweils in wenigen Varianten) gehen auf dem Blatt unregelmäßige Beziehungen ein. *40* Der Sinn der Zeichenordnung ergibt insgesamt, daß der Dreipfeil das Hakenkreuz »an allen Orten schlägt«. Versucht man, das scheinbar richtungslose Blatt um 90° oder 180° zu drehen, so ergibt sich, daß das eher statische Hakenkreuz und der dynamische Dreipfeil in syntaktischen Beziehungen stehen, die durchaus richtungsgebunden sind. Aus der

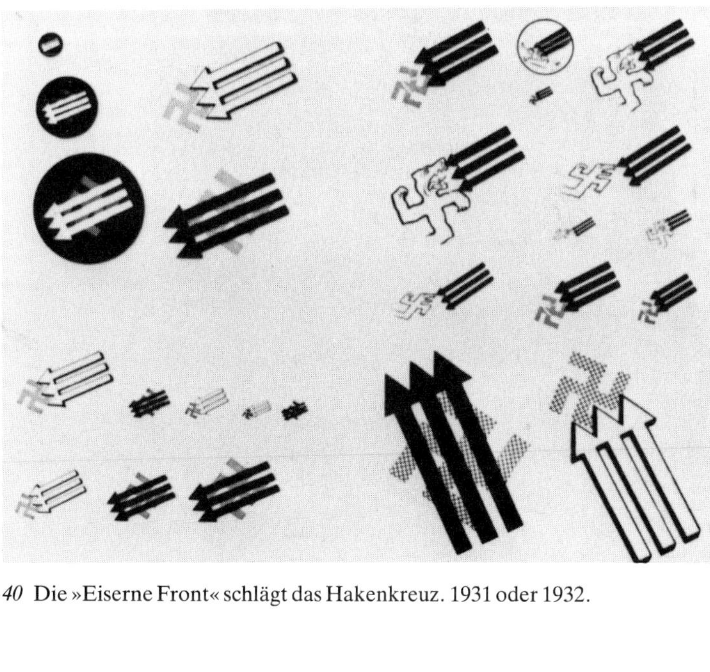

40 Die »Eiserne Front« schlägt das Hakenkreuz. 1931 oder 1932.

gegen die Leserichtung gewandten Formation der Dreipfeile gewinnt der Betrachter den Anschein, daß die Bildhandlung zwar durch das Verbum »zurückschlagen«, nicht aber durch »vorwärtstreiben« o. ä. beschrieben werden könnte.

Mit diesen Beispielen möge als erwiesen gelten, daß die Ordnung von Zeichenelementen auf einem Plakat unabhängig von ihren Inhalten bereits Aussage enthält.

Zu den häufig übersehenen Aussagefaktoren des Plakats gehört auch das Blatt selbst und die Ausnutzung seiner Eigenschaften. Das Plakatblatt besteht in der Regel aus einem *hoch*rechteckigen Papierbogen; die querformatigen mit etwa denselben Proportionen in Höhe mal Breite sind seltener. Dabei hat sich erst nach dem Zweiten Weltkrieg das aus mehreren Bogen zusammengesetzte Plakat, das speziell für Fernsicht oder für den Blick des Autofahrers konzipiert ist, weiter verbreitet. In den politischen Kämpfen der ersten Jahrhunderthälfte überwiegt bei weitem das Plakat mittlerer Größe.[170]

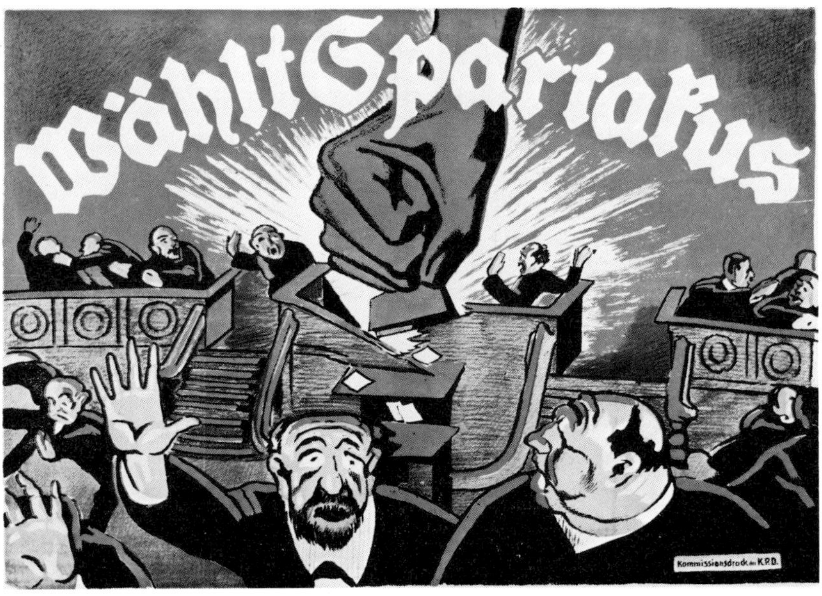

41 KPD-Plakat zur Reichstagswahl 1920.

[170] Schon um die Jahrhundertwende wurde ein »Weltformat« (90,5 × 128 cm) vorgeschlagen, das in der Schweiz seither obligatorisch ist. Es »ermöglicht ein Erfassen der Gesamtfläche auf mittlere Sehdistanz, und zwar auf einen Blick«. A. Sailer, Das Plakat. Geschichte, Stil und gezielter Einsatz eines unentbehrlichen Werbemittels. München 1965, 37; B. Margadant, Das Schweizer Plakat. Basel 1983, 16.

Das Mittelformat scheint für den Passanten, wie er in den Plakatbüchern typisiert wird, die zweckmäßigste Bildfläche: Das Plakat steht in Augenhöhe vor dem Betrachter, wie ein Gemälde in der Ausstellung. Auch die Wahrnehmung dürfte jener des Gemäldes von durchschnittlichen Ausmaßen analog sein.[171] Wir können daher auch beim Plakat vom Flächenschwerpunkt und vom Bildschwerpunkt, der Symmetrieachse usw. sprechen. Für die visuelle Wahrnehmung ergibt sich der Flächenschwerpunkt im Schnittpunkt der Diagonalen. Wir wollen voraussetzen, dieser Schnittpunkt werde vom Betrachter intuitiv gesucht und lokalisiert, was grob gesehen nur heißt, daß er hohe, breite, quadratische, runde, dreieckige Flächen auf den ersten Blick klassifiziert. Der Flächenschwerpunkt ist eine theoretische Größe, weil er sich auf eine einheitliche Fläche bezieht – denkbar am ehesten bei einem schlagzeilenfrei mit Text bedeckten Schriftanschlag. Stellen wir den Flächenschwerpunkt mit anderen Zeichenelementen zusammen, gewinnt er an praktischer Bedeutung für die Wahrnehmung. Hier sei an die Plakate mit dicker Schlagzeile oben und einem vertikalen Balken erinnert, etwa das Plakat *»Madige Schinken«*. Die Balance des Blattes wird *4*
gestört, es kommt Dynamik hinein, eine Spannung zwischen oben und unten, links und rechts.

Damit werden die latenten Zeichenelemente Symmetrie und ihre Negation wirksam. Ein Rechteck hat zwei Symmetrieachsen, aber die Querachse des Plakatblattes fungiert praktisch nie als Symmetrieachse, weil das Plakatblatt, sobald die menschliche Figur darauf erscheint, einen Handlungsraum des homo erectus bildet. Eine Spiegelgleichheit wie bei Spielkartenbildern ist darum im Plakat kaum praktikabel.

Die Vertikale des Plakats wird also in der Regel nicht symmetrisch, sondern kontrastiv geordnet: Oben und unten sind auf eine Raumanschauung gedacht. Erscheint ein Zeichen *oben* auf dem Blatt, hat es eventuell andere Bedeutung als wenn es *unten* placiert wäre. Eine menschliche Figur am unteren Bildrand wird mit einer Figur am oberen Bildrand oder in der Mitte verglichen, sobald der Künstler zuläßt, daß der Betrachter beide Zeichen durch perspektivische Illusion verbindet. Die Perspektive ist daher eines der Ordnungselemente auf dem Plakatblatt, wenn auch die oft sehr freien Kompositionen die Bedeutung perspektivischer Zeichenelemente zugunsten anderer formaler Faktoren zurücktreten lassen.

Auch der Flächenschwerpunkt wird meist durch Farblichkeit und Kontrastreichtum des Plakats überdeckt. Vor allem das *Farbintensitätszentrum* zieht den Bildschwerpunkt an sich. Auf vielen Plakaten werden große Farbflächen kontrastiv gegeneinandergesetzt, so daß auch das *Kontrastzentrum* (die hellste

---

[171] Statistische Daten bei MEDEBACH (Nr. 122).

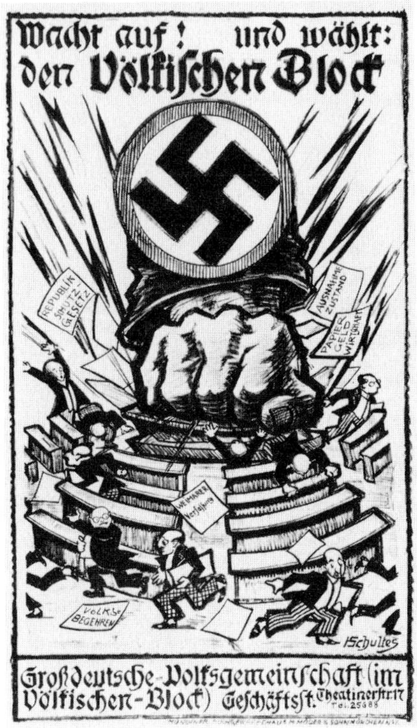

42 Plakat zur Reichstagswahl 1924.
H. Schultes, München 1924.

Fläche in einem dunklen, die dunkelste Fläche in einem hellen Bild) starke
41 Wirkung ausstrahlen kann. Auf dem querformatigen Plakat *»Wählt Spartakus«* wird eine horizontale Struktur von oben zerstört. Die Faust schlägt am Ort des Flächenschwerpunkts ein, hier ist zugleich das Farbintensitätszentrum (»rote Faust«) und das Kontrastzentrum im Gegenspiel der dunkelroten Faust mit den weißen Strahlen der »Detonation«. Der Farbkontrast rot-grün designiert auf diesem Plakat zusätzlich noch die Wertantithese gut-böse.

Zu den Gestaltungsfaktoren des Plakats, die noch vor ikonographischen Überlegungen kurz charakterisiert werden müssen, gehören Bewegungsrichtungen auf dem Blatt, ähnlich wie sie oben im Plakat des Reichsbannerbundes zu sehen waren. Gemeinsam mit den zuvor genannten formalen Faktoren determinieren Bewegungsindikatoren die Aussagen des Plakats, wenn sie vom Künstler gezielt eingesetzt werden, um die Blicke der Betrachter zu lenken. Das geschieht z. B. in Plakaten mit dem Motiv der niedersausenden Faust, *»Wählt Spartakus«* (1920) oder, dank des Hochformats und geschickteren Bildaufbaus noch deutli-

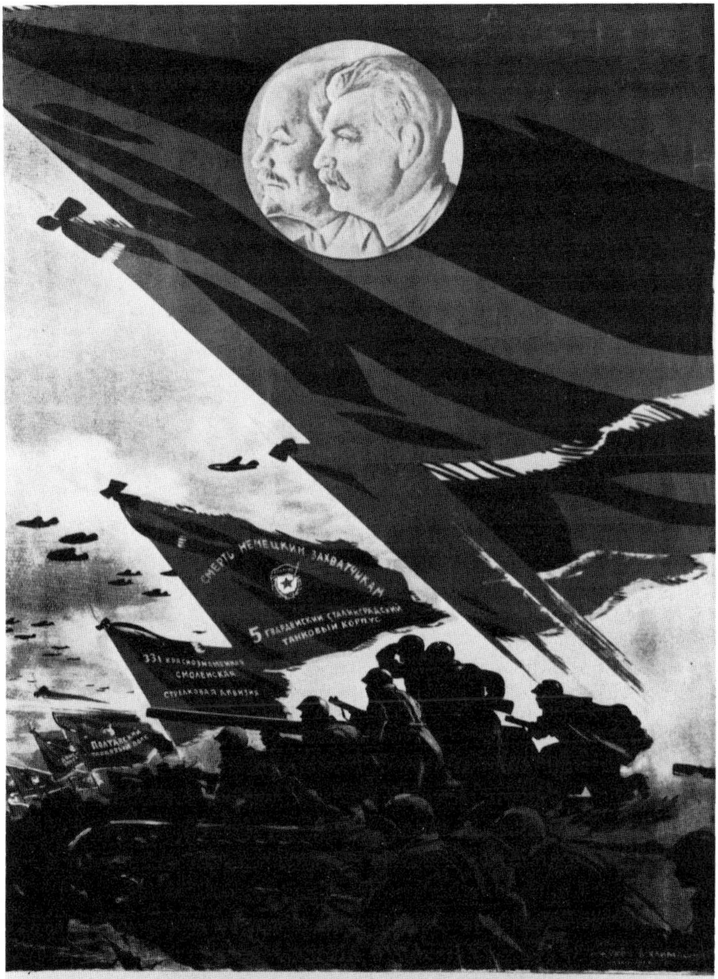

43 Unter der Fahne Lenins-Stalins vorwärts – nach Westen.
Für das sowjetische Vaterland gehen die Söhne aller Völker der Sowjetunion in den Kampf. Es lebe die Rote Armee – die Armee der Brüderlichkeit und Freundschaft der Völker der UdSSR! Unter der Fahne Lenins-Stalins vorwärts, nach Westen!
N. Žukov, V. Klimašin, Moskau 1944.

42 cher, in *»Wacht auf! und wählt: den Völkischen Block«* (1924). Die Faust ist eine Synekdoche für die männliche Brachialgewalt und wurde bereits während des Ersten Weltkrieges in Form der eisenbewehrten Ritterfaust gebraucht.[172] Im kommunistischen Plakat dürfte die Faust auf den »Riesen Proletariat« verweisen, im nationalsozialistischen die Gewalt der »Bewegung« sein, welche wie ein Blitz in das Parlament einschlägt.

Die Bewegungen der Faust sind keine wirklichen Handlungen, sondern Richtungsindikatoren, mit denen Wertungen ausgedrückt werden. Auch im sprachlichen Bereich werden vertikale Bewegungen appraisiv eingesetzt: »Hoch!«, »Es lebe hoch . . .!« und entsprechend »Nieder mit . . .!«

Wie die vertikale, so können auch horizontale oder diagonale Handlungsrichtungen zu Bedeutungsträgern gemacht werden. Die sowjetischen wie später auch die nationalsozialistischen Plakate nutzen häufig die als sehr wirkungsvoll erkannte Rechts-links-Diagonale.[173] Nicht selten wird die horizontale mit der
43 diagonalen Richtungsweisung verbunden, wie in dem sowjetischen Plakat *»Für das sowjetische Vaterland . . . Unter dem Banner Lenins-Stalins vorwärts, nach Westen!«* Hier geht die Angriffsrichtung nach links, entsprechend der Windrosenvorstellung »nach Westen«, indes die vorwärts geneigten Fahnen der Komposition eine Dominanz nach links oben ergeben. Die Angriffsrichtung sowjetischer Plakate des Zweiten Weltkriegs geht überwiegend nach links, also Westen, während seit dem Ersten Weltkrieg stürmende Truppen nach beiden Seiten, außerdem, wie auf einigen Beispielen zu sehen, auch nach vorne zu zielen pflegen. Die feste Verbindung der (genordeten) Windrosenvorstellung mit den Bewegungen innerhalb der Plakat-Bildfläche scheint sich in der Sowjetunion erst seit dem Kriegsausbruch 1941 verfestigt zu haben. Dabei war die Vorstellung, daß der Kampf nach Westen zu gehen habe, seit langem fest etabliert.
44 Dennoch schreiten, wie auf dem Plakat *»Zur Verteidigung der* UDSSR*« von* 1929, die Verteidiger häufig nach »Osten«.

---

172 L. Bernhard, einer der bedeutendsten deutschen Plakatkünstler, hat 1917 die Eisenfaust (im Holzschnitt-Stil, kombiniert mit Frakturschrift) in dem Anleiheplakat *»Das ist der Weg zum Frieden – die Feinde wollen es so! darum zeichne Kriegsanleihe!«* als Motiv eingeführt.

173 Allgemein dazu: H. Wölfflin, Über das Rechts und Links im Bilde, in: Ders., Gedanken zur Kunstgeschichte. Basel 1947, 82–90. C. Matthes, Links und Rechts im Bild. Über Stimmungsgehalt und Wertigkeit der Bildhälften, in: Akademie der Bildenden Künste in Wien 1872–1972. Wien 1972, 164–175. Über die Linksschräge vgl. A. M. Vogt, Russische und französische Revolutions-Architektur 1917–1789. Zur Einwirkung des Marxismus und des Newtonismus auf die Bauweise. Köln 1974, 209–213.

Wenn man über das Aussageelement »Farbe« auf politischen Plakaten zu sprechen hat, wird man wohl beinahe notgedrungen die Farbe »rot« als Beispiel wählen. Nicht nur, weil rot die häufigste aller Plakatfarben ist – beinahe die Hälfte aller Plakate enthalten diese Farbe[174] –, rot ist zugleich eine politische Farbe. Aber was die Bedeutung von »rot« ist, das läßt sich nur schwer beschreiben. Ernst Gombrich nannte bestimmte Farben »visuelle Wertmetaphern«, als Beispiele wählte er rot und golden.

»Rot ist die Farbe des Blutes und die Farbe des Feuers und als solche eine geeignete Metapher für alles, was heftig, schreiend und gewaltsam ist. Es ist daher kein Zufall, daß Rot als Farbe des Haltesignals im Straßenverkehr gewählt wurde, und ebensowenig, daß es zum Abzeichen revolutionärer politischer Parteien wurde. Aber obwohl diese beiden Anwendungen auf einfachen biologischen Tatsachen beruhen, hat die Farbe Rot doch keine bestimmte ›Bedeutung‹. Ein künftiger Historiker oder Anthropologe, der, sagen wir, die Bedeutung der roten Farbe in der Politik erforschen wollte, könnte zum Beispiel aus unseren Verkehrssignalen keinen Anhaltspunkt gewinnen. Würde man nicht erwarten, daß die Farbe, die ›Halt‹ bedeutet, die ›Konservativen‹, und die Farbe Grün, die den Weg frei gibt, die vorwärtsstrebenden ›Fortschrittlichen‹ repräsentiert? Und was würde er mit dem roten Hut der Kardinäle anfangen oder mit dem Zeichen des Roten Kreuzes?«[175]

Dieser Aufsatz von Gombrich klärt zwar nicht die *Bedeutungen* von visuellen Wertmetaphern oder »synästhetischen Metaphern«, etwa der Attribute »süß«, »warm« oder »licht«, gibt aber zahlreiche Hinweise auf die Abhängigkeit des visuellen Kodes von der Sprache, in der wir denken und sprechen. »Hell« und »dunkel«, »hoch« und »niedrig« sind Worte mit primären Denotaten, haben aber in der metonymischen Sprache zusätzliche Bedeutungen erhalten, die auch in der Kunst wiederzufinden sind.[176]

Wie ist es nun mit der Bedeutung der Farbe rot? Es gibt ein biologisches Faktum, auf das Gombrich – so scheint es – in dem obigen Zitat angespielt hat. Die Linse des menschlichen Auges ist bekanntlich chromatisch nicht korrigiert, d. h. wie bei einem Fotoapparat, der nicht für Farbfilme eingerichtet ist, sieht das Auge die Farben eigentlich falsch: Ein roter Gegenstand scheint sich näher am Auge zu befinden als ein gleich weit entfernter blauer. Das heißt, die roten

---

[174] Vgl. das entspr. Kapitel bei MEDEBACH (Nr. 122).

[175] E. GOMBRICH, Wertmetaphern in der bildenden Kunst, in: DERS., Meditationen über ein Steckenpferd. Wien 1963, 33.

[176] Das wird besonders von U. Eco (Nr. 12) passim, betont.

Gegenstände üben stärkere Reize auf das Auge aus als blaue oder violette. Rot wird also schon durch die optischen Gegebenheiten unseres Auges stärker erlebt als andere Farben. Hinzu kommt, daß wohl seit jeher, seit den Anfängen der Menschheit, zwei rote Phänomene immer besonders intensiv erlebt wurden: Blut und Feuer. Sicherlich hat das bestimmte Reaktionen in unser Unterbewußtsein eingeprägt: *feuerrot* vielleicht mit der Assoziationsreihe: Hölle, Fegefeuer im religiösen Bereich; Brand, Krieg, Kampf, Gefahr, Aufruhr, Alarm in der vitalen Erfahrung. Die andere Erfahrungsreihe geht vielleicht von dem Phänomen *blutrot* aus. Blut kann als vergossenes Blut erfahren werden: Hierher gehören die Assoziationen: verwunden, töten – dazu: Opfer und Märtyrer. Aber Blut kann auch positiv erfahren werden, wie im Märchen, in dem es heißt, ein Mädchen sei schön, »weiß wie Schnee, rot wie Blut und schwarz wie Ebenholz«. Es geht hier um das Blut, das durch die Haut scheint und Leben, Gesundheit, Schönheit, Erotik designiert.

Es läßt sich nicht entscheiden, ob das Rot der roten Fahnen ursprünglich *blut*rot oder *feuer*rot bedeutet hat. Die schwierigeren Fragen von Gombrich nach dem Kardinalshut, nach dem Purpurrot als Majestätsfarbe usw. mögen offen bleiben. Ein Versuch, die Bedeutung von »rot« zu systematisieren, sei immerhin angeführt.[177] (Vgl. das Schema S. 131.)

Farben können also wesentliche Aussageelemente von Plakaten sein, dabei kommt es nicht auf die Menge des auf einem Blatt verbrauchten roten Farbstoffes an, wie der Blutfleck auf dem Augenverband des deutschen Soldaten in *»Und*
29 *Eure Pflicht? Zeichnet Kriegsanleihe«* zeigt.

Rot kann extrem Negatives denotieren, aber auch intensiv freudig wirken, wie in der Kombination mit gelb, in der Bedeutung von Jugend und Schönheit, sei es durch Lippenstift-Funktion, ein rotes Frauenkleid oder rote Blumen. Farben sind Aussageträger, jedoch stark abhängige Variable.

Klassifizierung der Bildelemente

Die aufgezählten Aussageelemente formaler Natur sind viel weniger bedeutend als die eigentlichen ikonographischen Bestandteile des Bildes. Eine Klassifizierung der Bildbestandteile[178] geht sinnvoll von der menschlichen Figur aus, die bei weitem das wichtigste Zeichen auf Plakaten ist. Hier kann man von *persona-*

---

[177] Nach Kerner, Duroy (Nr. 28) 154; zum politischen Sinn der Farbe vgl. *dtv-Lexikon* politischer Symbole A–Z. München 1970, s. v. »Rot«, »Rote Fahne«, »Roter Stern«.

[178] Vgl. F. Kämpfer, Das russische Herrscherbild von den Anfängen bis zu Peter dem Großen. Recklinghausen 1978, Kapitel »Klassifikation der Bildelemente«, 34–102.

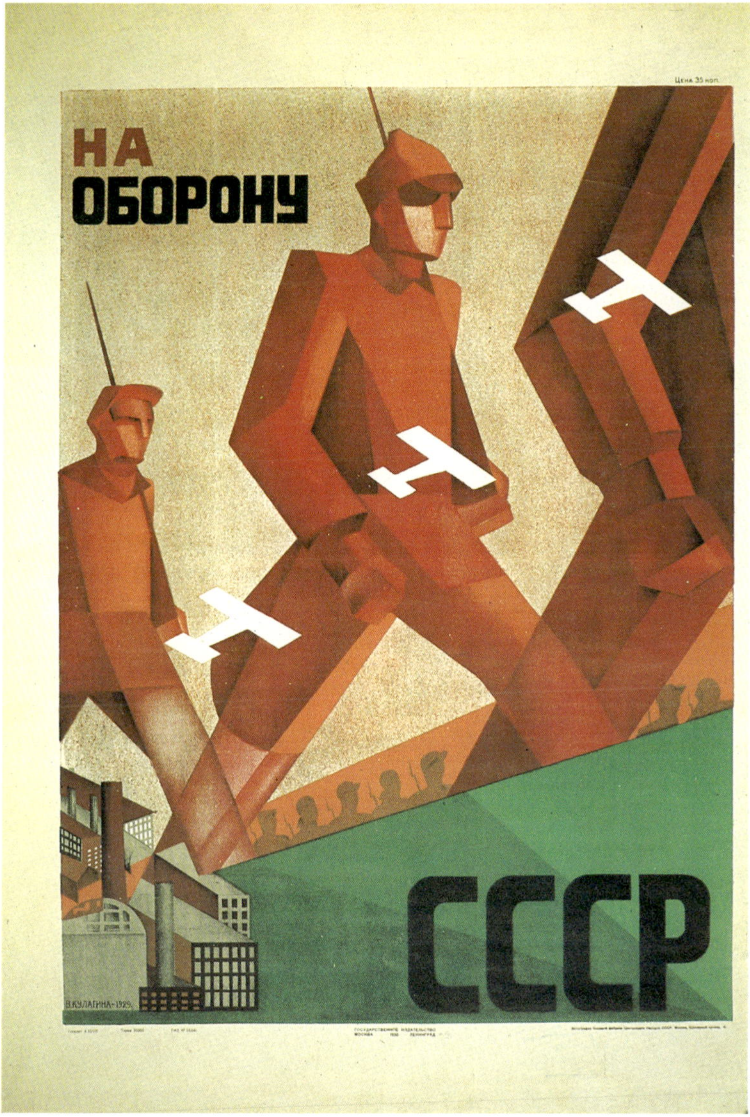

44 Zur Verteidigung der UdSSR.
V. Kulagina, Moskau 1929.

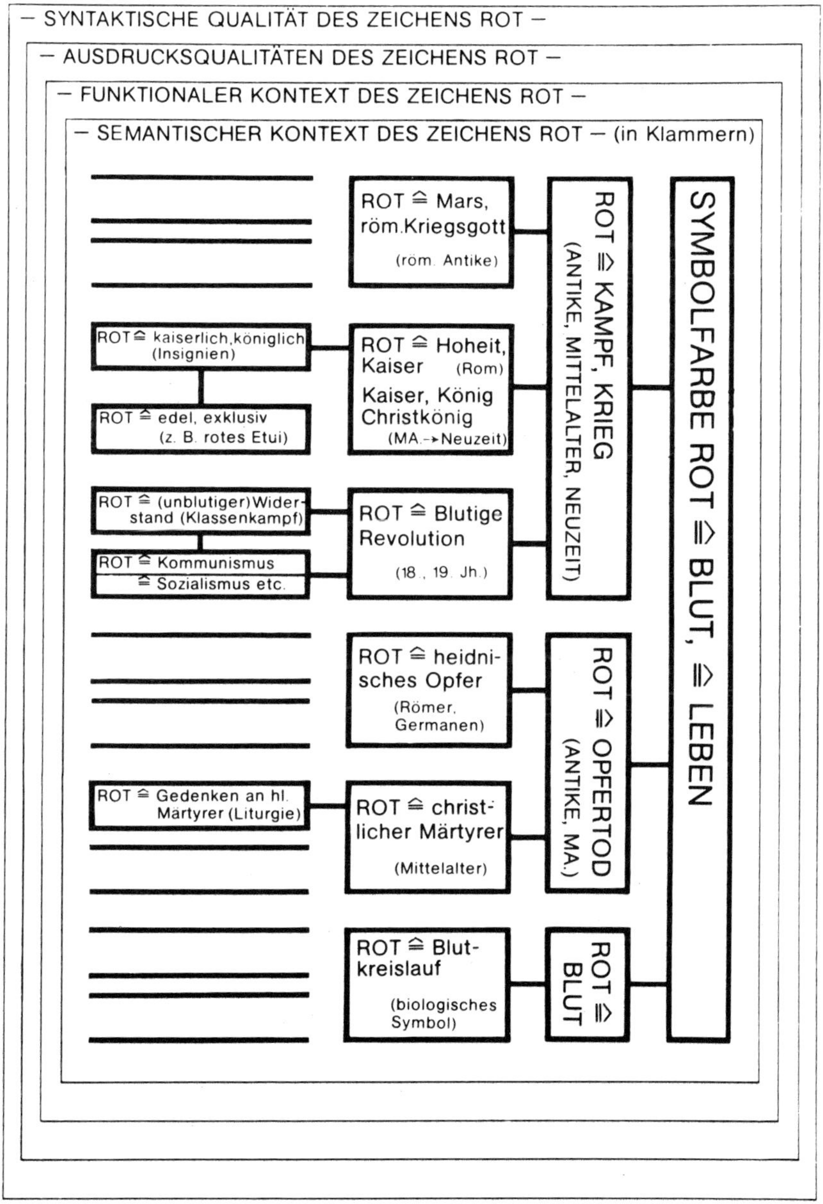

– SYNTAKTISCHE QUALITÄT DES ZEICHENS ROT –
– AUSDRUCKSQUALITÄTEN DES ZEICHENS ROT –
– FUNKTIONALER KONTEXT DES ZEICHENS ROT –
– SEMANTISCHER KONTEXT DES ZEICHENS ROT – (in Klammern)
ROT ≙ Mars, röm. Kriegsgott (röm. Antike)
ROT ≙ kaiserlich, königlich (Insignien)
ROT ≙ edel, exklusiv (z. B. rotes Etui)
ROT ≙ Hoheit, Kaiser (Rom) Kaiser, König Christkönig (MA.→Neuzeit)
ROT ≙ (unblutiger) Widerstand (Klassenkampf)
ROT ≙ Kommunismus ≙ Sozialismus etc.
ROT ≙ Blutige Revolution (18., 19. Jh.)
ROT ≙ KAMPF, KRIEG (ANTIKE, MITTELALTER, NEUZEIT)
ROT ≙ heidnisches Opfer (Römer, Germanen)
ROT ≙ Gedenken an hl. Märtyrer (Liturgie)
ROT ≙ christlicher Märtyrer (Mittelalter)
ROT ≙ OPFERTOD (ANTIKE, MA.)
ROT ≙ Blutkreislauf (biologisches Symbol)
ROT ≙ BLUT
SYMBOLFARBE ROT ≙ BLUT, ≙ LEBEN

Zu S. 128

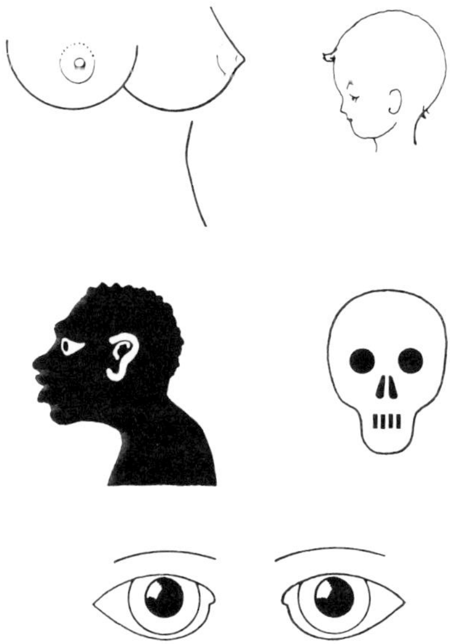

45 Attrappen zur Auslösung von Schlüsselreizen.
Nach KROEBER-RIEL (Nr. 35) S. 37.

len Bildzeichen sprechen, die den gemalten Menschen oder Teile von ihm (Porträtbüste) oder eine Vielzahl von Menschen (marschierende Gruppe u. ä.) ergeben. Die Menschenfigur auf dem Plakat ist selbst ein zusammengesetztes Zeichen, man kann sagen, sie sei eine *Konfiguration* personaler Bildelemente. Als *Komposition* werden die Handlungszusammenhänge bezeichnet, in denen die menschliche Figur steht. Die Komposition bildet (in der Regel) einen Aktionsraum für darin abgebildete Menschen. Die Requisiten und Kulissen, Handlungsformeln usw. sind Kompositionselemente, zu welchen auch Schriftzeichen und Symbole gehören.

Zu einer dritten Klasse von Aussageelementen gehören alle jene, die über den (gedachten) Rahmen des Bildes hinausgreifen; sie sollen *Programmelemente* genannt werden. Auf allen aus mehreren Bildern zusammengesetzten Plakaten gibt es Zeichen, welche die autonomen Bilder verbinden. Als extremer Fall sei das oben angeführte sechzehnfache Hitlerporträt genannt: Jedes Bild für sich würde ein konventionelles Porträtplakat hergeben; die vorliegende Vervielfältigung auf einem Blatt schafft einen Programmzusammenhang (strikt semiotisch als *Superzeichen* definierbar), der durch »Identität« charakterisiert ist. Zu den programmatischen Aussagen gehören auch jene Zeichen, die über das Blatt selbst hinaus auf andere Bestandteile der Propagandakampagne verweisen, u. ä. m.

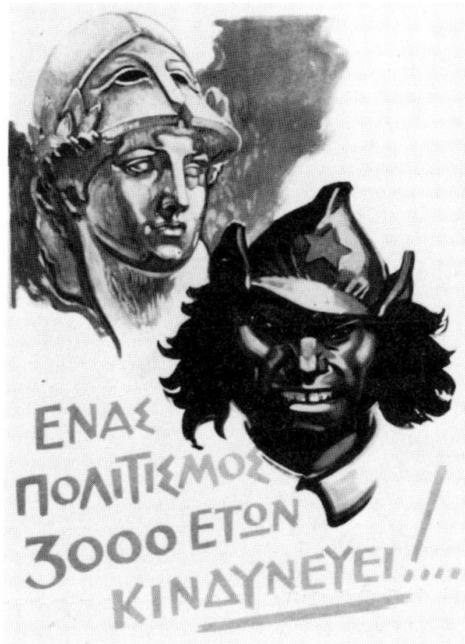

46 Eine Kultur von 3000 Jahren ist in Gefahr! . . .
Plakat der deutschen Truppen in Griechenland.

Die Gestalt des Menschen ist zentrales Motiv nicht nur der Plakate, sondern der Bildkunst überhaupt. Die gröbste Unterscheidung der vielen Menschen-Phänomene auf Bildern ist jene zwischen der *Menschen-Figur* ohne Denotat, die vom Strichmännchen bis zum voll ausgeführten Darsteller einer Bildszene reichen kann, und die Repräsentation bestimmter Personen, die durch wesentliche Kennzeichen denotiert sind.[179] Auf politischen Plakaten sind es häufig die Parteiführer, welche in voller Gestalt oder reduziert auf entscheidende Teile – siehe Adolf Hitler in dem Plakat »*Und das ist Adolf Hitler* . . .« reduziert auf die *13*
charakteristische Partie zwischen aufgerissenem Mund, Schnurrbart und Nase – als Persönlichkeiten ins Bild gesetzt werden. Der politische Gesamtzusammenhang – hier der Wahlkampf zu den Reichstagswahlen im November 1932 – wie die Korrespondenz zwischen Schrifttext und Karikatur erlauben es, den Bildfaktor bis auf ein Minimum zu reduzieren.

Das angeführte Beispiel leitet zu einem anderen Phänomen visueller Apperzeption über, das von der Werbepsychologie erforscht und angewandt wird. Empirische Untersuchungen haben ergeben, daß Abbildungen bestimmter körperlicher Charakteristika beim Menschen Auslösemechanismen in Gang setzen.

[179] Diesem Problem hat N. Goodman (Anm. 88) 32–42 u. ö., grundsätzliche Überlegungen gewidmet.

45 Diese Auslöser oder Schlüsselreize, wie Babykopf, Totenkopf, fixierendes Augenpaar, werden von der Werbungsforschung »Attrappen« genannt, und es wird behauptet, diese Attrappen sprächen »im Menschen ein angeborenes Verhaltensprogramm an«.[180] Die »Dämonie«[181] des fixierenden Blickes, häufig verstärkt durch den auf die Brust des Betrachters zielenden Zeigefinger, ist seit ihrer Entdeckung durch den Plakatkünstler Alfred Leete 1914 immer wieder verwendet worden. Das oben angeführte sechzehnfache Hitlerporträt läßt den Blick des Betrachters von einem fixierenden Augenpaar zum andern irren ...

Die Hand als ein anderer signifikanter Körperteil wird seit jeher in der Kunst als pars pro toto verwandt, im Mittelalter stellvertretend für Gottvater, im

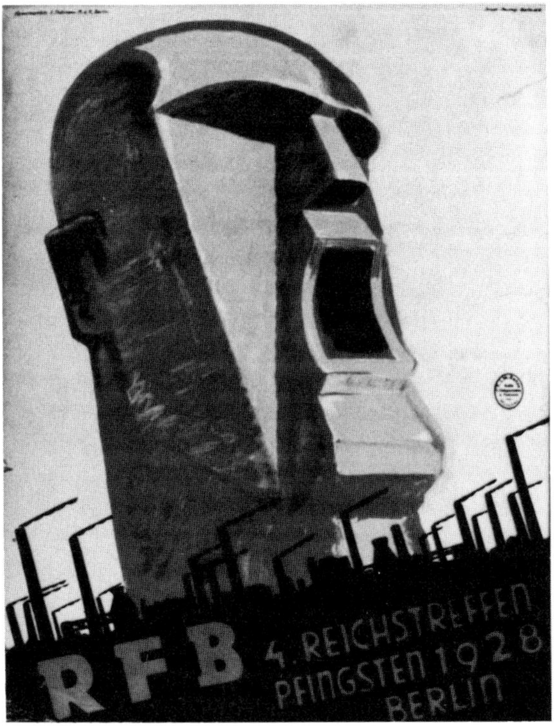

47 Roter Frontkämpferbund.
A. Malsov (V. Slama)
Berlin 1928.

---

180 Kroeber-Riel (Nr. 35) 38, Abb. S. 37.

181 Weder bei D. Frey, Dämonie des Blickes, Wiesbaden 1953, noch bei A. Neumeyer, Der Blick aus dem Bilde, Berlin 1964, wird auf die hier behandelten Phänomene näher eingegangen.

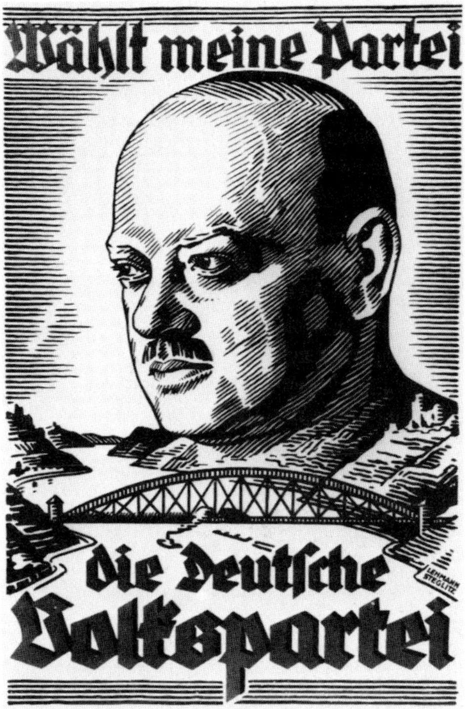

48 DVP-Plakat zur Reichstagswahl 1930.
M. Lehmann-Steglitz, Berlin 1930.

modernen Plakat, wie auf *»Gedenke der Hungernden!«,* als Indikator für ein Wesen, das solche Normen zu setzen berechtigt ist. Derselbe Körperteil als Faust faßt, wie gesagt, die Brachialgewalt revolutionärer Bewegungen in ein Bild. *22*

Über den Porträtkopf, die Porträtbüste usw. auf dem politischen Plakat ausführlicher zu schreiben, verlangte eine Abhandlung für sich. Hier können nur einige Aspekte kurz angerissen werden, die allgemein den Kopf als Stellvertreter einer Menschenfigur betreffen. Die oben skizzierte Intentionalität des politischen Plakats läßt darauf schließen, daß die Menschendarstellung auf dem Plakat immer entweder mit Plus-Konnotationen werbend oder mit Minus-Konnotationen diskriminierend gebraucht wird. Es wäre zu fragen, wie Bewertungen politischer Art durch malerische Mittel auszudrücken sind.

In dem schon zitierten Aufsatz von Ernst Gombrich über »visuelle Wertmetaphern« geht der Verfasser auch auf die Frage ein, ob denn Schönheit zugleich Wahrheit sei. Auf Bildern sei es häufig so, daß ein schöner Engel oder Heros von

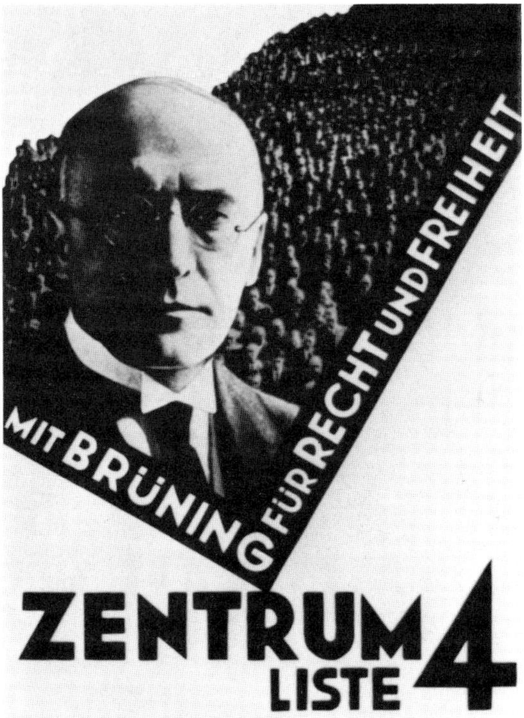

49 Zentrums-Plakat zu den Reichstagswahlen 1932 (vgl. Abb. 6).

oben komme und einen häßlichen Dämon in die Tiefe des Hades stoße. Das ist, so Gombrich, »der universalste und unreflektierteste Typ visueller Wertmetaphern, wo das Lichte für das Gute, das Gesunde für das Sympathische, das Strahlende für das Heilige steht«.[182] An anderer Stelle schreibt Gombrich zum gleichen Problem: »Kontraste wie hell und dunkel, schön und häßlich, groß und klein, welche die Koordinaten des mythischen Universums des Karikaturisten formen, wären nicht so wirkungsvoll, wenn wir alle nicht geneigt wären, die Welt um uns in solche emotionalen Basismetaphern zu fassen.«[183]

Daß emotionale Basismetaphern wie der Gegensatz von schön und häßlich als
46 Appraisoren benutzt werden können, möge das griechische Plakat *»Eine Kultur von 3000 Jahren ist in Gefahr!«* zeigen, das von der deutschen Besatzung während des Zweiten Weltkrieges in Griechenland verbreitet worden ist. Das Män-

---

[182] Gombrich (Anm. 175) 37.

[183] Gombrich (Anm. 155) 212.

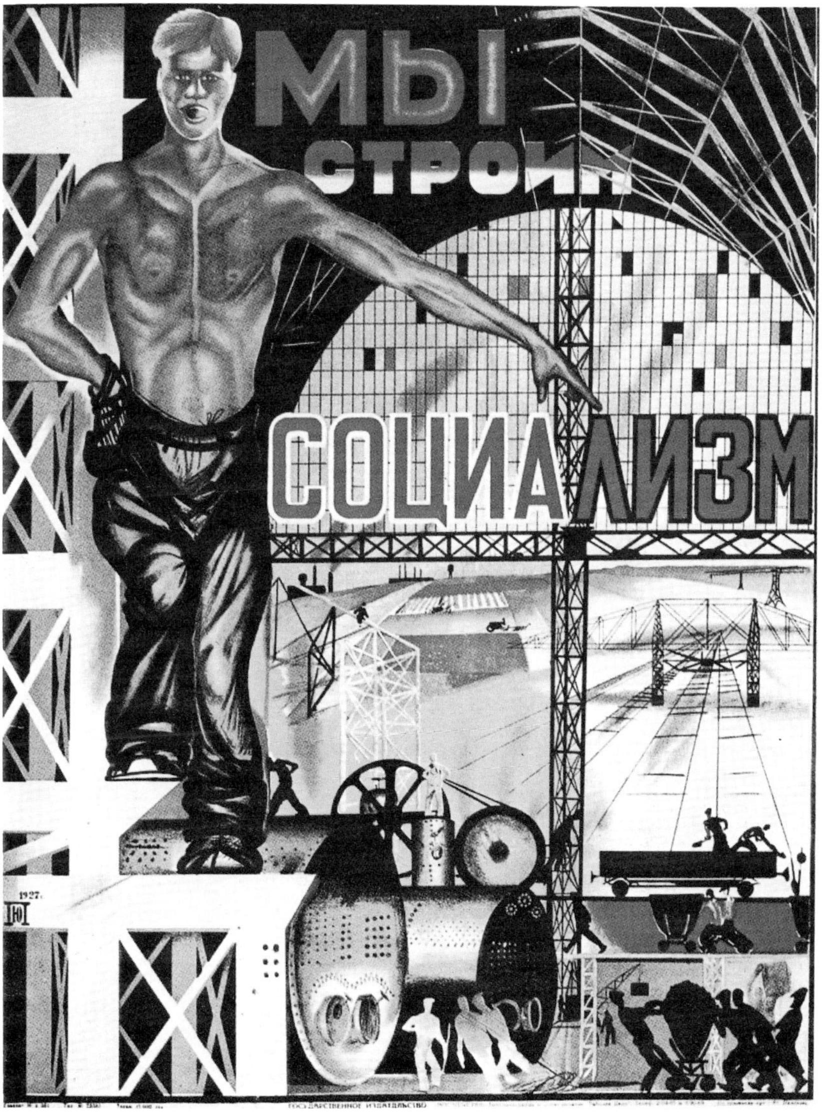

50 Wir bauen den Sozialismus.
Ju. Pimenov, Moskau 1927. 72 × 54 cm, 25 000 Ex.

nerideal der Antike steht hier gegen den »Asiatenkopf« und zugleich der Bronzehelm der Antike gegen den Tuchhelm der Roten Armee (der während des Zweiten Weltkrieges nicht mehr in Gebrauch war). In der Reduktion auf zwei Köpfe zeigt sich, daß diese nicht nur für die menschliche Gestalt, sondern auch für gegensätzliche Kulturen und Ideologien zu stehen vermögen.

In das Kolossale gewandt, findet man einen wie aus Stein gehauenen Kopf als
47 Symbol des Roten Frontkämpferbundes auf dem Plakat *»R F B 4. Reichstreffen Pfingsten 1928 Berlin«*. Der gigantische, brüllende Kopf über dem Industriere-
41 vier faßt – ebenso wie die herabsausende Faust auf dem Plakat *»Wählt Spartakus!«* – den »Riesen Proletariat« als agierende Macht in ein verdichtetes Bild.

Die Porträtköpfe von politischen Führerpersönlichkeiten, sei es der britische Kriegsminister Lord Kitchener im Ersten Weltkrieg[184], Hindenburg, Stresemann, Hitler in der Weimarer Republik[185], Lenin in Sowjetrußland, designieren immer auch das geistige Gebäude, die Ideologie, für die sie stehen.

48 Das Stresemann-Plakat *»Wählt meine Partei die Deutsche Volkspartei«* von 1930 monumentalisiert den (1929 verstorbenen) Politiker durchaus vergleichbar mit dem vorhergehenden Plakat, nur steht der Porträtkopf – aus dem rechten Rheinufer wie ein Felsen herauswachsend – für eine von Stresemann verwirklichte Idee, den Ausgleich französischer und deutscher Interessen und den
49 Brückenschlag über den Rhein. Das Fotoplakat *»Mit Brüning für Recht und Freiheit Zentrum Liste 4«* von 1932 verwendet das damals modernste Verfahren, die Fotomontage, um aus dem Gegensatz des in Nahaufnahme gezeigten Porträtkopfes zur »fern unten« denotierten Menschenmenge Monumentalität abzuleiten.

Der menschliche Kopf erweist sich in einer großen Zahl von Plakaten als Zeichen für personifizierbare Ideen oder Ideologien. Als pars pro toto verlangt der Kopf entsprechendes Vorwissen von Seiten des Betrachters, der die Identifikationskette Porträtkopf – Führerpersönlichkeit – Partei – Parteiprogramm nachvollziehen können muß.

Über das Problem ikonographischer Repräsentation politischer Führer wird unten bei der Behandlung des Führers oder der Feind-Darstellung zu sprechen sein. Im Anschluß an die Bemerkungen über kolossale Köpfe soll nun das Motiv der Monumentalisierung weiterverfolgt werden.

Es ist ein alltäglicher Kunstgriff des Plakates, die Hauptsache durch Übergrö-

---

184 Vgl. Darracott (Nr. 70) 63.

185 Diese Art von Parteiplakaten erscheinen in Ausstellungen und Büchern seltener als die historisch interessanteren Plakate mit argumentierenden Aussagen, Karikaturen usw. Bei der Durchsicht großer Plakatmengen jedoch (Bundesarchiv Koblenz u. a.) findet man sie in großer Zahl.

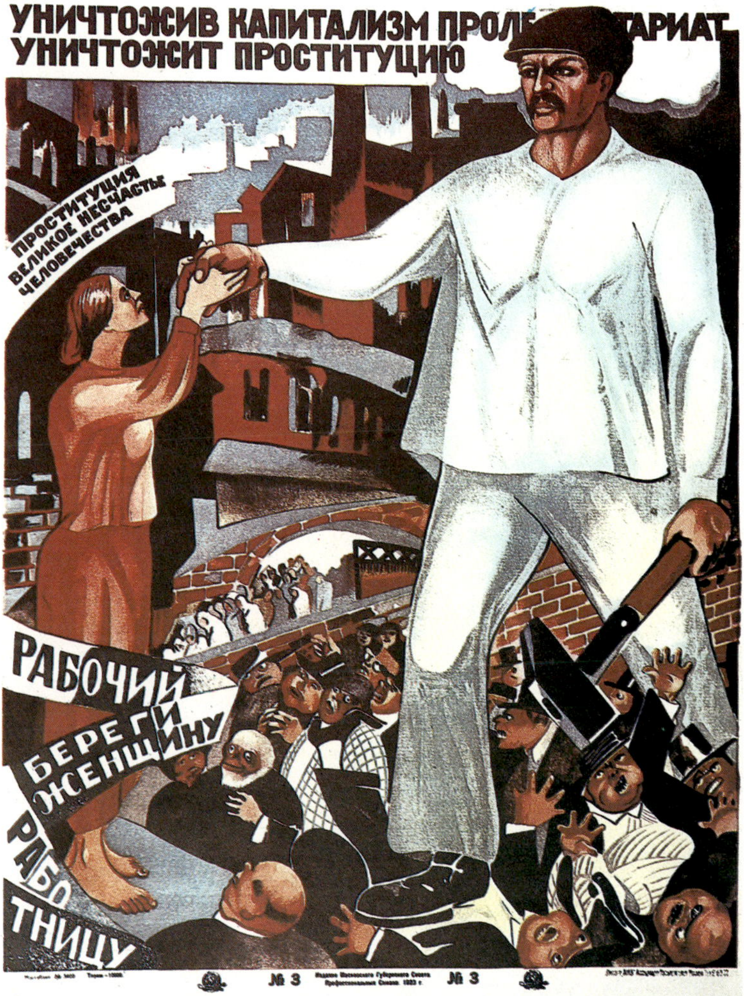

51 Den Kapitalismus vernichtet habend wird das Proletariat die Prostitution vernichten.
Inschriften von oben nach unten: Prostitution – ein großes Unglück der Menschheit. Arbeiter, bewahre die Frau-Arbeiterin.
Moskau 1923.

ße hervorzuheben. Ein Führerkopf, eine Figur oder ein wichtiges Symbol werden zu den übrigen Zeichenelementen des Blattes in Kontrast gesetzt. Voraussetzung dafür ist, daß ein Bildraum existiert, der die Möglichkeit des Größenvergleiches schafft. Die andere Variante der Monumentalisierung besteht darin, daß der Künstler die Figur auf einen (sichtbaren oder imaginären) Sockel stellt, indem er für den Betrachter die Untersicht wählt, d. h. ihn in die »Froschperspektive« drängt. Das ist deutlich zu erkennen in dem Plakat von 1928 *»Wir* 50
bauen den Sozialismus« und gehört übrigens auch zu den wirkenden Faktoren des Plakats *»Du hast dich als Freiwilliger eingeschrieben?«*. Der Blick des Rotar- 27
misten kommt, ebenso wie der Zeigefinger, von oben. Das hat der Künstler durch eine leichte Neigung des Kopfes und durch die Senkung des Armes erreicht. Weil der Betrachter den Zeigefinger auf seine Brust gerichtet denkt, hebt er unbewußt die Figur, bis der Zeigefinger in seiner imaginären Verlängerung auf die eigene Brust zielt.

Die zuvor genannte Methode der Monumentalisierung beruht auf dem Gegensatz zwischen dem Hauptmotiv und der es umgebenden Struktur. Häufig werden Helden so dargestellt, etwa in dem Plakat *»Wrangel ist noch lebendig,* 15
erledige ihn ohne Gnade!« Noch deutlicher wird der Kontrast zwischen Hauptmotiv und Struktur in dem 1923 in Moskau publizierten Plakat mit den Aufschriften (von oben nach unten): *»Nach der Vernichtung des Kapitalismus wird* 51
das Proletariat die Prostitution vernichten. Prostitution – ein großes Unglück der Menschheit. Arbeiter, schütze die Frau-Arbeiterin!«

Daß es sich hier um ein typisches Retter-Motiv handelt, wurde auch von den Verfasserinnen eines Aufsatzes über die Frau in der sowjetischen Kunst jener Zeit angemerkt: »Das durch den Mann verkörperte Proletariat rettet die Frau vor dem Untergang. Der Riese Proletariat schaut dabei die Frau nicht an, sondern blickt in die Ferne, in die Zukunft, wo noch weit wichtigere Dinge auf ihn warten. Auf dem Weg in die Zukunft greift er mit prankenartigen Händen fast beiläufig nach der madonnenhaft lächelnden, in ein zeitloses Gewand gehüllten Frau und zieht sie mit starken Armen empor, an seine Seite. Er symbolisiert den Helden, sie das arme Opfer, das rettungsbedürftig ist.«[186]

Retter (russisch *spasitel'*) ist auch hier der Heiland: Es handelt sich um Christus-Ikonographie; das Osterbild der Ostkirche, Christi Abstieg in den Hades, hat bis in die Einzelheiten als Vorlage gedient.[187] Das mit blau lavierte

---

[186] Ch. Bauermeister-Paetzel, S. Wetzel, Ein Huhn ist kein Vogel, ein Weib ist kein Mensch. Die neue Frau in der sowjetischen Kunst zur Zeit der Industrialisierung und Kollektivierung, in: Kunst in die Produktion! Berlin 1977, 24–48, hier 42.

[187] Welcherart Osterbild dem Plakatmaler vorgelegen hat, ist kaum zu erschließen; als Vergleich wäre das analoge Fresko in der Chora-Kirche von Konstantinopel denkbar, aber auch altrussische Ikonen mit ähnlichen Farben.

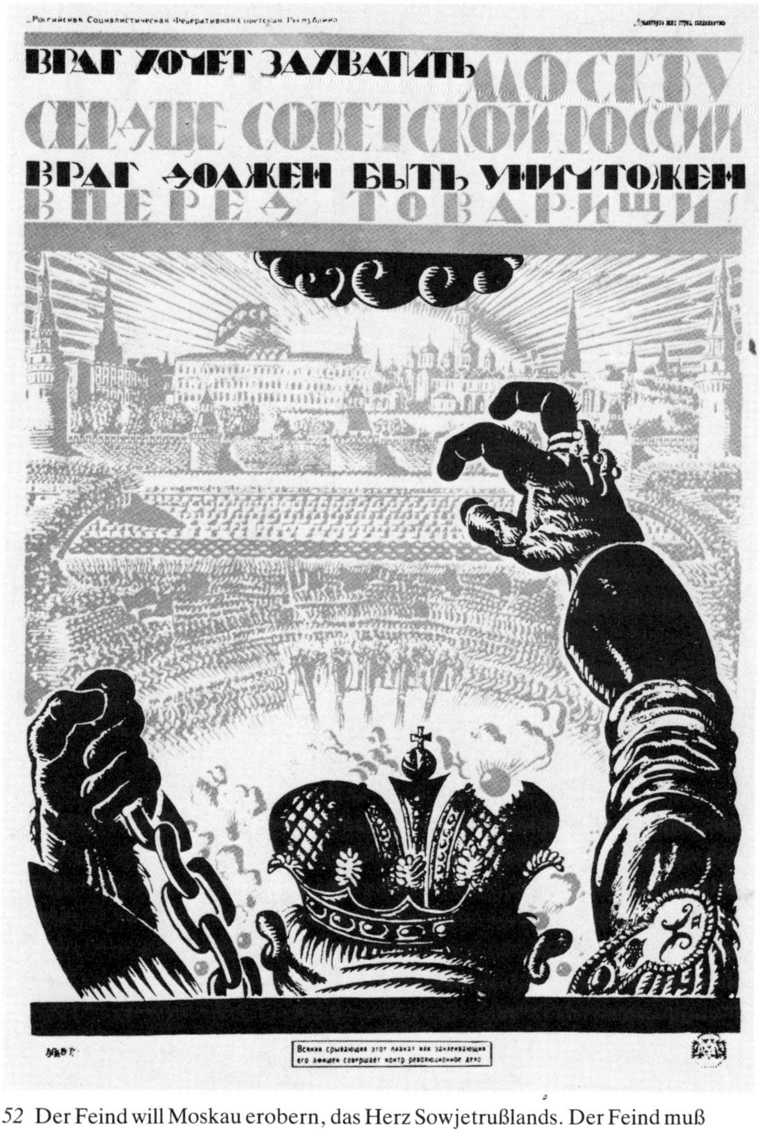

52 Der Feind will Moskau erobern, das Herz Sowjetrußlands. Der Feind muß vernichtet werden. Vorwärts Genossen!
Kästchen am unteren Rand: Jeder, der dieses Plakat abreißt oder es mit einer Affiche überklebt, vollbringt eine konterrevolutionäre Tat.
V. Fidman, Moskau 1919. 106 × 70 cm, 15 000 Ex.

Weiß des Arbeitsanzuges geht auf byzantinische Farbtechnik zurück: man unterlegte Weiß mit blau, um das Weiß leuchtender zu machen. Auf russischen Anastasis-Ikonen trägt Christus meistens das Kreuz als Siegeszeichen mit sich – an seiner Stelle trägt der proletarische Christus hier einen Hammer, nicht ohne Allusion an das Kreuz. Christus pflegt man in der Hölle entweder auf den Höllentoren oder der Figur des gefesselten Hades stehend darzustellen. Hier zertritt er eine ganze Meute kleiner Teufel in der Kleidung der Bourgeoisie. Wenn auf anderen Plakaten die Fabrik, mit erleuchteten Fenstern und rauchenden Schloten, immer als positives Zeichen mit Designaten wie Industrialisierung, Fortschritt, Sozialismus gebraucht wird, zeigt diese Fabriklandschaft einen *locus horridus*. Doch die Gitter der Fabriktore sind schon geöffnet, die Menge der Erlösten quillt aus ihnen hervor. Und die barfüßige Urmutter Eva wird, ganz wie auf Anastasis-Bildern, als Erste erlöst.

Bei diesen augenfälligen Entsprechungen handelt es sich nicht um Zufälle, sondern um bewußtes Anknüpfen an die traditionelle Erlösungs-Ikonographie. Was syntaktisch zur Monumentalisierung zu sagen ist, findet man in diesem Beispiel: eine durch vielfältige Elemente in cin Raster zerlegte Bildfläche, deren Balance durch eine Riesenfigur zerbrochen wird. Der Farbkontrast tut ein übriges: Die weiß-bläuliche Fläche bildet das Farbintensitätszentrum und zugleich das Kontrastzentrum – damit wird auch der Bildmittelpunkt aus der Symmetrieachse nach rechts gezogen.

Das Monumentale ist eine syntaktische Kategorie, die häufig auch im negativ gewerteten Bereich ihre Anwendung finden kann. Im Ersten Weltkrieg wird der Deutsche bisweilen als Untier von nahezu kosmischen Ausmaßen gezeigt[188], seither läßt sich die Methode, den Gegner ins Monströse zu überzeichnen, bis in die Gegenwart verfolgen. Ein sowjetisches Beispiel verdeutlicht sehr gut, wie die Figur des feindlichen Monstrums reduziert werden kann, ohne ihre Bedrohlichkeit zu verlieren. Das Plakat *»Der Feind will Moskau erobern, das Herz* *52*
Sowjetrußlands. Der Feind muß vernichtet werden. Vorwärts Genossen!« läßt in eine feine »goldene«, »von Sonne durchstrahlte« Fläche von unten her das feindliche Prinzip einbrechen. Schwarz gegen golden, dunkel gegen hell, grob gegen fein sind gegeneinandergestellt, die schwarze Klaue des Scheusals greift bereits in die goldene Hälfte hinein und stört die visuelle Balance des um die Horizontale gegliederten Blattes. Wirkungsvoll ist die Minus-Figur auf den feisten Nacken mit der Krone und die bedrohlichen Hände reduziert, ähnlich wie in *»Wrangel ist noch lebendig, erledige ihn ohne Gnade!«* der Feind nur aus *15*
der gierigen Hand zu bestehen scheint.

---

188 DARRACOTT (Nr. 69) Nr. 31 (aus Australien).

Das angeführte Beispiel läßt erkennen, daß Monumentalisierung, ins Negative gewandt, unmittelbar zur Karikatur führen kann. Von der Rolle der Karikatur für das politische Plakat ist schon die Rede gewesen, auch weiterhin muß diesem Phänomen Aufmerksamkeit gewidmet werden. Eine prinzipielle Behandlung ist leider mangels Vorarbeiten[189] nicht möglich, es sei auf den Exkurs über die Feinddarstellung im sowjetischen Plakat verwiesen.

Zwischen Monumentaltyp und Karikatur findet sich auf dem Plakat die Menschengestalt, sei sie individualisiert oder als Gruppenvertreter typisiert. »Der Mensch«, das ist Mann, Frau oder Kind, Bürger, Bauer, Proletarier oder Soldat... Die Vielfalt der hier anzutreffenden Variationen läßt jede Klassifikation scheitern. Allein über den Typ des »Arbeiters« in der kommunistischen, nationalsozialistischen und sowjetischen Plakatpropaganda wäre eine eigene Monographie zu schreiben, wollte man nicht nur die Erscheinungsformen, sondern auch die emanzipatorischen bzw. manipulativen Verwendungszwecke darstellen.[190]

Symbole, Attribute

Die Welt des politischen Plakats wäre undenkbar ohne das politische Symbol, kaum ein Plakat kommt ohne diese Form der nichtsprachlichen Aussage aus. Das Symbol kann auf dem Plakat die Existenz einer Partei deklarieren, wie es das Hakenkreuz in den von Schockel so genannten »Aufmerksamkeitsplakaten« der zwanziger Jahre tat. Um als kleine Gruppe in der Parteienlandschaft der Weimarer Republik überhaupt wahrgenommen zu werden, bedienten sich die Nationalsozialisten zahlreicher »Bluffs« und Tricks[191], zu denen auch das als Markenzeichen dienende Hakenkreuz[192] gehörte. Die NSDAP hat auch gelegentlich die Symbole anderer Parteien verwendet, um das Publikum zu täuschen.[193]

---

[189] Neben G. Piltz, Geschichte der europäischen Karikatur, Berlin 1976, gibt die Arbeit von K. Reumann (Nr. 53) 69ff., 108ff., einiges her, ebenso sein Beitrag zum Handbuch der Publizistik.

[190] Überwiegend der Arbeiterdarstellung ist das Buch gewidmet R. Sartorti, Pressefotografie und Industrialisierung in der Sowjetunion. Die Pravda 1925–1933. Berlin 1981.

[191] »Man sieht, daß es sich bei diesen Plakaten um reine Überraschungsplakate handelt. Anders als mit einem solchen ›Bluff‹ wäre es aber auch gar nicht möglich gewesen, die so unendlich zähe, denkträge Masse der Bevölkerung aufzuwecken« – Schockel (Nr. 94) 147.

[192] Ausführlich zum Hakenkreuz, *dtv-Lexikon* politischer Symbole, 110–118.

[193] Hitler übernahm bewußt die rote Farbe der marxistischen Parteien, um deren Anhängerschaft zu täuschen; manche NS-Plakate wurden in schwarz-rot-gelb gehalten,

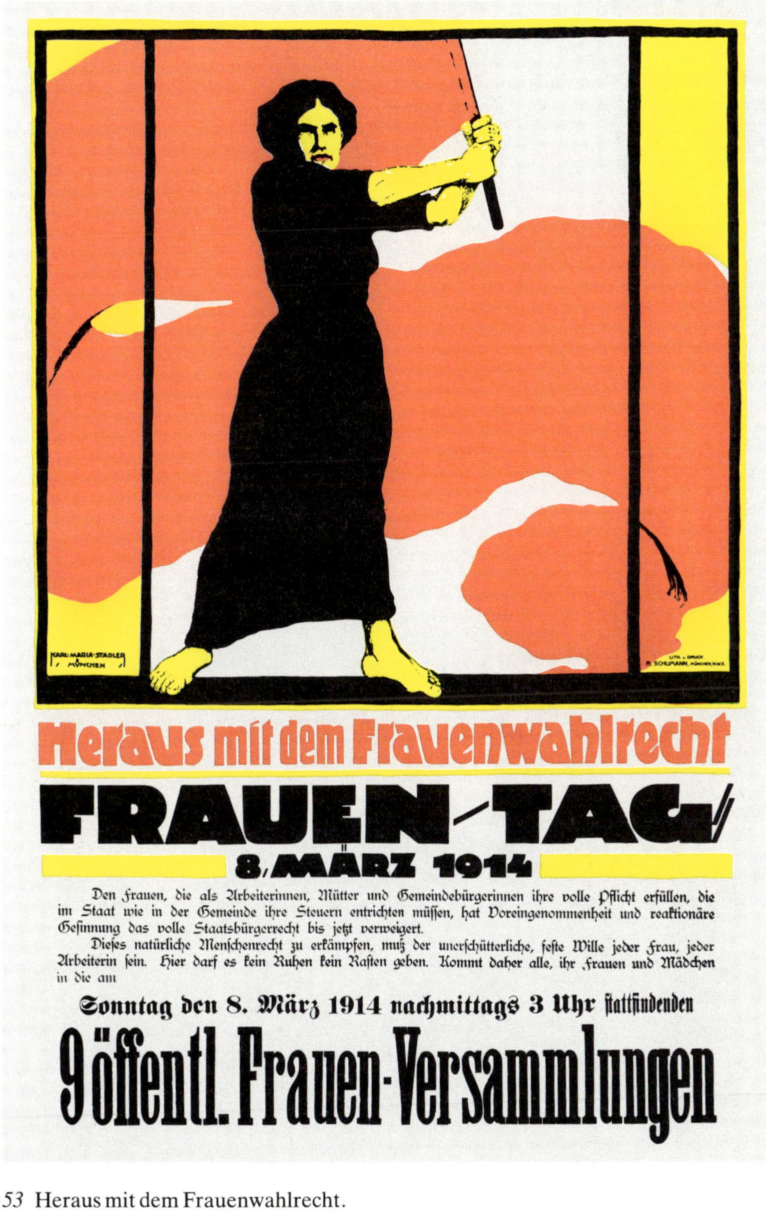

53 Heraus mit dem Frauenwahlrecht.
K. M. Stadler, München 1914.

Eines der kleinsten Elemente sowjetischer Plakate ist der Sowjetstern, der weltweit als das Symbol der Sowjetmacht anerkannt ist. Immerhin muß bedacht werden, daß er, wie alle jene Zeichen, die heute als fest etablierte Symbole gebraucht werden, seine allgemeine Bedeutung und Zuordnung erst schrittweise erworben hat. Der fünfzackige rote Stern wurde am 19. April 1918 als an der Brust zu tragendes Abzeichen für die Soldaten der damals aus Freiwilligen bestehenden »Roten Arbeiter- und Bauern-Armee« (RKKA) eingeführt. Der Erfinder des Zeichens ist unbekannt, er dürfte aber im Kriegskommissariat zu suchen sein. Der Rote Stern hatte zunächst in der Mitte Hammer und Pflug als Hinweis auf die Zusammensetzung der Armee zu tragen. Der Pflug machte der Sichel Platz und »Hammer und Sichel« wurden am 19. Juni 1918 zum staatlichen Emblem erklärt.[194]

Wie soll man die heute selbstverständlichen Symbole für die Situation der zwanziger Jahre erklären? Sind sie schnell zu festgefügten visuellen Symbolen geworden? Waren es erst die von uns interpretierten Plakate, die als Vehikel ihrer Popularisierung und Verbreitung die Symbole bis in die Provinzstädte und die entlegenen Dörfer gebracht haben?[195] In dem Falle ist ihr Symbolwert für die Plakate der frühen zwanziger Jahre noch ungefestigt, haben Roter Stern und »Hammer und Sichel« nicht mehr Bedeutung als andere Attribute.[196]

Neben den Symbolen im engeren Sinne verwendet die Bildsprache zahlreiche Requisiten oder Attribute, um bestimmten Figuren symbolische Bedeutung zuzuweisen. Das ist leicht an der Reihe von charakterisierenden Kopfbedeckungen zu erkennen, die vom Pickelhelm über den Zylinder bis zur Arbeitermütze (mit der dann auch Lenin typisiert wurde) reicht. Der Pickelhelm steht dann für den Deutschen, der Zylinder für den Kapitalisten oder »das Kapital«, der spitze Tuchhelm für den Rotarmisten oder (auf antibolschewistischen Plakaten bis in die 1960er Jahre) »Bolschewisten«.

Eine andere Gruppe von Requisiten wären die Arbeitsgeräte, unter denen der große Hammer wohl das geläufigste ist. Der Hammer erfüllt auf vielen Plakaten die Funktion, die männliche Brachialgewalt auszudrücken. Mit dem Hammer

---

um eine Veranstaltung des Reichsbanner-Bundes vorzutäuschen, vgl. SCHOCKEL (Nr. 94) 119, 151.

194 MAZAEV (Nr. 40) 264.

195 Als Beispiel diene ein Bildplakat mit dem Textanfang: *»Schau, Genosse! Dies ist der Rote Stern. Ihn tragen die Rotarmisten an den Mützen . . .«* Es wurde 1918 von der Kriegsabteilung des Zentralen Exekutivkomitees herausgegeben, *Listovki* (Nr. 197) Bd. 1, Nr. 201.

196 Die Differenz zwischen Symbol und Attribut wäre im unterschiedlichen Allgemeinheitsgrad zu sehen. Attribute sind inhaltlich wenig festgelegt, so kann der Hammer für »Gewerbe«, »Bergbau«, »Auktion«, aber auch für »politische Aktion« stehen.

wird das Symbol der Minuspartei zertrümmert oder die Schlange erschlagen, aber er ist auch die Bewehrung des (Proletarier-)Arms überhaupt.[197] Das Schmieden mit Hammer und Amboß wird zur Charakteristik der Industriearbeit gebraucht wie das Pflügen oder das Mähen mit der Sense bzw. Sichel zur Verbildlichung der bäuerlichen Arbeit. Archaisch-romantische Euphemismen finden sich auch in der Gruppe der Waffen recht häufig.

Das Verfahren, Kleidungsstücke, Arbeitsgeräte oder Waffen zur Unterscheidung und Bestimmung von Gestalten zu verwenden, hat die moderne politische Ikonographie aus der christlichen Kunst des Mittelalters übernommen, in der die Heiligenattribute als Identifikationsmerkmale gebraucht wurden.

Für die Massenbewegungen im ersten Drittel des 20. Jahrhunderts bildete die Fahne, vor allem die rote Fahne, das wichtigste Integrationssymbol. Zunächst Symbol des Kampfes der Arbeiterschaft für ökonomische und soziale Rechte, unterliegt die rote Fahne in den zwanziger Jahren krassem Bedeutungswandel. Einerseits wird sie von der kommunistischen Partei (nach dem ideologischen Rückzug der SPD) in Beschlag genommen, andererseits usurpiert A. Hitler die rote Fahne für die NSDAP. In der Sowjetunion und in NS-Deutschland erhält die rote Fahne die Funktion eines Triumph- und Herrschaftszeichens der siegreichen Doktrin, sichtbar vor allem in den »roten Fahnenmeeren« bei Aufmärschen und Umzügen. »Die Zielrichtung der massierten roten Farbensymbolik als Massenführungsmittel [ist] die Betäubung des kritischen Bewußtseins und die gleichzeitige Erzeugung einer unbedingten Bereitschaft, sich führen zu lassen.«[198]

In der Realität des politischen Tageskampfes war die Fahne Bestandteil und Kondensationskern einer Demonstration, vergleichbar der Funktion der Fahne im militärischen Bereich. Sie hatte die praktische Aufgabe der Abgrenzung der Wir-Gruppe gegen die Außenwelt, sie war Ideologie-Zeichen und Kultgegenstand.[199] Als Sonderform der »redenden Fahne« bildete sich das rote Spruchband (russisch: transparánt) mit oder ohne Bild heraus, in der politischen Praxis ebenso wichtig wie in der Plakatkunst.

Auf dem Plakat bildet die (rote) Fahne ein Element der Komposition. Als Bildsegment, als Farbfläche, als Richtungsindex, als Träger von Parolen oder

---

[197] Vgl. *Politische* Plakate der Weimarer Republik, Nr. 18, 78, 98, 99, 154, 174. Die Faust mit Hammer wurde zum ersten Mal 1896 in einem Plakat zur Berliner Gewerbeausstellung von L. Sütterlin benutzt: Eine riesenhafte Faust bricht aus der Erde hervor und überschattet die Landschaft. Dieses »Hammerplakat« hat einiges Aufsehen erregt, vgl. W. Wild (Nr. 101) Bd. 1 (ohne Paginierung).

[198] *dtv-Lexikon* politischer Symbole, s. v. »Rote Fahne« 201–206.

[199] Einige Zitate ebenda, 201–206.

Symbolen dient die Fahne auf dem Plakat zu zahlreichen Zwecken. Als ein frühes Beispiel wirkungsvoller Verwendung der roten Fahne sei das Plakat *»Heraus mit dem Frauenwahlrecht. Frauen-Tag 8. März 1914«* genannt.[200] In *53*
seiner graphischen Klarheit ist es den konventionellen britischen Plakaten zu diesem Thema weit voraus, wenn es auch den archaisierenden Typ des Fahnenschwenkers und nicht den Demonstranten mit Fahne zeigt.

In seiner Funktion als Träger von Parolen übernimmt die Fahne als Kompositionselement zusätzlich jene Rolle, welche im modernen Comic-strip die sogenannte Sprechblase innehat. In einem Plakat mit der Handlungsformel »marschieren« formulieren rote Fahnen bzw. Spruchbänder die Parolen, unter denen die Demonstranten angetreten sind. Diese haben häufig Bekenntnischarakter wie *»Krieg bis zum Sieg«, »Freiheit! Gleichheit! Und Brüderlichkeit!«, »Gegen* *73–75*
Faschismus, Hunger und Krieg«.

In der sowjetischen Öffentlichkeit, wo das Anbringen roter Farbflächen zur ideologischen Zeremonialität gehört, wird das Fahnen-Motiv bis heute auf Plakaten und anderen Trägern der Sichtwerbung in allen Variationen wiederholt.

Die Bildkomposition eines Plakates wird dadurch zum Aktionsraum der menschlichen Figur, daß Handlung hineingebracht wird, d. h. durch die Anwendung einer Handlungsformel. Der Ausdruck »Handlungsformel« muß nicht in jedem Falle wirkliche Aktion bezeichnen, denn auch für den Bildtyp des Porträts, der ohne dramatische Elemente zu sein pflegt, soll er Geltung haben. Selbst das Brustbild ohne Bewegungszeichen enthält ein Handlungselement, nämlich »Anwesend-Sein« oder »Sich-Präsentieren«, das eine suggestive Wirkung auf den Betrachter ermöglicht, wie das sechzehnfache Hitler-Bruststück zeigt. Handlung ist keineswegs gleichzusetzen mit Bewegung oder Dramatik, man denke an die Handlungsformeln »reden«, »rufen« oder »auffordern«. Natürlich kann die Handlung durch eine pathetische Geste Bewegung und Schwung erhalten, derlei gibt die europäische Bildsprache in reichem Maße her.

Eine wichtige Handlungsform auf politischen Plakaten ist das sogenannte »Marschieren«, wobei das militärische Marschieren relativ selten gemeint ist. Dieses Motiv wird manchmal mit einem Führerbild kombiniert, sei es, daß der Führer in den Reihen mitmarschiert, wie es in der posthumen Lenin-Ikonographie häufig zu finden ist, sei es, daß auf Fotoplakaten die Person des Führers in die Aufnahme einer Volksmenge hineinmontiert wird.

---

[200] Weitere Plakate zu diesem Thema vgl. R. WESTPHAL, Die Frau im politischen Plakat. Berlin 1979, Abb. S. 18 ff. Zum historischen Zusammenhang vgl. *Die Rote Woche* 8. bis 15. März 1914. Ihre Organisation und ihr Erfolg. Berlin 1914, 23 S.

Als Pathosformel sieht man in marschierenden Gruppen bisweilen, daß ein Demonstrant eine weitausholende, einladende Armbewegung macht, indes alle anderen konzentriert in die Bewegungsrichtung »nach vorn« schauen. Dieser Gestus will integrieren, er verbildlicht Aufforderungen wie »mir nach!« oder »komme mit uns!«.

Im Unterschied zu »marschieren« findet sich die Bildhandlung »stürmen« ausschließlich in der Kriegspropaganda, sei es der Weltkriege, sei es des Bürgerkrieges in Sowjetrußland. Die militärische Attacke durch Infanterie oder Kavallerie wird in der Regel realistisch dargestellt – hier mögen Erlebnisbilder von Künstlern als Vorlage gedient haben – man findet aber auch stark vereinfachte, ins »Plakative« transponierte Bilder. Gemeinsam mit der Handlungsformel »kämpfen« erfährt »stürmen« im Zweiten Weltkrieg (bzw. bereits in der Vorbereitungsphase dazu) eine Wandlung hin zum technisierten Krieg, der Waffenentwicklung folgend. Häufiger als Infanterieregimenter stürmen Panzerkolonnen, Kriegsschiffe und Flugzeuge – ebenso verschwindet der Bajonettkampf, der im Ersten Weltkrieg auf Plakaten dargestellt worden ist[201], zugunsten des die

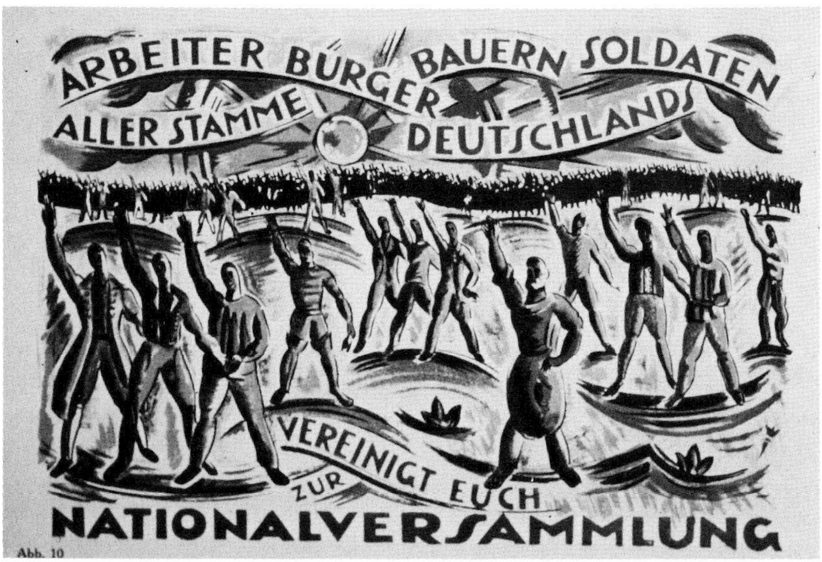

54 Plakat zur Wahl der Nationalversammlung 1919.
C. Klein, Berlin 1919.

---

 [201] Darracott (Nr. 70) 17, 61, 65.

Kriegsmaschine bedienenden Soldaten.[202] Daneben bleibt – vor allem auf sowjetischer Seite, wo der Patriotismus durch Rückgriff auf die militärische Tradition der Großrussen angefacht werden mußte – die archaisierend-euphemistische und die historische Komposition erhalten.[203]

Außerhalb der Kriegspropaganda wird »kämpfen« in der Regel durch den Faustschlag verbildlicht. Die Faust als Ausdruck der Gewalt und des (positiv konnotierten) Terrors wurde schon genannt, darüber hinaus gibt es Kompositionen mit dem Fausthiebe austeilenden Arbeiter, etwa zwei KPD-Plakate von A. Malsov (V. Slama) aus dem Wahlkampf von 1928.

»Marschieren«, »stürmen«, kämpfen« bilden eine Gruppe von Handlungsformeln, die durch intensive Dynamik und potentielle (bzw. aktuelle) Gewalt charakterisiert sind.

»Marschieren« wird ikonisch oder symbolisch verwendet: Die Bewegung einer Gruppe in eine bestimmte Richtung kann Abbildung des Marschierens in der Realität denotieren, wie es auf den Erste-Mai-Plakaten geschieht, die durch das Bild vom Marschieren zur Teilnahme am Marschieren aufrufen. Andererseits aber kann die Tätigkeit »marschieren« die zielgerichtete politische Aktion meinen, mit der für oder gegen ein Phänomen agiert wird, ohne daß man sich zu gemeinsamem Marsch zusammenfindet. Auf Wahlplakaten findet man diese
Bedeutung der Handlungsformel, z. B. in dem deutschen Plakat von 1919 *»Die* 54
Nationalversammlung ist die Morgenstunde unserer sozialen Republik«: »Arbeiter, Bauern, Soldaten, Bürger, Männer und Frauen, Jung und Alt marschieren in einträchtigem Zug aus dem Dunkel in das Licht einer neuen sozialen Ordnung«.[204] Auf einem sowjetischen Wahlplakat von 1920, das die Frauen zur aktiven Teilnahme an den Sowjet-Wahlen aufruft, wird gleichfalls die geeinte politische Aktivität einer sozialen Gruppe in der Metonymie des Marschierens erfaßt und durch die Losung als Aktion pro und contra interpretiert. Die Parole
lautet: *»Unter das rote Banner, in eine Reihe mit dem Mann! – Der Bourgeoisie* 137
werden wir Angst machen!« Neben dieser generalisierenden Losung findet sich der eigentliche Wahlaufruf als Inschrift auf zwei Spruchbändern: *»Arbeiterinnen und Bäuerinnen / alle zu den Wahlen«.*

Das Marschieren im engeren Sinne unterscheidet sich vom »Umzug« durch den pseudo-militärischen Aspekt, d. h. eine größere Ordnung, einen festen Rhythmus und vergrößerte Geschwindigkeit. Auf dem Plakatbild wird häufig

---

202 Zahlreiche Beispiele bei Zeman (Nr. 103) und Rhodes (Nr. 89), passim.

203 Vgl. *Politische* Plakate der Weimarer Republik, Nr. 66, 119. Einiges sowjetisches Material bei Demosfenova (Nr. 164).

204 Ebd. Nr. 9, S. 46 (die Dunkel-Licht-Metapher ist im Bild nicht vorhanden). Vgl. ebenda auch Nr. 157 (SPD, 1924).

eben auf diese Charakteristika angespielt, durch flatternde Fahnen und Gewänder, stark bewegte Arme und suggestive Anstrengung der Figuren. Designat dieser Zeichen ist nicht Geschwindigkeit, sondern die innere Spannung der
55 Gruppe, konzentriert ausgedrückt auf dem Plakat *»Nationalsozialismus der organisierte Wille der Nation«*. Dieses Bild zeigt, daß die Handlungsformel keineswegs auf die Mitdarstellung von marschierenden Beinpaaren angewiesen ist: Die dynamische Bewegung der Dreiergruppe nach links wird durch den Gesichtsausdruck der gestaffelten Büsten suggeriert.[205]

Quantitativ wie qualitativ am weitesten ausgearbeitet wurde die Handlungsformel »marschieren« in der sowjetischen Plakatmalerei; hier gibt es sogar die Persiflage einer Kleinkinder-Demonstration.[206] Die sowjetische Soziologie hat bereits in den zwanziger Jahren das Phänomen des Massenfestes reflektiert und auch neuerdings dargestellt, welch wichtige Rolle das gemeinsame Gehen zu zentralen Punkten im sowjetischen Feiertag spielt.[207] Unter roten Fahnen, Führerbildern und Spruchbändern, durch welche Kirchenfahnen und Ikonen ersetzt worden sind, prozediert die Menge entweder zum Versammlungsplatz hin oder an einer Tribüne vorbei; alles trotz fehlender Marschformation in strenger Ordnung, die von entsprechenden Komitees geregelt wird.[208]

Wie oben bereits erwähnt, reflektieren das Marschieren in der Realität und das Marschieren auf Plakaten wechselweise aufeinander. Auf den Bildern erhält dabei das Marschieren häufig eine bestimmte Richtung: die Mai-Plakate sind fast ausschließlich nach links gerichtet. Das kann einerseits bedeuten, wie oben schon am Beispiel der nach links kämpfenden Sowjetsoldaten des Zweiten Weltkrieges vermutet, daß die Zielrichtung Westeuropa, der Westen ist, wäre aber auch im Sinne der Bedeutung »Fortschritt wider das Gewohnte« interpretierbar, mit welcher die Bewegung gegen die Leserichtung belegt werden kann.[209]

---

[205] Der Typ des “iron-jawed storm-trooper” (Z. Zeman) wird in einem Plakat des Winterhilfswerks von 1940 wiederholt, in diesem Falle jedoch drei Ganzfiguren nach rechts strebend; Zeman (Nr. 103) 75.

[206] Waschik (Nr. 240) Abb. 128–129; vgl. R. Fülöp-Miller, Geist und Gesicht des Bolschewismus. Darstellung und Kritik des kulturellen Lebens in Sowjet-Rußland. Zürich 1926, Tafel 158.

[207] Mazaev (Nr. 40) passim; Binns (Anm. 153) passim. Einige Fotografien schon bei Fülöp-Miller (Nr. 172) Taf. 4 u. ö.

[208] Zum 1. Mai 1919 wurde von dem »Komitee zur Durchführung des proletarischen Erste-Mai-Feiertages« in der Stadt Livny eine »Verbindliche Anleitung für das richtige Sammeln und den Gang des Zuges (sbora i choda šestvija) am Tag des 1. Mai« herausgegeben. Vgl. *Listovki* (Nr. 197) Bd. 2, Nr. 1707.

[209] Vgl. Vogt (Anm. 173) 212.

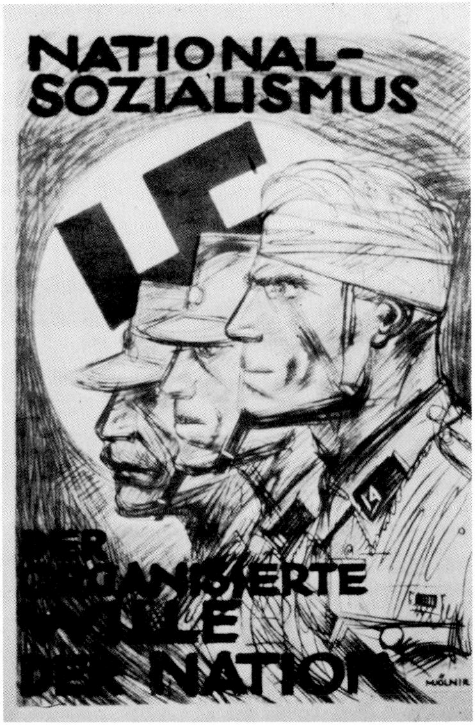

55 Nationalsozialismus, der organisierte Wille der Nation. Mjölnir (H. Schweitzer).

Wenn hingegen das Marschieren illustriert wird, das *mit* dem Fortschritt, folgend einer vorgegebenen Linie vor sich geht, dann kann, wie auf dem Plakat *»Jegliche Festung bewältigen wir. Für die Bewältigung der Technik im Kampf«* die *139*
Marschrichtung mit der Leserichtung nach rechts laufen. Auf diesem Plakat wird das Motiv des Marschierens ja auch nicht ikonisch gebraucht; die Handlungsformel »marschieren«, »im Kampf bewältigen« designiert in Wirklichkeit den sozialen Wert »Erhöhung des technologischen Niveaus der Arbeiterklasse«.

Zu den Varianten der Handlungsformel »marschieren« gehört die Bewegung einer Menschenmenge nicht am Betrachter vorbei, sondern auf ihn zu. Die »Geschwindigkeit« kann dabei auf ein Minimum reduziert sein, wie bei dem Plakat *»Lenin«* anläßlich seines Todes oder wie auf dem deutschen Plakat *19*
»Unsere letzte Hoffnung HITLER«. Hier sieht sich der Betrachter eher in der *56*
Perspektive des Fotografen, während andere Kompositionen den Eindruck erwecken wollen, der Betrachter befinde sich außerhalb und zugleich vor der Stirnreihe der Marschkolonne. Diese Position des Betrachters wird in dem

69 russischen Kriegsanleiheplakat *»Wer nicht mit der Brust die Feinde zurückschlägt möge die 5½ % Kriegsanleihe kaufen«* mit der Handlungsformel »stürmen« sehr eindrucksvoll kombiniert.

Das Auf-den-Betrachter-Vorrücken kann also im Sinne einer Drohung verwandt werden; sicherlich ist das aber bei vielen sowjetischen Plakaten dieses Typs nicht gemeint. Die Stirnreihe der Marschkolonne soll als die erste Reihe der Wir-Gruppe erkannt werden, darauf mag auch die Einschmelzung einer Führergestalt (Lenin oder Breženv) in die Gruppe hinwirken.[210] Immerhin bleibt die latente Drohung der vorrückenden Kolonne vis-à-vis, die sich in der Chance der Verschmelzung mit dem Kollektiv aufzulösen verspricht.

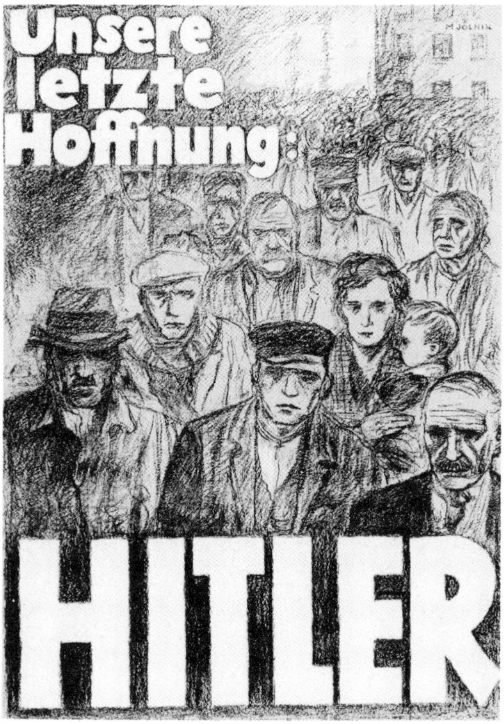

56 Unsere letzte Hoffnung
Hitler.
Mjölnir (H. Schweitzer),
Berlin 1932.

---

[210] Das Motiv erscheint mehrfach bei dem Plakatmaler Viktor Koreckij (vgl. Ders., Tovarišč plakat. Opyt, razmyšlenija. Moskva 1981, ohne Paginierung) und wird neuerdings ständig variiert.

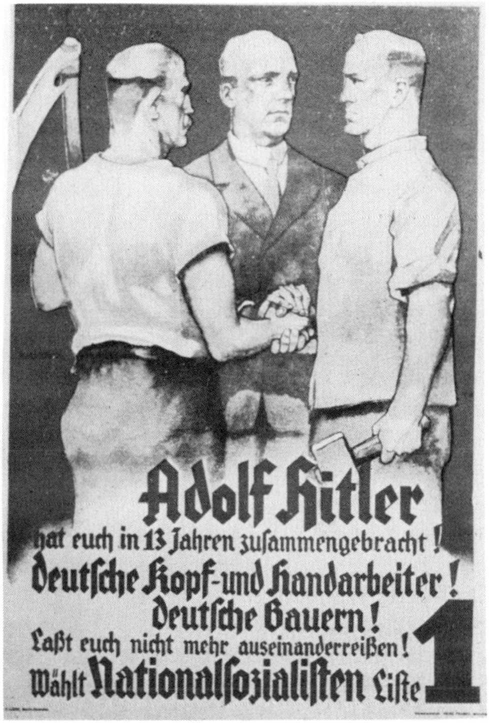

57 NSDAP-Plakat zu den Reichstagswahlen 1932. H. Franke, München.

Neben den hier etwas ausführlicher skizzierten Handlungsformeln und dem Motiv »sprechen, rufen, auffordern«, zu welcher auch der Topos »Weg weisen« gehört, kann auf die Handlungsformel »arbeiten, produzieren« hingewiesen werden, die unten gelegentlich der sowjetischen Industrialisierungsplakate behandelt wird. Das Repertoire an Bildhandlungen ist ohnehin nicht erschöpfend zu klassifizieren. Die Handlungsformel »Pakt schließen«, meist eine Dreiergruppe in einer Art Rütli-Schwur-Szene, mag als Beispiel dafür dienen, daß derlei Formeln mit sehr unterschiedlichen ideologischen Gehalten gefüllt und universal angewandt werden können (ein Vergleich des NS-Plakats *»Adolf* *57*
Hitler hat euch in 13 Jahren zusammengebracht« mit dem russischen und dem sowjetischen Material spricht für sich).

Nachdem das Problem der Plakatparole bereits behandelt worden ist, bedarf es keiner näheren Erläuterungen über die Rolle der Schriftelemente auf dem Plakat mehr. Zu unterscheiden sind die Parolen im engeren Sinne, die durch ihre prägnante Aussage gekennzeichnet sind, von ausführlicheren Darlegungen (bei den Typen I bis III der oben gebrachten Klassifizierung), die *im* Bild oder außerhalb auf eigenen Schriftfeldern angebracht sein können. Die moderne Werbungsforschung kennt darüber hinaus noch den reinen »Fließtext«, der gar nicht zur Lektüre, sondern nur zur Beglaubigung der eigentlichen Parole bestimmt ist.

Programmelemente sind dadurch gekennzeichnet, daß sie über den Rahmen des Plakates hinausweisen. Die Semiotik ordnet derlei Zeichenbeziehungen der Syntaktik zu, weil Zeichen auf andere Zeichen referieren.[211] Innerhalb einer Wahlkampagne stehen die Wahlreden, Anzeigen, Flugblätter, Plakate usw. einer Partei untereinander in koordiniertem Zusammenhang, der das »Image« einer Partei bildet. Zu den Aussagen der Konkurrenzparteien des Wahlkampfes kann die Propaganda polemisch geprägt sein, kann eine bedingte Koordination angestrebt werden, wie bei Koalitionsparteien üblich, mag aber auch zu außergewöhnlichen Mitteln gegriffen werden, wie für die NSDAP erwähnt, die bewußt ihre Gegner plagiierte. Nicht nur einzelne Motive (oben wurde die herniedersausende Faust genannt), sondern die Gesamtaussagen von Plakaten stehen so in antithetischer, substitutiver oder imitativer Bindung zu anderen Plakaten oder zu Aussagen unterschiedlicher Form. Das Problem der Plakatkampagne wird unten noch exemplarisch zu behandeln sein; für den Historiker ist die Kampagne der Schlüssel zur historischen Situation, in der das Plakat wirkt.

Fotoplakat und Fotomontage

Dank billiger Verfahren der massenhaften Reproduktion von Farbfotografien ist das Fotoplakat in jüngster Zeit zum beherrschenden Plakattyp geworden, wobei die Verbrauchsreklame technisch und ikonographisch führend ist, während die politische Plakatpropaganda auf die Rafinessen der Produktwerbung in der Regel verzichtet. Als Mittel der Gestaltung illustrierter Bücher und Zeitschriften begann die Fotomontage in den zwanziger Jahren eine Rolle zu spielen. In der Kollage fotografierter Realitätsfragmente ergab sich bald neben dem spielerischen Element die Möglichkeit, den Überraschungseffekt durch verfremdende Beischriften zu verstärken und zu politischen oder kulturellen (Filmplakat) Aussagen zu nutzen. Dabei ließen sich Porträtfotografien oder gestellte Szenenfotos mit Materialien unterschiedlichster Herkunft und Struktur (Beleuchtung, Kamerawinkel, Abstand vom Objektiv usw.) zu Montagen zusammenfügen, die auf einen Blick Gesamtaussagen zu ergeben schienen. Die bedeu-

[211] Kerner, Duroy (Nr. 28) Kapitel »Syntax«.

tendsten Künstler dieser propagandistischen Technik waren in Deutschland John Heartfield, in der Sowjetunion A. Rodčenko und G. Klucis.[212]

Die prominenten Fotomontagen Heartfields und anderer sind in ihrem primären Kontext – dem von illustrierten Zeitschriften – zu sehen, indes die Verbreitung der Bilder in verkleinertem oder vergrößertem Format (Postkarte bzw. Plakat) sekundärer Natur gewesen ist. Innerhalb der *Plakat*propaganda spielen die Aussagemöglichkeiten der Fotomontage keine besondere Rolle, weil Montage ohnehin eines der alltäglichen Verfahren zur Herstellung von Bildplakaten bildet. Zusammenstellung heterogener Elemente ohne den Illusionismus eines Kompositionsraumes, ohne spezifische Beleuchtung usw. gehört zu den üblichen Kunstgriffen der Plakatmalerei. Kracht eine Riesenfaust in die Bankreihen des Deutschen Reichstages, hängen Menschenfiguren an einer überdimensionalen Waage, dann erkennen wir in dem gemalten Bild eine nicht minder willkürliche Kombination visueller Zeichen, als sie die Fotomontage ergäbe. Fotomontage zeichnet sich nicht durch ein abweichendes Zeichenrepertoire, sondern durch spezielle Herstellung ihrer Zeichenelemente aus, wobei die geschickte Wahl von Schauspielern oder Politikerfotos natürlich eine gewisse Dokumenthaftigkeit ergibt.

Die Schwarz-weiß-Fotografie konnte im Kampf um die Aufmerksamkeit des flüchtigen Betrachters in den meisten Fällen mit den farbigen Plakaten nicht konkurrieren. Ausnahmsweise scheinen Politikerfotos einen besonderen Aufmerksamkeitseffekt erreicht zu haben. So betont E. Schockel zu dem Hitler- *20*
Gesicht auf schwarzem Grund, daß es »inmitten der grellen Buntheit der Anschlagsäulen jener Zeit als Blickfang wirkte«.[213] In der Sowjetunion wurde gegen die – von Theoretikern hochgeschätzten – Fotomontageplakate von Gustav Klucis eingewandt, daß sie eben »graue Kompositionen« seien. »Eine graue Masse von Demonstranten, Fabrikschornsteine und die Losung – alles auf rotem Hintergrund.«[214]

Die Fotomontage bedarf also im Zusammenhang des politischen Plakates keiner gesonderten Behandlung. Fotomontagen würden sich leicht durch ikonographisch identische Graphiken ersetzen lassen, wobei lediglich die vom Betrachter an einzelnen Zeichenelementen realisierte Erkenntnis, »dieses Bild besteht aus Teilen von Fotografien«, verloren ginge. Die Wirkung der ironisch-

---

[212] E. Siepmann, Montage: John Heartfield. Berlin 1977; H. Gassner, Rodčenko Fotografien. München 1982.

[213] Schockel (Nr. 94) 203.

[214] I. Vajsfel'd, A. Michajlov, Plakatno-kartinnaja agitacija na putjach perestrojki. Moskva 1932, 43.

verfremdeten Beischriften, auf der die Fotomontage – speziell Heartfields – häufig beruht, würde nur in seltenen Fällen vermindert werden.

In einem speziellen Bereich gewinnt die Fotomontage immerhin ihren besonderen Charakter, dann nämlich, wenn der Künstler auf die dokumentarischen Werte der Fotografie abhebt und das menschliche Antlitz zum dominierenden Träger des Bildes macht. Das geschieht vor allem im Genre des Führerplakates. Als Beispiel kann auf das schon angesprochene Plakat der Zentrumspartei von
49 1932 verwiesen werden, das ein Brustbild von Reichskanzler Brüning mit der Fotografie einer Menschenansammlung kombiniert. Der aus der Nahsicht horizontal porträtierte Kopf des Politikers wurde mit einem Foto hinterlegt, das von einem Balkon oder einer hohen Tribüne schräg nach unten aufgenommen worden war. Die Kombination beider Aufnahmeperspektiven suggeriert einen imaginären Schwenk nach unten und eine Bildsituation, in der Brüning auf einem Balkon vor der Masse seiner Zuhörer sich für ein Porträtfoto nach rückwärts wendet. Der Plakatbetrachter steht dabei an der Stelle des Fotografen, dem konzentrierten Blick des Politikers und dem Konsens der Wählermasse gegenüber.

Dieses zumindest im Bereich der Propaganda bürgerlicher Parteien innovative Plakat arbeitet mit der Ausstrahlung eines Intellektuellenkopfes, dessen Charisma durch den Hintergrund, die Wählermassen, bezeugt wird. Möglich wird eine solche Darstellung mit »scherenförmig« auseinandergehender Perspektive erst durch die Fotografie und die mit ihr entstandenen Sehgewohnheiten.

Teil II
Plakatpropaganda in europäischer Umbruchzeit – das Beispiel Rußland/Sowjetunion

Das Plakat ist viel direkter mit der ökonomischen und politischen Realität verbunden als andere Produkte der bildenden Künste. Eine Abhandlung über das politische Plakat kann darum nicht darauf verzichten, neben den quellenkundlichen Fragen auch jene wichtigste, die nach der Einbettung des Plakats in die historische Situation mit einem Versuch der Beantwortung zu versehen. Im zweiten Teil geht es deshalb um den Hintergrund, auf den die politischen Plakate projiziert werden müssen, wenn man sie als historische Quellen verstehen will.

Bis zum Ausbruch des I. Weltkrieges hatte sich das Plakat als *Kommunikationsmittel über ökonomische Sachverhalte* voll entfaltet. Mit seiner Hilfe wurde für alle Zweige materieller und geistiger Produktion geworben. Darüber hinaus war das künstlerische Plakat bereits als *Zweig der Kunstproduktion* mit eigenen Ausstellungen, Sammlungen und Monographien etabliert. Dank der Technik der Farblithographie und der Mitarbeit prominentester Künstler an der Entwicklung der visuellen Sprache des Plakats – man denke an Namen wie H. de Toulouse-Lautrec, Jules Chéret, Aubrey Beardsley u. a. – war das Bildplakat zum modernsten Massenmedium der Jahrhundertwende geworden. Aus dem Anfang des Jahrhunderts stammen auch – von den Plakaten der Französischen Revolution und einzelnen Exemplaren der Zwischenzeit abgesehen – die ersten modernen Bildplakate mit politischem Inhalt.

Wohl aus dem Grunde, daß während des Weltkrieges die Professionellen des Geschäftsplakates die staatlichen Aufträge für politische Propaganda übernahmen, spielte auch im *Weltkriegsplakat* das ökonomische Motiv eine wichtige Rolle. Nun wurde nicht mehr Verbraucherwerbung getrieben – im Gegenteil, es war vor allem die Verbrauchs*einschränkung* zu propagieren – doch die primär ökonomischen Sachverhalte wie Materialeinsparung, Kriegsanleihe, Frauenarbeit in der Industrie usw. führten zu einer besonderen Metaphorik ökonomischer Motive. Kohle und Energie galt es einzusparen – die elektrische Glühbirne wird Symbol dafür. Der Zusammenhang zwischen Geld und Sieg wird krass deutlich, wenn Goldmünzen zur Brustwehr deutscher Soldaten werden, wenn Anleihescheine sich auf dem Bild in Maschinengewehrmunition verwandeln oder Geldsäcke, von der Freiheitsgöttin als Wurfgeschosse benutzt, deutsche *58*
Soldaten zu Boden schmettern.[215] Diese Gattung des Weltkriegsplakats enthält

---

[215] Solche Motive finden sich im Abbildungsmaterial des Aufsatzes von H. C. SCHUETZINGER Kriegsanleiheplakate bei Freund und Feind, in: Das Plakat 9 (1918) 74–77, 68 Abb., und der Übersicht von H. SACHS, Anleiheplakate der kriegführenden Länder, in: Mitt. Verb. dt. Kriegssamml. Jg. 1919, S. 22 mit 423 (sehr kleinformatigen) Abb.

über die kriegswirtschaftlichen Aspekte »Verbrauchseinschränkung« und »Pro-
67 duktionssteigerung« hinaus zugleich Werbung für politisch erwünschtes Verhal-
ten, das sich auf die Kurzformel *»Leisten, Sparen, Opfern«* bringen ließe.

Der Erste Weltkrieg ist mit Recht als »a war of industrial competition« bezeichnet worden, er war ein Krieg neuer technischer Errungenschaften, wenn man Maschinengewehr, Unterseeboot, Luftschiff, Flugzeug usw. als »Errungenschaften« anerkennen kann. In der Plakatpropaganda werden diese neuen Waffen häufig verwandt, immerhin aber spielt die Faszination des Technischen keine besondere Rolle; der Futurismus mit seinem Kult der Maschine und der Gewalt scheint im Plakat kaum Spuren hinterlassen zu haben.

Das Flugzeug wird auf den Rekrutierungsplakaten vor allem als eine Art Sportinstrument vorgestellt, im Laufe des Krieges allerdings erweist es sich als ein Mittel, den Schrecken des Bombenkrieges zu veranschaulichen. Brandgeröteter Himmel kennzeichnet sowohl ein amerikanisches Plakat mit der Schilde-

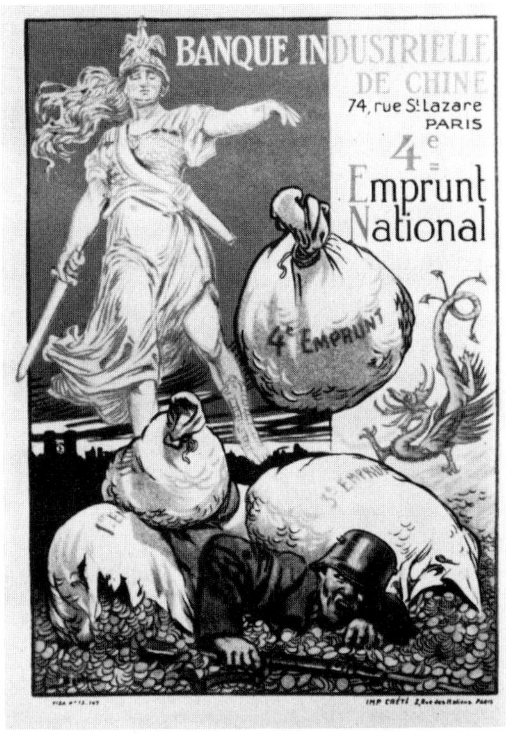

58 4e Emprunt National.
J. Basté, Paris 1918.

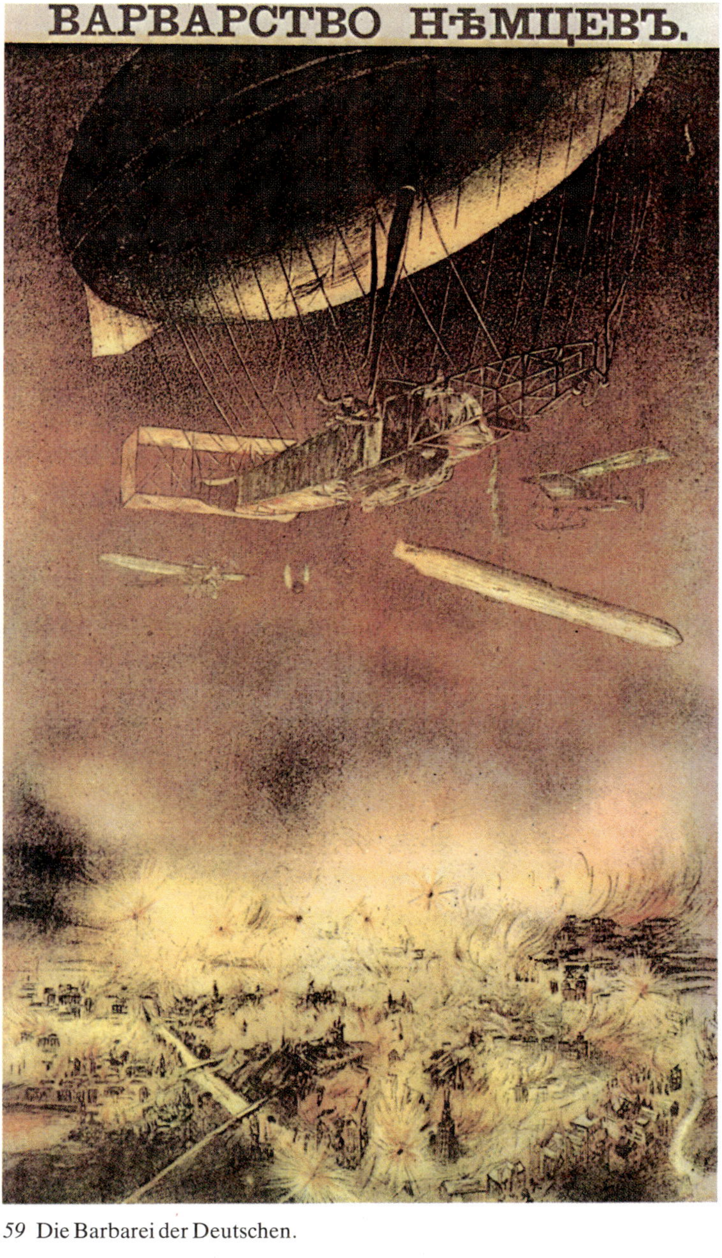

59 Die Barbarei der Deutschen.

rung eines fiktiven deutschen Fliegerangriffs auf New York[216] als auch das
russische mit der Überschrift *»Die Barbarei der Deutschen«,* wo vermutlich ein 59
deutscher Zeppelinangriff auf London zu einem Schreckensbild verarbeitet wurde.

Als wichtiger Faktor der Kriegsführung und der Durchhaltepropaganda war das Unterseeboot auf deutschen Plakaten ein beliebtes Motiv.[217] Auf der alliierten Seite erscheint das Unterseeboot als heimtückische Waffe, die den Feind
charakterisiert: In Verbindung mit der Versenkung der »Lusitania« verwendet *60*
ein amerikanisches Plakat das Motiv der Wasserleiche, ein anderes zeigt deut- *2*
sche Soldaten von einem U-Boot aus auf Schiffbrüchige schießen.

Die Soldatenwerbung in jenen Ländern, die ein Berufsheer und deshalb (zunächst) keine allgemeine Wehrpflicht hatten, mußte besonders auf das Plakat als ein Medium, das auch die Unterklassen ansprechen konnte, zurückgreifen, weil die öffentliche Meinung erst bis zu einem gewissen Pegel mit Kriegswilligkeit und Patriotismus gesättigt werden mußte. In England formierte sich zum

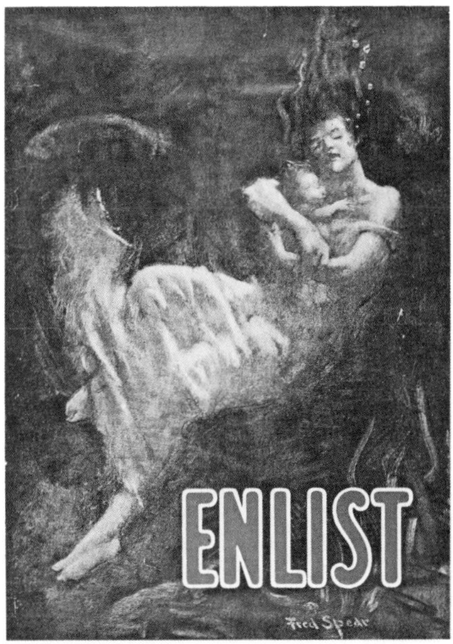

60 Enlist.
F. Spear, Boston Committee of Public Safety, 1915. 82 × 58 cm.

---

[216] Autor war J. Pennell, die Unterschrift lautet *"That Liberty shall not perish from the earth. Buy Liberty Bonds. Fourth Liberty Loan."* Vgl. DARRACOTT (Nr. 69) Nr. 35.

[217] Zahlreiche Abb. bei SCHUETZINGER (Nr. 95) und SACHS (Nr. 90).

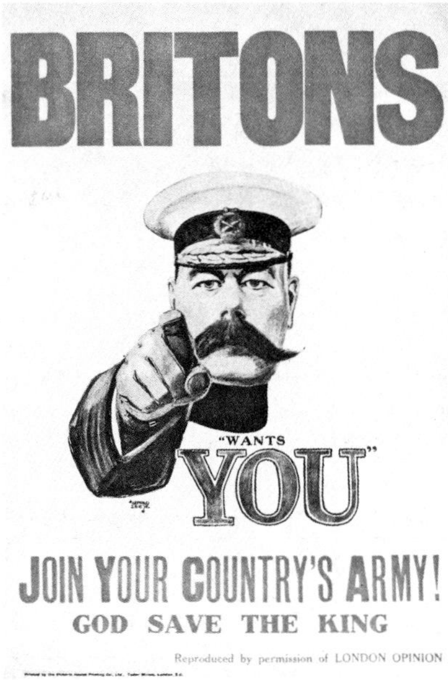

61 Britons [Lord Kitchener] wants you. A. Leete, London 1914.

Zwecke der Rekrutierung das Parliamentary Recruiting Committee, das aus Vertretern aller Parteien zusammengesetzt war und deshalb die Parteiorganisationen bis in die Provinz hinein für die Soldatenwerbung ausnutzen konnte.[218] Die Plakatpropaganda konzentrierte sich darauf, Metaphern patriotischer Rhetorik in monumentale Bilder zu übersetzen, und vor allem, Feindbilder zu entwerfen.

Die potentiellen Freiwilligen wurden auf verschiedene Weise per Plakat unter den Druck der öffentlichen Meinung gesetzt. Dabei spielte die junge, hübsche Frau naturgemäß eine wichtige Rolle, sei es nun in der Rolle des unschuldigen Opfers feindlicher Gewalt, sei es als Patriotin, die gern selber die Matrosenuniform tragen würde, die nur noch »boys in khaki« akzeptiert oder entschlossen ihren Mann fragt, *»Will you go or must I?«*[219] Während der Kriegsjahre werden Frauen auf Plakaten erscheinen, als Opfer einerseits, als Arbeiterinnen an der Drehbank, als Krankenschwestern »im Felde« oder auf andere Weise aktiv mitwirkend andererseits.[220]

---

[218] Vgl. Darracott (Nr. 70) 6.

[219] Vgl. Schockel (Nr. 94) 67, Abb. 72.

[220] Westphal (Nr. 101) 26–36; Darracott (Nr. 69) passim.

Wie die Frau so wird auch die nationale Personifikation von den Plakatmalern zum Appell an die wehrfähigen Männer gebraucht. *»You buy a Liberty Bond, lest I perish«,* fordert die Freiheitsstatue von New York die Amerikaner auf. Das populärste Plakat dieser Art ist sicherlich die Aufforderung von »Uncle Sam« *»I want you for U. S. Army«,* das in mehr als fünf Millionen Exemplaren verbreitet worden sein soll.[221] Auch »John Bull« wird, wie sein amerikanisches Pendant zum Rekrutenwerber auf dem Plakat *»Who's absent? Is it you?«* In Frankreich, Deutschland und anderen kriegsführenden Ländern sind es meist weibliche Personifikationen, die sich um Kriegswilligkeit oder Opferbereitschaft bemühen. *64* *63* *62*

Eine besondere Bedeutung kommt jenem Plakat zu, auf dem der britische Kriegsminister, Lord Kitchener, den Passanten mit den Augen fixiert, ihm den Zeigefinger entgegenstreckt und ihn direkt anspricht: *"Britons* [Lord Kitchener] *61*

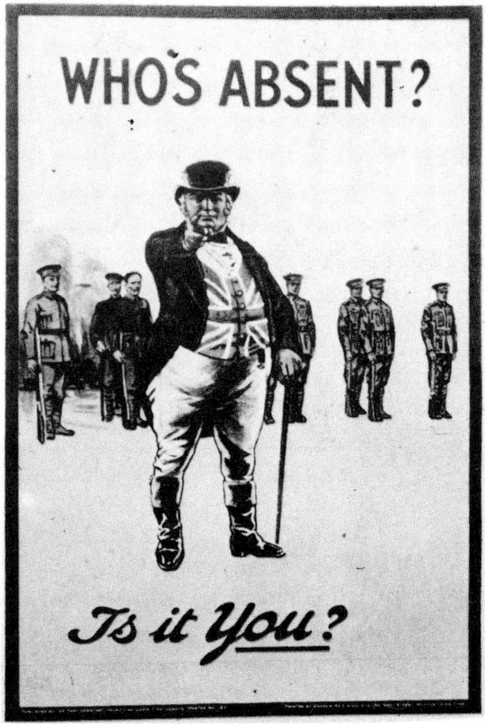

62 Who's absent? Is it You? London 1915.

---

[221] Darracott (Nr. 69) Kommentar zu Nr. 13.

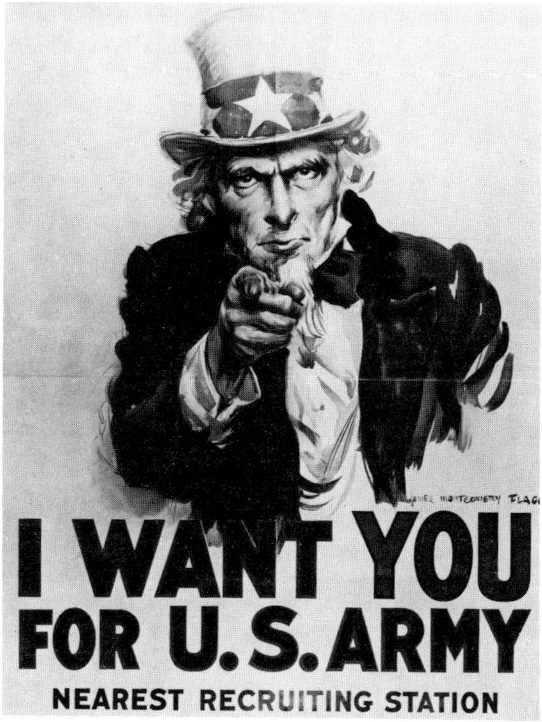

63 I want you for U. S. Army.
J. M. Flagg, New York 1917.

›*wants you*‹. *Join your country's army! God save the King.*" Man wird vermuten dürfen, daß sowohl das Mit-den-Augen-Fixieren als auch das Den-Finger-auf-die-Brust-Setzen als außergewöhnlich aufdringliche Gesten gegolten haben, die nur durch die Notsituation des Krieges zugestanden werden konnten. Es dürfte gerade das Außergewöhnliche, die besondere psychische Einwirkung des Bildes auf den Betrachter gewesen sein, die dieses Plakat zum Vorbild für viele andere, auch die genannten amerikanischen, gemacht hat.[222] In Sowjetrußland hat der
27 Künstler Dmitrij Moor sechs Jahre später das Motiv übernommen, nachdem
115, 116 man ihm von dem englischen Plakat, das 1916 in einer Plakatausstellung in Petrograd zu sehen gewesen war, berichtet hatte.[223]

---

[222] Das Plakat ist am 5. September 1914 als Titelblatt der Wochenschrift »London Opinion« erschienen, dort trug es die Losung »Your country needs YOU«. Im selben Monat als Plakat erschienen, wurde es häufig variiert, vgl. DARRACOTT (Nr. 70) 37, 63 f., GALLO (Nr. 73) 186 f.; weiteres Material bei SACHS (Nr. 90) Abb. 16, 24, 142, 318, 412, 413.

[223] S. u. Das Plakat der Petrograder Ausstellung bei LAPŠIN (Nr. 194) 19.

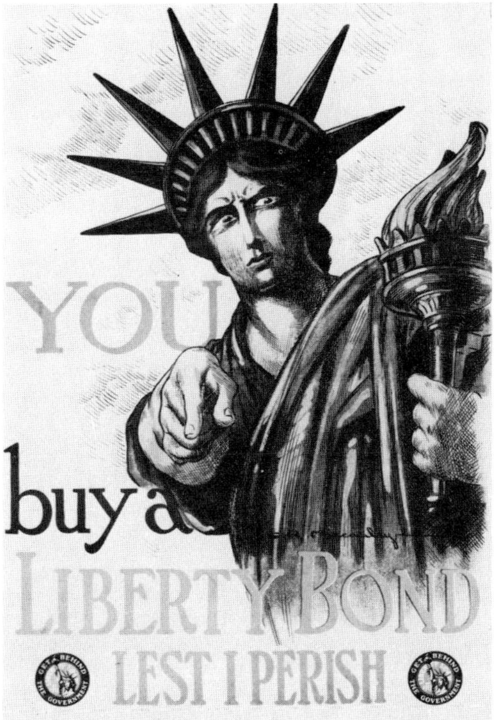

64 You buy a Liberty Bond, lest I perish.
C. R. Macauley, USA 1917.

Die Plakatmalerei ist keine eigenständig gestaltende Kunst, sondern eine durch Auftrag und Verwendungszweck determinierte Anwendung künstlerischer Technik, die nur das visualisiert, was Redner, Journalisten und Dichter gleichzeitig in Worte faßten. Die Motive sind teils sehr alt, lassen sich, etwa bei der Motivgruppe (junge) Frau mit Kind, in nuce schon in den illustrierten Flugschriften des 16. Jahrhunderts zu den Türken- und Moskovitergreueln finden.[224] Andere, wie der heilige Georg oder der gepanzerte Ritter generell, werden im Zusammenhang der technischen Schlachten zu archaisierenden Euphemismen für den Soldaten.

Die Emotionalisierung des jeweiligen Feindbildes wurde als wichtiges Motivfeld schon genannt. Es ließ sich durch den Vorwurf heimtückischer Kriegsführung ausgestalten oder durch die Pervertierung des militärisch-politischen Gegners zum Barbaren und Nicht-mehr-Menschen. Beim letzteren ist der Zusam-

---

[224] Vgl. A. Kappeler Ivan Groznyj im Spiegel der ausländischen Druckschriften seiner Zeit. Bern 1972, Abb. 4.

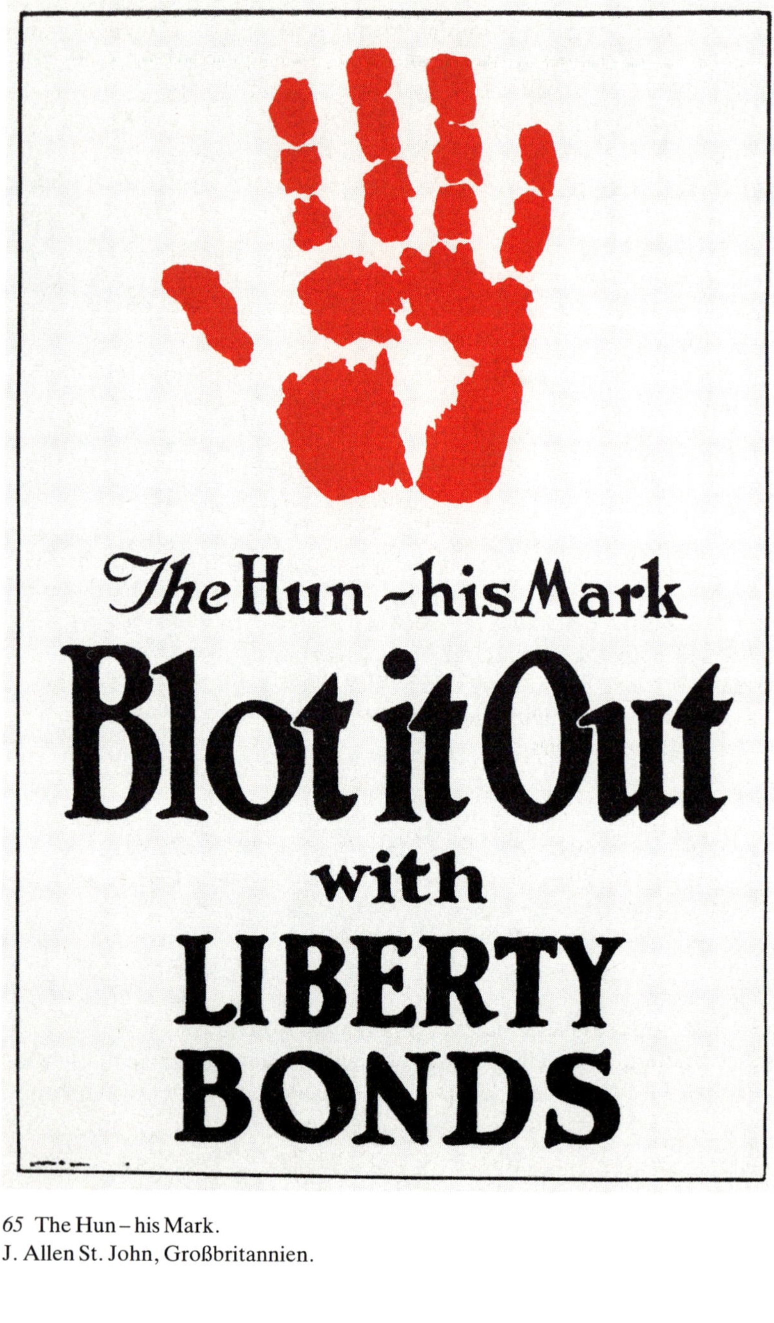

 65 The Hun – his Mark.
J. Allen St. John, Großbritannien.

menhang mit der Pressekarikatur offensichtlich. Im Plakat jedoch erhalten die nun monumentalisierten Karikaturen eine neue Dimension und neues Publikum, den »Mann auf der Straße«. »Der Hunne« ist bekanntlich ein von deutscher Seite selbst verschuldetes Schlagwort, das von den Plakatmalern der alliierten Seite mehrfach verbildlicht wurde, sei es nun durch das Wort »Hunne« überhaupt, etwa in dem britischen Plakat *"The Hun – his Mark. Blot it Out with* *65*
Liberty Bonds", oder durch Menschenungetüme, die (von Großbritannien aus gesehen) über das Meer auszugreifen drohen: *"Beat back the Hun with Liberty Bonds."* Der Gorilla mit geraubtem Weib, ein Motiv, das Emmanuel Fremiet 1889 als Skulptur gestaltet hatte, wird mit Pickelhaube versehen und monumentalisiert, um den Deutschen zum Unmenschen zu machen und die Aufforderung *"Destroy this mad brute. Enlist"«* zu legitimieren.[225] *66*

Die deutsche Plakatpropaganda scheint auf die Darstellung des Gegners als Untier weitgehend verzichtet zu haben. Daß die mehrköpfige Schlange als Symbol für die Alliierten dienen kann, das von Schwertern oder Pfeilen durchbohrt wird, wobei diese die Kriegsanleihen symbolisieren, ist keine Feinddarstellung im engeren Sinne. Erst in der 7. deutschen Kriegsanleihe wird der amerikanische Präsident Wilson zum Drachen gemacht, vgl. *»7. Kriegsanleihe.* *67*
Wilson« von F. Baldauf oder das von B. Clauss gestaltete Motiv des die Hydra besiegenden Herkules.[226]

Der politische und militärische Gegner als Unmensch oder Ungetüm – diese Vorstellung zu entwickeln gelang den Plakatmalern des Ersten Weltkriegs, vor allem den amerikanischen. Die Ideologisierung politischer Gegensätze hat dann in den zwanziger Jahren immer wieder die bösartige Karikatur in die Monumentalmalerei des Plakats gebracht.

1. Aus dem Weltkrieg über die Revolutionen des Jahres 1917 und den Bürgerkrieg in die »Neue Ökonomische Politik«.

Weltkrieg und Revolutionen

Die Transformation der russischen Autokratie in die sogenannte Arbeiter-, Bauern- und Soldatenmacht der Sowjets ist wohl die am tiefsten reichende soziale Erschütterung, die ein Land Europas in unserem Jahrhundert durchlebt hat. Die sozialen Folgen nachholender Industrialisierung waren bis zum Aus-

---

[225] Abb. bei Schockel (Nr. 94) 23; vgl. auch Darracott (Nr. 69) Nr. 31.

[226] Abb. bei Sachs (Nr. 91) Nr. 25, 31, 32, 201. Das Motiv der durchbohrten Schlange s. bei Darracott (Nr. 70) 36, 71.

bruch des Ersten Weltkriegs ohne Lösung geblieben, der an Schärfe beispiellose Konflikt zwischen fortschrittlicher Intelligenz und der Staatsbürokratie hatte zu einer tiefen Kluft zwischen Regierung und Gesellschaft geführt, der in Rußland extrem hohe Analphabetismus[227] die Massen der Landbevölkerung wie der (ja größtenteils aus den Dörfern einberufenen) Soldaten zur unkritischen Verfügungsmasse von Propagandisten und Agitatoren gemacht.

Propaganda, auch Sichtpropaganda, unter den ländlichen Massen galt in Rußland, wie eingangs an Hand von Zitaten des Anarchisten Petr Kropotkin gezeigt, seit der zweiten Hälfte des 19. Jahrhunderts als der Schlüssel zum Umsturz der staatlichen Ordnung, indes der Terror dazu die hilfsweise angesetzte Brechstange bilden sollte. Die Entwicklung einer Arbeiterklasse erster und zweiter Generation verminderte nicht die Bedeutung der Propaganda, veränderte lediglich die Methoden. Landbevölkerung wie Proletariat waren zutiefst von den kulturellen Traditionen der russisch-orthodoxen Kirche geprägt, in welcher feierliche Umzüge mit Gesängen, Ikonen und Kirchenfahnen als gemeinschaftsstiftende Handlungen zum Kirchenjahr gehörten. Natürlich also, wenn die Demonstrationen russischer Arbeiter besonders zahlreiche Prozessionsfahnen und sogenannte Transparánts (von französisch: transparent) mit sich führten. Auf ihnen waren neue Miranda in Wort und Bild zu sehen, statt der Heiligen nun Inkarnationen der sozialistischen Utopie, Symbole der werktätigen Schichten, Metaphern für Arbeitssegen usw.[228]

Während des Weltkrieges wurde von Seiten der Staatsgewalt ein ganz neues Propagandamedium, das sich an alle Untertanen wandte, in die Öffentlichkeit eingebracht. Wie andere kriegführende Länder mußte Rußland zur Finanzierung der Rüstung Anleihen ausschreiben. Sie wurden wie überall mit Hilfe von Bildplakaten popularisiert. Das Weltkriegsplakat, vom Staat inauguriert, ist also der Vater des revolutionären politischen Plakats.

Unter den russischen Anleiheplakaten überwiegen die traditionellen ikonographischen Motive, eher der Anleihewerbung des Deutschen Reiches als jener

---

[227] Zum Analphabetismus vgl. G. Guroff, S. F. Starr, A Note on Urban Literacy in Russia, 1890–1914, in: Jb. Gesch. Osteuropas N. F. 19 (1971) 520–531. Global gesehen mögen um 1900 etwa 80 % der Bevölkerung zu den Analphabeten gehört haben. Die Verf. weisen auf folgendes hin: "The ability of large numbers of people to read is far more important for mass political movements than their ability to write; after all, a man need not to be able to write a handbill or manifesto in order to respond to one." (521); vgl. auch V. D. Polikarpov, Dobrovol'cy 1918 goda, in: Voprosy istorii 1983, Heft 2, 23–40.

[228] Zahlreiche profanisierte Prozessionsfahnen sind auf zeitgenössischen Fotos zu erkennen, vgl. u. a. Guerman (Nr. 181), Lapšin (Nr. 194) und E. Baschet, Rußland 1904–1924. Eine historische Foto-Reportage. Kehl am Rhein 1978, passim.

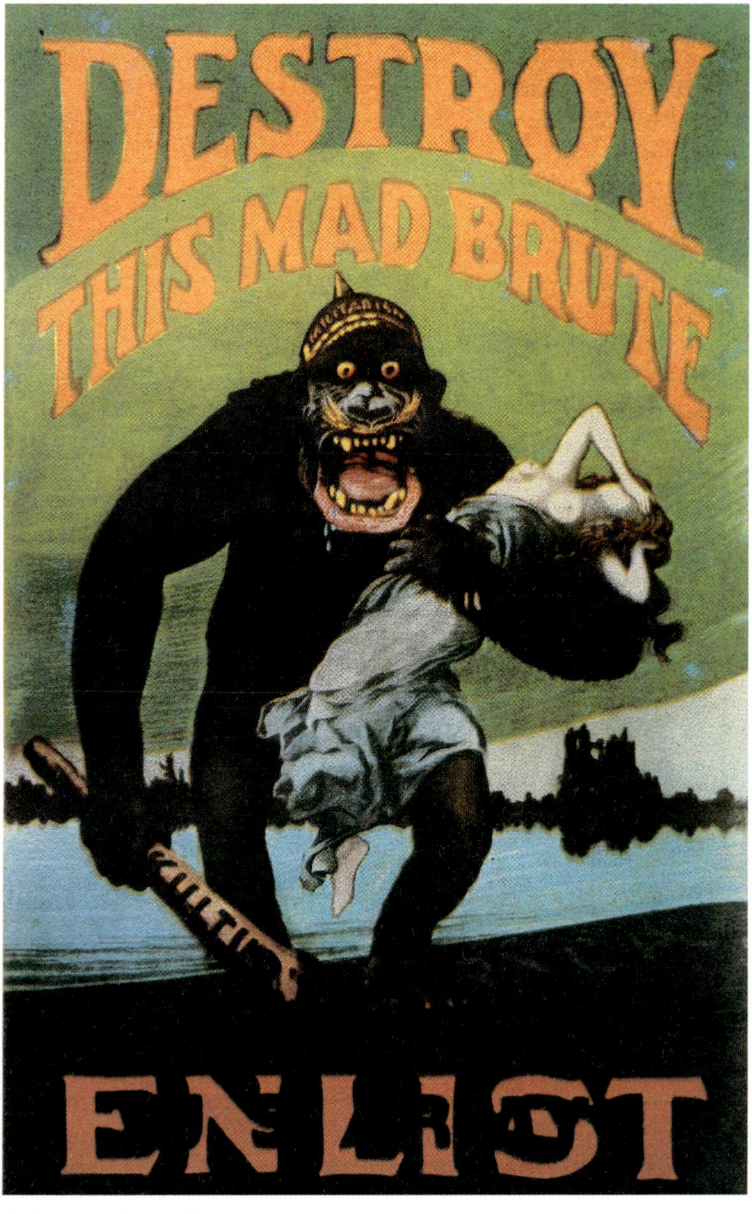

66 Destroy this mad brute.
H. R. Hopps, USA 1917.

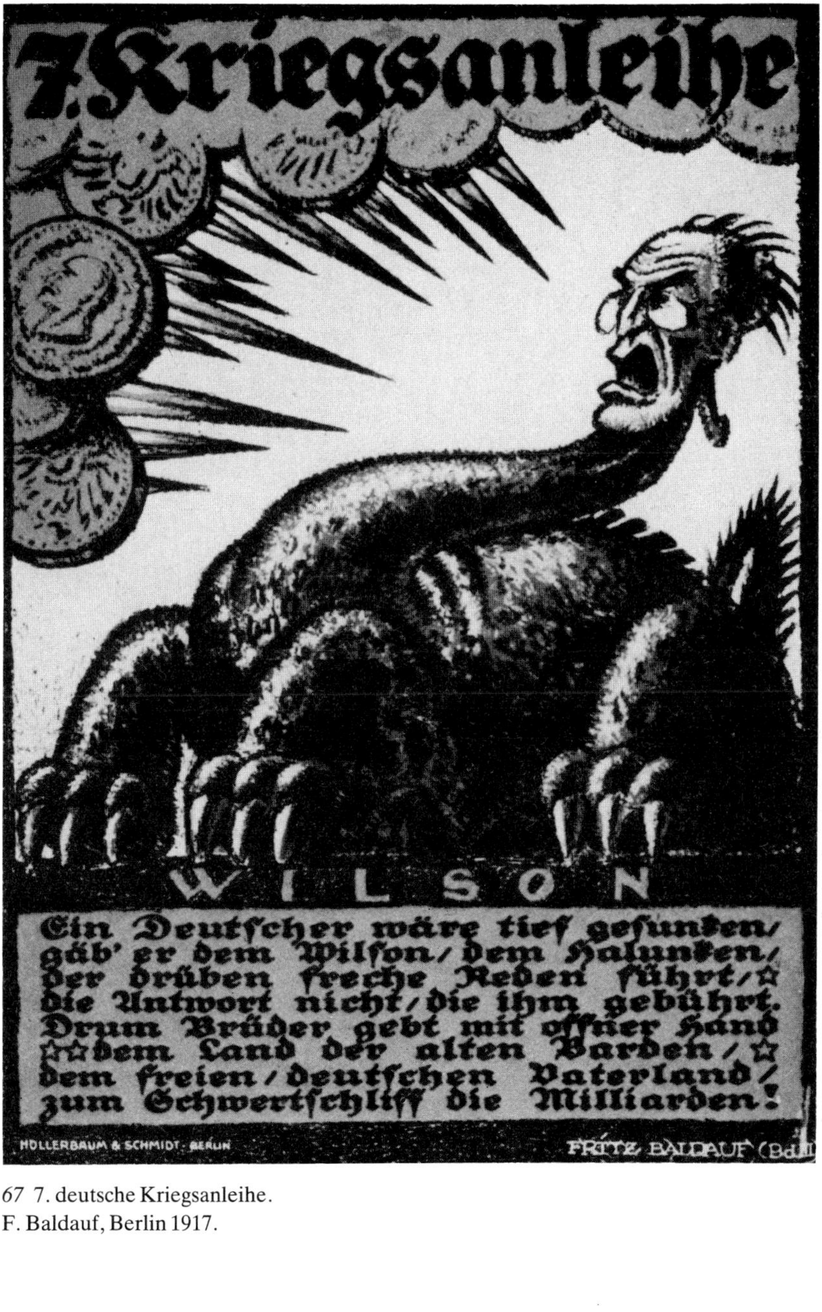

67 7. deutsche Kriegsanleihe.
F. Baldauf, Berlin 1917.

der Alliierten zu vergleichen. Der russische Doppeladler wird verwandt, das St.-Georgs-Motiv und andere, wenig aussagekräftige Bilder. Andererseits wird auch die moderne Technik, Flugzeug, Zeppelin, Maschinengewehr einbezogen und Grabenkrieg, Infanterie- und Kavallerieangriff in eindrucksvollen Bildern gezeigt.[229] Hierbei gelingen den Künstlern auch extrem reduzierte Bildformen, wie sie später fälschlich als Errungenschaften des post-revolutionären Plakatschaffens angesehen wurden, etwa bei dem Infanterieangriff des Plakates mit
68 der kargen Aufschrift *»Kriegsanleihe 5½ %«*. Wie die Parole auf jegliche Aufrufe, Aufforderungen und Bitten verzichtet, so beschränkt sich das Bildliche auf holzschnitthafte Schemen vor rotem Himmel.

Ganz anders der Infanterieangriff des Plakates von Richard Zarrin (R. Zo-
69 rin), der eine gängige Parole gebraucht: *»Wer nicht mit eigener Brust den Feind zurückschlägt, der möge die 5½% Kriegsanleihe kaufen.«* Das Bild ist von besonderer Ausdruckskraft, weil die mit aufgerissenen Augen und kampfberei-

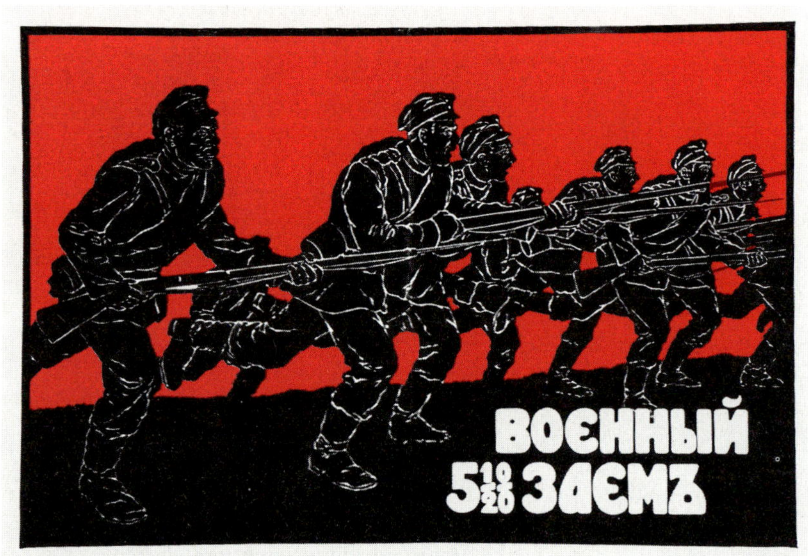

68 Kriegsanleihe 5½ %.
Petrograd 1916. 70 × 98 cm.

[229] Die vollständigste Übersicht über die russischen Anleiheplakate findet sich bei SACHS (Nr. 90) Nr. 367–395; vgl. auch AFFICHES (Nr. 153) Nr. 9–16; LAPŠIN (Nr. 194) 12–13.

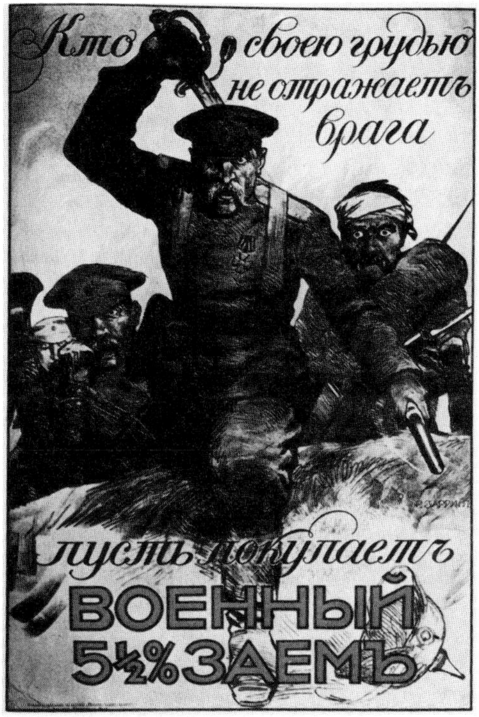

69 Wer nicht mit eigener Brust den Feind zurückschlägt, der möge die Kriegsanleihe 5½ % kaufen.
R. Zarrin (R. Zorin).

ten Waffen nach vorn stürmenden Soldaten den Betrachter in die Situation des Nahkampfes versetzen und ihn die Wucht des Sturmangriffs fühlen lassen. Die aus der Untersicht komponierte Zeichnung scheint immerhin doch nicht auf eigenes Fronterleben zurückzugehen, eher würde man an eine Momentaufnahme aus einem Kinofilm denken, die hier verwendet worden sein könnte.

In besonderer Weise ist das Erscheinen von Fabrikarbeit auf Plakatbildern interessant, ja sogar die Frau an der Drehbank wird zum darstellungswürdigen
Motiv.[230] Die Arbeiterin auf dem Plakat *»Alles für den Krieg!«* entspricht *70*
allerdings ebenso wie der junge Mann auf *»Patriotisch und einträglich! Kauft* *71*

[230] Ebd. Im übrigen sind Frauen als Arbeiter in der Industrieproduktion weder bei den westlichen Alliierten noch bei den Mittelmächten dargestellt worden. Zu einer Ausnahme s. u. Als Pflügerin erscheint die Frau auf Plakaten der National Service Women's Land Army, ein Beispiel in: Guerre et propagande ou comment armer les esprits. Brüssel 1983, 34.

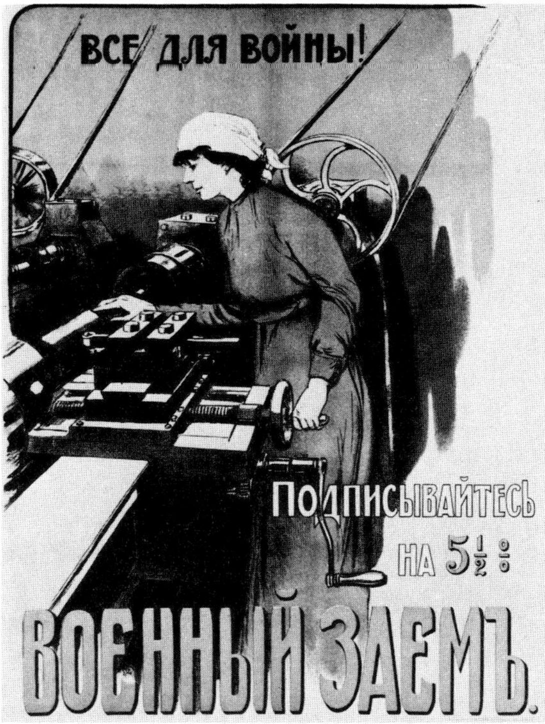

70 Alles für den Krieg! Schreibt euch ein für die Kriegsanleihe 5½%. Petrograd 1916. 98 × 71 cm.

5½% Kriegsanleihe!« so sehr dem Schönheitsideal der wohlhabenderen Schichten, daß von einer Darstellung der Arbeiterklasse kaum die Rede sein kann.

Neben der staatlichen Plakatpropaganda hatten Wohltätigkeitsvereine eigene Kampagnen zur Unterstützung der Notleidenden und Kriegsopfer durchgeführt.[231]
72 Aus der Kampagne *»Zu Hilfe den Opfern des Krieges«* sei das gleichlautende Plakat des Künstlers Leonid Pasternak genannt, das vier Jahre später in Moskau und Petrograd mit anderer Beischrift wiederverwendet wurde und nun unter der Überschrift *»Der Preis des Blutes«* daran erinnerte, daß der Krieg bereits vier Jahre lang währe.[232]

---

[231] Dazu Lapšin (Nr. 194) Kap. I.

[232] Das Motiv wurde von Leonid Pasternak zuerst als Buchillustration im »Al'manach Vojna«. Moskva 1914 (nach S. 64) unter dem Titel »Verwundeter« verwendet. Vgl. Butnik-Siverskij (Nr. 162), Nr. 719–720; Listovki (Nr. 197) Bd. 1, Nr. 202; Waschik (Nr. 240) 15.

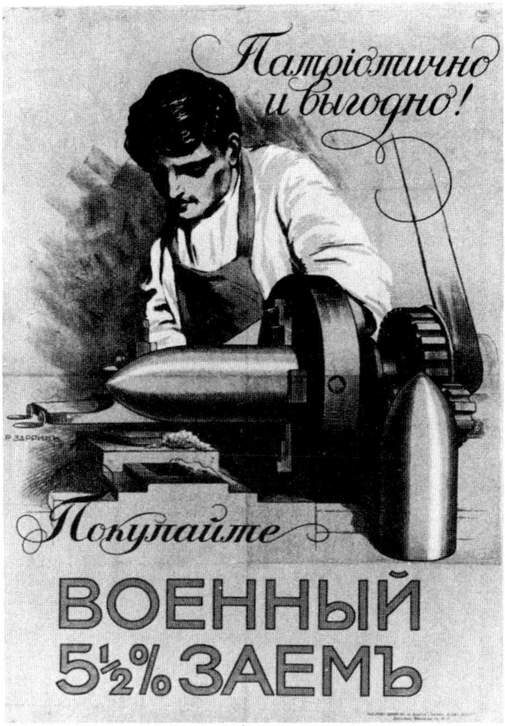

71 Patriotisch und günstig! Kauft Kriegsanleihe 5½%. R. Zarrin (R. Zorin), Petrograd 1916. 98 × 68 cm.

Das Anleiheplakat des Weltkrieges hatte den Staat veranlaßt, politische Propaganda auf die Straße zu bringen. Nach dem Sturz der Autokratie, als die Provisorische Regierung den Siegeswillen der Bevölkerung propagandistisch zu heben und zugleich neue Finanzmittel zu erreichen versuchte, blieb das mobilisierende Anleiheplakat weiterhin das führende Genre der Plakatproduktion. Für die Anleihekampagne konnte die vom Zarismus strikt vermiedene Formel der Alliierten, »liberty bond«, nun übernommen werden. Anfang April wurde die fünfprozentige »Anleihe der Freiheit (zaem svobody) des Jahres 1917« ausgeschrieben.[233] Sie wurde von allen Parteien (mit Ausnahme der Bolschewiki) unterstützt und von großem Reklameaufwand begleitet. Die Losung »Krieg bis zum siegreichen Ende« wurde zum Leitmotiv bei der Ausschreibung von Plakatwettbewerben für die »Anleihe der Freiheit«. In Petrograd prämiierte *73*

[233] Dies nach LAPŠIN (Nr. 194) 108 ff., dort auch zahlreiche Beispiele und Bilder nichtbolschewistischer künstlerischer Propaganda.

eine Jury, an der u. a. auch Maksim Gorki teilnahm, die Plakate von P. Bučkin *»Anleihe der Freiheit. Krieg bis zum Sieg«* und B. Kustodiev. Der bekannte Maler Boris Kustodiev nimmt auf seinem Plakat neben der Parole *»Anleihe der*
74 *Freiheit«* noch zweimal das Freiheitsmotiv in den Losungen auf den roten Fahnen auf und läßt die nach rechts Marschierenden auch die Durchhalteparolen »Sieg über den Feind«, »Krieg bis zum Sieg« und »Laßt den Feind nicht die von euch erkämpfte Freiheit fortnehmen« mit sich führen. Das Bildmotiv, ein bärtiger Soldat, der mit quergehaltenem Gewehr den Zugang zum Bild oder zu den Marschierern zu sperren scheint, ist aus der Untersicht gemalt. Das gibt der Gestalt eine Monumentalität, die einerseits eine Heroisierung des Frontsoldaten zu beabsichtigen, andererseits aber auch die politische Bedeutung des Soldaten für den Sturz der Autokratie zu würdigen scheint.

Das von den Alliierten übernommene Motto »Anleihe der Freiheit« ist keineswegs ein Fremdkörper in der politischen Öffentlichkeit nach der Februarrevolution gewesen, im Gegenteil, der Sturz der Autokratie wurde als Akt der

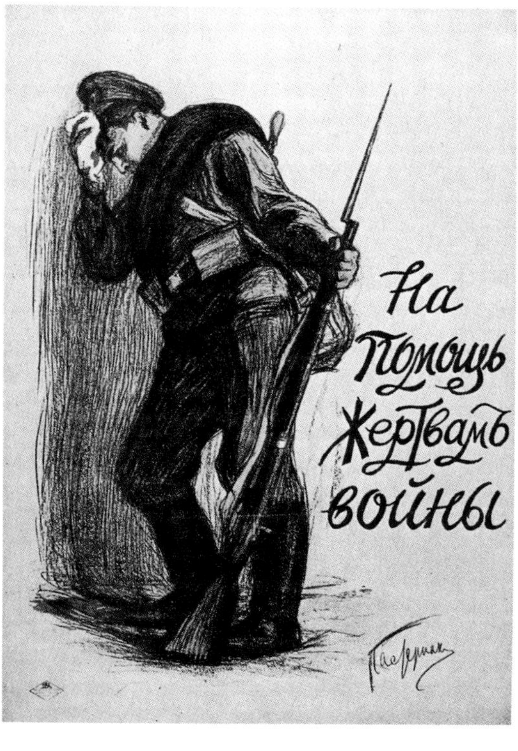

72 Zu Hilfe den Opfern des Krieges.
L. Pasternak, Moskau 1916.
120 × 87 cm.

Befreiung empfunden und der Begriff »Freiheit« (svoboda) dominierte von Februar bis November 1917 die politischen Reden, Leitartikel und Plakate, könnte also neben dem Schlagwort »Revolution« als das oberste Mirandum jener Übergangszeit bezeichnet werden. Ein sehr schönes Zeugnis dessen ist das
anonym in Odessa erschienene Plakat mit *»Freiheit! Gleichheit! Und Brüderlich-* *75*
keit!« auf der wehenden roten Fahne, die von nach links marschierenden Matrosen, Soldaten und Zivilisten vor goldenem Hintergrund mit aufgehender Sonne getragen wird.

Neben dem liberty-bonds-Schlagwort und der aus Liberté–Egalité–Fraternité abgeleiteten Freiheitsmetaphorik wurde von der Massenpartei der Sozialrevolutionäre das Motto »Land und Freiheit« (zemlja i volja) verbreitet. Ein Plakat dieser Partei aus dem Jahre 1917 zeigt den blutgefüllten »Kelch des Todes«, darüber die Losungen *»Im Kampf findest du dein Recht«* und »Vergossenes Blut verpflichtet«; unterhalb des Pokals heißt es »Tausende eurer Genossen haben ihr Blut für 'Land und Freiheit' vergossen. Wenn ihr nicht wollt, daß auch eure

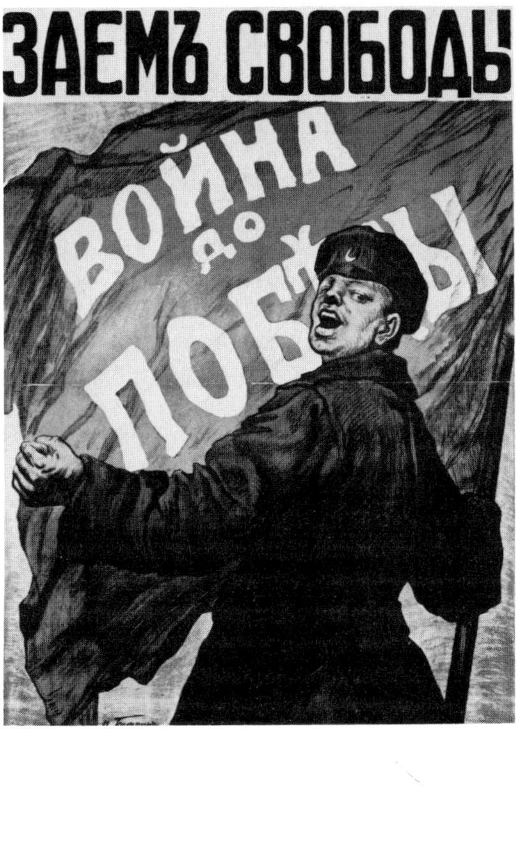

73 Anleihe der Freiheit.
Krieg bis zum Sieg.
P. Bučkin, Petrograd 1917.
101 × 68 cm.

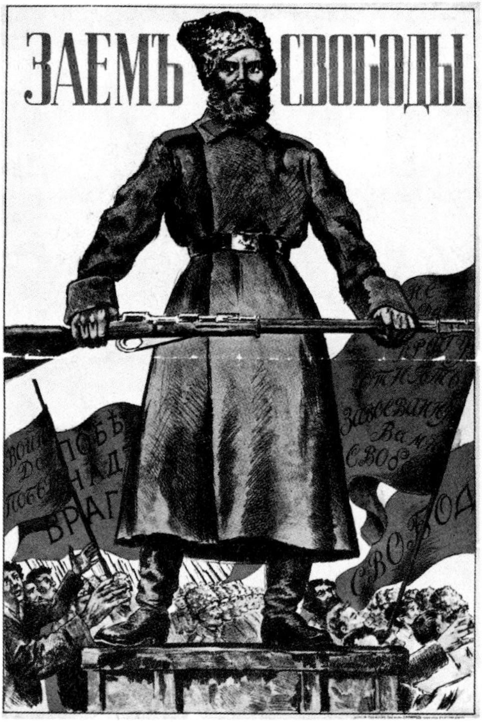

74 Anleihe der Freiheit.
Auf den Fahnen: Krieg bis zum Sieg. Sieg über den Feind. Freiheit. Laßt den Feind nicht die von euch erkämpfte Freiheit fortnehmen.
B. Kustodiev, Petrograd 1917.
101 × 67 cm.

Kinder diesen Kelch des Todes austrinken, dann stimmt für die Partei der Sozialisten-Revolutionäre, die immer für 'Land und Freiheit' kämpft!«[234]

Zwischen Kommunisten, Sozialisten-Revolutionären und Anarchisten scheint ein gewisser V. Seleckij anzusiedeln zu sein – er gab eine Zeitschrift »Diktatur des Proletariats« heraus und ein Album »Welt der Anarchisten«, wie auf dem Plakat, das er im März 1917 veröffentlichte, vermerkt ist. Dieses Plakat ist eine Art Glaubensbekenntnis des Verfassers, der versichert, »die Stunde der Vernichtung der alten Welt ist gekommen«, und die krause Szene des Plakats mit
76 der Losung versieht: *»Mögen alle Völker in Frieden, Freiheit und Brüderlichkeit leben! Es lebe die soziale Revolution und die demokratische Republik. Land und Freiheit.«* Die Minus-Partei zeigt Seleckij dem Publikum im Bild, eine vielköpfige Hydra als Sinngebilde für die institutionalisierte Gesellschaft, fordert die

[234] Polonskij (Nr. 216) 72.

Russen auf, »glaubt an neue Werte!« und bietet ihnen an, der von ihm gegründete Anarchisten-Kolonie in Soči beizutreten.[235]

In der symbolüberladenen Bildkomposition wie in den utopistischen Aufrufen ist dieses Plakat ein Vorläufer von Plakten wie *»An die betrogenen Brüder«* oder *»»Herr der Welt ist das Kapital – der goldene Götze«* aus den Anfängen der sowjetischen Plakatproduktion. Der Drachenkampf gehört, wie erwähnt, ohnehin zur sozialistischen Mythologie, wie auf einigen Plakaten gezeigt, wie auch auf den Transparants zu sehen, die alte Fotografien auf Demonstrationsbildern erkennen lassen.

Die von Polonskij nur summarisch erwähnten bolschewistischen Plakate des Jahres 1917 sind anscheinend Schriftanschläge, keine Bildplakate. Bekannt ist ein Bildplakat aus dem Wahlkampf zur Stadt-Duma von Petrograd im Mai 1917. Ein künstlerisch sehr einfach gestaltetes antithetisches Kampfbild zeigt Arbeiter und Bourgeois sich gegenüberstehend, jeweils ihre Parolen vorweisend. Der Minuspartei wird nur wenig Raum gegeben: Der Bourgeois hält ein Blatt mit der

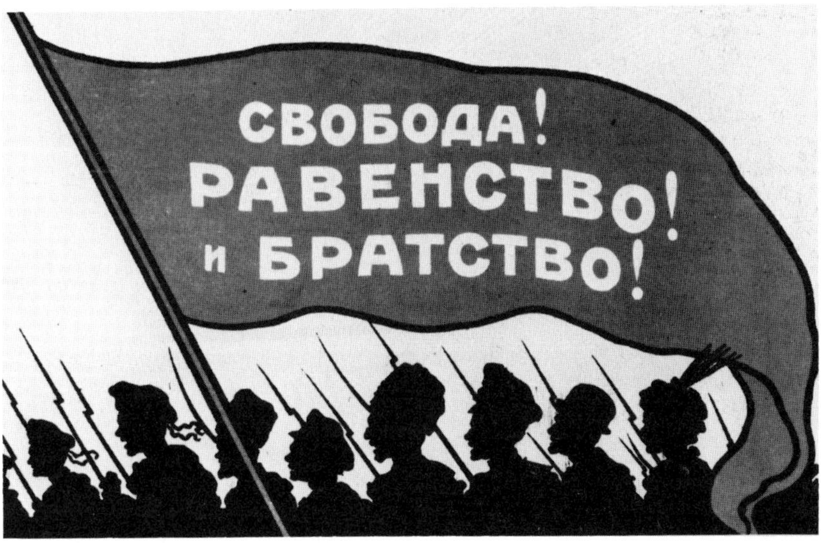

75 Freiheit! Gleichheit! und Brüderlichkeit!
Odessa 1917.

---

[235] Das Plakat von Seleckij und die vollständige französische Übersetzung des langen Textes in *Affiches* (Nr. 153) Nr. 27; Abb. auch in S. Bojko, Rot schlägt Weiß. Die neue Graphik und das Design der Russischen Revolution. München 1975, Abb. 64–65.

Aufschrift: »Kadetten. Menševiken, Sozialrevolutionäre und Oboroncen sind für Krieg bis zum Sieg.« Der Arbeiter hingegen zeigt ein Blatt mit der eigentlichen Wahlparole: *»Nieder mit Kadetten und Oboroncen! Stimmt für No. 1«*. Über ihm auf der roten Fahne ist zu lesen: »Proletarier aller Länder, vereinigt euch! Zentralkommitee der Russ. Sozialdemokratischen Partei.« Unterhalb des Bildfeldes werden zusätzlich mehrere Wahlparolen angeführt: »Es lebe der Frieden zwischen den Völkern! Es lebe die Miliz des ganzen Volkes! Es lebe der Übergang der ganzen Stadtverwaltung in die Hände der Arbeiter, Arbeiterinnen, Soldaten und der ganzen Stadtarmut!«[236]

Im Unterschied zu den Plakaten der anderen Parteien zeigt dieses Blatt klare Fronten zwischen den Bolschewisten und den übrigen Parteien auf. Die Parolen gegen die Fortführung des Krieges, für die Auflösung der Armee, für die Zerstörung der bürgerlichen Stadtverwaltung erläutern und verallgemeinern die Bildantithese.

Plakatpropaganda im Bürgerkrieg

Als die Bolschewisten die Oktoberrevolution in den Hauptstädten erfolgreich durchgeführt und das Verfassungsgebende Parlament im Januar 1918 durch eine Art Militärputsch aufgelöst hatten, bedurften sie der Propaganda mehr denn je zuvor. Die Wahlen zum Parlament hatten eine absolute Mehrheit für die Partei der Sozialrevolutionäre gebracht, für welche 21 Millionen der 36 Millionen Stimmen lauteten, indes die Bolschewiki lediglich 9 Millionen Stimmen verbuchen konnten. Alle übrigen Parteien hatten nur geringfügige Wählerschaften.[237] Die Anhänger der Sozialrevolutionäre mußten durch Propaganda gewonnen werden – die Bevölkerung des flachen Landes, das im Unterschied zu den Hauptstädten und den Industriezentren von den Bolschewiki nicht erfaßt worden war. Die Sozialrevolutionäre kämpften im Sommer 1918 nicht nur von ihren

---

[236] Abgebildet bei Lapšin (Nr. 194) 139, sowie bei H.-J. Schlegel. Mit wem hältst Du's? Zur Agitationskunst der russischen Revolution und während des Bürgerkriegs, in: Tendenzen 14 (1973) Nr. 92, 19–25, hier S. 20. Die Inschriften lauten: (Fahne:) »Proletarii vsech stran soedinjajteś! Central'n. komitet Ros. S. D. R. Partii« (Blatt:) *«Doloj kadetov i oboroncev! Golosujte za No. 1»* (Blatt des Kapitalisten:) «Kadety, mеńševiki, ėѕ-ėry, oboroncy za vojnu do pobedy» (Losungen:) «Da zdravstvuet mir meždu narodami! Da zdravstvuet vsenarodnaja milicija! Da zdravstvuet perechod vsego gorodskogo chozjajstva v ruki rabočich, rabotnic, soldat i vsej gorodskoj bednoty!»

[237] Vgl. G. v. Rauch, Geschichte der Sowjetunion. Stuttgart 1969[5], 78–79; M. Heller, Geschichte der Sowjetunion, Bd. 1 (1914–1939). Königstein/Ts. 1981, 37.

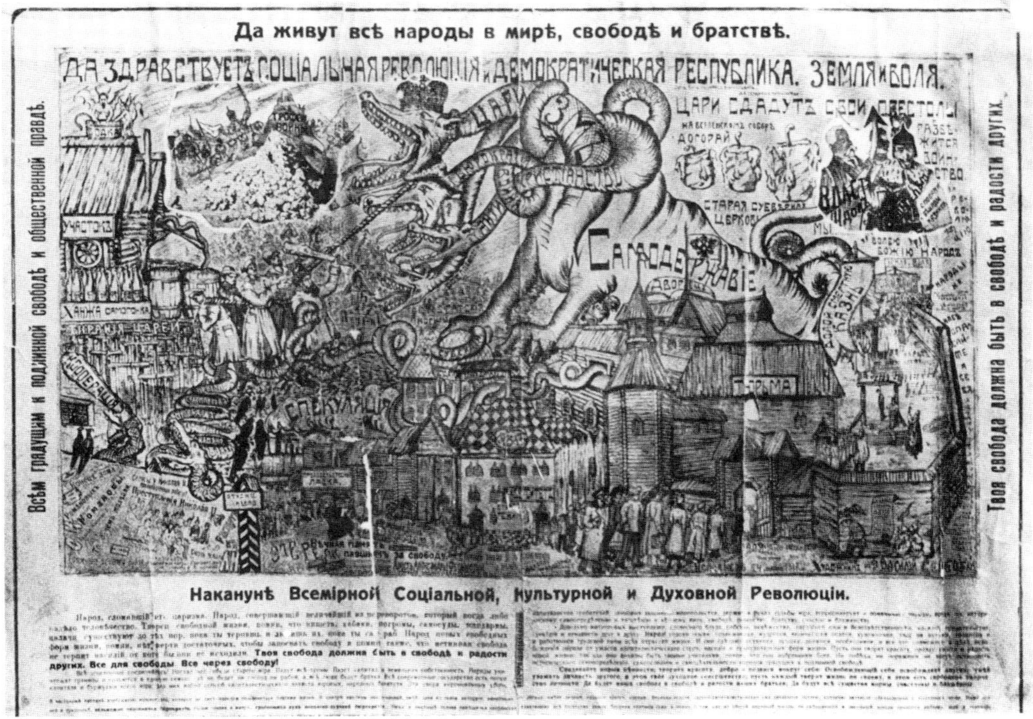

76 Mögen alle Völker in Frieden, Freiheit und Brüderlichkeit leben.
(Franz. Übersetzung s. AFFICHES 27.)
V. Seleckij, Moskau 1917. 53 × 71 cm.

Zentren in der Provinz aus gegen die Bolschewisten, sondern machten ihnen auch durch den Juli-Aufstand in Moskau und durch zahlreiche Attentate, u. a. auf Lenin selbst (am 30. August 1918), gefährlich zu schaffen.[238]

Der Plakatpropaganda fiel sowohl die Aufgabe der Konsensvermittlung als auch die der Verteufelung der sich von allen Seiten formierenden Armee restaurativer Bewegungen zu. Die umzingelte Fabrik-Burg auf vielen Plakaten ist die visualisierte Form eines Schlagwortes, das u. a. in der Resolution zur Schaffung der Roten Armee erscheint: »Die russische Sowjetrepublik gleicht einer Festung, die von allen Seiten von den imperialistischen Truppen umgeben wird. Innerhalb der Sowjetfestung erhebt die Konterrevolution ihr Haupt ...«[239]

In der Tat war die äußere und innere Lage Sowjetrußlands verzweifelt – innerrussische Gegner, die nach Unabhängigkeit strebenden Nationalitäten und die westlichen Alliierten bildeten einen sich mehr und mehr verengenden Ring um den schrumpfenden Machtbereich der Bolschewisten. »Territorial wurde Rußland damit zu Beginn des Bürgerkriegs faktisch auf das Gebiet des Großfürstentums Moskau vor den Tagen Ivans des Schrecklichen zusammengedrängt.«[240]

Der politische und soziale, militärische und wirtschaftliche Hintergrund der politischen Plakate ist sehr schwer zu beschreiben. Kennzeichnend ist, daß sich der Kriegszustand für Rußland weiterhin verlängerte und immer mehr verschärfte. Die äußere Front wurde erst mit den Friedensverträgen von 1920 hinreichend stabil, die innere Opposition auf dem Lande wie in den Städten war trotz ungeheurer Menschenverluste und millionenfacher Emigration nur erschöpft, aber nicht *für* das System der Kommunisten gewonnen. Inmitten der zum großen Teil politisch apathischen, kulturell analphabetischen Bevölkerung bemühten sich die Propagandafachleute um eine Stabilisierung der zentralen Macht. Konsenswerbung, Meinungsbildung und Versuche von Konformitätsdruck sind nach der Erreichung politischer Stabilität die wichtigsten Aufgaben für das Plakat.

Der Bürgerkrieg zwischen »Roten« und »Weißen« war ein Weltanschauungskrieg, in welchem der politische Kampfgeist ebenso wichtig war wie die Anzahl

---

[238] Vgl. HELLER (Anm. 237) 57; Handbuch der Geschichte Rußlands. Bd. 3, 1. Stuttgart 1983, 644; M. JANSEN, A Show Trial under Lenin. The Trial of the Socialist Revolutionaries Moscow 1922. The Hague 1982, 3–5.

[239] L. TROTZKI, Die Geburt der Roten Armee. Reden, Befehle, Aufrufe und Thesen aus dem Gründungsjahr der Roten Armee. Wien 1924, S. 101; eins der Plakate von D. Moor hat diese Losung zum Thema, die Republik sei ein »umzingeltes Lager«, BUTNIK-SIVERSKIJ (Nr. 162), Nr. 1714 (September 1919).

 [240] RAUCH (Anm. 237) 101.

der Gewehre. Das haben weiße Emigranten nachträglich erkannt, und sie haben dabei auch die Rolle des bolschewistischen Plakats bemerkt. Ein Offizier der »Freiwilligenarmee« General Denikins erkennt an, daß trotz der Mitwirkung bedeutender Künstler wie I. Bilibin und E. Lansere in der Arbeit der weißen Agitationsabteilung

> »die Osvag[241]-Plakate als bemitleidenswert erwiesen neben den großartigen Plakaten der Bolschewiken«.[242]

Ein anderer Beteiligter, Feldprokuror der »Nordregierung«, S. Dobrovol'skij, schreibt zu diesem Thema: »Es war zu fühlen, daß wir noch nicht den ganzen Einfluß dieses mächtigen Kampfmittels auf die Psychologie der Massen einzuschätzen wußten, daß wir uns nicht bis auf die Ebene des Verstehens der letzteren herabzulassen vermögen; und wir urteilen nach uns selbst, indem wir uns wählerisch diesem in unseren Augen billigen Effekt gegenüber verhalten, den diese Plakate auf uns ausüben. Der Gegner wußte es besser als wir und verstand, mit wem er es zu tun hatte, und er schlug uns auf diesem Gebiet mit jedem Schritt.«[243]

Die Mißachtung nichtmilitärischer Fragen durch die Offiziere, die »undurchdringliche Mauer von Hochmut und Gleichgültigkeit des Stabes«, wie es der Zivilist K. N. Sokolov, von General Denikin eingesetzter Leiter des Osvag, nannte,[244] war sicherlich ein wichtiger Grund für die geringen Erfolge an der antibolschewistischen Propaganda. Sokolov berichtet von ständigem Mißtrauen gegenüber dem Osvag und von einem aggressiven Antisemitismus, der das Arbeiten erschwerte.[245] Leider wird in den Erinnerungen Sokolovs nur sehr wenig über Propaganda auf russischem Boden gesagt – er hatte die Propagandaabteilung nur ungern und zusätzlich zu seiner Tätigkeit in der gesetzgebenden Kommission übernommen. Schon aus diesem Faktum erhellt, daß weder der Oberkommandierende noch der betroffene Zivilist die Bedeutung der Propagandaabteilung sonderlich hoch einschätzten.

Die Osvag verfügte immerhin doch über eine beträchtliche Ausrüstung: Sokolov berichtet von vier Propaganda-Eisenbahnzügen, mehreren Druckereien und

---

[241] Osvedomitel'no-agitacionnoe otdelenie Diplomatičeskogo otdela Dobrovol'českoj armii (Nachrichten-und-Agitations-Abteilung des Diplomatischen Sektors der Freiwilligenarmee).

[242] A. Drozdov, Intelligencija na Donu, in: Archiv russkoj revoljucii, Bd. 2. Berlin 1921, 53, vgl. zum Osvag allgemein 50–54.

[243] S. Dobrovol'skij, Bořba za vozroždenie Rossii v severnoj oblasti, in: Archiv russkoj revoljucii, Bd. 3. Berlin 1922, 77–78, vgl. 144.

[244] K. N. Sokolov, Pravlenie generala Denikina (iz vospominanij). Sofija 1921, 112.

[245] Ebd.

umfangreichem Inventar, das schließlich dem Gegner überlassen werden mußte.[246] Wir haben auch keinen Grund, die Leistung des Osvag zu unterschätzen, wenn auch die wenigen zugänglichen Plakate ein vollständiges Bild nicht ergeben können.

Eine kurze Erwähnung weißgardistischer Plakate findet sich in den Memoiren des Dichters Ilja Ehrenburg, der sich während des Bürgerkrieges auch eine Weile in der von Antibolschewisten besetzten Ukraine aufhielt.

> »Auf verdreckten Zäunen prangten Bilder von Denikin, Koltschak, Kutepow, Maj-Majewski, Schkuro. Auf den Straßen kontrollierten angetrunkene Kubankosaken die Ausweise [. . .] Überall hingen Plakate des ›Osswag‹, der weißen Propagandaabteilung: = Auf nach Moskau! = das Pferd des heiligen Georg zertrat mit seinen Hufen einen dicknäsigen Juden.«[247]

77 Eine Anzahl der genannten Porträt-Plakate besitzt das Imperial War Museum in London; sie sind relativ kunstlos hergestellt und meist von einem Kernspruch des betreffenden Generals begleitet. Das Porträt von General L. G. Kornilov etwa wird u. a. von folgender Feststellung umrahmt: »Der wahre Sohn des

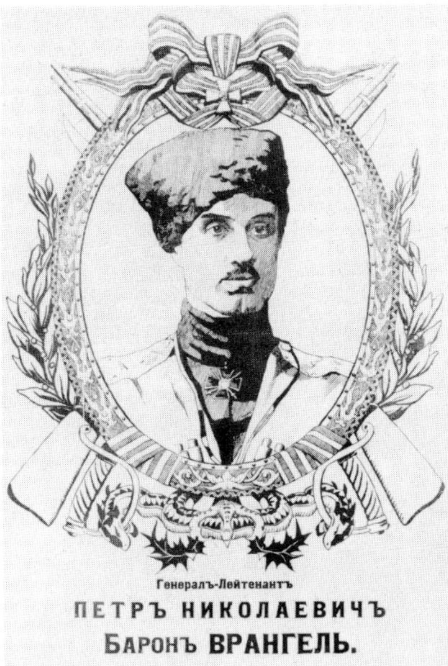

77 Generalleutnant Petr Nikolaevič Baron Wrangel.

---

[246] Ebd. 144.

[247] I. EHRENBURG, Menschen, Jahre, Leben. Bd. 1. München 1962, 433.

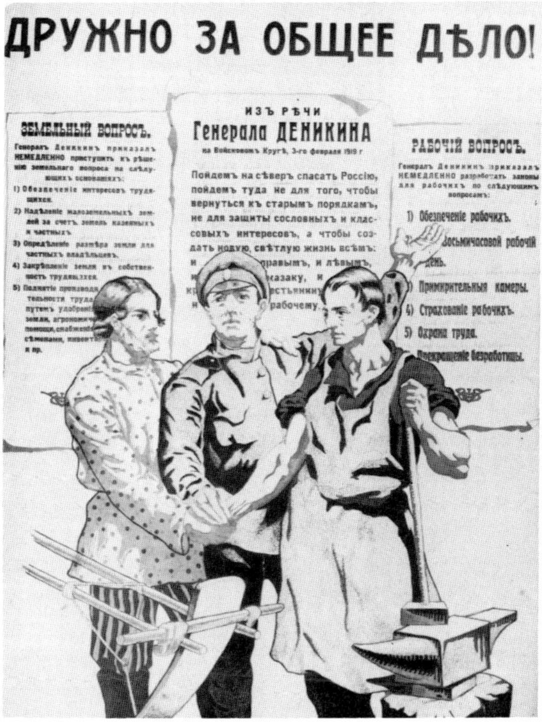

78 Gemeinsam an die allgemeine Sache!
Aus der Rede von General Denikin in der Armee-Versammlung am 3. Februar 1919. Gehen wir nach Norden, um Rußland zu retten, gehen wir dahin, nicht, um zu alten Ordnungen zurückzukehren, nicht zur Verteidigung von Schichten- und Klasseninteressen, sondern um ein neues helles Leben für alle zu schaffen: dem Rechten wie dem Linken, dem Kosaken wie dem Bauern und dem Arbeiter.
Linke Spalte: Landfrage: General Denikin befahl, unverzüglich an die Lösung der Landfrage heranzutreten auf folgender Grundlage: 1) Befriedigung der Interessen der Werktätigen. 2) Zuteilung an die landarmen Landanteile auf Kosten staatlicher und privater Ländereien. 3) Festlegung der Größe des Landbesitzes privater Besitzer. 4) Festschreibung des Landes als Eigentum der Werktätigen. 5) Anhebung der Arbeitsproduktivität durch Meliorisierung des Landes, agronomische Hilfe, Saatgutversorgung, Inventar usw. Rechte Spalte: Arbeiterfrage. General Denikin befahl unverzüglich Gesetze für die Arbeiter auszuarbeiten in folgenden Fragen: 1) Versorgung der Arbeiter. 2) Achtstündiger Arbeitstag. 3) Schiedskammern. 4) Versicherung der Arbeiter. 5) Beseitigung der Arbeitslosigkeit.
Rostov/Don 1919.

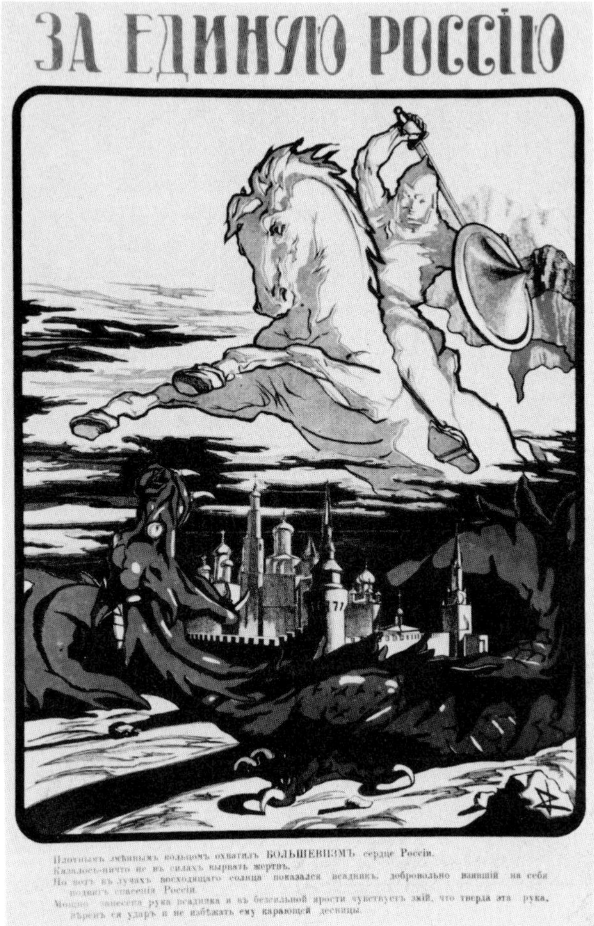

79 Für das einige Russland.
Als fester Drachenring hat der Bolschewismus das Herz Rußlands umfaßt. Es schien – nichts ist in der Lage, die Opfer herauszuholen. Doch siehe, in den Strahlen der aufgehenden Sonne erschien ein Reiter, der die Aufgabe der Rettung Rußlands freiwillig auf sich nahm. Mächtig hat die Hand des Reiters ausgeholt, und in machtlosem Zorn fühlt der Drache, daß diese Hand fest ist, ihr Schlag sicher und daß er der rächenden Rechten nicht entgehen wird.
o. O. 1919.

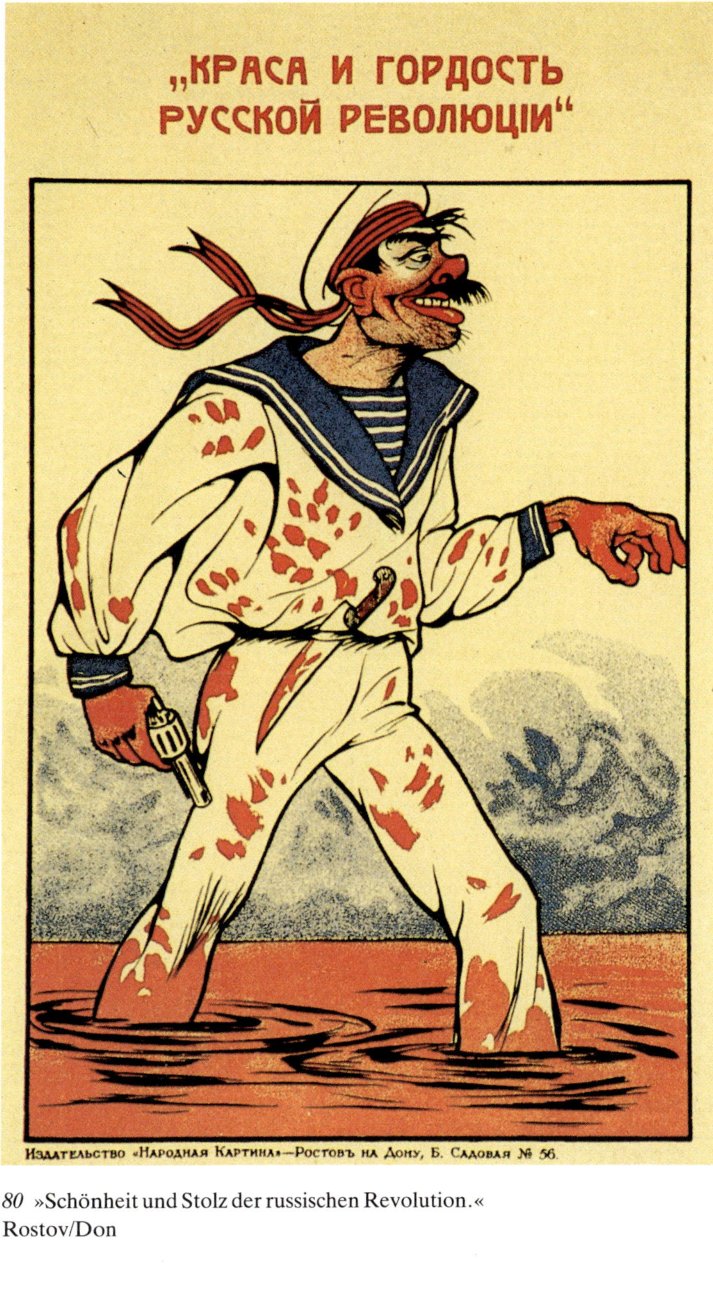

80 »Schönheit und Stolz der russischen Revolution.«
Rostov/Don

russischen Volks stirbt immer auf seinem Posten und bringt der Heimat das größte, was er hat, zum Opfer – sein Leben.«[248] Phrasen dieser Art dürften den kriegsmüden Soldaten kaum vom Sinn des Kampfes überzeugt haben und V. Polonskij schüttet zu Recht seinen Hohn über das »Blumengebinde« der zaristischen Generale aus »... es defilieren vor uns Generale, Generale, Generale ... Diese Art von ›Agitation‹ kann nichts anderes als Lächeln hervorrufen: Sonderlinge sind diese Weißen! Sie meinen, wenn man einem Mužik, der vom Pflug weggerissen und mobilisiert worden ist gegen eben seinen Bruder Mužnik, ihm sollte man öfter einmal Bilder der dicken Herrschaften in Generalsuniformen zeigen, der Mužik wird dann schleunigst von Haß gegen die Revolution durchdrungen werden und wird für die dicken Generale sein Blut bis zum letzten Tropfen vergießen.»[249]

Die Arbeit der antibolschewistischen Propaganda beschränkte sich jedoch keineswegs auf Generalporträts, wenn man wohl auch darin eines der Mittel sah, mit denen man Konsenspropaganda treiben konnte. Das Plakat *»Gemeinsam an die allgemeine Sache!«* mag nicht als Vorbild moderner Bildpropaganda gelten können, es macht aber immerhin den Versuch deutlich, parallel zu den »Roten« politische Positionen aufzubauen, die die Bauern und die Arbeiterschaft mit einbezog. Die Rütli-Schwur-Szene zeigt ein symbolisches Triumvirat der genannten politischen Kräfte, der Bauer erhält durch den Pflug, der Arbeiter durch Hammer und Amboß zusätzliche Attribute, die ganz jenen entsprechen, die zur gleichen Zeit im bolschewistischen Lager entwickelt wurden. Die drei gemalten Anschlagblätter enthalten Auszüge aus einer politischen Grundsatzrede General Denikins vom 3. Februar 1919, in der er zur Bauernfrage (linkes Blatt) und zur Arbeiterfrage (rechts) Stellung nimmt. Dieses Plakat läßt erkennen, daß man sich der Notwendigkeit, die Grundsätze »weißer« Politik unter den Massen zu verbreiten, durchaus bewußt war. *78*

Leider ist das Plakat *»Für das einige Rußland«* nicht datiert, so daß nicht gesagt werden kann, ob hier das Vorbild für die bolschewistischen Plakate mit gleichem Motiv liegt. Der vom Himmel herabreitende St. Georg (Erzengel Michael?), der den Kreml von dem ihn umschlingenden roten Drachen befreit, gehört sowohl ikonographisch als auch inhaltlich zur russisch-orthodoxen Tradition. In bolschewistischen Händen stellt das Motiv eine Parodie dar: Die Farbe rot enthält statt der negativen (»Höllendrache« o. ä.) eine positive (»Rotar- *79*

---

[248] Nach dem Original im Imperial War Museum, London, Nr. 26465. Das Imperial War Museum in London verfügt über Porträt-Plakate von General Kornilov (Nr. 26465), General Denikin (Nr. 26464), Admiral Kol'čak (26463), General Škuro (Nr. 35839) und General Baron von Wrangel (Vrangel').

[249] Polonskij (Nr. 216) 76 f.

mist«) Bedeutung, aus dem Kreml mit seinen Kirchenkuppeln wird die Fabrik mit rauchenden Schloten . . .

Auch die Karikatur spielt in der Propaganda des Osvag eine Rolle, wie einige
80 erhaltene Beispiele zeigen. Unter der Überschrift *»Die Zierde und der Stolz der russischen Revolution«* zeigt eins dieser Blätter einen im Blut watenden, mit Dolch und Revolver bewaffneten Matrosen. Die Anspielung auf die Rolle der Matrosen in der bolschewistischen Revolution ist eindeutig und wird – im
81 Hinblick auf Matrosen-Plakate von »roter Seite« – beißend parodiert. Ein weiteres – ebenfalls dem Londoner Imperial War Museum gehörendes Blatt –
82 zeigt *»Lenin und Trockij«* in Karikatur. Beide stehen reisefertig vor einem Berg von Koffern, Trockij legt die eine Hand auf Lenins Glatze, die andere auf den neben ihm stehenden Globus. Der Sinn des beigefügten Gedichtes ist, daß Trockij und Lenin aus Rußland fliehen müssen, auf der Erde keinen Platz finden und sich deshalb auf der Achse des Globus niederlassen müßten.[250]

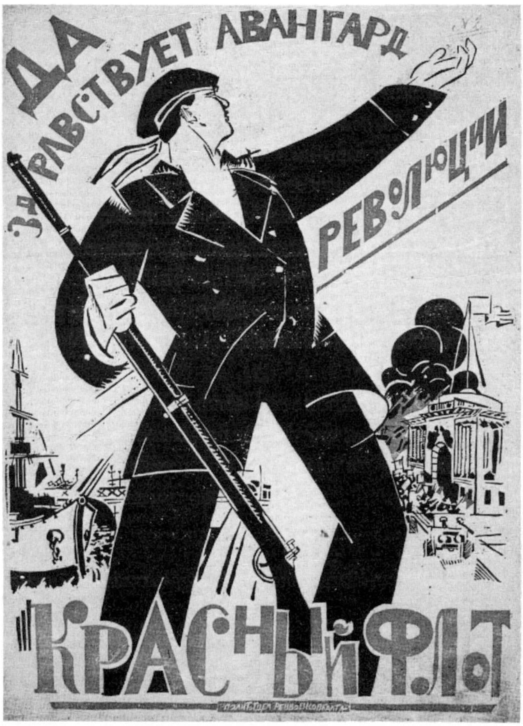

81 Es lebe die Avantgarde der Revolution, die Rote Flotte.
V. Lebedev, Petrograd 1919/20. 67 × 50 cm.

[250] «*Lenin i Trockij.* Milyj Vova, polno nyt', ty podumaj gde nam žit'? Ne priznali ljudi

Als antibolschewistisches Gegenstück zu den zahllosen sowjetischen Plakaten, die während des russisch-polnischen Krieges 1920 brandschatzende und mordende Polen (»Pane« u. ä.) zeigen, sei eines der frühen polnischen Plakate angeführt, das die Verteidigung von Wilna 1920 zum Thema hat. *»Wer an Gott* 83
glaubt – an die Verteidigung von Ostrobrama, unter das Adlerbanner und verjage sie!« Das Ostrobrama-Gnadenbild[251] schwebt als Palladium des polnisch-litauischen Katholizismus über einer durch christliche Indikatoren charakterisierten Landschaft, während im Vordergrund ein Soldat der polnischen Armee einen bärtigen Russen von Untaten abhält.

Auf beiden Seiten der jeweiligen Fronten bildete das Plakat während des Bürgerkrieges lediglich *eines* der propagandistischen Mittel, die den militärischen und politischen Führern zur Festigung des Konsensus im eigenen Machtbereich und zur Offenlegung von Dissens im gegnerischen Lager in die Hand gegeben waren. Auf die Propaganda insgesamt gesehen scheint jedoch festzustehen, daß im Kampf zwischen Militärs und Berufsrevolutionären die ersteren das Ringen um die Zustimmung des Volkes als nebensächlich mißachteten und – ihrer Denkweise entsprechend – mehr die Städte zählten, die ihre Kavallerie eroberte. Ihre in politischen Kategorien denkenden Gegner hatten nicht nur die persönliche Erfahrung jahrzehntelanger Agitation und Propaganda hinter sich, sondern auch die – oben am Beispiel des Fürsten Kropotkin illustrierte – denkerische Anstrengung der russischen revolutionären Bewegung.

Die Verbreitung der bolschewistischen Leitsätze, Losungen, war den Kommunisten derartig wichtig, daß dem Plakat eine besondere Rolle in dem Regime ständigen Mangels an Papier, Farbe, Verkehrsmitteln usw. zugestanden wird. »Jeder, der dieses Plakat abreißt oder es mit einem Affiche überklebt, begeht eine konterrevolutionäre Handlung« steht unter vielen Plakaten.[252]

Um den drückenden Mangel an Papier zu demonstrieren, unter dem auch die Plakatpropaganda litt, sei hier ein Beschluß des Rates der Volkskommissare vom 8. März 1918 angeführt. Darin wird für Petrograd die Zahl der Tageszeitungen auf zwei beschränkt, mit einer gemeinsamen Auflage von 400 000 Exempla-

---

tvari nas na ėtom kruglom šary. Net nam mesta na Rusi, pomestimsja no osi!», Signatur S. D. bzw. D. S.

[251] Die Marien-Ikone von Ostra Brama soll ursprünglich aus Cherson (Krim) stammen und von Großfürst Olgerd nach Wilna gebracht worden sein. Sie wurde von den litauischen Katholiken in höchsten Ehren gehalten und galt als Beschützerin der Stadt Wilna, wo sie sich in der Kapelle über dem Auštra-Tor befindet. Vgl. P. Weber, Wilna, eine vergessene Kunststätte. Wilna 1917, 105, Abb. 107.

[252] Vgl. u. a. Abb. 24 u. 52.

ren. Auch die zentralen Moskauer Zeitungen müssen Einbußen ihrer Auflagenhöhe hinnehmen: die »Pravda« erhält eine Auflage von 150 000, die »Izvestija«, das Regierungsorgan, das auch die Dekrete veröffentlichte, von 400 000 Exemplaren pro Tag. Die übrigen Papierbestände werden für einige kleinere Zeitungen, etwa »Stimme des werktätigen Bauerntums« (30 000 Aufl.), bestimmt. Danach heißt es, ähnliche Auflagenbeschränkungen seien auch »für Affiches, Plakate und Außenreklame« einzuführen.[253]

Im Jahre 1919 wird die »scharfe Papierkrise« wiederum zum Gegenstand eines Regierungsbeschlusses, wobei es jetzt um die Distribution geht. Als Empfänger wird vor allem die Armee, erst dann die Bevölkerung genannt, wobei das Primat der propagandistischen Bearbeitung der Soldaten vor jener der Arbeiter und Bauern im Bürgerkrieg offen anerkannt wird. Damit die Zeitungen auch tatsächlich am Bestimmungsort anlangen, »werden Zeitungen und Literatur zur eiligen Militärfracht deklariert«, so daß ihr Transport »an erster Stelle« gesichert ist.[254]

Für das Plakat-Thema speziell ist interessant, was die Regierung für den Fall bestimmt, daß die periodische Presse *nicht* in die Provinzorte gelangt.

»Die Gouvernements- und Kreis-Exekutivkomitees sind verpflichtet, den »Boten« (Telegramme) und das Radio »Rosta« [d. h. Telegraf-Nachrichten] abzudrucken in lokalen Publikationen; im Falle eines Fehlens von Zeitungen, *sie in einzelnen Plakaten und Blättern zum Ankleben* und Versenden über Land herauszugeben«.[255]

Darüber hinaus wird bestimmt, daß die lokalen Verantwortlichen haftbar sind »für die unverzügliche Übergabe des Informationsmaterials, das von Rosta versandt worden ist, an die lokale Presse, aber ebenso für die Verbreitung und das Ankleben von Plakaten, Blättern, Aufrufen usw.«[256]

Hier sehen wir die Wurzel der berühmt gewordenen »Satire-Fenster«, wie der »Wandzeitung« überhaupt. Papiermangel und der beklagenswerte Zustand der Kommunikationswege machten Ersatzformen erforderlich, die dann Eigenleben gewannen. Die täglichen oder wöchentlichen Wandzeitungen waren für die russische Provinz eine wichtige Verbindung mit dem Geschehen in den Hauptstädten, zugleich gehörten sie zum Propaganda-Umfeld der Plakatkampagne, von der noch zu sprechen sein wird. Wie schnell die Wandzeitung historisiert und zugleich als Propagandamedium kanonisiert wurde, zeigt eine »Allunions-Aus-

---

[253] *Dekrety* (Anm. 134) Bd. 4, 641–642.
[254] Postanovlenie vom 12. 5. 1919, in: *Dekrety* (Anm. 134) Bd. 5, 174.
[255] Ebd.
[256] Ebd.

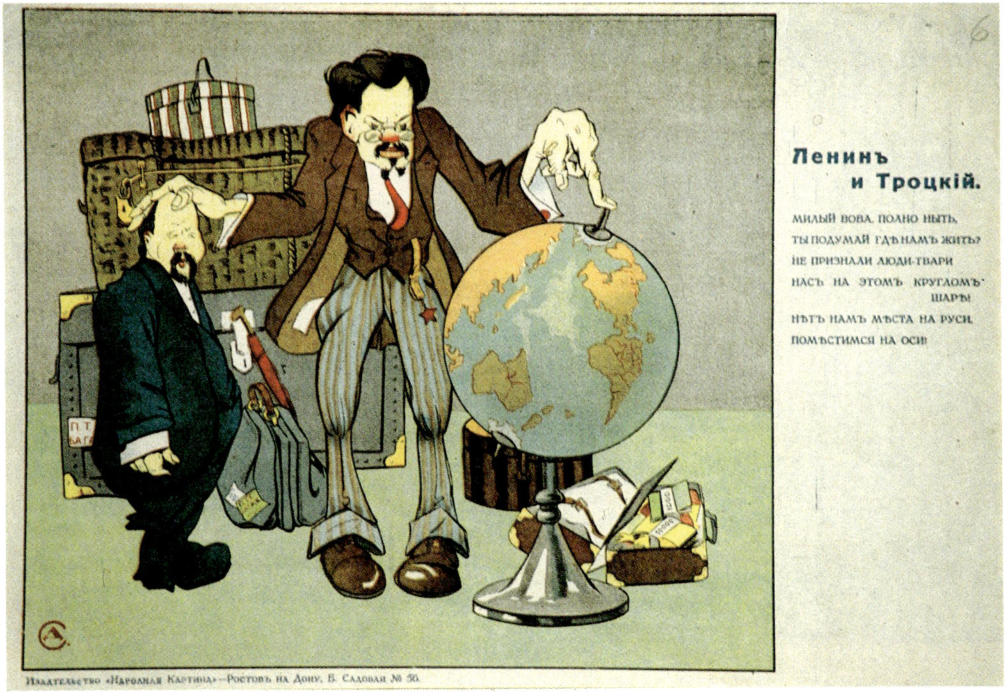

82 Lenin und Trockij.
Lieber Vova [Vladimir], es ist ziemlich mies, denk mal nach, wo wir leben sollen? Nicht anerkannt haben uns die Menschengeschöpfe auf dem Erdenrund. Kein Platz ist für uns in Rußland, nehmen wir also auf der Erdachse Platz! Rostov/Don 1919.

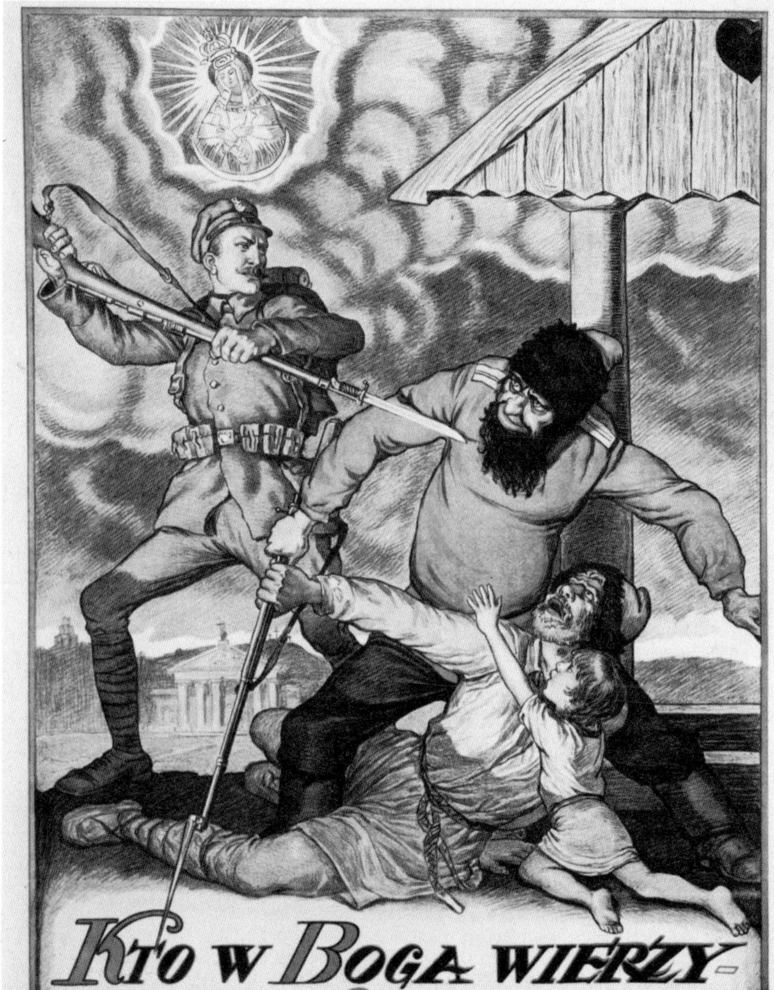

83 Wer an Gott glaubt – zur Verteidigung von Ostrobrama. Unter das Banner des Adlers und vertreibe sie!
1920.

stellung von Dorfwandzeitungen« 1926 in Moskau, auf der mehr als zweitausend Wandzeitungen von 1117 Organisationen ausgestellt worden sind.[257]

In diesem Zusammenhang möge ein Schriftplakat etwas ausführlicher zitiert werden, das in der Gouvernementstadt Pensa am 1. September 1920 veröffentlicht wurde. Die lokale Presseredaktion gibt darin eine Charakteristik der kommunikativen Situation einerseits, des Selbstverständnisses der Presse-Multiplikatoren andererseits.

»Lest die Wandzeitungen! Über die Wandzeitungen. Die gegenwärtige Papierkrise, der Mangel an Zeitungsarbeitern und unsere Wegelosigkeit, die die Anlieferung der Zeitungen verzögert, haben die Frage nach einem in möglichst breitem Maßstab organisierten Netz eines neuen Typs der Massenzeitung auf die Tagesordnung gebracht, der Wandzeitung zum allgemeinen Gebrauch. Die einfache Organisation einer solchen Ausgabe, die ein Minimum an typographischer Ausrüstung und Redaktionskollegium verlangt, bietet die Möglichkeit, Wandzeitungen in den entlegensten, ödesten Winkeln des Landes mit hinterwäldlerischer Bevölkerung, die sich in der Gewalt unsinniger Gerüchte und Falschmeldungen befindet, herauszugeben. Die gedrängten, klaren, in ihrer Darlegung populären Materialien, die mit Zeichnungen, Porträts, Karikaturen und Karten versehen sind, machen die Wandzeitungen dem Verständnis der breitesten und kulturlosen Massen zugänglich. In großer Schrift gedruckt und auf Fabrikgelände, auf Bahnhöfen, Plätzen und Basaren, in Dörfern und Weilern angeklebt, verbinden die Wandzeitungen die zurückgebliebensten Unterschichten der Stadt- und Landbevölkerung mit dem politischen und gesellschaftlichen Leben und erweisen sich als bestes Mittel der Propaganda und Agitation, als unersetzliches Medium der Einwirkung auf die breitesten Massen.

Wandzeitungen im Gouvernement Pensa. Die erste Wandzeitung im Gouvernement Pensa erschien am 13. September 1919 in der Stadt Pensa und hat in dem Jahr ihrer Existenz 275 Nummern herausgebracht. Seit Frühjahr 1920 [. . .] ist die Abteilung Pensa der Rosta zur Organisation von Kreis-Wandzeitungen übergegangen. [. . .] Gegenwärtig kommen regelmäßig, Tag für Tag, sechs Wandzeitungen im Gouvernement Pensa heraus, werfen die frischesten, letzten, durch Radio und Telegraf erhaltenen Nachrichten unter die breitesten Massen der Bevölkerung. Eine Wandzeitung muß in jedem Kreis vorhanden sein.«[258]

Wie erfindungsreich die Bolschewiken waren, um die Probleme der Distribution zu lösen, zeigt sich auch an dem Phänomen der Agitationszüge und -dampfer, die mobile Plakatwände bildeten und im Lande herumfuhren. Im Sommer

---

[257] *Kul'turnaja* žizń v SSSR 1917–1927. Chronika. Moskva 1975, 633.

[258] Butnik-Siverskij (Nr. 162) Nr. 3405, Format 71 × 46 cm.

1918 war in der militärischen Abteilung des Verlages des Zentralen Exekutivkommitees der Plan eines Agitationszuges entstanden, der darauf seit dem 13. August 1918 als »Mobiler militärisch-literarischer Frontzug namens Genosse Lenin« im Dienst stand. Er war außen mit Bilder und Losungen in Ölfarbe bemalt und führte ein komplette Propagandaabteilung mit sich, aber auch Vertreter einzelner Volkskommissariate, die vom Zug aus die lokalen Verwaltungen kontrollierten. Es gab später mehrere solcher Züge, die bis nach Mittelasien, zum Kaukasus und nach Sibirien fuhren; sie haben u. a. 1,5 Millionen Zeitungen, und ebensoviele Flugblätter und Plakate verteilt.[259]

Die mobilen Propaganda-Einheiten sind zu Recht berühmt und in zahlreichen Werken zu dieser Epoche angeführt; die erste illustrierte Darstellung brachte bereits R. Fülöp-Miller.[260] Angemerkt sei, daß auch der Osvag von General Denikin derlei Propagandazüge verwandte, wie oben zitiert. Die Propagandazüge gehören zu dem übergreifenden Phänomen der Propaganda*kampagne* und sollen darum – ebenso wie die »Wandzeitung« – durch eine kurze Selbstdarstellung, hier ein für den Agitationszug »Lenin« verwendetes, 71 × 53 cm großes Plakat verlebendigt werden.

»Die Literatur-Instrukteurszüge des Allrussischen Zentralen Exekutivkomitees. Unser Zug. Was für ein sonderbarer Zug ist da angekommen? Früher hat man solche nicht gesehen. Ob nicht etwa die Herren zu irgendeinem Vergnügen die Waggons herausgeputzt haben? Nein, Genossen, die Herren sind in der sowjetischen Republik abgeschafft worden, aber wenn sie irgendwo geblieben sind, so ist ihnen nicht nach Vergnügen: Wie sie nur ihre Haut vor dem gerechten Volkszorn retten könnten. Kein herrschaftlicher Zug ist das. Die Arbeiter- und Bauernregierung richtete ihn zur Aufklärung des Volkes ein. Es gibt viel Entbehrung im Volk, aber am meisten mangelt es ihm am Wissen, wie das Leben auf neue Art einrichten. Früher regierten den Staat Kaufleute, adlige Gutsbesitzer sowie deren Beamte. Jetzt regiert das Volk selbst das Land: Arbeiter und Bauern in ihren Räten. Neue Regenten regieren nicht immer gut: sie straucheln, sie irren sich. Eine neue und schwere Arbeit ist ihnen zugefallen. Solche Erfahrung, die Staatsangelegenheiten zu leiten, gab es bei Arbeitern und Bauern nicht. Da schickt die Regierung einen ganzen Zug solcher Führer, die an jedem entlegenen Ort guten Rat und Anleitung geben können, wie die Arbeit besser

---

259 N. A. Bryljakov, Rossijskoe telegrafnoe ... Moskva 1976, 91–108. Am ausführlichsten, wenn auch nur auf das Gebiet der Ukraine bezogen, M. F. Dmytrienko, Lystivky bil'šovyc'kich organizacyj Ukrainy 1917–1920 rr. jak istoryčne džerelo. Kyiv 1980, 97–122, 290–298.

260 Fülöp-Miller (Nr. 172) 129–130, Taf. 50–51; vgl. auch Polonskij (Nr. 216) 50–62; Guerman (Nr. 181) Abb. 330–342.

auszuführen sei. Einer kommt, sagen wir, vom Kommissariat für Volksaufklärung. Er zeigt, wie das Schulwesen richtiger organisieren, eine Bibliothek einrichten. Ein anderer – im medizinischen Bereich, ein dritter – im Ackerbau, wie die Landwirtschaft auf den richtigen Weg führen. Und so wird für jede Arbeit ein kundiger Spezialist geschickt. Zu jeder beliebigen Sache kann man von den Angestellten des Zuges Auskunft und Anleitung bekommen. Dann wurde bekannt, daß gute Bücher schlecht ins Volk gelangen. Nirgendwoher kann man an abgelegenem Ort das Licht des Wissens erlangen. In diesem Zug aber werden einige Waggons Bücher und Zeitungen für das Volk gebracht. Teils umsonst, teils aber auch gegen Bezahlung werden sie abgegeben. Außer Büchern sind im Zug Bilder-Porträts zu haben. Früher schmückte das Volk die Wände mit Porträts seiner Unterdrücker – von Zaren und zarischen Kommandeuren. Die Zeit ist gekommen, sie gegen die Porträts der besten Kämpfer für die Volksbefreiung auszutauschen, von denen viele im Kampf für das Volk fielen; aber viele setzten die ruhmreiche Arbeit zum Nutzen des Volkes fort. Und noch eines macht der Zug: Er gibt dem Volk die Möglichkeit, den Theater-Kinematographen, wenn auch selten, zu sehen. Den Einwohnern der großen Städte ist das kein Wunder, aber in der Einöde gibt es selten einen Kinematographen mit nützlichen und interessanten Bildern. Also ist ein wanderndes Theater in einem der Waggons eingerichtet worden.

Lebendiges, mündliches Wort, Buch, Zeitung, Bild, Theater, – alles, was auch nur ein wenig Licht in das Dorf und die abgelegenen Winkel Rußlands bringen kann, – das ist es, was der Literatur-Instrukteurszug bringt, benannt mit dem Namen unseres Führers und Lehrers Genosse Lenin. Warum hat man ihn so herausgeputzt? War es nicht möglich, einen gewöhnlichen Zug zu schicken? Antworten wir auch darauf. Das russische Leben war wirklich sehr unschön: grau und schmutzig, ungewaschen. Reichgewordene Schmarotzer hatten zu ihrem Vergnügen die besten Kunstmaler angemietet, die ihnen prächtige Paläste ausmalten. Jetzt hat das Volk sich die Kunstmaler in den Dienst gestellt: Malt, Freunde, verschönert das Mütterchen Rußland, richtet es wenigstens ein wenig her nach jener Schande, in der es die Familie der Romanovs 300 Jahre gehalten hat. Schmückt die Waggons, die Wände der Bauernhütte, – möge überall eure Kunst das Auge erfreuen. Nun, dafür sind die so ausgeputzten Züge eingerichtet. Bald fahren sie auf allen Gleisen, Licht und Wissen in die abgelegensten Winkel unserer Heimat tragend. Und im Sommer fahren zu demselben Zweck Dampfschiffe auf den Flüssen, und auf den Chausseen und Feldwegen – Automobile mit demselben Ziel – der Aufklärung des Volkes.«[261]

---

 [261] Butnik-Siverskij (Nr. 162) Nr. 3333, datiert August-September 1918.

In den Jahren von 1918 bis 1921 sind in Sowjetrußland von mehr als 450 zivilen oder militärischen Organisationen Plakate herausgegeben worden. Der 1960 erschienene Katalog von B. Butnik-Siverskij enthält 3700 Nummern und ist unvollständig.[262] Diese beiden Zahlen machen deutlich, daß auch die Provinzorganisationen der Bolschewiken, deren Möglichkeiten meist sehr begrenzt gewesen sein dürften, das Plakat als aktuelles und effektives Kommunikationsmittel erkannt hatten. Viele der Plakate werden wohl, wie die Rosta-Fenster, geringe Streuungsbreite (wenn wohlmöglich auch kein geringes Publikum) gehabt haben; andere hingegen, wie sich für einzelne Editionen nachweisen läßt, haben Auflagen bis zu 200 000 Exemplaren erreicht.[263]

In Moskau wurde die Plakatproduktion im August 1918 vom »Allrussischen Zentralen Exekutivkomitee« aufgenommen. Gegen Ende dieses Jahres begann auch das »Allrussische Büro der Kriegskommissare« mit der Emission von Plakaten, eine Funktion, die 1919 die Politverwaltung des Revolutionären Kriegsrates (Pur) übernahm.[264] Die Plakatpropaganda stellte sich sofort auf die besondere Problematik des Vielvölkerreiches ein: Eines der beiden ersten sowjetischen Plakate vom August 1918, *»Zar, Pope und Kulak«* erschien russisch *125*
und zugleich auf ukrainisch, polnisch, hebräisch, čuvašisch, lettisch, estnisch, litauisch, mordvinisch, tatarisch und marisch.[265] Die selbsttätige Plakatproduktion verschiedener Institutionen im dezentralisierten Land wurde zumindest zum Teil im April 1920 durch die Übergabe der gesamten zivilen Plakateditionen in den Staatsverlag (Gosizdat) zentralisiert. Die Streitkräfte brachten weiterhin ihre eigenen Plakate heraus. Ob mit diesem Beschluß der Zentrale wirklich an allen Orten des Landes die Eigeninitiative sich den Zufälligkeiten des Verkehrssystems unterwarf, darf füglich bezweifelt werden.

Das politische Bildplakat ist von den Bolschewiken also eigentlich recht spät eingesetzt worden, erst etwa acht Monate nach der Machtergreifung, eineinhalb Jahre nach der Februarrevolution, die die freie Propaganda ermöglicht hatte. Zum Vergleich kann das von Lenin persönlich ausgehende Projekt der *Monu-*

---

[262] B. S. Butnik-Siverskij (Nr. 162). Butnik-Siverskij mußte z. B. alle Plakate mit Erwähnungen L. Trockijs fortlassen; es haben sich aber auch andere Lücken herausgestellt. Daß er die »weißen« Plakate nicht katalogisiert, erscheint beinahe selbstverständlich, obwohl es sich nicht in jedem Fall um »reaktionäre« Plakate gehandelt haben mag.

[263] Die höchste von Butnik-Siverskij genannte Auflage ist 203 000 für ein Plakat mit einem Aufruf Lenins zur Rettung des Transports von Februar 1920; Butnik-Siverskij (Nr. 162) Nr. 2056; *Affiches* (Nr. 153) Nr. 109.

[264] Dazu White (Nr. 241) 27.

[265] Weitere Angaben bei Butnik-Siverskij (Nr. 162) Nr. 710–717, vgl. S. 44.

mentalpropaganda[266] angeführt werden, das schon Anfang April 1918 mit viel Aufwand eingeleitet wurde. Lenin regte Lunčarskij, den Kulturkommissar an, mittels großer Schrifttafeln und Plaquetten zündende Gedanken und mittels der Skulpturen progressiver Denker »Miranda« der revolutionären Bewegung vor Augen zu führen. Bei kritischer Betrachtung sieht man hier den Kommunisten Lenin auf derselben Ebene wie seine »weißen« Gegner: Selbst Bildungsbürger, war er auf die Macht des Wortes und des rationalen Argumentes fixiert und eigentlich ein Verächter des Bildes. Die Hochschätzung der Monumentalskulptur von Seiten Lenins ist ganz offensichtlich eine denkerische Sackgasse, die aus seiner Prägung durch den bürgerlichen Geschmack des ausgehenden XIX. Jahrhunderts zu erklären wäre.

Aus der Mißachtung des Bildplakates rührt die Verlegenheit der sowjetischen Forscher her, ihre Quellengattung mit einem affirmierenden Wort Lenins legitimieren zu können. Die einzige Auslassung Lenins zum Karikaturplakat wurde erst 1962 veröffentlicht, immerhin früh genug, sie noch in das Werk von G. Demosfenova, das im selben Jahr erschien, hineinzunehmen.[267]

Lenin entwarf in dem Manuskript in kurzen Worten zwei Karikaturen zum parlamentarischen Vorgehen in der »Demokratischen Versammlung« und schlug vor, »zwei Plakate herauszugeben und in den Kasernen und Fabriken auszuhängen«.[268] Kennzeichnend ist vielleicht, daß Lenin den Wortlaut des Manuskriptes grundlegend änderte und gerade diesen Passus entfernte.[269]

Als nach der Oktoberrevolution die Blüte des sowjetischen Bildplakates begann und mit Hilfe dieser Propaganda offensichtliche Erfolge errungen werden konnten, hat Lenin gleichwohl kein einziges Mal ein Interesse dafür gezeigt. Wenn Butnik-Siverskij versichert, daß »Plakate Lenin tief interessierten und bewegten«[270], kann er doch keine Stelle in den zahlreichen Schriften und Manuskripten Lenins anführen, die derlei belegte. Sein Legitimations-Zitat befaßt sich nicht mit dem politischen Plakat, sondern mit einer Schrifttafel. Wenn Lenin auf

---

[266] Vgl. dazu H.-J. Drengenberg, Die sowjetische Politik auf dem Gebiet der Bildenden Kunst von 1917–1934. Berlin 1972.

[267] Demosfenova (Nr. 164) 13 zitiert die Seitenzahl nach der schon 1961 in Berlin erschienenen deutschen Übersetzung. Es handelt sich um das Manuskript des umgearbeiteten Artikels «O gerojach podloga i ob ošibkach bol'ševikov» (V. I. Lenin, Polnoe sobranie sočinenij, Bd. 34. Moskva 1962, hier 255); deutsche Ausgabe: Helden der Fälschung und Fehler der Bolschewiki, in: W. I. Lenin, Werke, Bd. 26. Berlin 1961, hier 33.

[268] Lenin (wie Anm. 267) 33 (7. Oktober 1917).

[269] Die veröffentlichte Fassung in: W. I. Lenin, Sämtliche Werke XXI. Wien–Berlin 1931, S. 269–274.

[270] Butnik-Siverskij (Nr. 162) 18.

eine solche Tafel bezogen von »Plakat« spricht, zeigt auch das, wie wenig er zwischen Losungen auf monumentalen Zeichenträgern und dem Künstlerplakat zu differenzieren verstand. Die von Butnik-Siverskij angeführte kleine Szene belegt immerhin Lenins Sensibilität für propagandistische Formulierungen und illustriert zugleich die Welt der Propagandaparolen jener Jahre:

Als Lenin am 27. März 1921 vor den Delegierten des Transportarbeiterkongresses sprechen sollte, begann er seine Rede mit einer kritischen Bemerkung:

> »Jetzt, als ich durch euren Saal ging, traf ich auf ein Plakat mit der Inschrift ›Des Reiches der Arbeiter und Bauern wird kein Ende sein‹. Und als ich dieses seltsame Plakat durchlas, das, in der Tat, nicht an seinem richtigen Ort hing, sondern in der Ecke stand – wohlmöglich hat jemand bemerkt, daß das Plakat mißlungen ist – als ich dieses seltsame Plakat durchlas, habe ich gedacht: Sieh einmal, bezüglich wie grundlegender und das Alphabet betreffender (azbučnych) Dinge bei uns Mißverständnisse und falsches Verstehen existieren. In der Tat, wenn des Reiches der Arbeiter und Bauern kein Ende wäre, dann hieße das, daß niemals Sozialismus sein wird, denn Sozialismus bedeutet Vernichtung der Klassen, solange aber Arbeiter und Bauern bestehen, solange bleiben verschiedene Klassen . . .«[271]

Eins scheint sicher zu sein, daß die Propaganda mittels des Künstlerplakats nicht von Lenin initiiert wurde. Es müßte jemand aus dem engsten Kreis der Führung gewesen sein, der die Herausgabe von Plakaten durch das Zentrale Exekutivkomitee angeregt hat. Eine großangelegte Plakatproduktion setzte ein, als Trockij aus den Freiwilligentruppen überzeugter Proletarier eine aus wehrpflichtigen Bauern bestehende Armee schmiedete und die propagandistische Arbeit unter den wehrunwilligen Rekruten von dringendster Bedeutung wurde. Daß die Armee ein wichtiger Produzent und Abnehmer der politischen Propaganda war, wurde bereits angemerkt. Auch die langfristige Beeinflussung der Bauernschaft war für die Armeeführung von besonderer Wichtigkeit, weil nicht nur die Getreideversorgung, sondern auch Probleme wie die Massendesertionen unmittelbar auf die Schlagkraft der Armee einwirkten.

Nachdem die Plakatproduktion angelaufen war und sofort offensichtliche Erfolge mit sich brachte, nahmen sich die Partei, die Armee und gesellschaftliche Organisationen wie der *»Proletkult«* – eine Massenbewegung zur Ausarbeitung einer proletarischen Klassenkultur[272] – des neuen Mediums mit großem Eifer an. Die Propagandaabteilung der Politverwaltung der Armee (Litizdat PUR) organisierte die bedeutendste Produktion, charakterisiert durch Namen wie Apsit, Moor, Deni und andere.

---

[271] Ebd.

[272] P. GORSEN, E. KNÖDLER-BÜNTE, Proletkult. Band 1–2. Stuttgart 1974, 1975.

Die Parteizeitung *»Pravda«* verfolgte die Plakatproduktion, indem sie die Herausgabe wichtiger Plakate bekanntgab, manche sogar in Form von Rezensionen besprach, andere wiederum als Illustration selber abdruckte und so lokalen Künstlern die Möglichkeit gab, sie zu kopieren. Auch andere Publikationen widmeten den Plakaten Aufmerksamkeit.[273]

Die offizielle Anerkennung der »Pravda« erreichte das Plakat in deren Ausgabe vom 6. Oktober 1918, in der eine Resolution des Proletkult übernommen und postuliert wird: »Das Plakat muß eine neue, mächtige Waffe der sozialistischen Propaganda werden, welche auf die breiten Massen wirkt.«[274] Der dazugehörige Text von Seiten des Proletkult lohnt ebenfalls des Zitates:

> »Das Plakat führt, indem es die Aufmerksamkeit dieser Massen auf sich zieht, zur ersten Beeinflussung ihres Bewußtseins, ein Prozeß, der durch Bücher und Lektüre verstärkt wird. Die Aufgabe besteht darin, in Plakatzyklen – vorgesehen sind fünfzig – die Ideen des Kommunismus in künstlerischer Form darzustellen. Diese Plakatzyklen sollen ein in sich geschlossenes Ganzes bilden und die Hauptlinien des sozialistischen Aufbaus darstellen.«[275]

Die Aufgabe des Plakates war damit erkannt, ähnlich wie in der Schweizer Publikation von 1920: aus Gleichgültigen Sympathisanten zu machen. Der Gleichgültigen und Widerstrebenden gab es genug in Sowjetrußland, das Plakat versprach jene aktionstragende Beeinflussung, welcher später die Umerziehung durch intensivere Medien folgen konnte. Die geschlossenen Zyklen von Plakaten scheinen nicht in die Tat umgesetzt worden zu sein, offensichtlich, weil die aktuelle Beanspruchung zunächst erst einmal langfristige Strategien gar nicht erlaubte. Das Plakat hatte den Erfordernissen des Tages zu dienen; später, als das Land im Übergang zu Lenins »Neuer Ökonomischer Politik« zur Ruhe kam, hielt man dieser Art Projekte wohl nicht mehr für dringlich.

Ein diesem ähnlicher Plan ist uns aus der Vorbereitung zum Jublil äum der Oktoberrevolution 1919 bekannt geworden, die Herstellung monumentaler Plakat-Kalender, die in der Größe von ca. 1,50 m × 2,10 m auf dem Roten Platz ausgehängt werden sollten. Von einer Verwirklichung dieser Plakatkalender wird jedoch nichts berichtet.[276]

---

[273] Butnik-Siverskij führt in seinem Katalog alle derartigen Pressestimmen an.

[274] H. Gassner, E. Gillen, Zwischen Revolutionskunst und Sozialistischem Realismus. Dokumente und Kommentare. Kunstdebatten in der Sowjetunion von 1917–1934. Köln 1979, 429.

[275] Lorenz (Anm. 151) 160; Gassner (Nr. 175) 429.

[276] Šantyko (Anm. 142) 136 f.

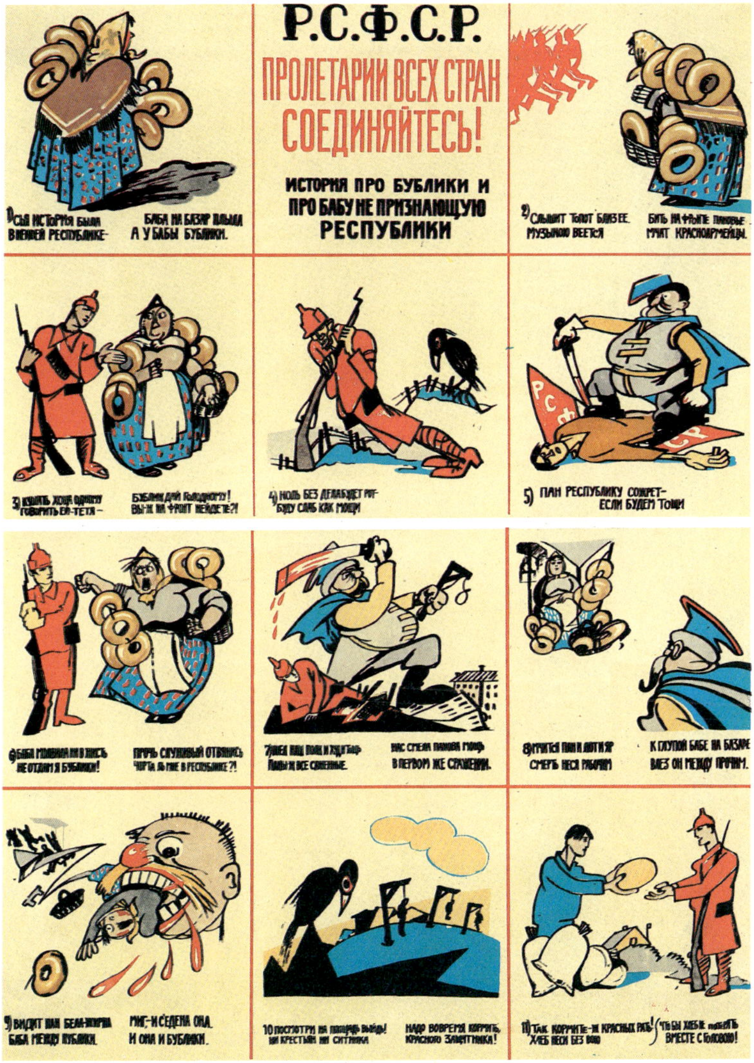

84 Historie von den Kringeln und der Alten, die die Republik nicht anerkannte. M. M. Čeremnych, ROSTA-Fenster 1920, 140 × 102 cm.

Wie fruchtbar die Zusammenarbeit engagierter Künstler mit den Institutionen der Sowjetmacht in den ersten Jahren nach der Revolution gewesen ist, läßt sich sehr gut am Phänomen der sogenannten »Satire-Fenster« zeigen. Diese Quasi-Plakate müssen den Innenplakaten zugerechnet werden, weil sie – ähnlich den für Amtsstuben vorgesehenen Plakaten – nicht auf Außenwänden hingen, sondern in Innenräumen, in diesem Fall in den leergewordenen Schaufenstern und Vitrinen der Großstädte. Eine weitere Besonderheit zeichnet die Satire-Fenster aus, daß sie – den damaligen Produktionsbedingungen und der Forderung nach politischer Aktualität entsprechend – nicht gedruckt, sondern von Hand bzw. mit Hilfe von Schablonen vervielfältigt wurden.

Die Idee, in leerstehende Schaufenster Propagandablätter zu hängen, verwirklichte im September 1919 der Künstler Michail Čeremnych, wenig später gesellten sich ihm der Dichter Vladimir Majakovskij und der Künstler Ivan Maljutin zu. Unter der engagierten Förderung des Proletkult-Führers Keržencev, der die Nachrichtenagentur Rosta leitete, entwickelten die genannten Drei unter Mitarbeit zahlreicher anderer die Moskauer Produktion der Rosta-Fenster, insgesamt während zweier Jahre ca. 1600 Ausgaben. In Petrograd, Odessa und anderen Städten erschienen ebenfalls Satire-Fenster.[277]

Die Satire-Fenster bilden eine ins Monumentale gewandte Art von Bildgeschichten im Stile der Moritat, wobei die Verbindung zwischen Bild und Text vom Verfasser frei gestaltet wird. Häufig werden aktuelle soziale Normen in die Form einer Parabel mit belehrendem Schluß gekleidet, in der Regel erhält dabei der Text die Form unregelmäßiger Knittelverse. Als erstes Beispiel möge ein Satire-Fenster von Michail Čeremnych über die Versorgung der Roten Armee von Seiten der Bevölkerung dienen. Die kurzen Vierzeiler zur Bildfolge reimen sich im Original:

> »R.S.F.S.R. Proletarier aller Länder, vereinigt auch! *Geschichte von den Kringeln und der Alten, die die Republik nicht anerkannte* 84
>
> 1) Diese Historie geschah / in einer gewissen Republik / die Alte ging zum Basar / und die Alte hatte Kringel.
>
> 2) Sie hört Marschtritt näher / Musik weht heran / an der Front die Pane schlagen / eilen die Rotarmisten.
>
> 3) Einer möchte etwas essen / sagt zu ihr: Tante / einen Kringel gebt dem Hungrigen! / Zur Front geht Ihr doch nicht?
>
> 4) Wenn der Mund ohne Arbeit bleibt / werd ich schlapp wie eine Reliquie.
>
> 5) Der Pan wird die Republik fressen / wenn wir ausgezehrt sind.

---

[277] W. Duwakin, Rosta-Fenster. Majakovskij als Dichter und bildender Künstler. Dresden 1975; Bryljakov (Anm. 259) 114; White (Nr. 241) 30 f. Interessante Beispiele in: »Rosta *Windows.*« Soviet Political Posters. Leningrad 1981.

6) Sagt die Alte: nicht ums Leben / ich geb keine Kringel her!
Fort, Soldat, verschwinde / den Teufel schert mich die Republik!
7) Unsre Schar ging, mager und dürr / die Pane alle riesig / uns fegte weg der Pane Macht / in der allerersten Schlacht.
8) Es eilt der Pan, wild und bös / todbringend den Arbeitern. / Zur dummen Alten im Basar / kam er unter andrem.
9) Sieht der Pan sie, weiß und fett / die Alte unter Kringeln / Schluck, da ist sie aufgefressen / sie und alle Kringel.
10) Sieh und komme auf den Platz / Kein Bauer und kein Kuchen / rechtzeitig muß man ernähren / den roten Verteidiger!
11) So ernährt das rote Heer / bringt ihm Brot ohne Geheule / um das Brot nicht zu verlieren / mit dem Kopf zusammen!«

85 Eines der bekanntesten Blätter V. Majakovskijs für die Rosta-Fenster hat die sechsteilige Aufschrift *»1) Wenn wir das weiße Pack nicht ganz erledigen, 2) Kommt das weiße Pack wieder auf die Beine. 3) Wenn wir den Pan erledigen und die Arme kreuzen 4) streckt Wrangel die Hand nach dem Arbeiter aus. 5) Ehe die*

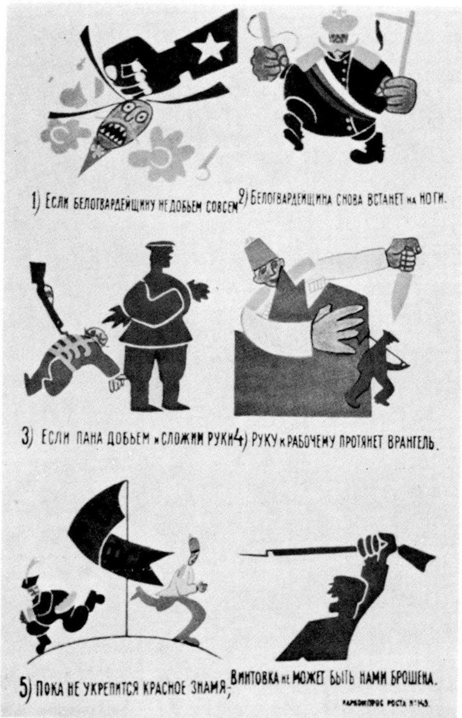

85 Wenn wir das weiße Pack nicht ganz erledigen.
V. Majakovskij, Rosta-Fenster 1920, 100 × 59 cm.

rote Fahne nicht fest steht, – dürfen wir das Gewehr nicht wegwerfen.«[278] An diesem Beispiel kann man die ganz anderen Kunstmittel Majakovskijs ablesen.

Die sechs Bilder zeigen eine Bildfolge, die nicht durch zeitliche Abfolge von Szenen, sondern durch logische Schlüsse im Sinne von *»wenn... dann...«* gegliedert ist. Man könnte die Reihenfolge der Bilder variieren; lediglich Bild sechs, welches das Resultat der Bildreihe formuliert, müßte an seiner Stelle bleiben.

Der Bildstreifen wird von einer Textzeile vervollständigt, die mit dem Bildinhalt korrespondiert, ihn jedoch nicht »illustriert«. Die Korrespondenz zwischen Bildzeichen und Beischrift kann bei Majakovskij verschieden strukturiert sein[279]: (1) Die Zeichnung kann, wie Polonskij für den Lubok konstatierte, die Kette von Syllogismen vervollständigen oder stützen. *Im vierten Bild* wird zum Beispiel erläutert, was die Redensart »Hand ausstrecken nach« im Beivers aussagen soll. Zunächst ließe der Text ja die Frage offen, warum Wrangel, der hinter den Bergen der Krim sitzt, die Hand nach den Arbeitern und nicht etwa nach den südrussischen Bauern und Kosaken ausstreckt. »Hand ausstrecken nach« wird im Bild erläutert durch eine andere Redeformel, *»Messer in den Rücken stoßen«*. Es ist typisch für die von Majakovskij entwickelte Sprache der ROSTA-Fenster (zumindest seiner eigenen, die er mit Bild *und* Text schuf), daß er die latente Metaphorik der Umgangssprache wieder belebte.

»Majakovskjij führt in den ROSTAFENSTERN die Bildhaftigkeit solcher versteinerten oder versteinernden phraseologischen Gruppen aus dem potentiellen Zustand heraus und verstärkt hierdurch die emotionelle Ausdruckskraft der mit sachlichen Prosaismen übersättigten Redewendungen.«[280]

Auch das zweite Bild der Reihe enthält eine Vervollständigung der Beischrift: »wieder auf die Beine kommen« wird mit Hilfe des Bildes interpretiert, durch die Figur des (ermordeten) Zaren Nikolaus II., der als »Auferstandener von den Toten« mit Knute und Galgen herbeistürmt. Die Figur des Zaren steht hier als Hieroglyphe für »Autokratie«, demzufolge auch für »Rußland vor den Revolutionen von 1917« und folglich auch für Unterdrückung (»Knute«) und Verfolgung (»Galgen«).

Das Bild erst macht aus dem Wenn-Dann-Satz eine wertende und appellierende Aussage, die man für den Zusammenhang 1–2 formulieren könnte: »wenn die Weißen wieder auf die Beine kommen, erwartet uns Autokratie, Unterdrükkung und Tod am Galgen.« Der Zusammenhang 3–4 ergibt dank der Bildaussage

---

278 Zu diesem Bild DUWAKIN (Nr. 168) 84 und Abb. 13.

279 Nach DUWAKIN (Nr. 168) 67 ff.

280 DUWAKIN (Nr. 168) 83; Gombrich spricht von »schlafenden Metaphern« – GOMBRICH (Anm. 175) 199.

einen Schluß etwa des Inhalts »wenn wir die Polen nicht schlagen, stößt Wrangel dem Proletariat das Messer in den Rücken«.

Duwakin nennt noch drei weitere Typen der Korrespondenz zwischen Bild und Beischrift[281]: (2) ein paradoxer Text enthält dank der Zeichnung die umgekehrte (also zutreffende) Bedeutung, etwa wenn *geschrieben wird,* die Weißen wollten dem Volk »Land« verschaffen und in der Zeichnung gezeigt wird, daß »Land« (zemlja) hier »Grab« (zemlja) zu bedeuten habe. Die ironische Diskrepanz zwischen Bild und Beischrift ist ja ein beliebtes Motiv der Satire.

Die dritte Möglichkeit sieht Duwakin in der Verstärkung von Emotionalität und Expressivität des ganzen Blattes, wodurch die Überzeugungskraft der Wertungen wie des Appells bedeutend intensiviert werden können. Die vierte Form der Korrespondenz schließlich besteht in der Bebilderung einer für sich autonomen Verserzählung, entspricht also etwa dem Plakat mit einem durch ein Bild verschönerten Schrifttext.[282]

Die ROSTA-Fenster bilden eine sehr komplizierte Materie, die auch in der Monographie Duwakins nicht erschöpfend analysiert werden konnte, schon deswegen nicht, weil er die Blätter der übrigen Künstler, vor allem Čeremnychs, nicht berücksichtigt. Sie sind auch für die Zeichentheorie von hohem Interesse, weil die Bildsprache der ROSTA-Fenster teilweise genial reduziert worden ist, so daß man im vollen Sinne des Wortes von einer Zeichensprache reden könnte. Es ließe sich ein Zeichenrepertoire zusammenstellen, das wie eine *Hieroglyphenschrift* Objekte, Sachverhalte und auch komplizierte Abstrakta ausdrückt. Wie bei einer Hieroglyphenschrift ist die syntaktische Struktur stark reduziert und muß besonders dekodiert werden. Auch die Elementzeichen selbst sind auf wenige ikonische oder indexikalische Referenzen geschrumpft: Der Proletarier ist rot, trägt eine Schirmmütze, ist froh oder traurig, trägt einen Hammer oder eine Flinte. Die Merkmale anderer Gestalten sind ähnlich stereotyp, wenn auch die feindlichen Figuren stärker variieren, weil sie ja ständig aktuellen Gehalt zudiktiert bekommen, sei es der polnische »Pan«, einer der Führer der Weißen oder die jeweils aktuelle Personifikation der Entente.

In den ROSTA-Fenstern finden wir also die Reduktion der im politischen Plakat ohnehin schon typisierten und schematisierten menschlichen Figur und ihres Handlungsraumes bis ins Extrem getrieben. Diese Schrumpfung der Botschaft von der Senderseite verlangt aber beim Dekodieren auf der Empfängerseite ein sehr umfangreiches Vorwissen. Nicht nur die Perspektive, Himmel, Erde, Licht und Schatten muß der Betrachter selbst in diese Bilder hineinproji-

---

[281] DUWAKIN (Nr. 168) 68.

[282] Ebd. 69.

zieren, um ein Bild im Sinne von »visueller Anschauung« zu erhalten. Ohne die identifikative Arbeit des Zuordnens eines politischen Abstraktums wie »Proletariat« zu einer grob scherenschnitthaften Figur von roter Farbe oder des Abstraktums »Autokratie« zur kaum kenntlichen Figur des ermordeten Zaren ist ein Verstehen des Zeichenkomplexes nicht möglich. Der *intellektuelle Zensus* der ROSTA-Fenster kann recht hoch liegen, die notwendige *Verweildauer* für ein vollständiges Erfassen eines solchen Blattes relativ lang sein.

Plakat-Kampagne

In der politischen Sprache der Gegenwart ist der Begriff »Kampagne« fest mit periodischen Wahlterminen verbunden. Unter »Kampagne« versteht man in der Regel eine »Wahlkampagne« (»Werbekampagne« ist die Entsprechung im ökonomischen Bereich). Die Gleichsetzbarkeit von Propaganda- (Presse-, Werbe-, Wahl-)Kampagne mit Propaganda- (u. ä.)Feldzug deutet auf die militärische Herkunft des Schlagwortes hin. Im 19. Jahrhundert allerdings verstand man unter »campagne« bzw. »campaign« ebenfalls einen begrenzten Zeitraum analog »Saison«. Das Überwiegen aktueller Wahlpropaganda über andere Formen politischer Überzeugungswerbung führt dazu, daß in vielen Katalogen und Aufsätzen das Wahlplakat als eigentliches politisches Plakat angesehen wird. Auch in Sowjetrußland sind Wahlplakate in Wahlkampagnen – etwa zu den Sowjetwahlen 1920 – verwandt worden, doch spielen sie keine führende Rolle in der Plakatproduktion.[283] Im deutschen Plakat ist die Weimarer Republik mit ihrer sich ständig verschiebenden Parteienlandschaft prägend geworden; die Wahlkampagnen zu Reichstags- und Reichspräsidentenwahlen dominieren das Verständnis von politischem Plakat und Plakat-Kampagne.

Der Begriff »Kampagne« ist bisher mehrfach mit dem Hinweis auf einen später folgenden Exkurs gebraucht worden. Dieser Exkurs soll nun anhand einer der sowjetischen Kampagnen der Bürgerkriegszeit folgen. »Kampagne« bezeichnet in diesem Zusammenhang schwerpunktartige Propagandaaktionen kurzer oder mittlerer Dauer. Der politischen Struktur der Sowjetunion entsprechend sind diese Kampagnen nicht durch einen Wettstreit mehrerer Bewerber um die Umworbenen gekennzeichnet, sondern durch eine staatlich gelenkte, edukative Propaganda für oder gegen ein aktuelles Phänomen.

Historiographisch gesehen erfaßt man mit dem Begriff »Kampagne« den für Plakate typischen historischen Zusammenhang. »Kampagne« beschreibt das Umfeld und die Existenzbedingungen für den Quellen-Überrest »Plakat«.

---

[283] Vgl. BUTNIK-SIVERSKIJ (Nr. 162) 92 f.

Wie oben bereits erwähnt, umfaßte eine Propagandakampagne in frühsowjetischer Zeit neben den Presseerzeugnissen und der mündlichen Agitation[284], Wandzeitungen (Schautafeln), Schriftbänder und Plakate. Agitationszüge und andere distributive Propagandainstrumente bedienten sich derselben Medien, nur trugen sie jene in Landstriche, die von der Kommunikation mit den Hauptstädten abgeschnitten waren. Bald nach der Revolution wurde auch der Kinofilm für die Propaganda entdeckt[285] und im Laufe der zwanziger Jahre besonders für die kulturelle Propaganda eingesetzt. Auch die Fotografie gewann an Bedeutung, sobald die technischen Voraussetzungen geschaffen waren.

Dem Historiker ist aus diesen Quellengruppen vor allem das Schriftmaterial geläufig, Presse, Broschürenliteratur usw., ohne daß man sagen dürfte, die Propaganda der frühen Sowjetzeit sei auch nur in Ansätzen erforscht. Der Prozeß der Konsensbildung zwischen den Leninisten und breiter werdenden Schichten der Bevölkerung beruhte auf der Überzeugungskraft des Wortes, welches dem Vorwissen der Anzusprechenden so gut wie möglich angepaßt wurde. Jahrzehnte illegaler Arbeit hatte die Bolschewiken gelehrt, neben der Parteipresse den Maueranschlag und den Handzettel als Kommunikationsmedien zu vervollkommnen. In den ersten Jahren Sowjetrußlands sind Zigtausende von einseitig bedruckten Schriftanschlägen oder zweiseitig bedruckten Flugblättern (von denen zwei Exemplare als ein Plakat fungieren konnten) als »listovki« verbreitet worden, teils mit Auflagen in Höhe von einer halben Million Exemplaren.[286] Als sehr flüchtiges Gut sind die Blätter nicht systematisch gesammelt worden, obgleich die Parteizentrale schon im März 1919 auf den historiographischen Wert hingewiesen hatte: »Genossen! Für den zukünftigen Historiker der

---

[284] In einem Vortrag vor dem Zentralen Exekutivkomitee und dem Moskauer Sowjet sagte L. Trockij am 29. Juli 1918: »Ihr seid verpflichtet, ein paar hundert Agitatoren, kampftüchtige Moskauer Arbeiter zu stellen, die an die Front gehen...« Trotzki (Anm. 239) 113. Mündliche Überzeugungsarbeit und persönliches Vorbild schätzte Trockij als entscheidend für den Aufbau der Roten Armee ein.

[285] Im Juli 1920 wandte sich die Foto-Kino-Abteilung des Kulturkommissariats an Lenin, daß der Film »Das Gericht über die Minister Kolčaks« wegen des Fehlens von Kinomaterial nicht hergestellt werden könne. Lenin hatte den Film selbst in Auftrag gegeben und zuvor bereits den Ankauf ausländischen Filmmaterials angeordnet. *Leninskij* sbornik 35 (1945) 136.

[286] Die gründlichste Bearbeitung der Flugblätter findet sich in Dmytrienko (Nr. 165). Darin ist sowohl der Stand der Forschung mit Bibliographie als auch eine Übersicht über Sammlungen und Kataloge von Flugblättern enthalten. Nur auf diese eine Quellengruppe bezogen, kann Dmytrienko das Phänomen »Kampagne« nicht umfassend erhellen, jedoch ist ihre Darstellung der editorischen Tätigkeit der Agit-Züge ein guter Ansatz dazu.

großen russischen Revolution wird jede Zeitung, jeder Aufruf auch der kleinsten Organisation wertvolles Material sein. Dieses historische Material darf nicht umkommen!«[287]

Als globale Aufgabe der Propaganda kann es gelten, Freunde und Feinde der Leninisten zu scheiden und die Unentschlossenen zu Sympathisanten zu machen. Die Kampagnen verfolgten dieses Ziel auf verschiedenen Ebenen, je nach Gegner und Ansatzpunkt der Verketzerung differenziert. Ständige propagandistische Arbeit galt der Verdrängung der orthodoxen Kirche und der Gewinnung der Bauernschaft für die »Sache des Proletariats«. Zeitlich eingegrenzte Kampagnen widmeten sich dem Kampf gegen die einzelnen weißen Armeen, gegen die Polen, gegen den Antisemitismus, für die Alphabetisierung der Bevölkerung, die Rechte der Frau, den Eintritt in die Kommunistische Partei usw. Die unterste Ebene propagandistischer Kampagnen bildeten Aktionen wie »Woche der Front«, »Woche der roten Kaserne«[288], »Woche der Arbeitsfront« und Ähnliches, sowie auf einzelne Ereignisse zielende Kampagnen, die etwa Arbeits-Samstage, Arbeits-Sonntage[289] oder Feiertage betrafen. Derlei Kampagnen wurden von speziell gebildeten Kommissionen (»Petrograder Kommission zur Organisierung der ›Woche der Front‹« – Januar 1920[290]; »Kommission des Gouvernements Pensa zur Durchführung der ›Woche der Arbeitsfront‹« – April 1920)[291] vorbereitet und durchgeführt.

Die Propagandakampagne ist ihrem Wesen nach ein Feldzug von Überzeugung und Überredung, während dessen von verschiedenen Seiten und auf verschiedene Weisen dieselben Gedanken immer wieder vorgetragen werden. Die Form der sogenannten »Überzeugungsarbeit« war die politische Sprache der Parteipresse, häufig die pathetische Sprache der Parteiredner oder auch die trockene Diktion des Staatsapparates. Die Flugblätter unterschieden sich sprachlich nicht von der Presse, weil es den Herausgebern vor allem um die Verlängerung der Reichweite zentraler Beschlüsse ging – zu sehen etwa an der Selbstdarstellung der Wandzeitungsredaktion von Pensa, die oben zitiert wurde.

In diese zudringliche Kaskade politischer Rhetorik brachte das Bildplakat dank seiner Anschaulichkeit und Emotionalität ganz neue Elemente ein. Nicht

---

[287] *Listovki* (Nr. 197) Bd. 1, 5. Diese Edition der Flugblätter der Staatl. Öffentlichen Bibliothek in Leningrad (8600 Nr.) dient mir zur Charakteristik des Umfeldes der Plakatkampagne.

[288] Vgl. *Listovki* (Nr. 197) Bd. 1, 1339, 2235, 2237, 2273–2376; Bd. 2, 1774 (Pensa).

[289] *Listovki* (Nr. 197) Bd. 1, Nr. 31, 1329. F. J. Kaplan, The Origin and Function of the Subbotniks and Voskresniks, in: Jb. Gesch. Osteur. 13 (1965) 30–39.

[290] *Listovki* (Nr. 197) Bd. 1, Nr. 1339, vgl. 1340–1345.

[291] *Listovki* (Nr. 197) Bd. 2, Nr. 2079.

nur erfahrene Karikaturisten, sondern auch engagierte Dichter stellten sich in den Dienst der Plakatpropaganda. Sie handhabten virtuos die für politische Propaganda brachliegenden Medien der Karikatur und der politischen Lyrik und sprachen damit die Umworbenen auf unverhoffte Weise an.

Das politische Bildplakat mußte sich gleichwohl ständig gegen die Verfechter des Schriftanschlags behaupten. In einer kurzen Rede auf einer Tagung der Telegrafenagentur ROSTA am 19. 5. 1920, für die er damals arbeitete, wies Vladimir Majakovskij auf den ständigen Widerstand gegen *künstlerische* Propaganda hin:

> »... sobald die Frage der Ausgaben für Plakatdruck usw. aufgeworfen wird, entsteht sofort auch die Frage: Lohnt es sich denn, solche Millionensummen für Bilderchen zu verbrauchen, kann nicht ein gewöhnlich gedruckter Zeitungsartikel, der in unseren Zeitungen [-svitrinen] ausgehängt wird, mehr ergeben als alle diese Bilderchen?«[292]

Inwieweit der Widerstand gegen das Bildplakat Unverständnis gegenüber diesem Medium, inwieweit aber Neid durchschnittlicher Journalisten auf die hochbezahlten Propagandastars[293] gewesen ist, bedarf hier keiner Klärung. Von Bedeutung ist, daß vor allem in der von Vjačeslav Polonskij geleiteten Propagandaabteilung der Roten Armee, aber auch in zahlreichen anderen Organisationen die Wichtigkeit der Bildpropaganda erkannt worden war.

Deserteure und Bummelanten

Unter den Flugblättern aus der Zeit des Bürgerkrieges dürften sich Tausende von Verordnungen, Aufrufen und Mahnungen zur Frage der Fahnenflucht finden. Der Katalog der frühsowjetischen Plakate von B. S. Butnik-Siverskij enthält mehr als fünfzig Plakate zu diesem Thema. Neben den Einzelstücken der Satire-Fenster lassen sich – soweit Auflagenzahlen überhaupt ermittelt worden sind – auch Plakate mit 75 000 und 100 000 Exemplaren ausmachen. Für die Frage der Distribution ist zusätzlich wichtig, daß einige Zeitungen, »Pravda«, »Dorfarmut«, »Rotarmist«, manche Plakate als Illustrationen übernahmen und so ihre Wirkung verbreiterten.

Die Rote-Arbeiter-und-Bauern-Armee war im Frühjahr 1918 ins Leben gerufen worden, zunächst auf freiwilliger Grundlage. Bald darauf, im April 1918,

---

[292] V. MAJAKOVSKIJ, Polnoe sobranie sočinenij v trinadcati tomach. Moskva 1955 ff., Bd. 12, 1959, 240.

[293] Majakovskij, Čeremnych u. a. sollen wegen der Höhe ihrer Honorarforderungen gefürchtet gewesen sein, vgl. WHITE (Nr. 241) 32.

begann der Ausbau einer Armee aus Kriegsdienstpflichtigen, die unter der Verantwortung Lev Trockijs zum großen Teil von ehemaligen Offizieren der Zarenarmee befehligt wurde.[294]

Die Fahnenflucht war schon während des Weltkrieges zu einem ernsten Problem der russischen Armee geworden. Zum 1. August 1917 hatten die Statistiken 365 100 Deserteure erfaßt, zum Datum der Oktoberrevolution rechnet man mit etwa zwei Millionen Mann, die, von den Bolschewiken nach Kräften dazu ermuntert, eine anarchische Demobilisierung verursachten. Unter diesen Umständen war der Aufbau einer neuen Armee kaum ein halbes Jahr danach ein schwieriges Unterfangen. Je nach Kriegslage verstärkte sich der Übergang zu den antibolschewistischen Truppen, die Flucht aus der Roten Armee oder die Kriegsdienstverweigerung durch Verstecken. Nach den Angaben der »Großen Sowjet-Enzyklopädie« gehörten 75 % der Deserteure der letzteren Kategorie an, indes die Flucht aus dem Truppenteil nur in 5–7 % der Fälle vorkam.[295]

Die Hauptmasse der Desertierenden scheint aus der breiten Schicht des mittleren Bauerntums gekommen zu sein, das nicht, wie die »Dorfarmut« (bednota) aus dem Regime von Sowjets und Zwangsrequisition Nutzen zog.[296]

Militärkommissar Lev Trockij hat noch vor Beginn der Propagandakampagne mehrere Befehle zur Eindämmung des Überläufertums herausgegeben, in denen das Spektrum der möglichen Strafen bereits angedeutet wird:

> »Verräter und Überläufer! Befehl des Vorsitzenden des Revolutionären Kriegsrats der Republik vom 30. September 1918.
>
> Das verräterische Überlaufen von Personen des Kommandopersonals in das Lager des Feindes kommt zwar immer seltener vor, aber es kommt immerhin noch vor. Diesen ungeheuerlichen Verbrechen muß ein Ende gemacht werden, ohne daß man vor noch so strengen Maßnahmen zurückschreckt. Die Überläufer verraten die russischen Arbeiter und Bauern an die englisch-französischen und die japanisch-amerikanischen Räuber und Henker. Mögen die Überläufer wissen, daß sie zu gleicher Zeit auch an ihren eigenen Familien, Vätern, Müttern, Schwestern, Brüdern, Frauen und Kindern Verrat üben.
>
> Ich befehle allen Armeestäben der Republik, ebenso wie den Kreiskom-

---

[294] Vgl. G. Ritter, Das Kommunemodell und die Begründung der Roten Armee im Jahre 1918. Berlin 1965.

[295] *Bol'šaja* sovetskaja ènciklopedija, 1. Aufl., Bd. 20. Moskva 1930, Sp. 834–836 (dezertirstvo). Vgl. auch The Trotsky Papers. Ed. by J. M. Meijer. Bd. 1. The Hague 1964, Index s. v. Desertion, speziell auch Dok. Nr. 432.

[296] Über die Bauernaufstände 1918–1920 gegen die Sowjetmacht vgl. jetzt Heller (Anm. 237) Bd. 1, 90–98.

missaren, telegraphisch dem Mitglied des Revolutionären Kriegsrats Aralow die Listen aller Überläufer aus dem Kommandopersonal samt allen notwendigen Angaben über ihre Familienlage zu übermitteln. Ich beauftrage Genossen Aralow, im Einvernehmen mit den entsprechenden Institutionen, die notwendigen Maßnahmen zu ergreifen, um die Familien der Überläufer und Verräter festzuhalten.«[297]

Bereits der Sprache der Militärbefehle Trockijs findet sich das Arsenal der späteren Propaganda, mit der die soziale Ächtung der Kriegsmüden betrieben werden wird:

»Über die Deserteure. Befehl des Vorsitzenden des Revolutionären Kriegsrats der Republik und des Volkskommissars für das Heereswesen vom 7. Oktober 1918. Nr. 44, Bobrow.

Während die Regimenter der Roten Armee ehrlich an den Fronten kämpfen und die Arbeiter und Bauern vor den räuberischen Banden Krasnows schützen, verlassen manche Feiglinge, Schurken und Verräter ihre Truppenteile und verbergen sich in ihren Dörfern.

Ich erkläre:

1. Den Dorfsowjets und den Komitees der Armen Bauern wird es zur Pflicht gemacht, die Deserteure anzuhalten und sie unter sicherer Bewachung in den Divisions- oder Regimentsstab einzuliefern.
2. Wenn in irgendeinem Dorfe festgestellt werden sollte, daß dort Deserteure vorhanden sind, so trifft dafür die Verantwortung den Vorsitzenden des Sowjets und den Vorsitzenden des Komitees der Armen Bauern, die in diesem Fall sofort verhaftet werden.
3. Jeder Deserteur, der sich unverzüglich im Divisions- oder Regimentsstab meldet und erklärt: »Ich bin fahnenflüchtig, aber ich schwöre, daß ich ehrlich weiterkämpfen werde«, muß begnadigt und aufgenommen werden für die Erfüllung der hohen Pflichten eines Kriegers der Arbeiter- und Bauernarmee.
4. Der Deserteur, der bei der Verhaftung Widerstand leistet, muß auf der Stelle erschossen werden.«[298]

Erst im Dezember 1918 scheint man in der Leitung der Partei verstanden zu haben, daß die Strafandrohung angesichts der passiven Resistenz großer Bevölkerungsteile ins Leere treffen mußte, solange die »Rote Arbeiter-und-Bauern-Armee« nicht als bewaffnete Vertretung der in ihrem Namen genannten Volksschichten anerkannt wurde. Es galt also, Konsenspropaganda zu treiben, die einen Keil zwischen Deserteure bzw. Wehrunwillige und die Bevölkerung zu

---

[297] Trotzki (Anm. 239) 124.

[298] Ebd. 143.

treiben vermochte. Am 27. Dezember veröffentlichte die Regierungszeitung *»Izvestija«* einen am 25. Dezember gefaßten Beschluß des »Revolutionären Kriegsrats der Republik«, in welchem zunächst eine zweiwöchige Frist ausgerufen wurde, in der sich die Deserteure ungestraft zu ihren Truppenteilen zurückmelden konnten. Weiterhin wurde eine »Zentrale Kommission zum Kampf gegen das Deserteurtum« gebildet, deren Aufgabe es war, die Kriminalität der Fahnenflucht in das Bewußtsein der Öffentlichkeit zu bringen und die Strafbarkeit der Deserteure und der sie Verbergenden festzustellen:

> »Unter engster Beteiligung des Allrussischen Büros der Kriegskommissare und der Militärabteilung des Verlages des Allrussischen Zentralen Exekutivkomitees, auf dem Wege von Meetings und dem der Presse eine breite und allseitige Agitation unter der Bevölkerung zu entwickeln, und damit unter ihren werktätigen Massen und vor allem in den Reihen der Roten Armee eine deutliche Vorstellung der ganzen Kriminalität des Deserteurtums angesichts der schwierigen Bedingungen der gegenwärtigen Zeit, in denen sich das Land befindet, zu entwickeln. [...] Die Strafbarkeit festzustellen:
>
> 1) der verhafteten Deserteure in der Spannweite von Geldbußen [...] bis zur Erschießung einschließlich und 2) aller Verberger der Deserteure, der Vorsitzenden der Haus-Komitees und Wohnungsinhaber, in denen sich Verbergende aufgefunden werden – in Form der Heranziehung zu Zwangsarbeiten im Umfang bis zu fünf Jahren.«[299]

Am 27. Dezember erhielt die *»Izvestija«* (wie gleichfalls die Presseagentur Rosta) eine Rüge aus dem Zentralen Exekutivkomitee (Vcik), die Presse schweige zum Problem des Deserteurtums, habe aber in Zukunft »auf dem Wege energischer täglicher Agitation« bei der Lösung mitzuwirken.[300]

Mit Hilfe von Meetings (wohl vor allem innerhalb der Armee) und durch die Presse wollte man das Bewußtsein, Entfernung von der Truppe sei ein krimineller und strafbarer Akt, durchsetzen. Die Erfolge scheinen nicht sehr durchschlagend gewesen zu sein, denn ein Vierteljahr später wird der Kampf gegen die Fahnenflucht wieder zum Gegenstand von Beratungen: Am 23. April 1919 weist das Politbüro der Kommunistischen Partei den Verteidigungsrat an, »die breiteste Agitation gegen das Deserteurtum« zu entwickeln und einen Plan von Maßnahmen weiterer Agitation auszuarbeiten. Zwei Wochen später befiehlt der Revolutionäre Kriegsrat, Deserteurlisten zu führen und sie am Heimat- wie am Rekrutierungsort zu veröffentlichen. Am 2. Mai befaßt sich der Verteidigungsrat mit dem Problem und empfiehlt dem Zentralkomitee, Maßnahmen zur

---

[299] *Dekrety* (Anm. 134) Bd. 4, Nr. 114, S. 255.

[300] Ebd. 591–592.

Realisierung der strengen Verantwortlichkeit der Familien und der Dorfgemeinschaften der Rekruten auszuarbeiten und auch in den Rekrutentransporten die Gruppenhaftung durchzusetzen. Am 31. Mai und 2. Juni arbeitet der Verteidigungsrat eine Verordnung über das Deserteurtum aus, die auf der Sitzung am 3. Juni beschlossen und am 4. Juni in der *»Izvestija«* veröffentlicht wird. Als vertrauliches Zusatzprotokoll wird beschlossen:

> »a) Die Anwendung der Gruppenhaftung bei der Verfolgung des Deserteurtums hat mit besonderer Vorsicht zu geschehen; jeden Fall dieser Art sind die lokalen Organe verpflichtet, der Zentralen Kommission zum Kampf mit dem Deserteurtum zur Kenntnis zu bringen. b) Der Zentralen Kommission zum Kampf gegen das Deserteurtum wird empfohlen, den lokalen Kommissionen Anweisung zu geben, daß die Festnahme von Deserteuren nicht abgebrochen wird.«[301]

Die Verordnung des Verteidigungsrates, mit der Unterschrift V. I. Lenins, hat folgenden Wortlaut:

> »*Verordnung des Rates der Arbeiter-Bauern-Verteidigung*
>
> Ehemalige zarische Generale und Admirale ziehen mit Unterstützung der ausländischen Bourgeoisie von allen Seiten zu Felde gegen die Arbeiter-Bauern-Sowjet-Republik. Sie wollen die Macht des Zaren, der Gutsbesitzer und der Kapitalisten wiedererrichten, die Arbeiter und Bauern des Landes, der Fabriken und Werke berauben.
>
> In dieser Zeit finden sich Feiglinge und Schurken, die sich vor der Mobilmachung verbergen, die aus den Reihen der Roten Armee fliehen. Sie wollen allein die Früchte der Revolution genießen, möchten aber nicht Land und Freiheit verteidigen. Die sich Verbergenden und die Deserteure schwächen die Armee und zwingen gerade dadurch die Sowjetmacht, neue Mobilisierungen zu verkünden, bisweilen die letzte Arbeitskraft aus einer Familie zu nehmen. Die Sowjetmacht und alle Werktätigen müssen solchen Verrätern gegenüber erbarmungslos sein.
>
> Mit dem Ziel der endgültigen Ausrottung des kriminellen und schändlichen Verbergertums vor der Mobilisierung und des Deserteurtums aus den Reihen der Roten Armee ordnet der Verteidigungsrat an:
>
> – 1. [Möglichkeit der freiwilligen Meldung der Deserteure.]
> – 2. [Gnadenerlaß für Deserteure, die sich binnen 7 Tage melden.]
> – 3. Die sich im Laufe der genannten Frist nicht gemeldet Habenden werden als Feinde und Verräter des werktätigen Volkes angesehen und zu strengen Strafen, bis hin zur Erschießung verurteilt.

---

[301] *Dekrety* (Anm. 134) Bd. 5, 267.

– 4. Den Revolutionären Tribunalen, und wo es solche nicht gibt, den Gouvernement-Kommissionen zum Kampf gegen das Deserteurtum, wird das Recht eingeräumt, unter anderen Strafmaßnahmen folgendes über sich Verbergende und Deserteure zu verhängen:

[a) Konfiskation von Eigentum, b) Fortnahme von Landanteilen. Das konfiszierte Eigentum und die fortgenommenen Anteile werden zur zeitweiligen Nutzung den Familien von Rotarmisten übergeben.]

– 5.–7. [Haftung der Familien und anderer Verberger, deren Strafen]

– 8. In Fällen, wo eine lokale Bevölkerung ständig Deserteure verbirgt, oder keine Mitarbeit bei ihrer Festnahme leistet, wird den Gouvernement-Kommissionen zum Kampf gegen das Deserteurtum das Recht eingeräumt, Geldstrafen für ganze Gebiete, Kirchdörfer und Dörfer zu verhängen, als Gruppenhaftung der ganzen Bevölkerung, oder für sie gesellschaftliche Zwangsarbeiten zu bestimmen. Bei Nichtbezahlung der Geldstrafen oder Nichtausführung der Arbeiten in der von der Kommission angesetzten Frist werden ungesäumt scharfe Maßnahmen ergriffen. Von den Geldstrafen und gesellschaftlichen Arbeiten sind die Familien von Rotarmisten und alle diejenigen befreit, die Mithilfe bei der Festnahme von Deserteuren geleistet haben.

– 9. [Betr. Strafen für Angehörige der Sowjetmacht, die Deserteure verbergen.]

– 10. [Zentralkommission arbeitet Instruktionen aus.]

– 11. Die militärischen Gouvernements- und Kreiskommissare werden persönlich dafür verantwortlich gemacht, daß alle Maßnahmen zur breiten Inkenntnissetzung der Bevölkerung über die vorliegende Verordnung getroffen werden; dabei haben sie sie in ausreichender Menge von Exemplaren in allen Städten, Kirchdörfern und Dörfern, auf den Eisenbahnstationen, an allen gesellschaftlichen Plätzen usw. anzukleben.

– 12. Die vorliegende Verordnung wird per Telegraf in Kraft gesetzt.

– 13. Die Verordnung wird in allen Presseorganen abgedruckt.«[302]

Unter »*Deserteurtum*« verstand die Regierung Lenins einerseits die Wehrdienstverweigerung, d. h. das sich Verstecken vor den Mobilisierungskommissionen, und die Entfernung von der Truppe, sei es als eigentliches Desertieren in Richtung antibolschewistischer Armeen, sei es als anarchische Rückkehr in die Heimat. Die Strafandrohung wie die Propagandakampagne brauchte mit den Deserteuren im engeren Sinne nicht zu rechnen, weil jemand, der zu den Weißen übergegangen war, von beidem nicht erreicht wurde. Die Gründe für

---

[302] Ebd. Nr. 141, S. 264–267.

diese Phänomene sind kaum noch zu eruieren, wohl aber zu erschließen. Die Kriegswilligkeit war seit langem bei allen Schichten der Bevölkerung auf den Nullpunkt gesunken, die älteren Brüder der Mobilisierungsjahrgänge waren gerade in anarchischer Demobilisierung nach Hause gekommen, warum sollte man einen Krieg zwischen den Anhängern Lenins und seinen politischen Gegnern als seine eigene Sache ansehen? Zur allgemeinen Kriegsmüdigkeit kam sicherlich die passive Resistenz gegen die Obrigkeit und ein Widerwillen, für ideologische Kategorien, die man nicht verstand, in den Tod zu gehen.

Die Propagandakampagne gegen das Deserteurtum mußte mit verschiedenen Zielgruppen rechnen, an die sie sich wandte. Die »Deserteure« sind, wie gesagt, zu unterteilen in jene, die sich im Heimatdorf der Mobilisierung zu entziehen gedachten, also Wehrunwillige, Kriegsdienstverweigerer, und in jene, die bereits Soldaten sind und die Entfernung von der Truppe (in Richtung Heimat oder zu den »Weißen«) entweder planen oder bereits durchgeführt haben. Der vorbeugenden Verhinderung der Flucht dienten die Propagandamaßnahmen in der Kaserne, die oben genannten Meetings, die Zeitschrift »Rotarmist« usw. Befand sich ein Kriegsmüder erst einmal unterwegs, versteckte er sich und wurde sozusagen zu einem »Medienflüchtling«, der zwischen dem verlassenen Truppenteil und dem Heimatort die Öffentlichkeit nach Möglichkeit meidet. Vielleicht deswegen kam den öffentlichen Anschlägen, seien es Aushänge mit dem Text der oben zitierten Verordnung[303], seien es Bildplakate, besondere Bedeutung zu, weil sie Tag und Nacht an öffentlichen und halböffentlichen Plätzen zu sehen waren.

Zweite Zielgruppe waren die Familien und Verwandtschaften der Fahnenflüchtigen und der potentiellen Kriegsdienstverweigerer. Vor allem ihretwegen wohl war der Tatbestand der *»Verbergung«* so wichtig, denn ohne ihn wäre die Verweigerung wohl kaum durchführbar. Die Sippenhaftung war schon in den Befehlen Trockijs enthalten und wurde mehr und mehr zu einer Kollektivhaftung ausgebaut. Die Propaganda mußte die Eltern, Ehefrauen, Familien der Betroffenen zu erreichen suchen.

Wie aus der zitierten Verordnung hervorgeht, war die dritte Zielgruppe die russische *Dorfbevölkerung*. Die bäuerlichen Schichten haben die Flucht vor der Mobilmachung oder aus der Armee nicht nur geduldet, sondern aktiv unterstützt. Die Strafandrohungen richteten sich in einigen Punkten direkt an die Landbevölkerung, etwa die Wegnahme von Land und Vieh oder die Strafarbeit auf Feldern von Rotarmisten-Familien.

Über die Zielgruppen der Betroffenen hinaus wandte sich die Propagandaaktion an die gesamte Bevölkerung. Wie schon erwähnt, stand die Regierung

[303] Vgl. u. a. *Listovki* (Nr. 197) Bd. 1, Nr. 350 (fünf Ausgaben)

Lenins außerhalb der sie stützenden Arbeiterklasse in den Städten der politischen Apathie und der passiven Resistenz weiter Bevölkerungsteile gegenüber. Die Propagandakampagne gegen die Deserteure konnte dazu dienen, das Recht der Sowjetregierung auf die Forderung nach dem Kriegsdienst zu dokumentieren. Konnte das Recht der »Minderheitsregierung« Lenins auf Mobilmachung der Bevölkerung durchgesetzt werden, dann war damit ihre Legalität, wenn auch wohl widerstrebend, anerkannt. Die Propagandakampagne gegen die Fahnenflucht wollte zur Entscheidung für oder gegen die Sowjetmacht zwingen, so daß über die aktuelle Notlage der Streitkräfte hinaus an diesem Punkt eine Existenzfrage der Bolschewiki entschieden wurde. Die Propaganda hatte die Aufgabe, den Tatbestand der Wehrunwilligkeit als *Negativ-Wert* zu konstituieren, d. h. die Anschauung durchzusetzen, daß darin ein gegen legales staatliches Interesse verstoßender krimineller Sachverhalt vorliege. Erst wenn dies von der Mehrheit der Bevölkerung akzeptiert worden war, konnte die Gruppe der Deserteure kriminalisiert und von der sozialen Umgebung isoliert werden.

Die Kampagne gegen die Fahnenflucht bildete zugleich eine Werbung *für* die Rote Armee und *für* die ihr auf die Fahnen geschriebenen Werte. Auf den Plakaten wird dabei im Sinne der Bildantithese der Deserteur negativ, vor allem als Verräter und Hasenfuß, der Rotarmist als positives Gegenbild und als Held, Patriot, Avantgardist der Weltrevolution gezeigt.

Auf die dörflichen Zielgruppen gesehen, das engere Heimatmilieu der Deserteure, galt es zu versuchen, auch hier eine Kriminalisierung der Fahnenflucht zu erreichen. Zielvorstellung war die Isolierung des Kriegsunwilligen von der Dorf- und Familiengemeinschaft, die ihn schließlich dazu zwingt, sich der Staatsgewalt zu stellen. Zu diesem Zwecke wurden immer wieder Fristen gesetzt, in denen Deserteure, die zum ersten Mal geflohen waren, sich straflos stellen und zu ihrer Einheit zurückkehren konnten. Eine Anzahl von Plakaten propagiert speziell diese Termine, etwa zwei »Satire-Fenster« der in Odessa erscheinenden JUGROSTA von 1920: *»Deserteur! In der Woche der freiwilligen Meldung der Deserteure kaufe deine Sünde los – kehre zurück in die Rote Armee!«* Einige Monate später spricht dieselbe Agentur vom *»Festtag der Verzeihung für die Deserteure«*, an dem die Fahnenflüchtigen *»ihre Sünde ausbügeln«* können.[304] Das Repertoire der Kampagne an Argumenten und Appellen enthält zunächst die Mahnung, zur Roten Armee zurückzukehren, etwa in einem Plakat des bekannten Malers Leonid Pasternak *»Deserteur, verrate nicht die Brüder! Kehre zurück! Tilge deine Schmach!«*[305] Dabei ist der Hinweis auf den Bruder, den man verrate, allein lasse

---

[304] BUTNIK-SIVERSKIJ (Nr. 162) Nr. 1059, 1078.
[305] Ebd. Nr. 1061.

im Kampf gegen die Feinde, der Verrat an der Sache der Arbeiter und Bauern, des Volkes, an der Revolution usw. die Begründung für den Aufruf. Der Deserteur versuche, egoistisch seine eigene Haut zu retten, schade damit seinen Kampfbrüdern und arbeite für den Feind. Dieser Vorwurf kann mit bildlichen Mitteln ausgedrückt werden, wie in einem Plakat von Apsit aus dem Jahre 1919:
86 *»Der Deserteur arbeitet für die zarischen Generale und die Kapitalisten.«* Es wurde in Moskau in einer Auflage von 75 000 Exemplaren gedruckt und im selben Jahre noch einmal in Kiev. Darüberhinaus veröffentlichte es die Armeezeitschrift *»Rotarmist«* am 3. Juni 1919.[306] Ein Plakat von V. Spasskij geht mit
87 Hilfe des in mehrere Szenen geteilten Luboks argumentativ vor: *»Für wen arbeiten die Deserteure? ..«* In der Bilderfolge werden dem Betrachter die Folgen der Fahnenflucht vorgeführt, so daß der Ausruf am Fuß des Plakats »Wehe den Deserteuren!« voll begründet erscheint. Dieses Plakat aus dem Juli

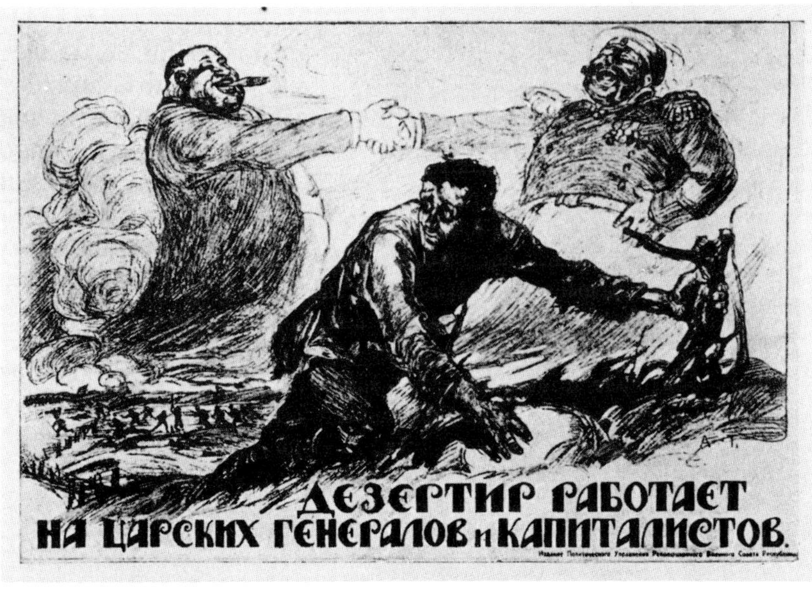

86 Der Deserteur arbeitet für die Zarengeneräle und Kapitalisten.
Apsit, Moskau, Kiev 1919.

---

[306] Ebd. 1071, 1072. Derlei Nachweise geben dem Katalog von Butnik-Siverskij einen besonderen Wert, sobald man über das Phänomen Plakat auf den propagandistischen Zusammenhang hinauswill.

1919 erschien zunächst in einer Auflage von 74 000 Stück in Moskau, wurde noch einmal nachgedruckt und dann in Kiev publiziert. Außerdem wurde auch dieses Plakat von der Armeezeitschrift *»Rotarmist«,* übernommen, sogar als Farbabbildung. Inhaltlich gibt das Plakat recht genau die oben zitierte Einleitung der Verordnung über den Kampf gegen die Deserteure vom 3. Juni 1919 wieder.

Lag der Vorwurf des Verrats an der Sache des Volkes auf der ideologischen Ebene, so wird er doch durch den Hinweis auf die Rache der möglicherweise

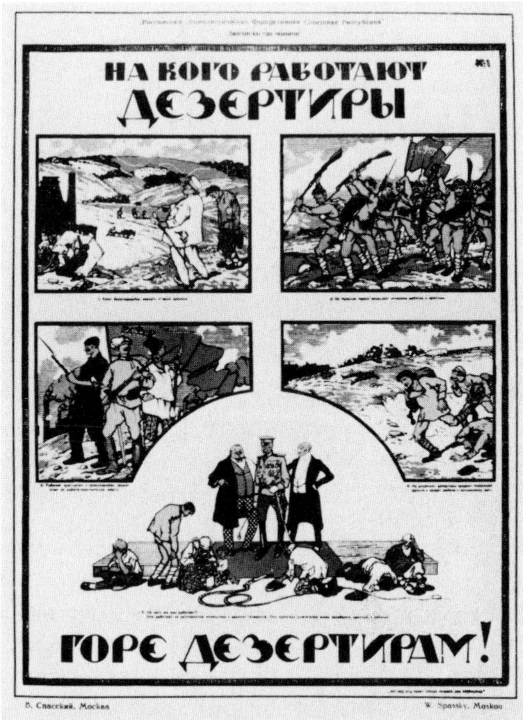

87 Für wen arbeiten die Deserteure.
1) Die Weißgardisten wollen die alten Zeiten zurückholen. 2) Doch die Rote Armee verteidigt die Interessen der Arbeiter und Bauern. 3) Arbeiter, Bauer und Rotarmist stehen mit ihrer Brust vor der Arbeiter-Bauern-Macht. 4) Doch die Deserteure-Egoisten verraten die Genossen an der Front und schaden der Arbeiter-Bauern-Sache. 5) Für wen denn arbeiten sie? Sie arbeiten für die Kapitalisten, Gutsbesitzer und Zarengeneräle. Sie helfen den Unterdrückern, erneut die Bauern und Arbeiter zu verknechten. Wehe den Deserteuren!
V. Spasskij, Moskau, Kiev 1919, 91 × 71 cm, 74 000 Ex.

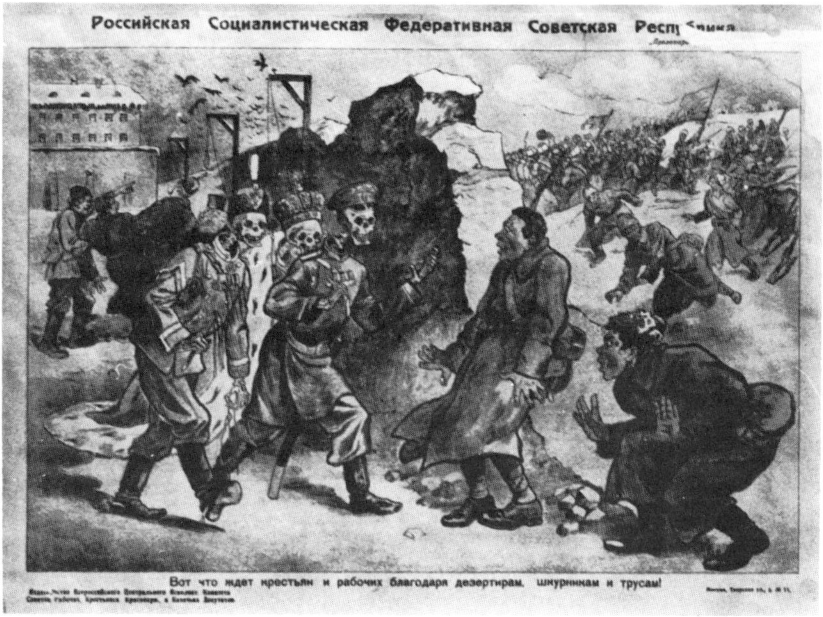

88 Seht, was die Bauern und Arbeiter dank der Deserteure, Egoisten und Feiglinge erwartet!
Moskau 1919. 72 × 54 cm.

zurückkehrenden Weißen konkretisiert. Die Repressalien trafen bekanntlich die Bevölkerung von roter wie weißer Seite, daß die Deserteure daran schuldig
88 seien, wird von dem Plakat *»Seht, was die Bauern und Arbeiter dank der Deserteure, Egoisten und Feiglinge erwartet!«* drastisch vorgeführt. Das Argument, Fahnenflucht verhindere die Befriedung des Landes und habe die Rache der Antibolschewisten zur Folge, hatte demnach eine gewisse Berechtigung. Der Ausruf *»Wehe den Deserteuren!«,* der in den zentralen Zeitungen seit Mai 1919 als Motto für die Kampagne gegen die Desertion stand, wurde insofern nicht nur als Drohung von staatlicher Seite lanciert. Zur politischen Anklage wird der Vorwurf des Verrates, wenn der Deserteur dem Banditen gleichgesetzt wird, oder wenn Plakate ihn zum Helfer der ausländischen Interventen stem-
89 peln: *»Der Deserteur öffnet dem polnischen Pan den Weg. Der polnische Pan führt den russischen Gutsbesitzer und Kapitalisten mit sich. Gutsbesitzer und Kapitalisten bringen Hunger und Knechtschaft für Bauern und Arbeiter. Der Deserteur ist ein Feind der Arbeiter und Bauern!«* Auf diesem Plakat mit der

Rekordauflage von 100 000 Exemplaren, erschienen 1920, wird der Deserteur nicht nur zum Landesverräter, sondern auch – durch die Syllogismen der Aufschrift – zum Verursacher künftiger Knechtschaft. Die Drohung mit der Todesstrafe, aus den entsprechenden Verordnungen zitiert, folgt unmittelbar aus einer solchen Anklage. Die Todesstrafe selbst, angedroht ist das Erschießen, wird bildlich immerhin kaum gestaltet.[307]

Mahnung, Vorwurf, Anklage und Drohung werden durch satirische Motive flankiert. In zahlreichen Plakaten steht der Deserteur als der dumm und kurzsichtig Handelnde da: Wenn er sich aus der Roten Armee wegstiehlt, greift ihn 90
der weiße General auf und zwingt ihn, für sich zu kämpfen. Ein anderes Plakat

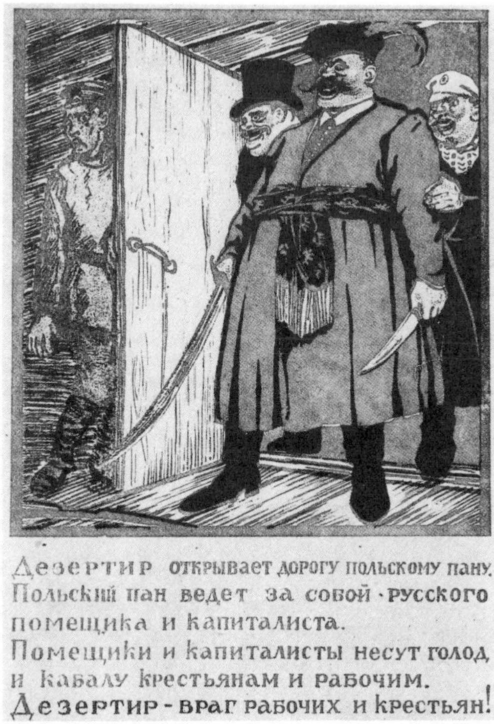

89 Der Deserteur öffnet den Weg für den polnischen Pan. P. Abramov, Moskau 1920. 28 × 20 cm, 100 000 Ex.

[307] Vgl. Butnik-Siverskij (Nr. 162) Nr. 1060; von Deserteur-Erschießungen wird in den «Listovki» relativ selten berichtet: vgl. *Listovki* (Nr. 197) Bd. 1, Nr. 1593, 1980 (?), 2017, 2330. In dem zitierten Artikel der Großen Sowjetenzyklopädie werden für die zweite Hälfte des Jahres 1919 neben 4112 zur Bewährung ausgesetzten Todesurteilen 612 erfolgte Erschießungen genannt, *Bol'šaja* sovetskaja ėnciklopedija (Anm. 295) Sp. 836.

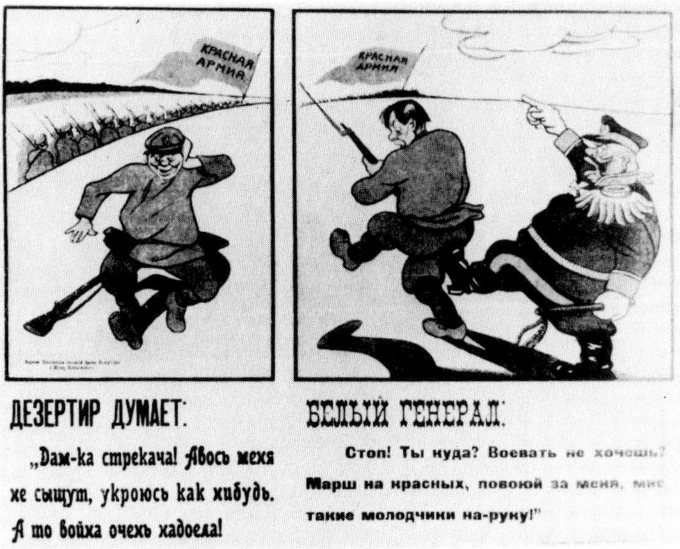

90 Der Deserteur denkt:
»Ich haue ab! Man wird mich wohl nicht finden, irgendwie verstecke ich mich. Ach, der Krieg hängt mir zum Halse heraus!« Weisser General:
»Stop! Wohin? Kämpfen willst du nicht? Marsch gegen die Roten, kämpfe für mich, solche Jungs kommen mir gerade recht!«
V. Deni, Kazań 1919. 68 × 50 cm.

sei hier vollständig als Beispiel für den humoristischen Vers Demjan Bednyjs zitiert. Der Deserteur schleppt die ganze alte Gesellschaft auf dem Rücken, bis er schließlich angesichts der Roten Fahne zur Besinnung kommt und alle ins Schwarze Meer abwirft.

91 *Die Weißgardisten und der Deserteur*

Mit dem ganzen schweren Packen
muß der Deserteur sich placken.
Und der Körper trieft von Schweiße:
Herrendienst ist große Scheiße!

»Willst du Vieh wohl schneller rennen!«
Henker läßt die Peitsche brennen,
striemt das Fell dem strammen Bengel,
daß der singen hört die Engel.

»Kind«, so ruft der Pope bieder,
»beuge deinen Nacken wieder
vor der hohen Obrigkeit!
Gott lohnt dir's zu seiner Zeit!«

Als er sieht der Fahne Pracht,
ist der Bursche aufgewacht.
»Brüderchen, ich bin kein Weißer!«
schreit er laut und schreit sich heiser.

Endlich reckt er sich, und munter
purzeln sie von ihm herunter.
Generals- und Bürgerwampe
fallen in die schwarze Pampe.

Pope sitzt im Busch versteckt,
er ist leider nicht verreckt,
stammelt kläglich dann und wann:
»Ich erkenn' die Sowjets an!«[308]

Die Propagandaverse D. Bednyjs mögen vom Literaturwissenschaftler als anspruchslos und grob angesehen werden, für die Zielgruppe der Desertions-Kampagne dürften sie den richtigen Ton getroffen und sicherlich direkter als die schwierigen Gedichte V. Majakovskijs gewirkt haben.[309] Demjan Bednyj hat zahlreiche weitere Deserteur-Plakate mit spottenden Reimen versehen, so auch den seit Februar 1919 verbreiteten Lubok über »Mitka Hasenfuß«. Der Deserteur wird als Feigling der Lächerlichkeit und der sozialen Ächtung preisgegeben. Weder die Verwandtschaft noch die Dorfgemeinschaft nehmen den *»neuen Judas«* auf, und die Sowjetmacht zieht ihn zur Verantwortung. Dieses Plakat mit einer Auflage von 30 000 Exemplaren wurde sofort in die *»Pravda«* vom 19. Februar 1919 aufgenommen und dann in den eigentlichen Deserteur-Gebieten nachgedruckt, in Charkov, Odessa und Kazań.[310]

Soziale Ächtung der Desertion aus der Roten Armee war die Hauptaufgabe der Plakatkampagne. Aufrufe wie *»Schmach den Deserteuren!«* oder *»Die De-*

308 Piltz (Nr. 214) 120.

309 1923 wird D. Bednyj als »Dichter der Revolution« vom Zentralkommitee mit dem militärischen Rotbanner-Orden dekoriert. Der Revolutionäre Kriegsrat beglückwünschte den Dichter. *Kul'turnaja žizn'* v Sssr 1917–1927, 423. Ein Beispiel für seinen Wert als Agitator s. *The Trotsky* Papers (Anm. 295) Bd. 2, Nr. 535–536.

310 Butnik-Siverskij (Nr. 162) Nr. 1376–1379.

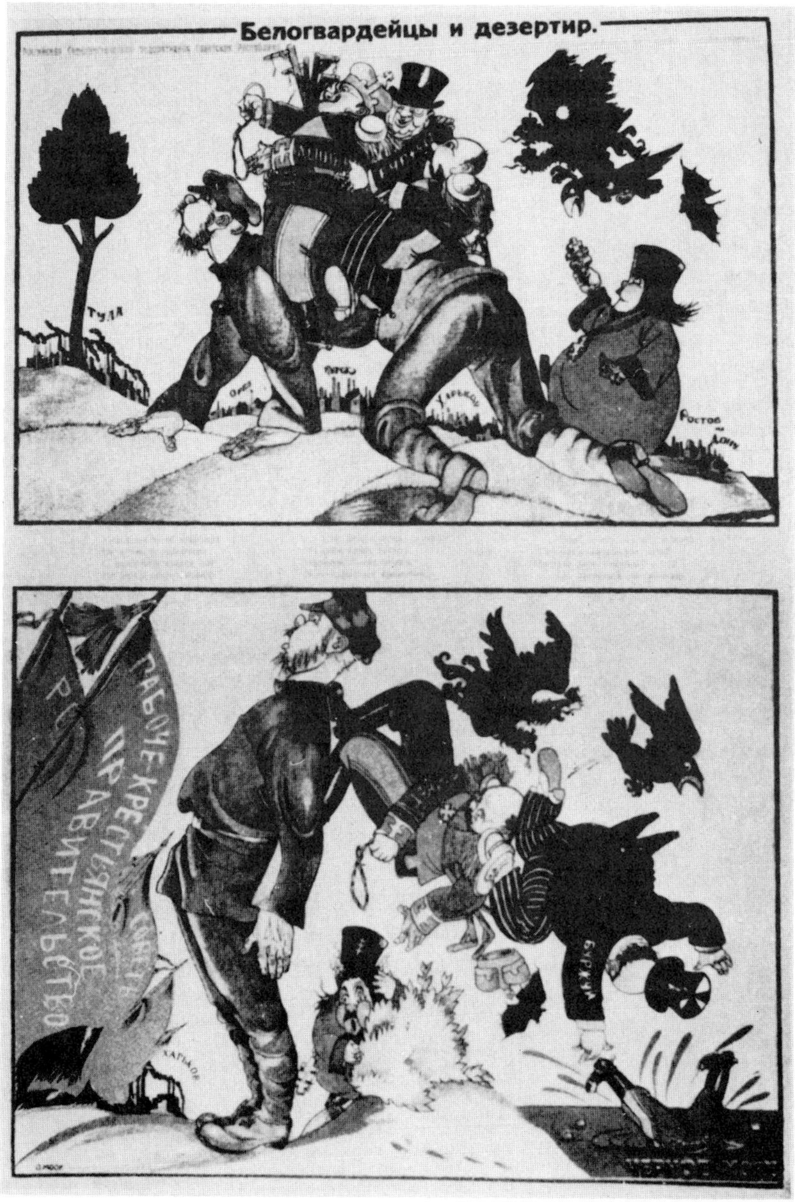

91 Die Weißgardisten und der Deserteur.
D. Moor, Moskau 1919. 71 × 53 cm, 24 200 Ex.

serteure an den Schandpfahl!« werden gerade auch in den karikierenden Plakaten immer wieder aufgenommen. Wenn die Tante von Mitka-Hasenfuß diesen mit den Worten »Was für ein Soldat bist du? Verfluchter Deserteur« aus der Hütte weist[311], wird damit zugleich auch die Zielvorstellung der ganzen Kampagne ausgesprochen. Die Dorfgemeinschaft und die Verwandtschaft der Deserteure sollten durch das Plakat angesprochen werden. Das Plakat *»Frauen,* 92
jagt die Deserteure!«[312] aus Odessa drückt diesen Wunsch der Auftraggeber am kürzesten aus. In einem Petrograder ROSTA-Fenster des Futuristen Lebedev
wird dasselbe Motiv in einem Scherzgedicht zwischen dem Deserteur und seiner 93
ehemaligen Liebsten behandelt, das jedoch in eine Drohung mündet:[313]

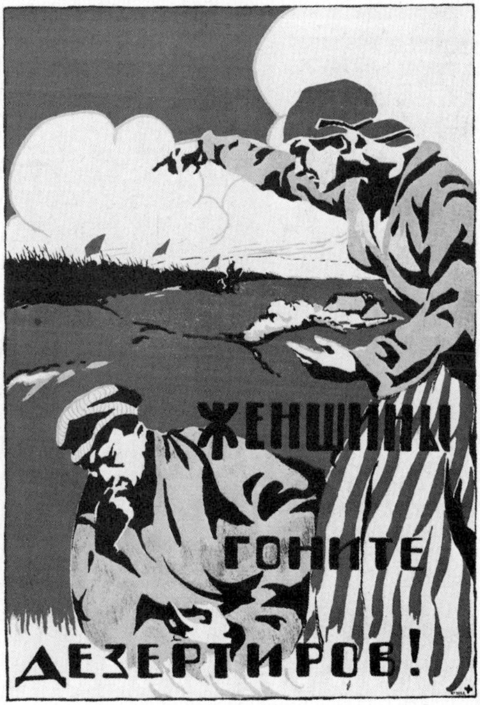

92 Frauen, jagt die Deserteure!
Odessa 1920. 100 × 65 cm.

[311] Ebd. Nr. 1378.

[312] Ebd. Nr. 1133; an die Frauen wendet sich auch ein Flugblatt mit dem Text »Bäuerin, jage den Deserteur!«, *Listovki* (Nr. 197) Bd. 1, Nr. 766 (Moskau 1920).

[313] BUTNIK-SIVERSKIJ (Nr. 162) Nr. 1859, 1860 (veränd. Nachdruck aus Ekaterinburg); Nachdichtung des Textes von V. Vojnov durch F. MIERAU (Nr. 202) 243.

»Tschastuschki

Heller als des Feuers Flamme
brennt mein junges Herz für dich.
Sag mir eines nur, mein Schätzchen,
warum sabotierst du mich?

Glaubst du, daß in meinem Köpfchen
nichts als Albernheiten wären?
Warum du nicht an der Front bist,
kannst du mir das wohl erklären?

Ging durch Wiesen, ging durch Felder,
Sumpf und Wiesen Tag und Nacht.
Wollte nur ganz kurz mal schauen,
was wohl mein Feinsliebchen macht?

Es ist Krieg, Geschütze feuern
und die Unsern trifft es schwer.
Einst warst du mein liebes Schätzchen,
jetzt bist du ein Deserteur.

Auf den Höhen blüht der Schneeball
und im Tal die Margerite.
Bin so matt und bin so müde,
wärme mich, mein Liebchen, bitte!

Jahre kehren niemals wieder
und kein Fluß je rückwärts rinnt.
Soll die Kreis-Tscheka dich wärmen,
hast es dir gewiß verdient!«

Der Anteil des Plakates am Erfolg der politischen Kampagne gegen die Deserteure wird kaum abgeschätzt werden können. Daß die Kampagne insgesamt erfolgreich gewesen ist, läßt sich zumindest ungefähr an den in der »Großen Sowjetenzyklopädie« genannten Zahlen ermessen. Demgemäß haben sich

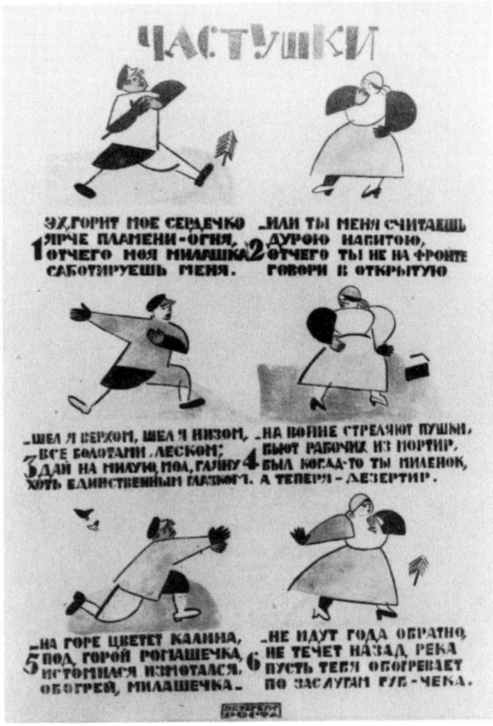

93 Scherzgedicht.
V. Lebedev, Rosta-Fenster
Petrograd 1920. 86 × 58 cm.

in der zweiten Hälfte des Jahres 1919 975 000 Deserteure und Wehrunwillige freiwillig gestellt, im ersten Halbjahr 1920 556 000 Mann.[314]

In seiner Autobiographie erzählt Kriegskommissar Lev Trockij, daß er bei einer Gelegenheit in Rjazań in einem Sammellager vor 15 000 Deserteuren eine Rede gehalten habe.[314a] In einem Bericht vom 3. Juli 1919 an das Allrussische Zentrale Exekutivkomitee hat Trockij über den Umbruch in der Haltung der bäuerlichen Bevölkerung gegenüber der Roten Armee berichtet, wie er im Verhalten der Mobilisierungspflichtigen und Deserteure zu erkennen gewesen sei. Der Bericht Trockijs liegt nicht vor, aber eine Bemerkung Lenins dazu aus einem Vortrag vor einem größeren Gremium am folgenden Tag:

---

314 *Bol'šaja* sovetskaja ėnciklopedija (Anm. 295) Sp. 835.
314a L. Trotzki, Mein Leben. Versuch einer Autobiographie. Berlin 1930, 395–397.

»Einer der Umstände, die Gen. Trockij unterstrich, und der deutlich auf diesen Umbruch hinweist, ist das, was er im Verhältnis der Deserteure beobachtete. Er hat viele Gouvernements durchreist, wohin wir Genossen zum Kampf gegen das Deserteurtum geschickt und keinen Erfolg erreicht hatten. Er selbst ist in Meetings aufgetreten und sah, daß wir zehntausende Deserteure hatten, Leute, die entweder in Panik verfallen waren, oder die sich ein bißchen zu leicht an die Bourgeoisie angehängt hatten. Wir aber waren bereit, daraus Schlüsse zu ziehen, die der Verzweiflung gleichkamen. Trockij, der selbst durch Kursk und Rjazań gereist ist, hat sich in mehreren Städten davon überzeugt und sprach von dem Umbruch, der in dieser Hinsicht vonstatten ging, und der jeder Beschreibung spottet. Einige Kommissare sagten, daß wir jetzt durch den Zufluß an Deserteuren in die Rote Armee ersticken. Sie kommen in solcher Zahl in die Rote Armee, so daß wir unsere Mobilisierung erst einmal stoppen können, da wir ausreichend mit alten, zurückgekehrten Deserteuren versorgt sind.«[315]

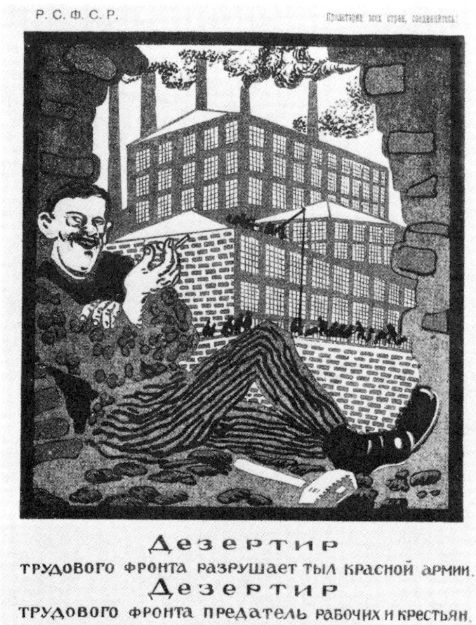

94 Der Deserteur der Arbeitsfront.
P. Abramov, Moskau 1920.
28 × 20 cm.

[315] Vgl. auch Kpss *v rezoljucijach i rešenijach s'ezdov, konferencij i plenumov CK. Bd. 2*

In einem Brief der Parteileitung an die Parteiorganisationen, veröffentlicht in der *»Izvestija«* vom 9. Juli 1919, gab Lenin diesen Umbruch im Kampf mit der Desertion auch offiziell bekannt.[316]

Die Volkswirtschaft Sowjetrußlands stand während des Bürgerkrieges unter dem Regime des »Kriegskommunismus«, das bald auch zur Militarisierung der Arbeitswelt schreiten mußte, um den galoppierenden Zerfall der Industrie, des Transportwesens, des Versorgungssystems usw. zum Stillstand zu bringen. Nachdem die Propagandakampagne gegen die Fahnenflucht bald erfreuliche Resultate erbracht hatte, bot es sich den zentralen Institutionen geradezu an, den Begriff des Deserteurs aus dem militärischen auch auf den ökonomischen Bereich, die »Front der Arbeit«, zu übertragen. Die Flucht vom Arbeitsplatz auf das Land, wo die Versorgung leichter war, oder der Wechsel auf eine andere Arbeitsstelle ließ sich im Rahmen der Arbeitspflicht, der Arbeitsmobilisierung und -militarisierung in gleicher Weise behandeln wie die Fahnenflucht. Der Arbeitsdeserteur wird auf dieselbe Weise verfolgt, etwa in Flugblattlosungen wie »Krieg der Arbeitsdesertion!«, »Nieder mit dem Arbeitsdeserteur!«[317]

Wie dem Deserteur gibt man auch dem Arbeitsflüchtigen Gelegenheit, sich straflos zu stellen. Vom 11.–18. Oktober 1920 wird deshalb eine »Woche der freiwilligen Meldung von Arbeitsdeserteuren der Eisenbahn und des Wassertransports« durchgeführt[318], ebenfalls 1920 gibt es eine »Woche des Kampfes mit dem Deserteurtum und der Bummelei«.[319]

Wort und Begriff »Deserteur« wurden also noch vor dem Ende der Armee-Desertions-Kampagne auf den Bummelanten und Arbeitsflüchtling ausgeweitet. *»Der Deserteur der Arbeitsfront zerstört das Hinterland der Roten Armee.* *94*
Der Deserteur der Arbeitsfront ist ein Verräter der Arbeiter und Bauern. Verbirg und schone den Deserteur nicht!« Dieses Plakat von Mai/Juni 1920 verknüpft die Vorstellung von der militärischen mit der der ökonomischen Front, indem der Arbeitsdeserteur zum »Verräter der Arbeiter und Bauern« gemacht wird. Das Plakat steht in engem Zusammenhang mit den Beschlüssen des IX. Parteikongresses, der am 5. April zu Ende gegangen war, auf dem das Verlassen der Fabrik in gleicher Weise wie das Verlassen des Truppenteiles kriminalisiert worden war. »In Hinblick darauf, daß ein beträchtlicher Teil der Arbeiter auf der Suche nach besseren Versorgungsbedingungen, aber nicht selten auch zum

(1917–1924), Moskva 1970, 98; V. I. Lenin (Anm. 267) Bd. 39, 36–37; dt. Ausgabe Bd. 29, 452–453; über die Verhinderung Trockijs: 450.

316 Lenin (Anm. 315) 47–49; dt. Ausgabe Bd. 29, 429–431.

317 Vgl. *Listovki* (Nr. 197), Bd. 1, Nr. 309, 311, 360, 537, 546, 568, 767, 1082 u. ö.

318 *Listovki* (Nr. 197) Bd. 1, Nr. 537, 546.

319 *Listovki* (Nr. 197), Bd. 1, Nr. 1305.

Ziel der Spekulation, selbstherrlich die Unternehmen verläßt, [...] sieht der Kongreß eine der aktuellen Aufgaben [...] im planmäßigen, systematischen, hartnäckigen, brutalen Kampf mit der Arbeitsdesertion, im einzelnen auf dem Wege der Publikation von Strafregistern der Deserteure, der Schaffung von Arbeiterstrafkommandos der Deserteure und schließlich ihrer Einsperrung in ein Konzentrationslager.«[319a]

Die »Arbeitsmobilisierung« umfaßte verschiedene Phänomene, sowohl die Sicherung der industriellen Produktion als auch die Erledigung besonderer Arbeitseinsätze (Schneebeseitigung, Holzbeschaffung usw.).[320] Auf die bäuerlichen Arbeiten bezogen, scheint der Begriff der Arbeitsdesertion (der im Strafgesetzbuch der Fassung von 1922 vorhanden ist)[321] nicht angewandt worden zu sein.

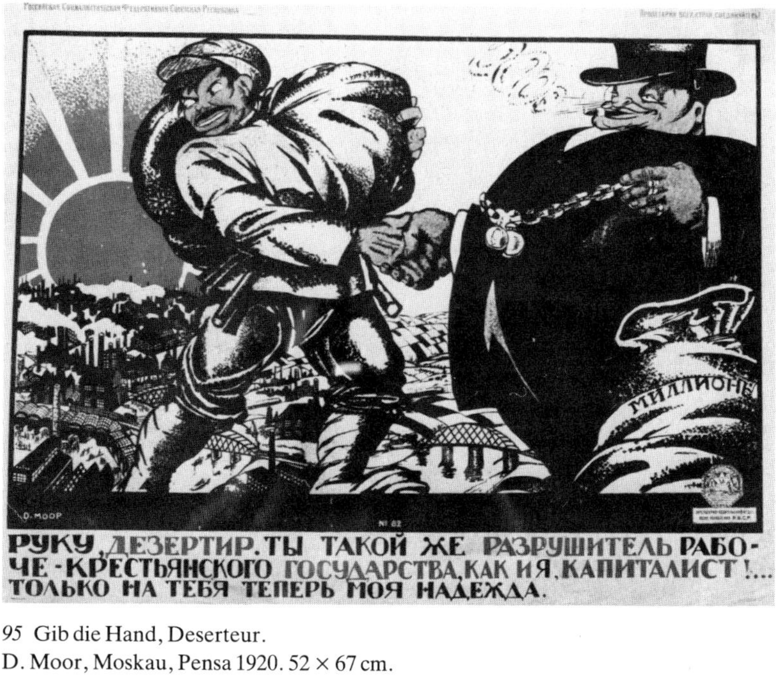

95 Gib die Hand, Deserteur.
D. Moor, Moskau, Pensa 1920. 52 × 67 cm.

[319a] Kpss *v rezoljucijach* (Anm. 315) Bd. 2, 162.

[320] Relativ ausführlich dazu E. H. Carr, The History of Soviet Russia. The Bolshevik Revolution, Bd. 1–3, London 1950 Bd. 2, 193–227; Heller (Anm. 237) 109 f.

[321] *Bol'šaja* sovetskaja ènciklopedija (Anm. 295) Sp. 837.

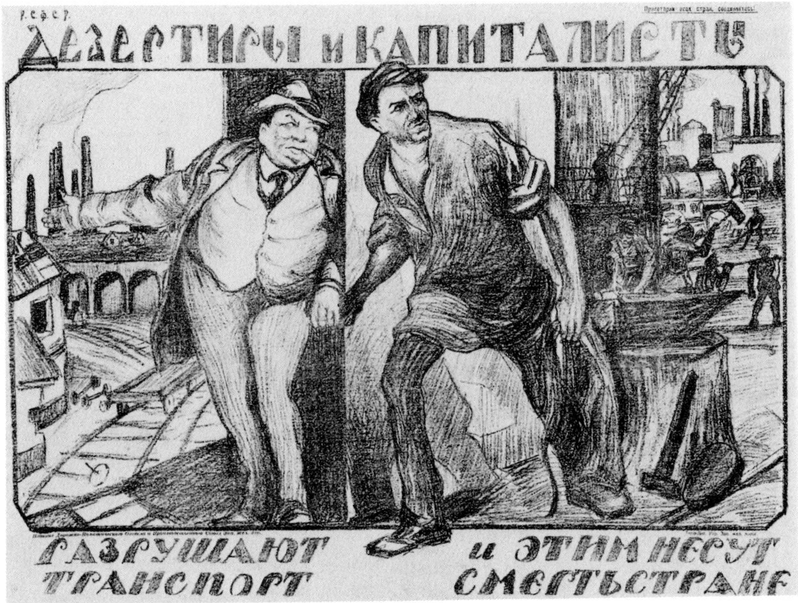

96 Deserteure und Kapitalisten.
1921, 58 × 77 cm.

Mit dem Abebben der Armee-Desertion erübrigte sich in der Propaganda die Scheidung zwischen beiden Formen der Verweigerung. Das Plakat Dmitrij
Moors »*Gib die Hand, Deserteur, du bist genauso ein Zerstörer des Arbeiter- und* *95*
Bauern-Staates wie ich, der Kapitalist. Nur auf dir ruht jetzt meine Hoffnung«, ist in Moskau im April/Mai 1920 in einer Auflage von 50 000 Exemplaren gedruckt worden und erfuhr (teils leicht geändert im Text) Auflagen auch in Pensa und Novorossijsk.[322] Hier gibt nur noch das Bild Auskunft darüber, daß es sich um Arbeitsverweigerung handelt: Der Sackträger blickt auf das industrielle Rußland zurück, das er anscheinend zugunsten der Millionen des Kapitalisten verläßt. Dieselbe Aussage, der Kapitalist locke den Facharbeiter aus der russischen
Industrie, wird im Plakat »*Deserteure und Kapitalisten zerstören den Transport* *96*
und bringen damit dem Lande den Tod«, herausgegeben 1920 von der Eisenbahnverwaltung, ausgedrückt. Dieses Blatt ist eines von vielen, das zugleich einen Bestandteil der Propagandakampagne zur Rettung des Transportwesens

[322] Butnik-Siverskij (Nr. 162) Nr. 1666, 1667, 1210.

vor dem Zusammenbruch bildet.[323] Daß der Arbeitsdeserteur zugleich ein politischer Feind ist, weil er die zarischen Generale wieder nach Rußland zurück-
97 holt, wird im Plakat *»Der Arbeitsdeserteur. Der Arbeitsdeserteur ist ein Handlanger der Konterrevolution«*, ins Bild gesetzt. Damit wird die politische Anschuldigung gegen die Deserteure schließlich auch an die Adresse der Arbeitsunwilligen (der Arbeitsdeserteur wird als Bummelant denotiert durch die »Pausen-Zigarette«) gerichtet.

Die Propagandakampagne gegen den Arbeitsdeserteur ist eng mit der Umorientierung der Gesellschaft auf Friedenswirtschaft verbunden. Ihr dient vor allem die Propaganda für den Wiederaufbau unter Schlagworten und Bildern
98 wie »zurück an die Werkbank!« *»Arbeiten ist nötig, die Flinte griffbereit«* usw. Positiver Held der erziehenden Propaganda ist der Proletarier, der zunächst die Feinde der Revolution verjagt hat und nun von der Waffe zurück an seine Werkbank kehrt, um den Sozialismus aufzubauen.[324] Dieser positiven Setzung

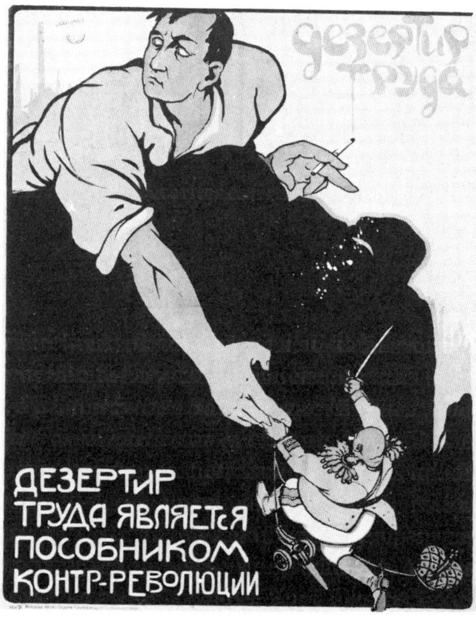

97 Der Arbeitsdeserteur. Moskau 1920. 89 × 71 cm.

---

[323] Vgl. Piltz (Nr. 214) Nr. 80, 87, 97. Die Transport-Kampagne wurde durch einen Rundbrief des Zentralkommitees vom 14. 1. 1920 eingeleitet, Kpss *v rezoljucijach* (Anm. 315) Bd. 2, 143 ff.

[324] Vgl. die Grußadresse des IX. Parteikongresses von März-April 1920 an die Rote Armee, Kpss *v rezoljucijach* (Anm. 315) Bd. 2, 180 f.

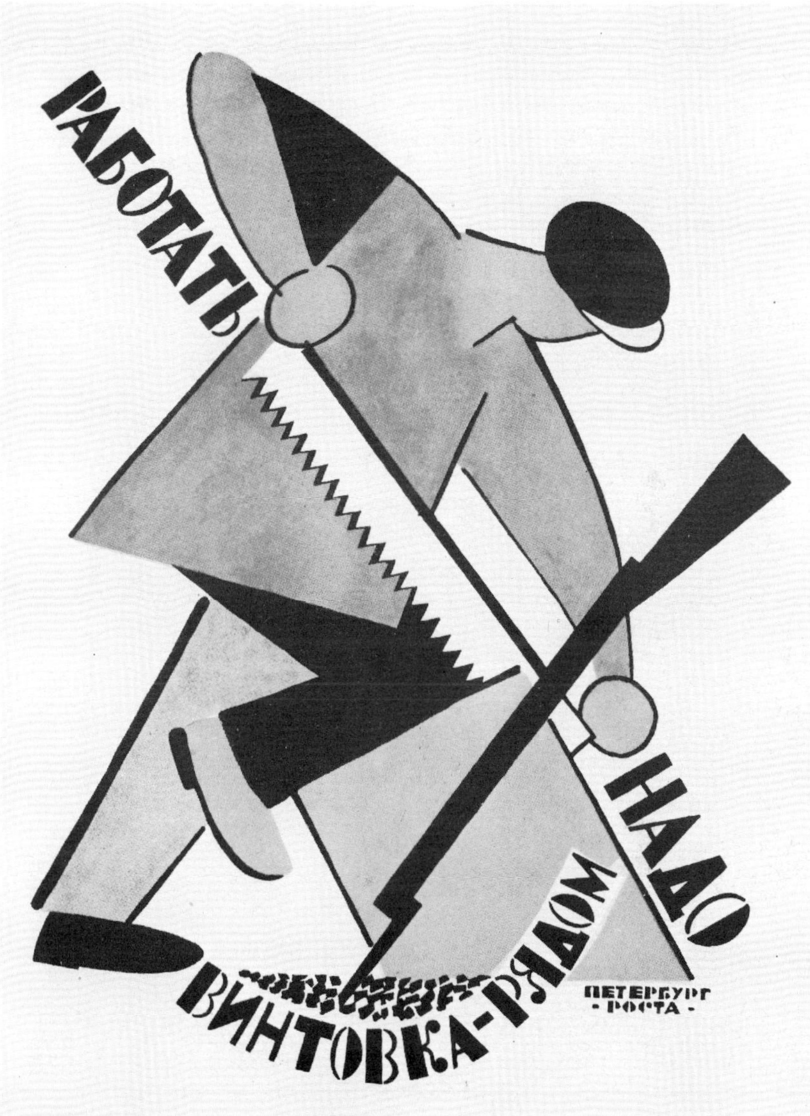

98 Arbeiten ist nötig, Gewehr bei Fuß.
V. Lebedev, Rosta-Fenster Petrograd 1921.

als Verkörperung der Arbeitsethik des klassenbewußten Industriearbeiters wird als Negativfigur der Arbeitsdeserteur entgegengesetzt. Das heißt, nicht allein das Phänomen der Arbeitsunwilligkeit, sondern auch die Notwendigkeit, im ökonomischen Bereich ein internes Feindbild zu schaffen, um die Propaganda wirksam führen und Druck ausüben zu können, dürfte ein Beweggrund für diese Kampagne gewesen sein. Der Kapitalist von den zahlreichen Bürgerkriegsplakaten war eine Verkörperung ausländischer Mächte (»des Kapitals«) – in der Arbeitsdesertionskampagne tritt er in derselben Form auf und erfüllt dieselbe Funktion wie zuvor, nur, daß ihm statt der »Weißen« der Deserteur als Helfershelfer im Lande selbst zur Seite gestellt wird.

Daß der Armeedeserteur dem Kapitalisten zuarbeite, war in zahlreichen Plakaten zu lesen, lang und breit erklärt in einem Plakat von M. Čeremnych vom Ende 1918 *»Wie der Deserteur dem Kapitalisten Hilfe leistete«.*[325] Auch die Plakate zur Arbeitsdesertion pflegen bisweilen den langen Text, sei er emotional eingefärbt oder argumentierend.

Solche Plakate bemühen sich, durch ausführlichere Darstellung die Übertragung des Deserteur-Begriffes auf die Bereiche der Wirtschaft zu erklären. Der
99 Künstler V. K. Kostjanicyn schuf 1920 das Plakat *»Parasiten und Faulenzer, die selbst nicht arbeiten, stören die Arbeit der anderen«.* Am großen Hammer des Industriearbeiters hängen vor allem Sackträger, Hamsterer.

Der kleingedruckte Text unterhalb des Bildes erläutert: »Helden an der Arbeitsfront, das sind alle, die unermüdlich am Wiederaufbau unserer Volkswirtschaft arbeiten. Schwer ist die Last des Hammers, mit dem wir das neue kommunistische Leben schmieden, weil an ihm alle Egoisten, Faulpelze, Hamsterer und Hinterland-Marodeure hängen. Indem sie nicht arbeiten und sich vor der Fabrik drücken, verraten die Deserteure der Arbeitsfront die proletarische Revolution und laufen auf die Seite ihrer Feinde über. Die Metallindustrie ist die Hauptindustrie unserer Republik. Mehr als irgendwo sonst braucht man hier Arbeitskräfte; die kleinste Fahrlässigkeit oder Liederlichkeit wäre hier ein Verbrechen. Das Zentralkomitee des Gesamtrussischen Metallarbeiterverbandes ruft alle Metallarbeiter auf, sich zu einer einheitlichen und mächtigen Kampffront gegen Verfall und Undiszipliniertheit zusammenzuschließen. Erhöht die Arbeitsproduktivität! Mehr Lokomotiven für das Transportwesen, mehr Gewehre für die Rotarmisten, nicht ein einziger Deserteur, nicht eine einzige verbummelte Arbeitsstunde! Front der Arbeit, Front der Metallarbeiter, setzt alles daran, es der Roten Front gleichzutun!«[326]

---

[325] Butnik-Siverskij (Nr. 162) Nr. 1199, 1200.

[326] Butnik-Siverskij (Nr. 162) Nr. 2296; Piltz (Nr. 214) Nr. 86, 126.

Man wird eine Propagandakampagne die maximale geistige Einwirkung der Führung eines Landes (hier der Kommunistischen Partei) auf das Denken und Handeln der Bevölkerung (oder einer besonderen Zielgruppe) nennen dürfen. Die wirklich erzielte Intensität der Einwirkung hängt von vielen Faktoren ab, man darf aber annehmen, daß in einem von der Zentrale geplanten, propagandistischen Feldzug alle Medien eingesetzt werden, die zur Verfügung stehen. Inwieweit die Agitationszüge und -dampfer für die Kampagne gegen die Deserteure eingesetzt wurden, wird sich nur durch Archivstudien feststellen lassen – potentielle Instrumente für diese Zwecke waren sie zweifellos.

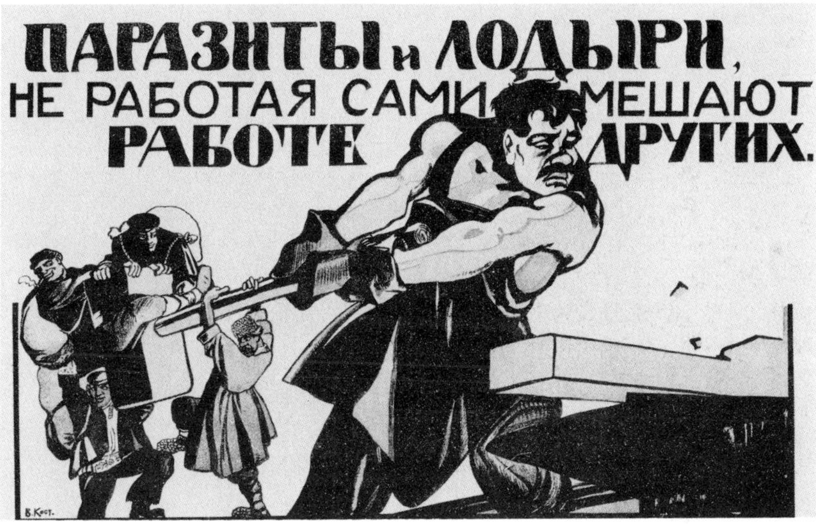

99 Parasiten und Faulenzer.
V. K. Kostjanicyn. Moskau 1920. 54 × 71 cm, 10 000 Ex.

Die Kampagne gegen die Deserteure aus der Armee und von der Arbeitsfront läßt erkennen, wie der Schwung einer erfolgreichen Kampagne auf ein weiteres Phänomen übertragen werden kann. Dennoch muß klar erkannt werden, daß sich Fahnenflucht und Arbeitsflucht grundsätzlich unterscheiden. Die Fahnenflucht zeigt den Unwillen der Bevölkerung, *mit* den Bolschewiken *für* deren Ziele zu kämpfen (und zu sterben). Das bedeutet, die Propaganda traf eine öffentliche Meinung an, die durch Kriegsmüdigkeit, Friedenswillen und Ideologie-Resistenz dominiert war. Mit Überzeugen, Überreden, Drohen und Strafen versuchte die Propaganda, diese Passivität zu durchbrechen, die Indifferenz der Werthaltungen in eine reale Kampfbereitschaft *gegen* die Weißen, *gegen* die

Restauration umzukrempeln. Zugleich diente die Aktion dazu, eine ideologische Kampfbereitschaft *für* die Roten, *für* die Revolution aufzubauen.

Bei der Arbeitsflucht haben wir ein anderes Phänomen vor uns, das sich durch einen Blick auf den status quo ante erkennen läßt. Der Unwille, die durch das Arbeitsgesetz aufgezwungenen Pflichten zu erfüllen, hatte als Voraussetzung die Ausblutung des gewachsenen russischen Proletariats in Weltkrieg, Revolution und Bürgerkrieg und sein Ersatz durch eine Art Halb-Proletariat verschiedener Herkunft.[327] Diese Neoproletarier waren nicht gewillt, auf die Selbstversorgung im Dorf zu verzichten (daher der »Sackträger« als Feindbild) und hatten noch keine Gewöhnung an Arbeitsplatz und Arbeitsrhythmus erworben (vgl. den Typ des Zigaretten rauchenden Arbeitsbummelanten).

Die Kampagne gegen die Arbeitsflucht wäre darum eher als eine Erziehungskampagne anzusehen, weil sie ein ungeformtes Bewußtsein vorfindet, das zugunsten eines affirmierten Wert-Normen-Systems verändert werden soll.[328] Zielvorstellung der Kampagne scheint die Unterbrechung der Verbindung mit dem Dorf gewesen zu sein, das Einleben in das industriell-urbane Milieu und die Verinnerlichung der Kategorien moderner Industrieproduktion. Neben der in der Sowjetunion weitentwickelten Produktionspropaganda als konstruktiver Seite der Einwirkung steht hier die Kriminalisierung vorindustrieller Verhaltensweisen mit Hilfe des soeben durch Propaganda gefestigten semantischen Feldes »Deserteur« vor uns.

»Neue Ökonomische Politik« und Plakatpropaganda

Die von Lenin 1921 eingeleitete Periode der »Neuen Ökonomischen Politik« (NEP) gab privatwirtschaftlicher Initiative neue Möglichkeiten und baute das kostspielige Subventionssystem teilweise ab. Für den kulturellen Bereich brachte die Neue Ökonomische Politik einschneidende Änderungen, weil die staatlichen Aufträge drastisch zurückgingen, ein Teil der durch Zuschüsse gehätschelten Kulturinstitutionen geschlossen wurde und die Künstler sich – wie vor der Oktoberrevolution – auf dem Markt von Wirtschaftsreklame, Zeitschriftenillu-

---

[327] Über die Desintegration der Industriearbeiterschaft vgl. Carr (Anm. 320), Bd. 2, 193–195. Handbuch (Anm. 238) 729 ff.

[328] Zur Unterscheidung von Erziehung und Propaganda betont Hofstätter, Propaganda verändere ein *schon bestehendes* normatives System, »Der prinzipielle Unterschied zwischen Propaganda und Erziehung läge somit in der Situation, die vor dem Beginn einer der beiden Unternehmungen besteht.« Hofstätter (Nr. 25) 281 f., vgl. o. S. 24.

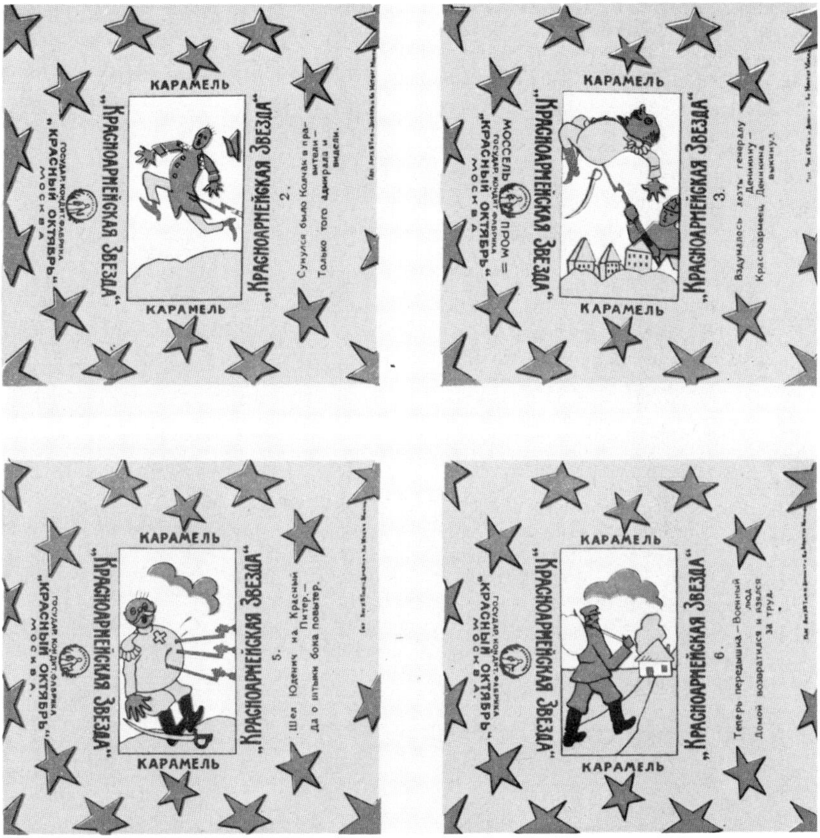

100 Bonbon-Papier.
V. Majakovskij. Moskau 1923.

stration usw. behaupten mußten.[329] Dmitrij Moor z. B. zeichnete für die »Pravda« und wurde zugleich führender Karikaturist der antireligiösen Propaganda. Vladimir Majakovskij stellte sein Talent, einprägsame Sprüche mit lakonischen Bildern zu verbinden, in den Dienst unterschiedlicher Wirtschaftsunternehmen, u. a. indem er 1923 Motive der »Satire-Fenster« für die Bonbons »Rotarmee- *100*
Stern« der Moskauer Süßwarenfabrik »Roter Oktober« vermarktete.

[329] Vgl. G. Erler Die Leninsche Kulturrevolution und die Nep, in: Kultur und Kulturrevolution in der Sowjetunion. Kronberg 1978, 33–43, hier 40.

Charakteristisch für die Haltung der Partei gegenüber der Propaganda sind die Beschlüsse des 12. Parteikongresses 1923 »Zu Fragen der Propaganda, der Publikationen und der Agitation«[330]. Unter den 58 Punkten der Resolution wird das Plakat nicht mehr genannt, dafür nimmt die Presse sehr viel Raum ein, werden Arbeiterklubs, Lesesäle, Parteischulen usw. als wichtige Propagandazentren anerkannt. Insgesamt sieht man die »Apparate der Sowjetmacht« als so weit entwickelt an, daß man einen »Kurs auf maximale Reduktion von Kampagnen des sowjetischen Typs« einschlagen kann.[331]

Die staatlichen Aufträge für Propagandafachleute blieben gleichwohl nicht völlig aus, standen doch wichtige Aufgaben der Verbreitung kommunistischer Verhaltensnormen und Werthaltungen nach wie vor auf der Tagesordnung der 1922 gegründeten UdSSR. Oben ist bereits als Beispiel angeführt worden, wie die Agitation *gegen* die Deserteure aus der Roten Armee in eine Erziehungspropaganda *für* die Durchsetzung proletarischer Arbeitsdisziplin übergeleitet worden war. Ebenfalls noch in die Bürgerkriegsphase zurück reichten breit angelegte Dauerkampagnen wie jene für die Alphabetisierung der Bevölkerung, die sogenannte »Liquidierung des Analphabetismus« (likbez), die später zusätzlich mit dem Ziel der Beseitigung des *politischen* Analphabetismus ausgeweitet wurde.[332] Ähnliche Dauerpropaganda richtete sich auf die Vermittlung hygienischer Grundkenntnisse, auf die Verantwortlichkeit des Staatsbürgers für das Transportsystem, auf das Zusammengehörigkeitsgefühl zwischen Arbeiter und Bauer, usw.

Als Bestandteil der Propagandakampagnen wirkte die Plakatproduktion teils aktions*stützend,* großenteils aber auch – in Hinblick auf die analphabetischen und halb-analphabetischen Massen – aktions*tragend* (im Sinne von Medebach). Den Reden und Leitartikeln in der Presse folgend, entwickelt das Plakat ein Repertoire von Miranda, das zur ständigen Veranschaulichung des Fortschritts der Revolution diente. Die »Errungenschaften« des Aufbaus des Sozialismus können mit Hilfe visueller Topoi vorgewiesen, ja, im Fotoplakat sogar konkret vor Augen gestellt werden. Die »schloterauchende Fabrik« ist eines der von Anfang an gebrauchten Ikons für den Vorstellungskomplex »Industrialisierung – Sozialismus«, vor allem aber auch, nicht als Antizipation, sondern eben als habhafte Errungenschaft gesehen, für das Wunder, daß die Schlote nach dem
34 Chaos *erneut* rauchen. Dasselbe Motiv wird auch im deutschen Plakat *»Arbeit und Brot durch den Nationalsozialismus Liste 1«* gebraucht. E. Schockel kom-

[330] Kpss *v rezoljucijach* (Anm. 315) Bd. 2, 455–469.

[331] Ebd. 465.

[332] Vgl. Erler (Anm. 329) 40 f.

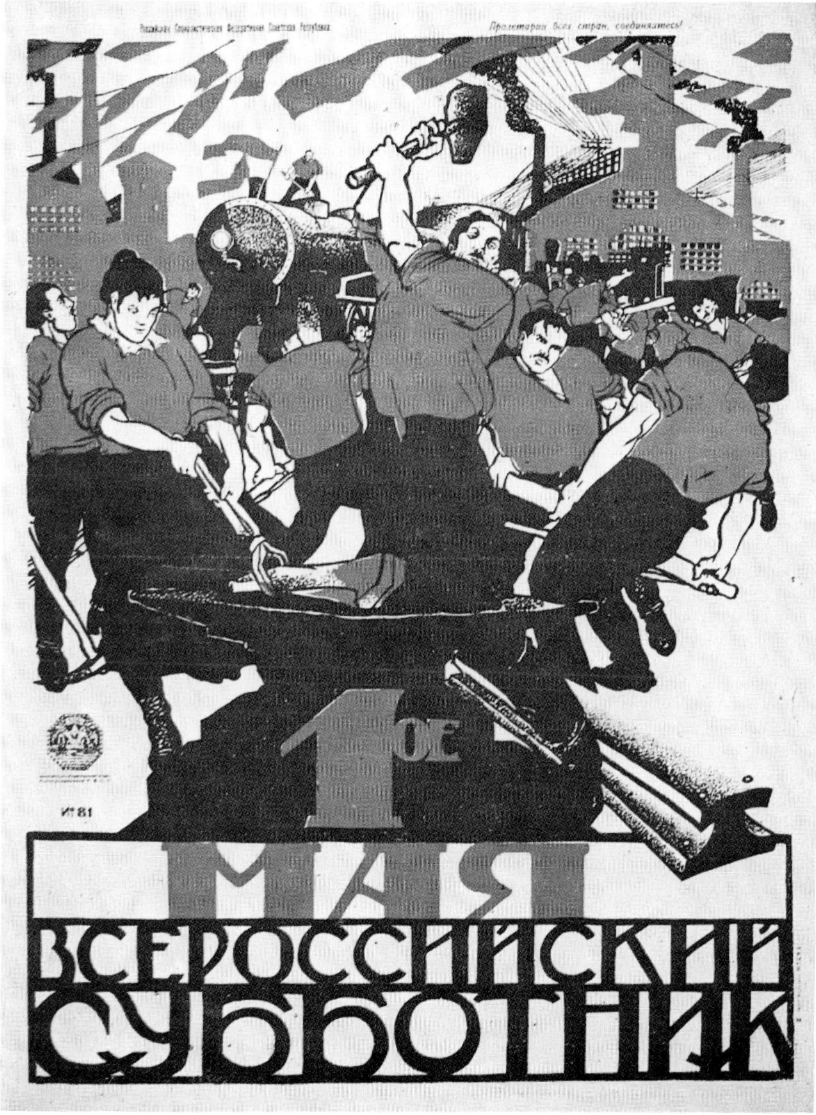

101 1. Mai, allrussischer Subbotnik.
D. Moor, Moskau 1920. 72 × 53 cm, 30 000 Ex.

mentiert: »Das Hakenkreuz über den Dächern *bringt* die Fabrikschornsteine *wieder* zum Rauchen ...«[333]

Nicht jedes Mirandum aber läßt sich verbildlichen. Die Plakatkünstler greifen dann zu verbalen Erklärungen im Bild selbst. Auf prächtigen Gebäuden prangen die Bezeichnungen von sozialen Einrichtungen (Kindergarten, Schule, Klub, Gemeinschaftsküche usw.). Unter der globalen Parole »Aufbau des Sozialismus« werden kommunale Notmaßnahmen wie Kindergärten oder Kantinen zu Miranda der ideologischen Überzeugungsarbeit. In einem späteren Stadium des Aufbaus verwandte Stalin die Formel »Großbauten des Kommunismus« zu demselben Zweck – die Unterordnung des Menschen unter die Planziele der Industrialisierung als gesellschaftliche Norm durchzusetzen.

In dieser Propaganda werden allgemeine Werte wie »Selbstverwirklichung« oder »freies Schaffen« in Verhaltensnormen wie »freiwillige Arbeit an Wochen-
101 enden« umgegossen. Die Plakate zum *»Allrussischen Subbotnik«* am 1. Mai 1920 übertrugen die Heroisierung der Industriearbeit zum ersten Mal auf das Plakat – mit der forcierten Industrialisierung seit 1928 kehrt die Metamorphose der Arbeit in den Rang eines der höchsten Werte in das Plakat zurück und beherrscht bis heute einen bestimmten Bereich der Sichtagitation.

Die Propaganda hatte dabei, wie bereits von Hofstätter zitiert, ihre Funktion »in der Anpassung der Erziehung an den jeweils für die nächste Generation voraussehbaren Bedarf«[334]. Hofstätter umkehrend dürfte man sagen, die Situation des Friedens stellte an die Bevölkerung des Landes Anforderungen, die in deren kriegsmäßigem Erziehungsprogramm nur unvollständig Berücksichtigung gefunden hatte.

Unter diesen Aufgaben dominierten die Akulturation der dem Industrialisierungssog folgenden Teile der Landbevölkerung, wie auch die schrittweise Modernisierung der Landwirtschaft als auch drittens, die Verwirklichung des ideologisch postulierten Menschenbildes.

2. Die grossen Themen revolutionärer Plakatpropaganda

Die Erschütterung des Ersten Weltkrieges hatte in Mittel- und Osteuropa neue Staaten auf neuen gesellschaftlichen Grundlagen hervorgebracht. Die Serie europäischer Revolutionen, unter denen die russische Oktoberrevolution die erste und seismographisch stärkste gewesen ist, hat unter anderem auch die

---

[333] Schockel (Nr. 94) 151.

[334] S. o. S. 24.

durch den Weltkrieg ins Leben gerufene politische Partizipation der Öffentlichkeit zur dauernden Erscheinung gemacht, jedenfalls in jenen Ländern, denen es nicht vergönnt war, zur Stabilität einer Friedenszeit zurückzukehren. Als eines der Instrumente zur Lenkung der Öffentlichkeit entstand eine neue Gattung von Monumentalmalerei, das politische Plakat. Im 20. Jahrhundert konnte diese Monumentalmalerei nur eine Reproduktionskunst sein, weil sie allein so in hohen Auflagen dem Straßenpublikum vor Augen geführt werden konnte. Aufgabe der politischen Monumentalmalerei war es, bestimmte Themen aus der beschränkten Öffentlichkeit der Presse an die Wände zu erheben. In der politischen Debatte waren zahlreiche Themen von ihren Tabus befreit, andere waren überhaupt erst formuliert worden – diese Probleme wurden als Reflexe der aktuellen Situation in einer Art elevatio ad oculos auf Häuserwänden und Litfaßsäulen publiziert.

Im Unterschied zur tagtäglichen Berichterstattung sind nur ausgesuchte Phänomene der politischen Aktualität in den Rang der Plakatkunst erhoben worden. Es waren vor allem die Miranda der Parteien und Regierungen, jene Personen und Personifikationen, in denen leitende, integrierende Wertvorstellungen verkörpert zu sein schienen.

Das wohl am meisten in die Augen stechende Phänomen der Plakatikonographie ist das Politikerporträt. Während des Weltkrieges noch waren es vor allem Kaiser, Könige und Feldherren gewesen, deren Köpfe oder Gestalten sich an den Betrachter wandten oder aber den Betrachtern als Identifikations-Projektions-Objekt angeboten worden waren. In der Zwischenkriegszeit traten Parteiführer an die Stelle der Herrscher und liehen nationalen, sozialen oder ideologischen Bewegungen ihre Physiognomie.

Was man im Weltkrieg in der Diffamierung des militärischen Gegners geleistet hatte, wurde oben kurz gestreift. Der Menschenaffe in Helm und Waffen geht in die Charakteristik der Minusparteien der zwanziger Jahre ein, hier mit den Designaten »Anarchie« oder »Bolschewismus«. Ähnliche Karikaturen werden zu den Antimiranda von bolschewistischer und kommunistischer Seite, bis dann die Vorbereitungsphase des Zweiten Weltkriegs auf allen Seiten derlei Feindbilder bringt.

Ein wichtiges Thema sozialistischer Plakatpropaganda in der Zwischenkriegszeit ist die Rolle der Frau. Die Erfolge der Frauenbewegung in bezug auf Wahlrecht und politische Mitbestimmung sind wohl in hohem Grade der Kriegswirtschaft zu verdanken. Nutznießer wurden die Massenparteien, welche die Frau mittels des Plakats anzusprechen verstanden. Mit dem Eintritt der Frau in das öffentliche Leben wird sie nicht nur Ansprechpartner, sondern auch Darstellungsgegenstand der politischen Monumentalmalerei. Zuvor nur als Mannequin, Balletteuse oder Mutter in der Reklame präsent, bricht der Weltkrieg die

Tabus und zeigt die Frau als Krankenschwester, Marinehelferin, Pflügerin oder gar Dreherin.

Nicht nur neue Personengruppen sind es, die in der Plakatpropaganda zu Trägern moderner Wert- und Normenvorstellungen werden. Ein vielfältiges Thema des revolutionären Plakates ist der Lebensbereich der *Industriearbeit*. Geradezu paradigmatisch läßt sich der Übergang vom archaischen Handwerk zur industriellen Massengüterproduktion in der sowjetischen Plakatkunst verfolgen. Dort steht am Anfang der Schmied mit Hammer und Amboß, im Laufe der zwanziger Jahre wird dieser zum Lenker und Konstrukteur von Maschinen. Gegenüber der Eisenbahn- und Hüttenwerkmalerei des 19. Jahrhunderts zeichnen sich die Industrialisierungsplakate der Sowjetunion ikonographisch zwar durch nichts prinzipiell Neues aus, dennoch ist von Bedeutung, daß der Hochofen, die Schiffswerft nicht mehr zur Besitzbefriedigung der Eigentümer in Salons hängen, sondern in zehntausendfacher Reproduktion zu Symbolen eines ökonomischen Umschwungs werden. Die Verengung des Begriffs des Proletariers auf den Maschinisten in der modernen Schwerindustrie bietet der Plakatpropaganda zugleich die Chance, Faszination und Monumentalität der Technik mit dem Heroismus körperlicher Anstrengung zu verschmelzen, um mit Hilfe solcher Bilder die Arbeitsethik des den Sozialismus erbauenden Proletariers ins Bild zu setzen.

Der Führer

Nach den Revolutionen des Jahres 1917, nach der Beseitigung des Autokraten, der Bilder und Denkmäler der russichen Zaren, war ein Vakuum visueller Präsenz der Staatsführung entstanden. Lenin hat sich ständig dagegen gewehrt, mit Namen und Bild das Kollektiv der Führung vertreten zu sollen. Von einem seiner Mitarbeiter wurde der Protest Lenins gegen die Herausstellung seiner Person überliefert. »Ich halte das für äußerst schädlich, es ist völlig unmarxistisches Herausstreichen der Person ... es ist schlecht – es ist vollkommen unzulässig und zu nichts nütze. Und diese Porträts? Schauen Sie, überall und an jedem Ort ... man kann sich vor ihnen nicht retten! Wozu das alles?«[335]

Das Bedürfnis nach dem Bild des Führers hat sich durchgesetzt; Lenin gestattete einer Anzahl von Künstlern (wie G. Alekseev, N. Altman, N. Andreev) und Fotografen (P. Ocup, P. Žukov, M. Nappelbaum u. a.), Skizzen und Porträts von ihm anzufertigen und auszuwerten. Auch von anderen Mitgliedern der

---

[335] ALEKSEEV Lenin na agitplakatach pervych let Sovetskoj vlasti, in: Iskusstvo 1970, 6, 33–43.

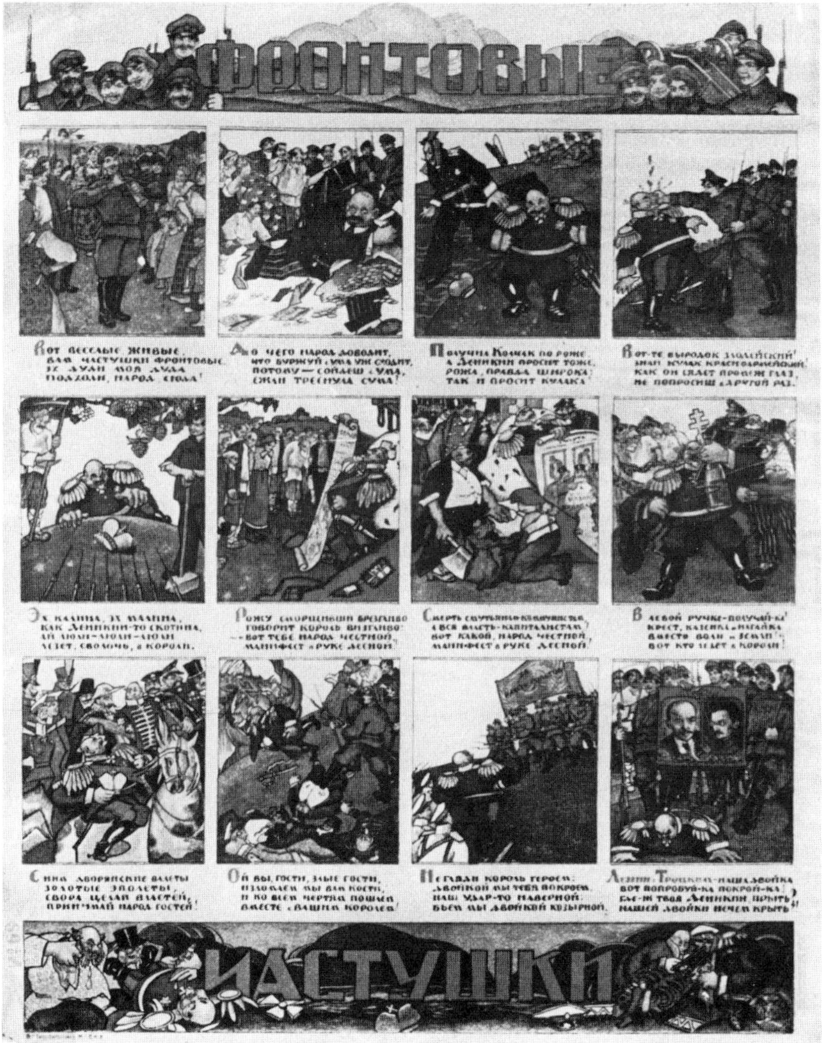

102 Front-Knittelverse Nr. 69.
Zum Text s. S. 250.
N. N. Pomanskij, Moskau 1919. 70 × 53 cm.

Führungsgruppe um Lenin gibt es repräsentative Bilder, die bei festlichen Anlässen zur Sichtagitation verwandt wurden.[336]

102 Das Plakat Nr. 69 aus der Serie *»Front-Knittelverse«* von 1919 zeigt, daß die Porträts der neuen Führer auf ganz traditionelle Weise verwandt wurden. Die Rote Armee trägt im Kampf mit den Weißen von General Denikin ein Doppelbild Lenins und Trockijs vor sich her. In der Terminologie des Kartenspiels nennt der Verfasser des Textes, Demjan Bednyj, General Denikin einen König, die beiden Sowjetführer aber die Trumpf-Zwei und schließt ab mit : »Lenin-Trockij ist unsere Zwei / nun, versuch doch, sie zu stechen! / Wo ist, Denikin, deine Bravour? / Unsere Zwei ist durch nichts zu stechen!!«[337] Das Motiv des Kartenspiel-Trumpfes wird im Bild nicht wiederholt, vielmehr werden Lenin und Trockij auf einer Art Kirchenfahne präsentiert, eine Darstellung, die deutlich auf Ikonen verweist.

Das Bild Lenins, in der späteren Sowjetgesellschaft oberstes Verehrungsobjekt[338], spielte – daran gemessen – in der Propaganda der frühen Sowjetunion eine relativ bescheidene Rolle. Porträts und Büsten Lenins wurden in beschränktem Umfang verbreitet. Die »Kommission des Mossovet [Moskauer Stadt-Sowjet] zum Abriß und zur Aufstellung von Denkmälern« hat die von G. D Alekseev 1919 geschaffene Lenin-Büste mehrfach in Provinzstädte, an Armeeinheiten usw. versandt.[339] Die Provinz-Sowjets forderten die Lenin-Büsten nicht nur zur Verschönerung ihrer Städte an, sondern auch, wie es von Seiten der Stadt Venev heißt, »im Sinne der Veranschaulichung (sozercanie) desjenigen für die Volksmassen, der sie in das Reich der Freiheit, Brüderlichkeit und Liebe führt.«[340] Ein ähnliches Bedürfnis nach Verehrung des Führers spricht aus den Worten eines in Irkutsk zu Ehren des 50. Geburtstages von Lenin

---

[336] Die in der Sowjetunion betriebene damnatio memoriae für verurteilte Politiker läßt den Nachweis dafür fast unmöglich werden. Nur wenige Indizien finden sich bei Fülöp-Miller (Nr. 173) Taf. 49, 274.

[337] Volle französische Übersetzung der Texte in Affiches (Nr. 153) 30 f., Nr. 50.

[338] Daß es im Leninkult Schwankungen gegeben hat, betont N. Tumarkin, Lenin lives. The Lenin Cult in Soviet Russia, Cambridge/Mass. 1983, vgl. 252: »The cult of Lenin did not survive the tenth anniversary of his death. By 1934, the idealized Lenin was relegated to the supporting role of Sacred Ancestor as the cult of Stalin took center stage in Soviet political ritual.«

[339] D. Alekseev, A. Šefov, Georgij Alekseev. Moskva 1971, 11 f. Im Text des oben S. 202 zitierten Plakates wird schon im September 1918 die Verteilung von Bildern der führenden Revolutionäre durch die Agitationszüge angekündigt. Man wird vermuten dürfen, daß gerade das Leninbild gemeint ist.

[340] Alekseev (Anm. 339) 12.

erschienenen Plakats: »*Es lebe die Weltkommune! Es lebe der Führer der proletarischen Weltrevolution! Es lebe der Gründer der Russischen Kommunistischen Partei und der große Baumeister der III. Kommunistischen Internationale! Es lebe der Vorsitzende des Rates der Volkskommissare!*«[341]

Wegen der Abneigung Lenins wurden seine Bilder bis zum Januar 1924 nur sporadisch in der Plakatpropaganda verwandt. Neben dem genannten Beispiel geschah das etwa auf den Maiplakaten von 1919, die dem Jubiläum 1889–1919 gewidmet waren und inserierte Porträts von Karl Marx und Lenin zeigten.[342] Ähnlich war schon ein Reklameplakat für die Regierungszeitung »Izvestija« 1918 mit Bildern von Marx und Lenin geschmückt worden.[343] Andere Verwendungen des Leninbildes kommen aus der Provinz, etwa Witebsk[344] oder Baku,

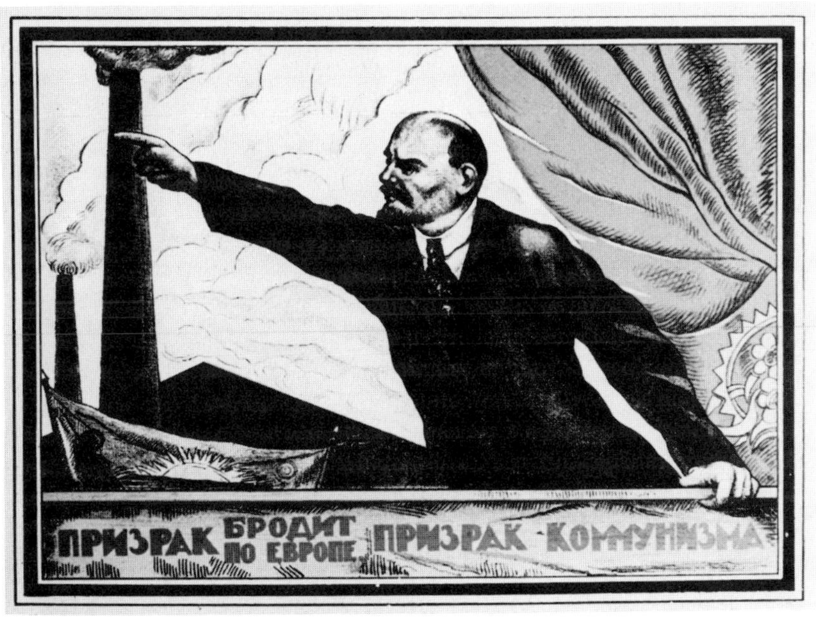

103 Ein Gespenst geht um in Europa.
Baku 1920. 100 × 134 cm.

---

341 BUTNIK-SIVERSKIJ (Nr. 162) Nr. 116.

342 Ebd. Nr. 444; 445 (Moskau); Nr. 446–448 (Kiev); allgemein zum Thema: ALEKSEEV (Anm. 335) passim.

343 BUTNIK-SIVERSKIJ (Nr. 162) Nr. 369 (Petrograd).

344 Ebd. Nr. 472.

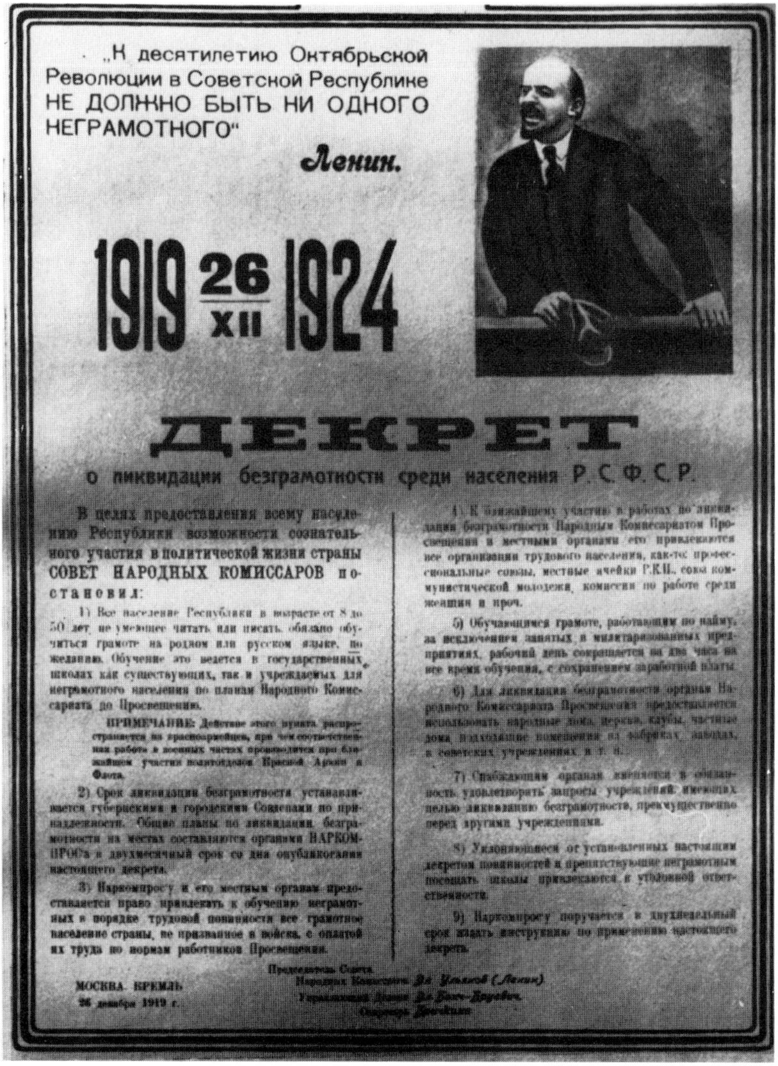

104 26. XII. 1919–1924. Dekret über die Liquidierung des Analphabetismus unter der Bevölkerung der RSFSR.
Der Text des Dekretes vom genannten Tag wird 1924 als Plakat herausgegeben, darüber das Leninbild und ein passendes Zitat: ». . . Zum zehnten Jahrestag der Oktoberrevolution darf in der Sowjetrepublik NICHT EIN EINZIGER ANALPHABET SEIN.« Lenin. Rostov/Don 1924. 65 × 49 cm, 2000 Ex.

wo 1920 das Plakat *»Ein Gespenst geht um in Europa, das Gespenst des Kommunismus«* entstanden ist. Mit diesem Plakat, das sein Motiv wahrscheinlich von einer Lenin-Fotografie übernommen hat, beginnt die eigentliche Lenin-Ikonographie, die künstlerische Darstellung des Führers und Lehrers. 103

»Lenin auf der Rednertribüne« entwickelt sich in der sowjetischen Kunst zum Standardmotiv. Diese Pose wird zugleich zu einem Topos moderner Herrscherikonographie, vor allem, aber nicht nur, in der Sowjetunion.

Es ist nicht erstaunlich, daß die römische Rednerbühne im 20. Jahrhundert in
der Führerikonographie wieder zu Bedeutung kommt. Sie substituiert einerseits 104
den Sockel aus den plastischen Künsten, andererseits aber ist die Rednertribüne in Gesellschaften, die keinen offenen Führerkult treiben, auch in der Realität fast das einzige Piedestal, mit dessen Hilfe verbildlicht werden kann, wer die Entscheidungen fällt. Der Führer als Hauptredner auf Massenversammlungen, im Parlament oder auf dem Parteitag, das ist Herrschaftsgebahren und auch Herrscherikonographie des 20. Jahrhunderts. Die Rednertribüne ersetzt den erhöhten Thron, von dem aus Gesetze erlassen, Befehle verkündet wurden. Die
Plakatinschrift, Lenin sei »*Hauptvortragender* des 4. Kominternkongresses über 105
das Fünfjahresjubiläum der Revolution«, in diesem Falle nicht mit der Tribünendarstellung, sondern mit einem nach rechts weisenden Vorwärts-Gestus kombiniert, sagt gerade dies aus, Hauptvortragender kann nur der Führer sein. Er ist es, der über das Vergangene Rechenschaft ablegt, d. h. die Informationen organisiert und interpretiert.

Auf dem Plakat zum fünften Jahrestag der Revolution weist Lenin, auf dem Globus stehend, die aufgehende goldene Sonne hinter sich, mit dem linken Arm nach rechts, wo auch die beiden Nebenfiguren, ein Arbeiter und ein Bauer, die Zukunft zu erblicken scheinen. In der Gestik ähnelt dieses »In-die-Zukunft-Weisen« der Tribünendarstellung sehr, es läßt sich aber klar davon scheiden, weil der Ort, an dem sich der Führer befindet, nicht festgelegt ist, sondern durch den Kontext vielfältig variiert werden kann. Dieses Motiv wurde 1924 im ersten monumentalen Standbild Lenins von Georgij Alekseev realisiert und vom Zentralen Exekutivkomitee der Partei kanonisiert.[345] Der Künstler nannte das Standbild »Aufrufender Führer« und kennzeichnete den Kopf durch ausdrucksvolle Rede-Mimik. Sowohl das Denotat »Rede halten« als auch der Weisegestus allein werden in der nachfolgenden Führerikonographie häufig aufgegriffen. Dabei setzt sich bei Lenin die nach rechts weisende Armhaltung durch (dabei zeigt er also mit der Linken nach vorn, die Rechte hält er am Revers, in der Hosentasche oder hat sie zur Faust geballt).

---

345 Alekseev, Šefov (Anm. 339) 13 f.

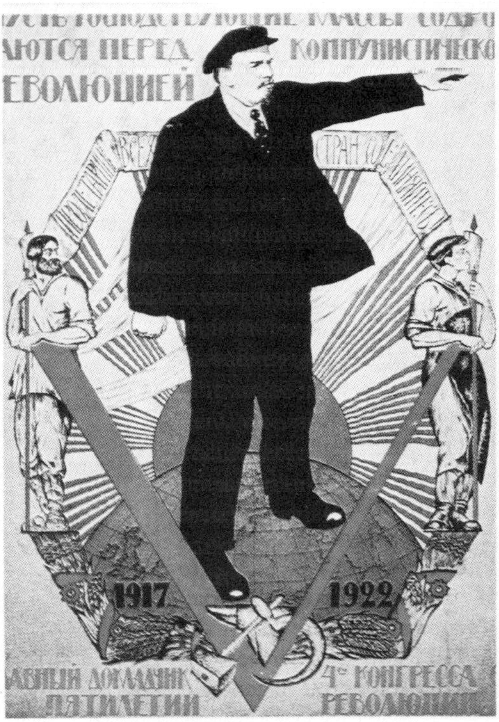

105 Plakat zum IV. Kominternkongreß, Petrograd-Moskau 1922.
Mögen die herrschenden Klassen vor der kommunistischen Revolution erzittern [Kommunistisches Manifest]. Hauptvortragender des 4. [Komintern-] Kongresses über das fünfjährige Jubiläum der Revolution.
A. Sokolov, Moskau 1922.

107 Die wesentlichen Vorteile einer solchen seitlich ausgerichteten Lenindarstellung erkennt man leicht im Vergleich mit dem Plakat *»Lenin – Führer des internationalen Proletariates«*. Hier wird Lenin frontal gestellt, wobei er eine wenig entschiedene Bewegung nach rechts macht und ebenso unentschlossen die rechte Hand zur Faust ballt. Die statische Komposition wirkt durch die symmetrisch angeordneten Weltkugeln noch erstarrter. Der kosmische Bezug wird durch die zu Lenins Füßen befindlichen Ansichten von »Dorf« und »Industrierevier« zwar ergänzt, aber auch verunklärt.

Die dynamische Zeigebewegung mit dem ganzen Körper nach rechts oder nach links kann wahrscheinlich mit analogen Gesten aus der Herrscherbildtradition verglichen werden. Der *Feldherr* wird mit diesem Befehlsgestus dargestellt.
106 In dem Plakat *»V. Ul'janov (Lenin) 1870–1924«*, 1924 in Charkov veröffentlicht und 1933 neu aufgelegt, zeigt sich der Zusammenhang zwischen Befehl und Gehorsam auch bildlich: Der Lastkraftwagen im Hintergrund, besetzt mit bewaffneten Rotgardisten, gehorcht dem Wink des Führers.

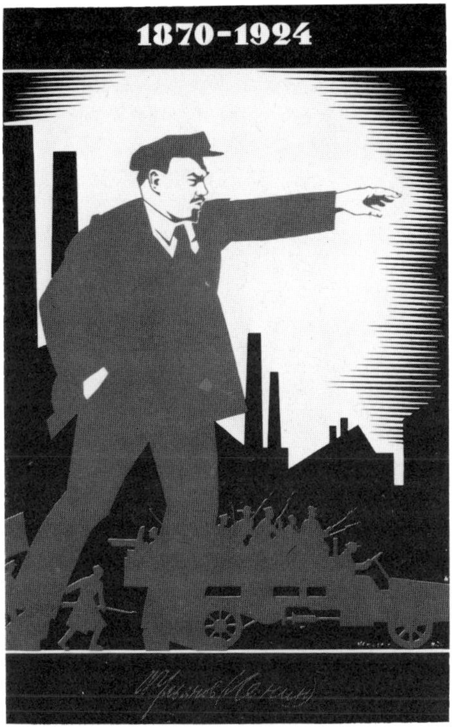

106 V. I. Ul'janov (Lenin).
A. Strachov, Chaŕkov 1924.

Das Bildmotiv »Rede halten« mit dem Ortsbezug der erhöhten Rednertribüne gibt zugleich der Rolle appraisiv-preskriptiver Sprachverwendung einen visuellen Ausdruck. Das überredende Sprechen gehört zur Herrschaftspraxis des Politikers – er kann ja im Regelfall nicht (wie der Offizier dem Rekruten) dem Bürger befehlen, sondern muß argumentierend oder appellierend seine Zustimmung erwirken. Lenin und seine Mitstreiter waren auf die Zustimmung ihrer engeren und weiteren Gefolgschaft angewiesen. Die ideologiekonforme Deutung von Situationen wie der Entwurf von Optionen gehören zur Ausübung von Herrschaft durch die »Macht des Wortes«.

Mit der Tätigkeit der »Kommission [. . .] zur Organisation des Begräbnisses von V. I. Ul'janov-Lenin« und danach der Regierungskommission »zur Verewigung des Andenkens an V. I. Lenin« begann die Umwandlung der Popularität Lenins in den Kult des Partei- und Staatsgründers. Das persönliche Charisma, von dem etwa das Lenin-Kapitel in R. Fülöp-Millers 1926 erschienenem Buch einen Abglanz gibt,[346] wurde von der Partei institutionalisiert.

Die genannte Kommission verwaltete das Lenin-Bild zunächst restriktiv, ganz auf die Authentizität der Lenin-Darstellung bedacht.[347] Später setzten sich die traditionelle Ikonodulie der Bevölkerung und der Wunsch der Künstler nach Bewältigung der Aufgabe, Lenin darzustellen,[348] auf breitester Ebene durch. Wie breit der Verehrungswille in der Bevölkerung verankert war, zeigt das Beispiel des 5-Kopeken-Porträts von Lenin, das die »Assoziation der Revolutionskünstler« (AChR) im Format 25 × 36 cm seit 1927 vertrieb. Das Leninbild wurde von den vier größten Lithographieranstalten Moskaus und Leningrads gedruckt und erreichte von 1927–29 eine Auflage von 12,5 Millionen Exemplaren.[349]

Der Tod Lenins im Januar 1924 transformierte den Führer zur Kultperson, das Führerbild in eine Ikone. Die Hochachtung der politischen Fähigkeiten Lenins wurde von den Hinterbliebenen in eine an kultische Verehrung grenzende Idealisierung umgeformt. Schon in der offiziellen Verlautbarung zum Tode Lenins wird er als »Gigantenfigur« bezeichnet, die Sequenz »Führer, Lehrer, Freund« geprägt und darauf folgendes Wertprofil gezeichnet: »Alles, was im Proletariat an wahrhaft Großem und Heroischem ist – furchtloser *Verstand,* eiserner, unbeugsamer, hartnäckiger, alles besiegender *Wille,* heiliger *Haß,* tödlicher *Haß* auf Sklaverei und Unterdrückung, revolutionäre *Leidenschaft,* die Berge versetzt, grenzenloser *Glaube* in die schöpferischen Kräfte der Massen, ein gewaltiges *Organisations*genie – alles das fand seine herrliche Verkörperung in Lenin . . .«[350] Diese wohl weniger proletarischen als politischen Tugenden werden Lenin als der Inkarnation des Klassengeistes zugeschrieben. Als metaphysisches Wesen, das sowohl über Marschkolonnen als auch über die
108 Elektrizität gebietet, steht Lenin in dem 1924 geschaffenen Plakat *»Die Sowjets und die Elektrifizierung sind die Basis der neuen Welt«* monumental vor dem in die Untersicht gedrängten Betrachter.

Darüber hinaus wurde in der zweiten Hälfte der zwanziger Jahre jene »dynamische Sequenz von Projektion, Unterwerfung und Identifikation« aktiviert,

---

346 Fülöp-Miller (Nr. 173) 36–68, Abb.; vgl. auch: Tumarkin (Anm. 338).

347 In einer Verordnung vom 29. 6. 1924 »Über die Ordnung der Reproduktion und Verbreitung von Büsten, Reliefs, Bilder usw. mit der Darstellung von V. I. Lenin« wurde u. a. festgesetzt, »Personen, die der Übertretung der vorliegenden Verordnung schuldig sind, unterliegen der Heranziehung zur Strafgerichtsbarkeit«, Alekseev (Anm. 335) 39.

348 Aus dem Jahre 1925 gibt es den Protestbrief einer Gruppe von Bildhauern, die sich für die Freigabe der Totenmaske Lenins einsetzt. »Die Meister sind gezwungen auf gut Glück nur nach entstellten Fotografien zu arbeiten. Die Maske ist usurpiert worden. Irgend jemand hat sich das Monopol auf sie angeeignet . . .« Gassner (Nr. 175) 450.

349 F. Roginskaja, Sovetskij lubok. Moskva 1929, 19–19; 70–71; Abb. 18.

350 Kpss *v rezoljucijach (Anm. 315) Bd. 2, 534.*

von der die Gruppendynamik bei der Beschreibung der Führerrolle spricht.[351] Um jene Identifikation mit dem Führer zu ermöglichen, mußte dem Sowjetvolk der »irdische«, biographische Lenin vorgestellt werden, was durch Plakate mit *109*
Fotomontagen erreicht wurde.

Für die spätere Ikonographie Lenins erwies sich die Tribünendarstellung, wie sie im Plakat aus Baku von 1920 vorliegt, am fruchtbarsten. Die grundlegende Situation ist in einem berühmten Foto von G. Goldstein (Gol'dštejn) gegeben, auf dem Lenin am 5. Mai 1920 von einem Holzpodest aus zu Soldaten spricht, die an die polnische Front ziehen.[352] In den Jahren der Formierung der Kultikonographie entstand aus einer solchen Fotografie die Lenin-Apotheose, am deutlichsten faßbar in dem Monumentalgemälde von A. M. Gerasimov von 1930 *»W. I. Lenin auf der Tribüne«*. Hier wendet sich Lenin nicht mehr den tief im Hintergrund befindlichen Massen zu, sondern von ihnen ab und zum Himmel empor.[353]

Die Tribünendarstellung auf dem Plakat ist später für L. I. Breżnev wieder häufiger verwandt worden, allerdings meist ohne die Körpersprache des Rhe-

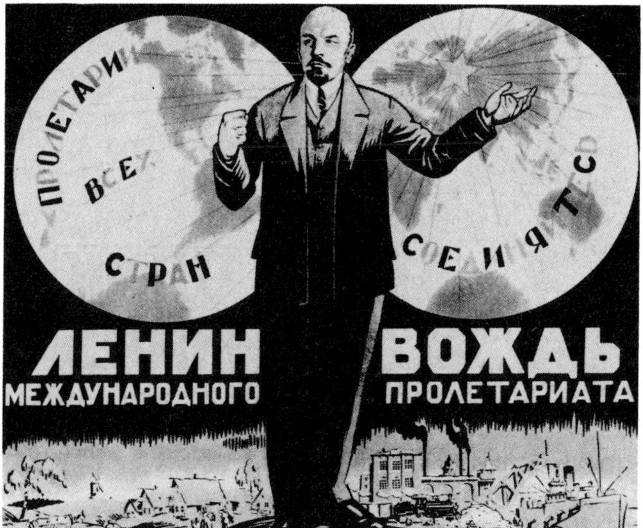

107 Lenin – Führer des internationalen Proletariats.

[351] Vgl. Hofstätter (Nr. 25) 356 ff. und Weber (Nr. 64) passim.
[352] Salisbury (Nr. 227) 221; seitenverkehrter Ausschnitt Abb. 104.
[353] Weber (Nr. 64) 16–18, Abb. 10. *Kunst* (Nr. 192) 151, Abb. 156 ff.

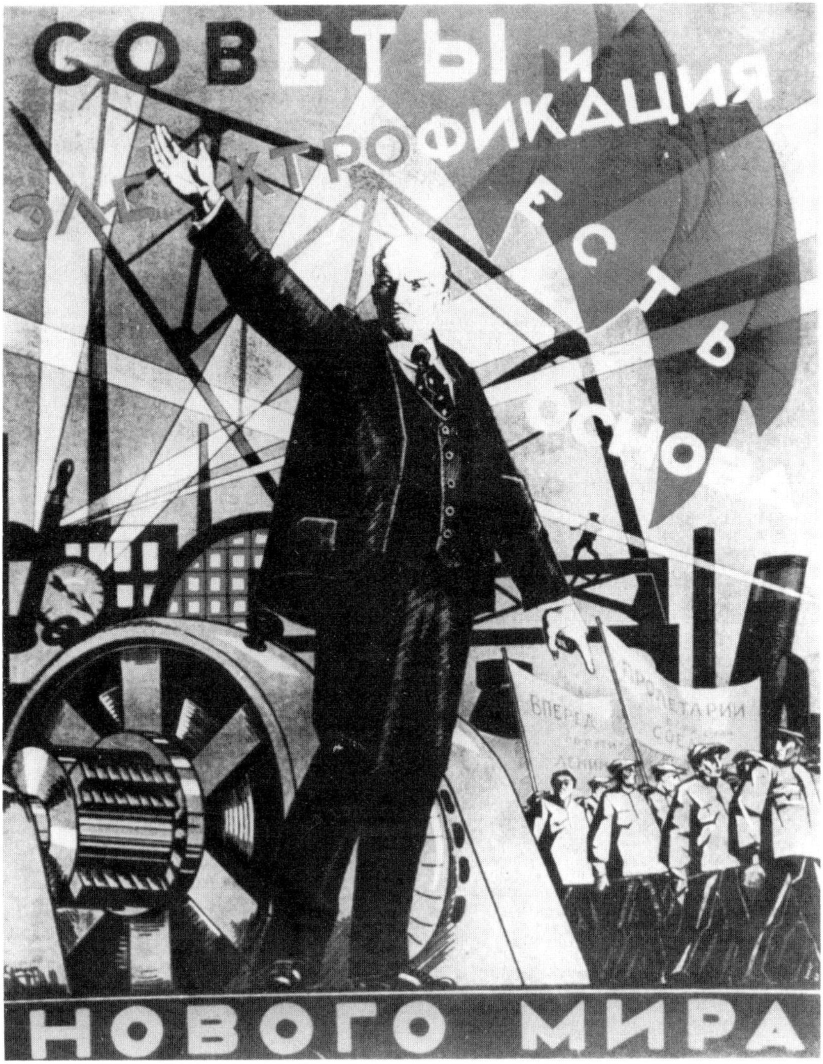

108 Die Sowjets und die Elektrifizierung sind die Grundlage der neuen Welt.
A. Samochvalov, Moskau 1924.

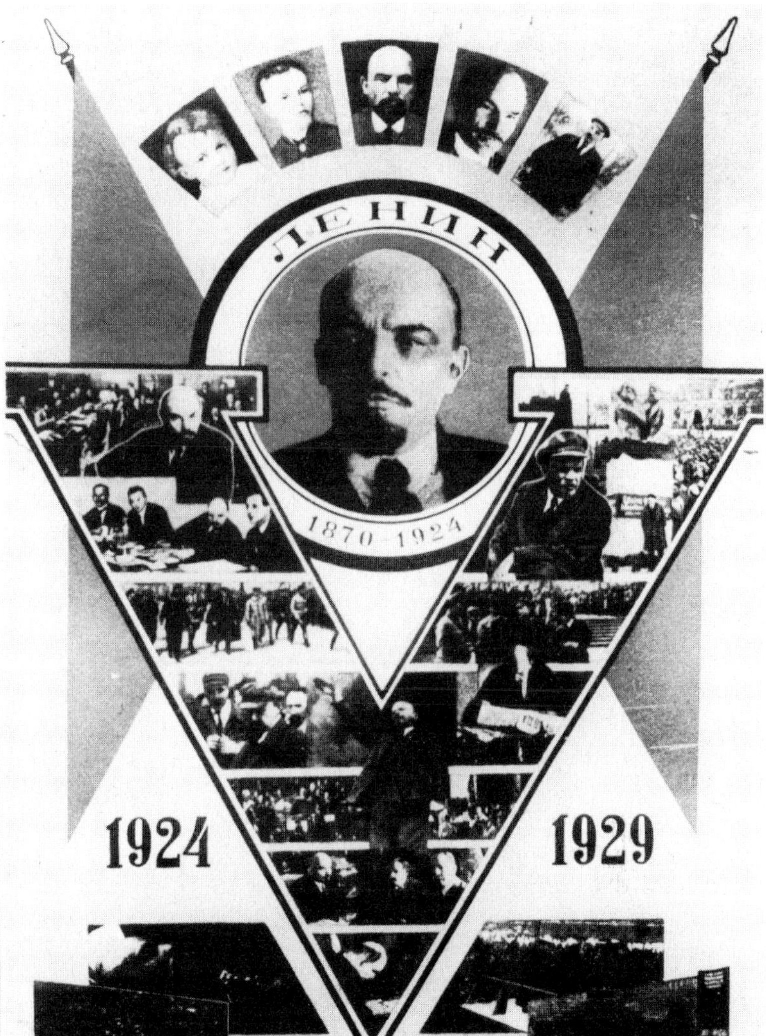

109 Lenin, biographische Kollage.
Moskau 1929.

tors. Brežnev pflegt unbewegt am Rednerpult zu stehen, so daß die Aussage »Rede halten« erschlossen werden muß. Bisweilen wird er – auch dafür liefert die Fotografie die Vorlage – im Moment des Einhaltens gezeigt, wo der Vortragende sich entweder vor Beginn der Rede oder im Warten während des Applauses mit seinem Redemanuskript befaßt.[354] Die für Stalin kennzeichnende Tribünenhaltung ist die des Hinabgrüßens von einer Ehrenloge.[355] Damit wird nicht mehr Einwirkung auf die Massen, sondern deren vollzogene Unterwerfung und begeisterte Akklamation designiert.

In der Lenin-Ikonographie findet sich ein Motiv, das im Unterschied zu vielen
110 anderen später nie wieder aufgegriffen worden ist: *»Die Arbeiter und Lenin hat in ihrem Pulverrauch die Revolution von 1905 vereinigt.«* Die feindlichen Granaten kommen von links, der bewaffnete Arbeiter kniet, indes Lenin aufrecht steht, die Brust den Granaten bietet, die linke Hand dem hinter ihm knienden Arbeiter auf die Schulter legt und mit der hoch erhobenen Rechten den Granaten Einhalt gebietet. Für diese Haltung findet sich in der Herrscherikonographie keine Vorlage, inhaltlich verweist sie auf Christus, der den Seesturm besänftigt oder auf Josua, der die Sonne anhält. Eine der Vorlagen war zweifellos das von
111 Ivan Maljutin gemalte (und von V. Majakovskij getextete) Plakat *»An die polnische Front«* vom Mai 1920. Hier finden wir die Arbeitergestalt, mit dem Gewehr bewaffnet gegen feindliche Granaten nach links stürmend. Die Figur ist durch »RKP« (Russische Kommunistische Partei) als Personifikation der Partei denotiert. Nach dem Tode wird Lenin gleichsam als der mystische Leib der Partei angesehen, etwa in der Verlautbarung zu Lenins Tod, »Jedes Mitglied unserer Partei ist ein Teilchen von Lenin. Unsere gesamte kommunistische Familie ist die kollektive Verkörperung Lenins«.[356] So konnte man leicht alle Verbildlichungen der Partei auch als Lenin-Bilder ansehen, nur daß die unterschiedlichen Hypostasen verdeutlicht zu werden hatten. Das geschieht auf dem Lenin-Plakat durch Trennung in Führer und Gefolgschaft. Der charismatische, unsterbliche Führer fungiert als Schutzheiliger der kämpfenden Klasse. Diese Hagiographie hat mit der historischen Wirklichkeit kaum etwas zu tun. »Abgesehen von ein paar Wochen im Jahre 1905 war Lenin seit Anfang des Jahrhunderts nicht mehr in Rußland gewesen.«[357] Er hat nicht an Kämpfen teilgenom-

---

[354] In dem jüngsten repräsentativen Album sowjetischer Plakate, N. M. Baburina, Sovetskij političeskij plakat 1917–1980, Moskau 1984, findet man bereits keines der zahlreichen Plakate mit L. Brežnev mehr.

[355] Ein gutes Beispiel bei: R. Philippe, Affiches et caricatures dans l'histoire. Paris 1981, 264.

[356] Wie Anm. 350.

[357] Heller (Anm. 337) 21.

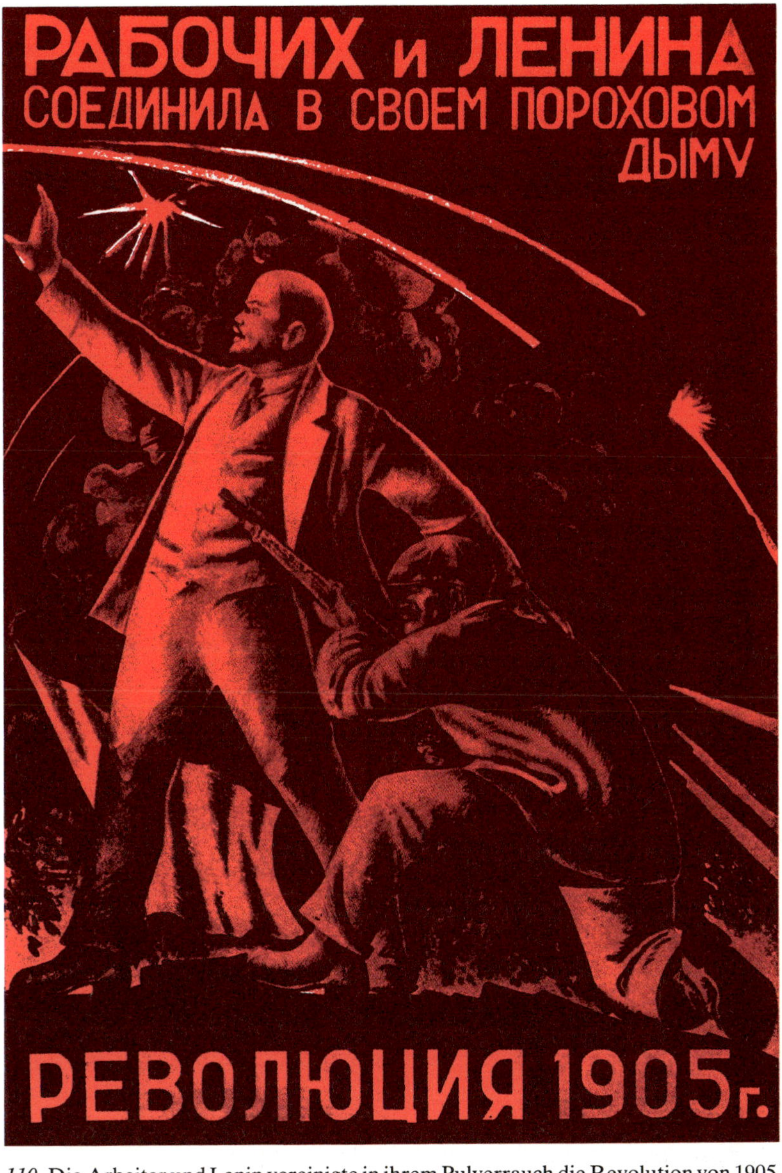

110 Die Arbeiter und Lenin vereinigte in ihrem Pulverrauch die Revolution von 1905. Moskau 1925.

men, er hat die politische Tätigkeit der Sowjets nicht geleitet. Das hat Lev Trockij getan, der zum Zeitpunkt des Erscheinens dieses Plakates (1926) das Ziel jener jahrelangen Verdrängungskampagne von Seiten Stalins war, die im November 1927 dann zu seinem Parteiausschluß führen sollte. Das Plakat ist sicherlich in diesem Zusammenhang zu sehen: Der Führer der Revolution von 1905–1906 sollte auf diese Weise seiner Verdienste entkleidet und durch Lenin ersetzt werden. Das begann schon mit der oben zitierten Erklärung zum Tode Lenins, wo es u. a. heißt: »Es ist der Mensch gestorben, unter dessen Leitung sich die unerschütterlichen Reihen der Bolschewiken im Jahre 1905 schlugen.«[358]

Der postume Kult Lenins bedürfte einer eigenen ikonographischen Studie, so vielfältig ist sein Fortleben in den bildenden Künsten. Für die Führerdarstellun-

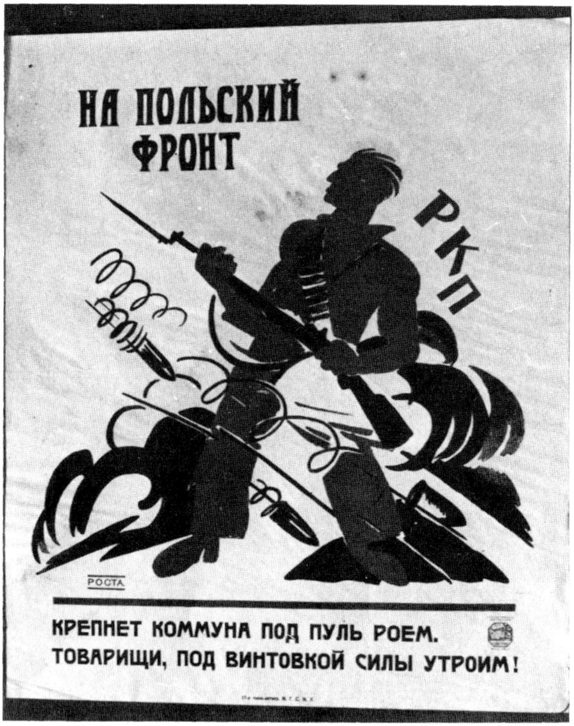

111 An die polnische Front. RKP.
Die Kommune erstarkt unter dem Heulen der Kugeln. Genossen, unter dem Gewehr laßt uns die Kräfte verdreifachen!
I. Maljutin, Moskau 1920. 62 × 52 cm.

[358] Wie Anm. 350.

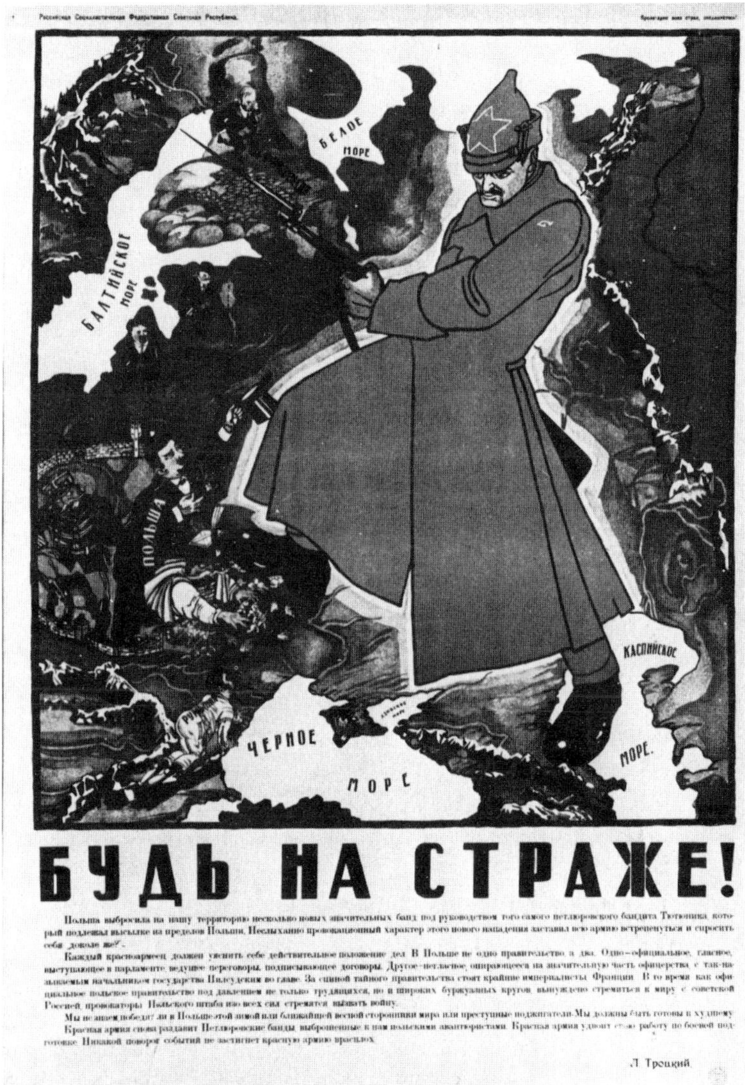

112 Sei auf der Wacht!
Das Kleingedruckte (Franz. Übersetzung s. AFFICHES 66) gibt eine Stellungnahme L. Trockijs zur Lage zwischen Polen und der Sowjetunion wieder.
D. Moor, Moskau 1920. 107 × 70 cm, 25 000 Ex.

gen seiner Nachfolger gibt Lenins Bild häufig den Hintergrund ab, so die geistige Sohnschaft des betreffenden zu Lenin ausdrückend.[359]

Das oben angeführte Plakat mit dem Doppelporträt Lenins und Trockijs belegt, daß die Propaganda auch andere Führerpersönlichkeiten herausstellte, wenn wir auch wenig Möglichkeiten haben, den Umfang persönlichkeitsgebun-

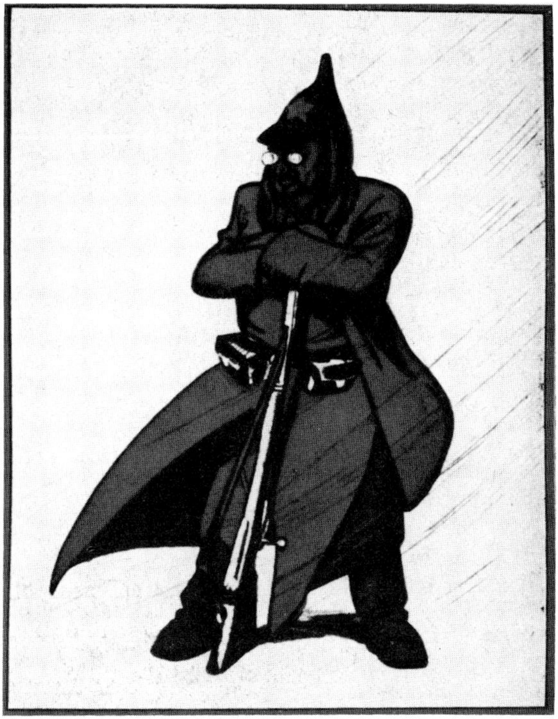

113 Lev Trockij. V. Deni.

dener Bildpropaganda zu ermessen, weil diese Sowjetführer während der Stalinzeit aus der Öffentlichkeit verdrängt und teils mit einer Art condemnatio memoriae belegt worden sind. Immerhin gibt es Indizien für die sehr reizvolle Vermutung, daß sich hinter einem der bekanntesten sowjetischen Plakate ein Krypto-Porträt Lev Trockijs verbirgt.

Der Plakatmaler Dmitrij Moor war im Sommer 1919 von V. Polonskij, dem Leiter der Propaganda-Abteilung des Kriegskommissariats, engagiert worden.
112 Eines seiner Plakate von 1920 mit der Parole *»Sei auf der Wacht!«* und einer

[359] Vgl. Sartorti (Anm. 190) Abb. 14–15, Taf. XX–XXI.

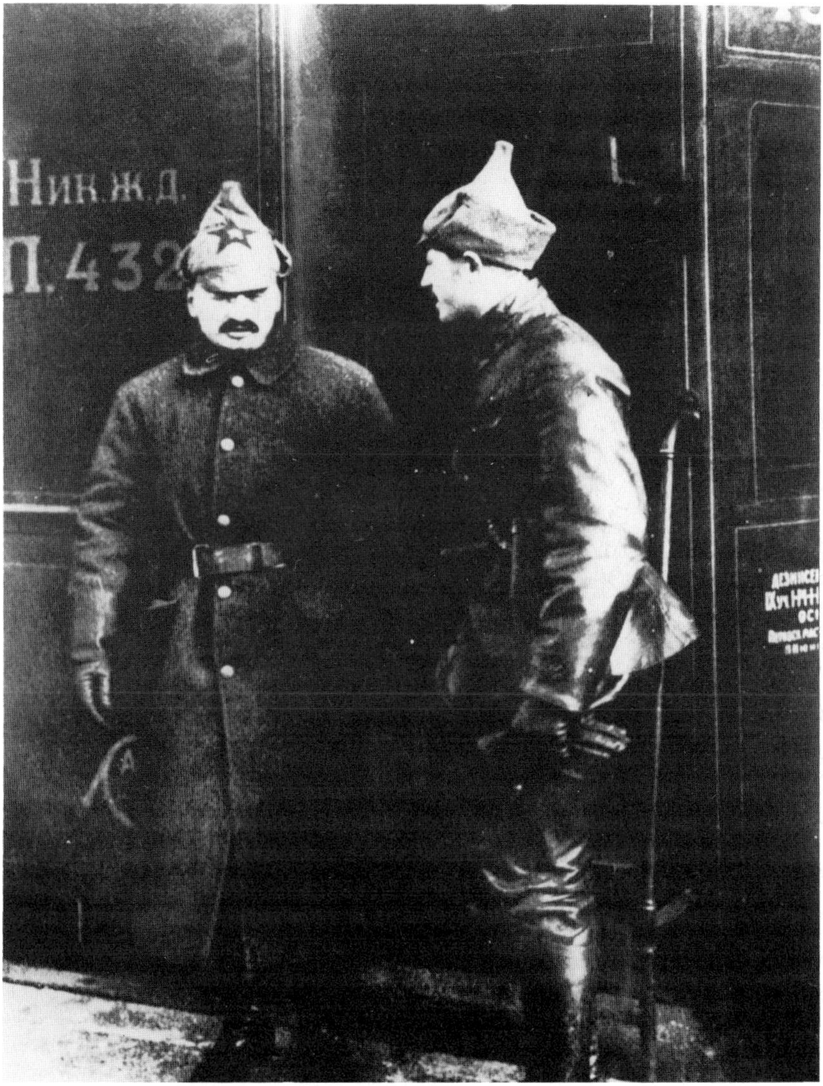

114 Trockij vor seinem Kommandeurszug.

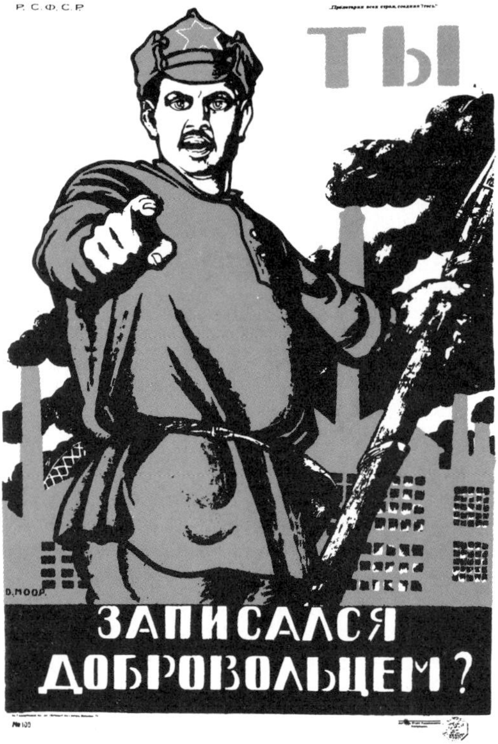

115 Du hast dich als Freiwilliger eingeschrieben? D. Moor. (Vgl. Abb. 27)

längeren Erklärung Lev Trockijs zeigt einen Rotarmisten die russischen Westgrenzen bewachend analog zum Motiv der Trockij-Karikatur von Viktor Deni. Der größte Erfolg des Plakatmalers D. Moor war das bekannte Plakat *»Du hast*
115 *dich als Freiwilliger eingeschrieben?«* vom Juli 1920, das einen physiognomisch sehr ähnlichen Rotarmisten zeigt. Dieses Plakat ist offensichtlich eines der
61 vielen Beispiele, die von dem Plakat Alfred Leetes mit Lord Kitchener beeinflußt sind.[360] Die auf beiden Plakaten dargestellte Haltung direkter psychischer Gewalteinwirkung auf den Betrachter war bei Lord Kitchener wohl nur durch eine antizipierte Befehlsgewalt über den Rekruten in spe legitimiert. Es wäre nun zu fragen, ob dieser vorweggenommene Befehlsgestus nicht auch auf dem sowjetischen Plakat vorliegt, d. h. wir in der Gestalt des Rotarmisten ein Krypto-Porträt des Kriegskommissars Lev Trockij sehen müssen.

---

[360] D. Moor hat dieses Plakat selbst *nicht* gesehen, es war ihm aber von Polonskij geschildert worden; White (Nr. 241) 28.

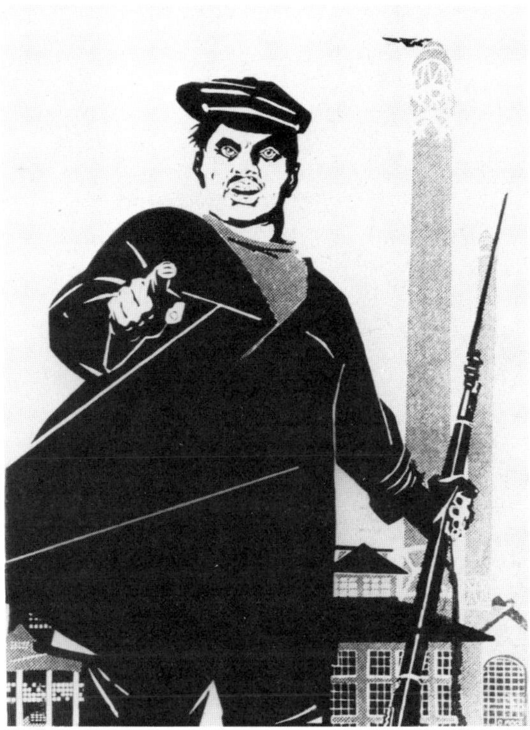

116 Vorstudie zu Abb. 115. D. Moor.

Ist jedoch eine Ähnlichkeit zwischen dem schnurrbärtigen Rotarmisten des Plakats und dem spitzbärtigen Brillenträger Lev Trockij gegeben? Die Trockij-Karikatur von V. Deni verzichtet zwar auf den Kinnbart, betont aber den *113*
Zwicker als individualisierendes Denotat. Auf anderen Bildern jedoch ist weder die Intellektuellenbrille Trockijs noch sein Kinnbart, den er zeitweise überhaupt nicht getragen zu haben scheint, zu erkennen.[361] Vergleicht man speziell die Fotografie, die Trockij vor seinem bekannten Kommandeurs-Zug zeigt, mit den *114*
Rotarmisten auf den beiden Plakaten Dmitrij Moors, dann ist – abgesehen von der geringeren Betonung des Schnurrbartes auf den Plakaten – eine Ähnlichkeit nicht von der Hand zu weisen. Der Vergleich des Freiwilligen-Plakats mit der Vorlagezeichnung scheint zu belegen, daß D. Moor dem breiten kraftvollen *116*
Gesicht des Arbeiters sorgfältig weichere Züge gegeben hat – vielleicht sogar auf der Grundlage einer der hier gezeigten ähnlichen Fotografie.

---

[361] Salisbury (Nr. 227) 103, 171 u. ö. Vgl. die Abb. in Trotzki (Anm. 314 a) nach 320.

Ob die hier ausgesprochene Vermutung zutrifft, könnten allein Aufzeichnungen oder Äußerungen des Künstlers aus vorstalinistischer Zeit entscheiden. Kriegskommissar Lev Trockij schätzte die Arbeiten Dmitrij Moors in einem solchen Maße, daß er ihm im Tagesbefehl Nr. 1754 vom 25. Juni 1922 Dank und Anerkennung des Revolutionären Kriegsrats ausgesprochen hat.[362]

Auch in der Stalin-Ikonographie findet sich das Phänomen des Krypto-Porträts.
117 Der die sowjetische Arbeiterklasse auf dem Plakat *»Giganten-Flugzeuge werden über dem Sowjetland brüllen«* verkörpernde Gigant trägt offensichtlich Stalins Gesichtszüge. Der Autor des Plakats, I. Toidze, läßt Stalin in Gestalt der

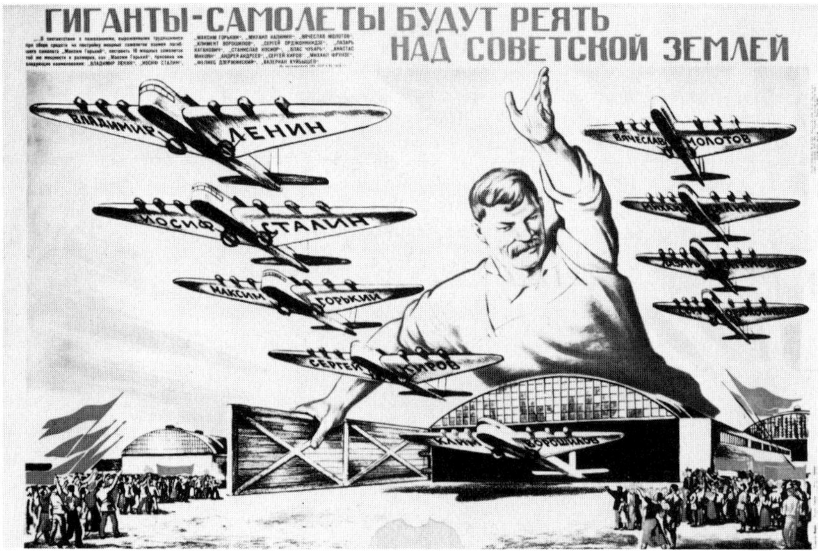

117 Giganten-Flugzeuge werden über dem Sowjetland brüllen.
»... entsprechend den Wünschen, die von den Werktätigen während der Sammlung von Mitteln für den Bau mächtiger Flugzeuge anstelle des abgestürzten Flugzeuges »Maksim Gor̕kij« geäußert wurden, sollen 16 mächtige Flugzeuge derselben Stärke und Abmessungen wie »Maksim Gor̕kij« gebaut werden, wobei ihnen folgende Namen gegeben wurden: Vladimir Lenin, Iosif Stalin, Maksim Gor̕kij, Michail Kalinin, Vjačeslav Molotov, Kliment Vorošilov, Sergej Ordžonikidze, Lazar̕ Kaganovič, Stanislav Kosior, Vlas Čubar̕, Anastas Mikojan, Andrej Andreev, Sergej Kirov, Michail Frunze, Feliks Dzeržinskij, Valerian Kujbyšev. (Aus der Anordnung des SIK SSSR, 6. VII. 1935.)
I. M. Toidze, Moskau 1935. 150 000 Ex.

---

 [362] KÄMPFER (Nr. 185) 156.

Inkarnation der sowjetischen Industriearbeiterschaft ein Geschwader von Flugzeugen hervorzaubern, welche die Namen der sowjetischen Führungsspitze tragen (wobei Maksim Gorkij aus besonderen Gründen hinzugezählt wird), mit Lenin und Stalin an der Spitze. Daß unter ihnen die Mitstreiter Lenins (Zinov'ev, Kamenev, Bucharin u. a.) nicht mehr erscheinen, bezeugt, daß 1935 deren Entmachtung und propagandistische Annullierung bereits vollzogen war.

Stalin (und später in bescheidenerem Ausmaße L. I. Brežnev) waren diejenigen Sowjetführer, die mit Hilfe des Plakats eine visuelle Omnipräsenz anstrebten. Das soeben genannte Plakat wurde in 150 000 Exemplaren verbreitet, andere in der doppelten Auflagenhöhe und mehr. Für die Stalinbilder der dreißiger Jahre möge das Plakat von V. Deni von 1930 stehen: *»Den Fünfjahres-* 118
plan in vier Jahren«. Hier ist Stalin durch eine Porträtskizze und eine Losung im

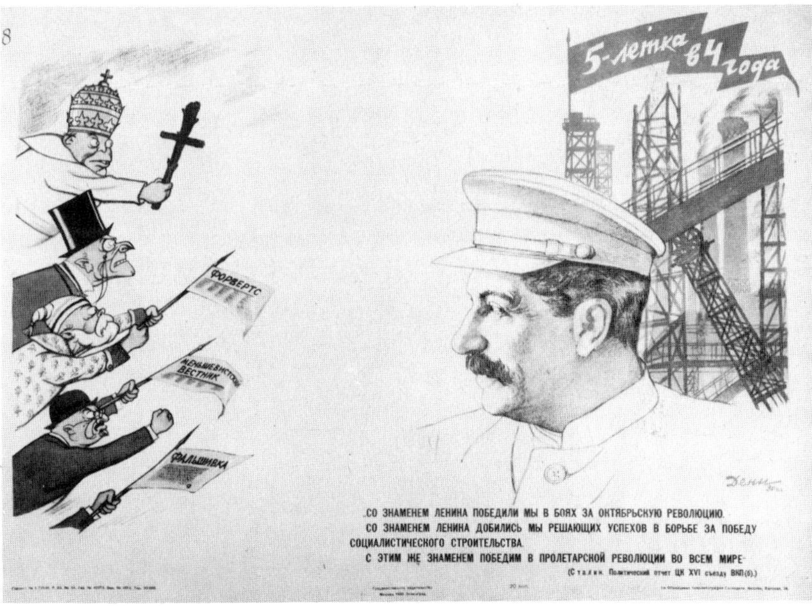

118 5-Jahrplan in 4 Jahren.
»Mit dem Banner Lenins siegten wir in den Kämpfen für die Oktoberrevolution. Mit dem Banner Lenins erreichten wir die entscheidenden Erfolge im Kampf für den Sieg des sozialistischen Aufbaus. Mit demselben Banner werden wir in der proletarischen Revolution in der ganzen Welt siegen.« (Stalin. Politischer Rechenschaftsbericht des ZK für den XVI. Kongreß der VKP (b).)
V. Deni, Moskau 1930. 20 000 Ex.

für ihn typischem Anapher-Stil (Wiederholung von »Unter dem Banner Lenins ...«) vertreten. Die Feinde Stalins und der sowjetischen Industrialisierung werden aus langbekannten Stereotypen zusammengestellt – ein antithetisches Kampfbild reinster Manier, wobei Stalin in Bild und Wort die Pluspartei verkörpert, die Andeutung der Industrielandschaft das Plusideal symbolisiert. Um die Schwächen seiner Legitimität als Nachfolger Lenins zu kaschieren, favorisierte Stalin die »historische Stafette« Marx–Engels–Lenin–Stalin, die mit visuellen Mitteln die Gleichwertigkeit Stalins in Theorie und Praxis designierte.[363] Dieses auf verschiedenen Zeichenträgern millionenfach verbreitete Motiv drückt in gelungener Reduktion eines der Grundprobleme des Stalinismus aus, die Unsicherheit ideologischer und historischer Legitimität. Eine anspruchsvolle Ausformung des Themas ist das im Januar 1953 in 500 000 Exemplaren verbreitete
119 Plakat *»Es lebe das große, unbesiegbare Banner Marx–Engels–Lenins–Stalins«.* Es gibt den Typ der am Betrachter dynamisch nach links vorbeimarschierenden Demonstration wieder, wobei der Menschenzug eine kalkulierte Mischung von Trachtenfiguren, als Verkörperungen der sowjetischen Nationalitäten, und berufsständisch denotierten Figuren bildet. Das Ziel der Marschkolonne wird auf der ersten Fahne genannt: »Vorwärts zum Kommunismus!«, die Richtung wird durch die einheitliche Blickrichtung der vier Monumentalköpfe vorgegeben. Am Ende der Stalin-Ära wird hier in paradigmatischer Weise die Wechselbeziehung zwischen Führern und Geführten ins Bild gesetzt. An den Himmel projiziert nehmen die Führer an der geschichtlichen Bewegung der Geführten teil – in der Folgsamkeit der Massen über den Tod der Führer hinaus wird offenbar, daß das Werk der metaphysischen Charismatiker in den Menschen weiterlebt.[364]

Die Versuchung liegt nahe, nach dem Vergleich zwischen Stalin und seinem politischen Antipoden, Adolf Hitler, zu fragen.[365] Zu bedenken ist, daß sich die NSDAP als *Hitler*-Bewegung durchgesetzt hat, als politische Kraft, die in der

---

[363] Die Kopfreihe blickte auch in Rußland schon auf eine hundertjährige Tradition zurück. 1829 wurde dieses Motiv durch N. I. Utkin für die Illustration der »Ilias« verwandt; A. Herzen hat aus den sieben Heldenköpfen 1855 für seine Zeitschrift »Polarstern« die Köpfe der fünf hingerichteten Dekabristen gemacht. Vgl. E. Gollerbach, Istorija gravjury i litografii. Moskva 1923, 70.

[364] Eine ähnliche Komposition hat G. Klucis 1930 als Fotomontage verwirklicht, also zu Beginn des Stalinkults. *»Höher die Fahne von Marx, Engels, Lenin und Stalin!«* Abb. Moor, Kaufmann (Nr. 205) 233. Zum Beginn des Stalinkults vgl. Heller (Anm. 337) 178, 222 f.

[365] Der Vergleich Hitler–Stalin (Lenin) wird von M. Damus, Sozialistischer Realismus und Kunst im Nationalsozialismus. Frankfurt 1981, 22–34, durchgeführt, wobei er sich allerdings nur auf Tafelbilder bezieht. Seine Aussagen gelten deshalb nicht für den Führerkult allgemein.

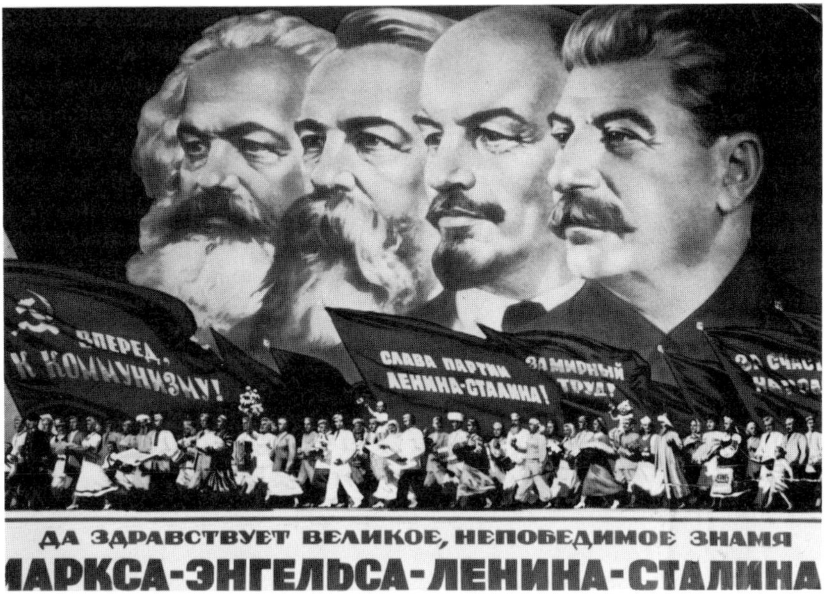

119 Es lebe das große, unbesiegbare Banner Marx-Engels-Lenin-Stalin.
Fahnen von links nach rechts: Vorwärts zum Kommunismus! Ruhm der Partei Lenins-Stalins! Für friedliche Arbeit! Für das Glück des Volkes.
A. Kosov, Moskau 1953. 92 × 66 cm, 500 000 Ex.

Propaganda früh durch Hitler personifiziert worden ist. Insofern wäre Hitler leichter mit Lenin zu vergleichen, erkennbar auch an der Bedeutung, welche die *Namen* »Lenin« und »Hitler« in der jeweiligen Propaganda hatten. Adolf Hitler brauchte nicht auf die Autorität eines Vorgängers zurückzugreifen, wozu der Usurpator Stalin gezwungen war. Im Nationalsozialismus erweist sich überdies die Rolle eines charismatischen Führers, hinter dem eine gehorsame Gefolgschaft steht, als systemimmanent. Diesem Dualismus von Führer und Gefolgschaft entsprach in der Partei Lenins und Stalins eine – de jure ideologico – nur auf Argument und Autorität beruhende Führerschaft, die im Laufe der Stalinisierung zu einer minder und minder angefochtenen Erblegitimität Stalins umgedeutet wurde. Der Prozeß der Charismatisierung Stalins, die Entstehung des sogenannten Personenkults, wurde durch ständige propagandistische Akkumulation der Wertvorstellungen auf seine Person vorangetrieben. Auf die Bildpropaganda bezogen ließ sich das in einer Untersuchung der Illustrationen der Parteizeitung »Pravda« deutlich machen. Ab dem Jahrgang 1933 der »Pravda«

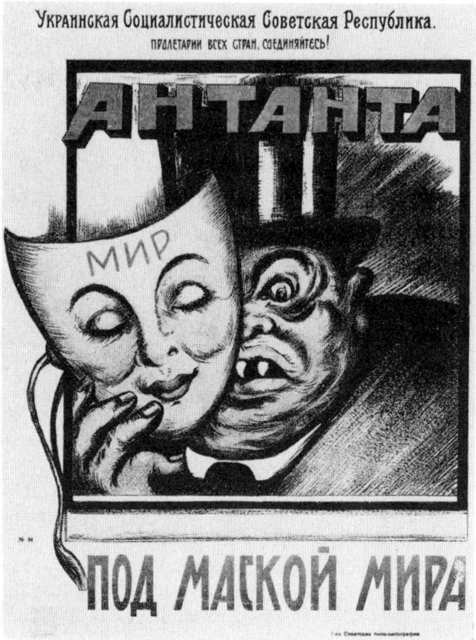

120 Die Entente unter der Maske des Friedens.
V. Deni, Odessa, Moskau 1920.
48 × 36 cm.

wird Stalin mit Hilfe der Fotomontage in den Vordergrund gestellt, wobei die Fotos »immer die Hälfte oder gar drei Viertel der Titelseite bedecken«, Lenin indes als Büste im Hintergrund optisch präsent bleibt.[366] Seit dem Jahrgang 1934 »erscheint Stalin in der ›Pravda‹ nurmehr in gemalter Form. Berichte über aktuelle Ereignisse, an denen Stalin in zentraler Funktion teilhatte [...] werden mit fotomechanisch reproduzierten Gemälden dieser Ereignisse illustriert«.[367] Die Erforschung des bildlichen Stalinkultes würde wohl einen Prozeß der kleinen Schritte ergeben, der von dem auf Stalin eingeschworenen Teil des Parteiapparates stetig vorangetrieben wurde.

Eine ganz andere Lage bietet sich in der Hitler-Bewegung, in der von Freund und Feind (vgl. die karikativen Darstellungen) der Name und das Bild als Mirandum bzw. Antimirandum gebraucht wurden. Interessant ist in dieser Hinsicht das Plakat mit dem Namen »Hitler« als einziger Parole und dem geisterhaft auf schwarzem Grund schwebenden Kopf Hitlers. E. Schockel schreibt diesem Porträt die Ausstrahlung von »Ruhe, Kraft und Güte« zu,[368]

---

[366] Sartorti (Anm. 190) 258.
[367] Ebd.
[368] Schockel (Nr. 94) 203.

wobei er wohl die Antizipationen der Plakatproduzenten formuliert. Vorbild für dieses Porträt ohne Halsansatz, das wohl letztlich auf das Christusbild der »Vera icona« zurückgeht, mag ein Hindenburg-Plakat von 1917, das Louis Oppenheim geschaffen hat, gewesen sein. Zweck dieses Schwarz-Weiß-Fotoplakates war es offensichtlich, Hitler vom Odium des Demagogen und »Trommlers« zu befreien, das vor allem die bürgerlichen Parteien ständig neu ins Feld führten.

Das Kopfbild des Parteiführers war in der Weimarer Republik nicht nur als Emblem bei den Parteienwahlen, sondern auch während der Präsidentschafts-

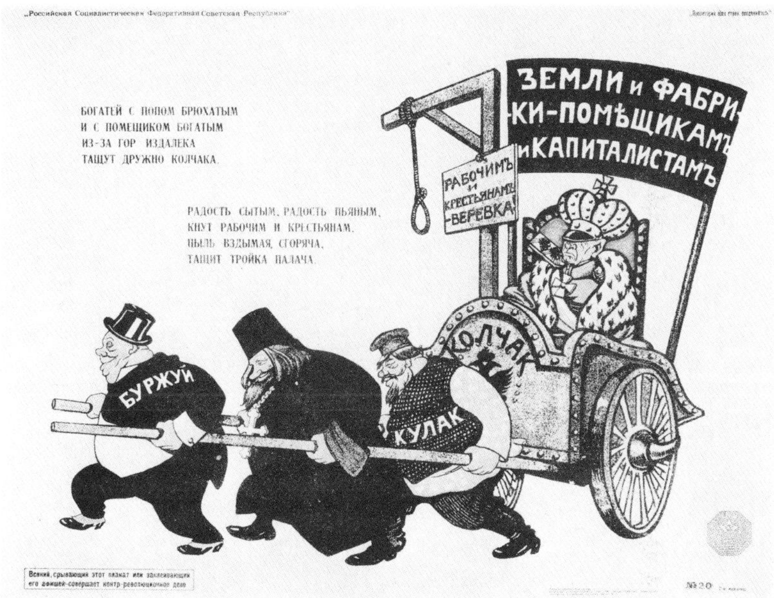

121 Ländereien und Fabriken für die Gutsbesitzer und Kapitalisten. Für die Arbeiter und Bauern – den Strick.
Aufschrift über dem Thron: Ländereien und Fabriken für die Gutsbesitzer und Kapitalisten. Am Galgen: Für die Arbeiter und Bauern – den Strick. Die Verse links, vgl. die Nachdichtung zu Piltz 7: Der Reiche mit dem dickwanstigen Popen und mit dem reichen Gutsbesitzer schleppen gemeinsam Kolčak fern hinter den Bergen hervor. / Freude den Satten, Freude den Betrunkenen, die Knute für die Arbeiter und Bauern. Staub aufwirbelnd in heißer Hetze zieht die Troika den Henker.
Kästchen unten: Jeder, der dieses Plakat abreißt oder mit einer Affiche überklebt, begeht eine konterrevolutionäre Tat.
V. Deni, Moskau 1919. 73 × 91 cm.

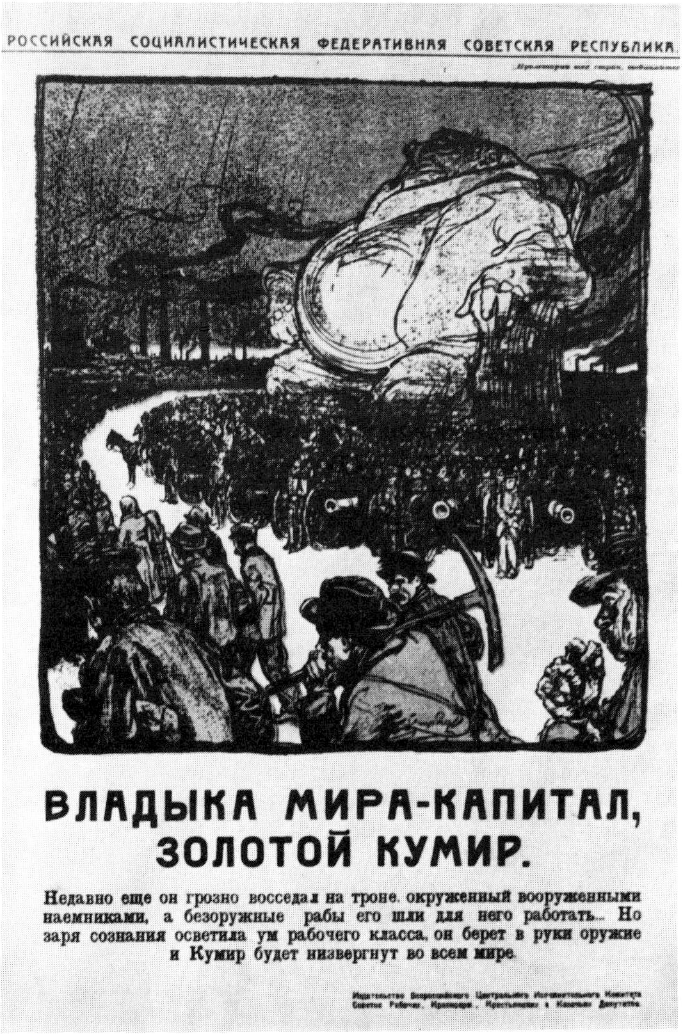

122 Herr der Welt ist das Kapital, der goldene Götze.
Kürzlich noch saß er schrecklich auf dem Thron, umgeben von bewaffneten Söldnern, seine waffenlosen Sklaven aber gingen für ihn arbeiten ... Doch die Morgenröte des Bewußtseins erhellte den Verstand der Arbeiterklasse, sie nimmt die Waffe in die Hand und der Götze wird in der ganzen Welt gestürzt werden.

F. Kupka, Moskau 1919. 54 × 36 cm.

wahlen zur vertrauten Erscheinung geworden. In der Sowjetunion diente das Stalinbild der Omnipräsenz des Führers und als Siegelbild für die Verkündung politischer Werte und Normen.

Der Feind

Die Aufgabe, Feindbilder auszuarbeiten, sie zu Typen zu machen und damit eine Minuspartei zu etikettieren, unterscheidet die politische Propaganda grundlegend von der Wirtschaftswerbung, die nur anpreisend wirbt. Soweit es um affirmierende Werbung ging, konnten die Plakatmaler aus ihrer kommerziellen Erfahrung heraus zahlreiche Themen adäquat gestalten. Vor die Notwendigkeit gestellt, das Negative zu verbildlichen, griffen die Künstler auf eine andere Gattung, die Zeitschriftenkarikatur und die Zeitungsillustration (d. h. -zeichnung) zurück, die schon während des Weltkrieges als unerschöpfliche Fundgrube für Plakatideen gedient hatte.

»Der Karikaturist ›mythologisiert‹ die Welt der Politik, indem er sie ›physiognomisiert‹«,[369] wurde einmal über das »Arsenal des Karikaturisten« gesagt. Speziell auf dem antithetischen Kampfbild wird, wie oben referiert, die Partei des Bösen personifiziert, weil so die negativ zu bewertenden Handlungen gegen das Plusideal klarer zu designieren sind. Die verzerrte, schließlich ent-menschte Figur ist – ebenso wie die Tiermetapher – in der Geschichte der europäischen Karikatur in allen Möglichkeiten variiert worden – das politische Plakat des 20. Jahrhunderts griff diese Erfahrungen auf und verwandte sie für die »Massenführung«.

Die schöpferische Phase des sowjetischen politischen Plakates fiel in die Jahre des Bürgerkrieges zwischen Bolschewisten und Antibolschewisten. Auf beiden Seiten gehörte es zu den wichtigsten Aufgaben des Plakats, im Rahmen der Propaganda die Minusparteien zu verbildlichen, d. h. sie zu physiognomisieren, zu personifizieren. Die Plakatkünstler auf Seiten der Bolschewisten hatten es dabei nicht mit einem Feind zu tun, sondern sollten viele militärische, politische und ideologische Gegner negativ charakterisieren, wie es die jeweilige Kampagne erforderte.

Die ins Lächerliche oder Schreckliche verzerrte Menschengestalt designierte den »weißen« General, die Führer der nicht-bolschewistischen Parteien oder andere Gestalten der Gegenwart. Sie diente aber auch dazu, politische Begriffe oder Institutionen so zu physiognomisieren, daß sie als Handelnde der Minus-

---

[369] Gombrich (Anm. 155), 211.

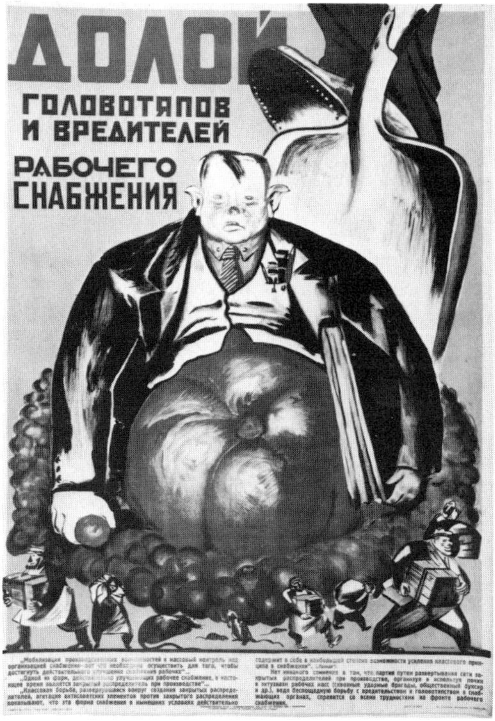

123 Nieder mit den Querulanten und Schädlingen der Arbeiterversorgung.
Das Kleingedruckte enthält Auszüge aus Pravda-Artikeln über die »geschlossene Versorgung« aufgrund von Lebensmittelkarten.
Moskau 1930. 10 000 Ex.

partei in szenischen Karikaturen auftreten konnten. In den Deserteur-Kampagnen beispielsweise findet sich die ganze Minusgruppe der Antibolschewisten in Aktion.

Der Typ des abstoßend feisten, ballonbäuchigen Zylinderträgers ist eine der Figuren, die häufig und zu ganz verschiedenen Zwecken eingesetzt und immer wieder variiert werden. Die Figur diente als Verkörperung des politischen Schlagwortes »Entente« – auf den Kopf reduziert im Plakat von Viktor Deni
120 *»Die Entente unter der Maske des Friedens«* – zugleich auch zur Veranschaulichung der ökonomischen Erscheinung »Kapital«, auf dem Plakat *»Herr der Welt*
122 *ist das Kapital, der goldene Götze«* ins Kolossal-Bedrohliche gewendet, und außerdem für die pseudosozialen Bestimmungen »Bourgeois-buržuj« und »Kapitalist«, die auf Hunderten von Plakaten das Böse verkörpern. Von diesem Typ ausgehend, kann man leicht feststellen, daß der beleibte Mensch in der sowjetischen Bildpropaganda generell als feindlich und feindbildfähig angesehen wird.
 Erkennt man auf einem sowjetischen Plakat eine dicke menschliche Figur, kann

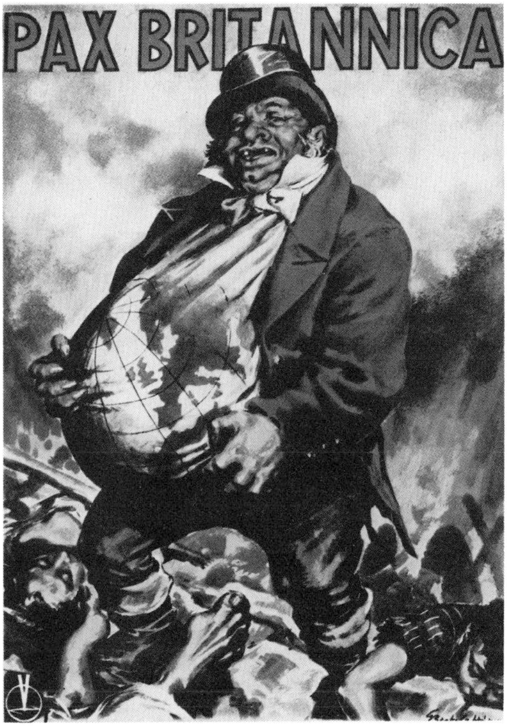

124 Pax britannica.
G. Bertoletti, Rom 1943.
69 × 50 cm.

man im voraus vermuten, daß sie zur Minuspartei gehört. Der Pope, der (zaristi- *121*
sche) Polizist, der Großbauer (Kulak), der polnische Adlige (Pan) – sie alle werden durch dicke Bäuche als zur Gruppe der Wohlgenährten, Reichen, Ausbeutenden gehörig denotiert. Entsprechend sind die Physiognomien aufgedunsen, was wohl bedeuten soll, durch Wohlleben und Trunk gezeichnet. Man greift aber doch wohl zu hoch, wollte man den Gegensatz arm–reich, hungrig–satt als Indikator der politischen Antinomie Revolution–Reaktion anerkennen. Der physisch abstoßende Dickwanst entspricht dem häßlichen, dicknasigen Juden in der nationalsozialistischen Ikonographie – es geht lediglich um die Polarität von Minuspartei–Pluspartei oder Antimirandum–Mirandum.

Bezogen auf die Gruppe der dickleibigen Typen hat V. Polonskij in einem Vergleich der Zeichenmanieren von D. Moor und V. Deni den ersteren wegen seiner bösartigen Malweise gelobt, wobei zu erkennen ist, wie sehr Plakatmaler und Literat kongruente Feindbilder besitzen: »Die Popen Moors sind Betrüger, Gauner, Banditen [. . .] Die Bourgeois Moors flößen Ekel ein, sie sind widerwär-

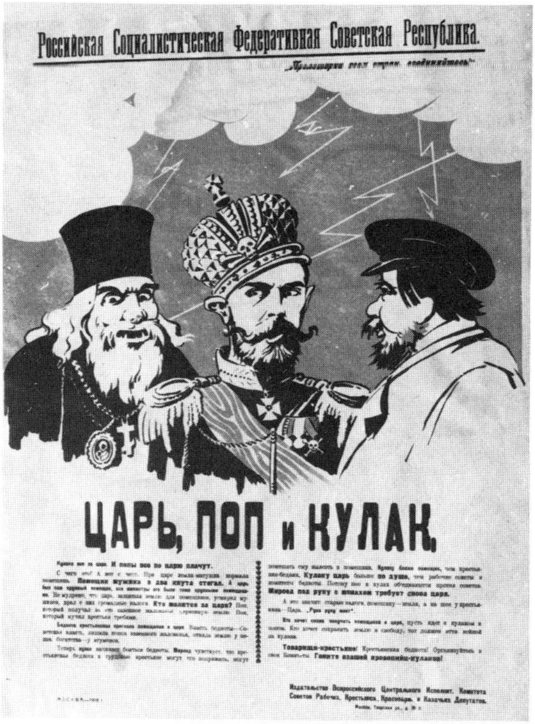

125 Zar, Pope und Großbauer.
Volle Übersetzung des Textes bei PILTZ 116. Die Begleitfiguren des Zaren sind in den Varianten verändert, statt des Popen – ein Pastor oder Mulla, u. ä. Den Angaben Butnik-Siverskijs zufolge erschienen in russisch, ukrainisch, polnisch, hebräisch (jiddisch?), lettisch, litauisch, mordvinisch, tatarisch, čuvašisch, estnisch, marisch.
Moskau 1918. 69 × 51 cm.

tig, ihr tierisches Innere ist nach außen gekehrt [. . .] Das ›Kapital‹ Moors ist der menschlichen Gestalt beraubt und alle seine Züge, Gier, Grausamkeit, Blutdurst, sind bis zum Extrem geführt.«[370] Der Dickwanst als Motiv negativer Charakteristik wurde während der Plakatkampagnen der Stalinzeit auf den
123 Schädling der Volkswirtschaft übertragen. Auf dem Plakat *»Nieder mit den Querköpfen und Schädlingen der Arbeiterversorgung!«* wird der Funktionär der Distribution durch seinen Kürbisbauch disqualifiziert, als Parasit diffamiert und insgesamt zum Gegenbild des schmalschädeligen, muskulösen Industriearbeiters erhoben.

Ganz analog verwendet der faschistische Plakatmaler G. Bertoletti 1943 einen hyperbolisch dicken Bauch zur Karikatur von John Bull und der sogenannten
124 *»Pax britannica«*. Der »verschluckte Globus« geht wahrscheinlich auf die John-Bull-Karikaturen aus napoleonischer Zeit zurück, hier dient er dazu, ein ab-

---

370 POLONSKIJ (Nr. 216) 93.

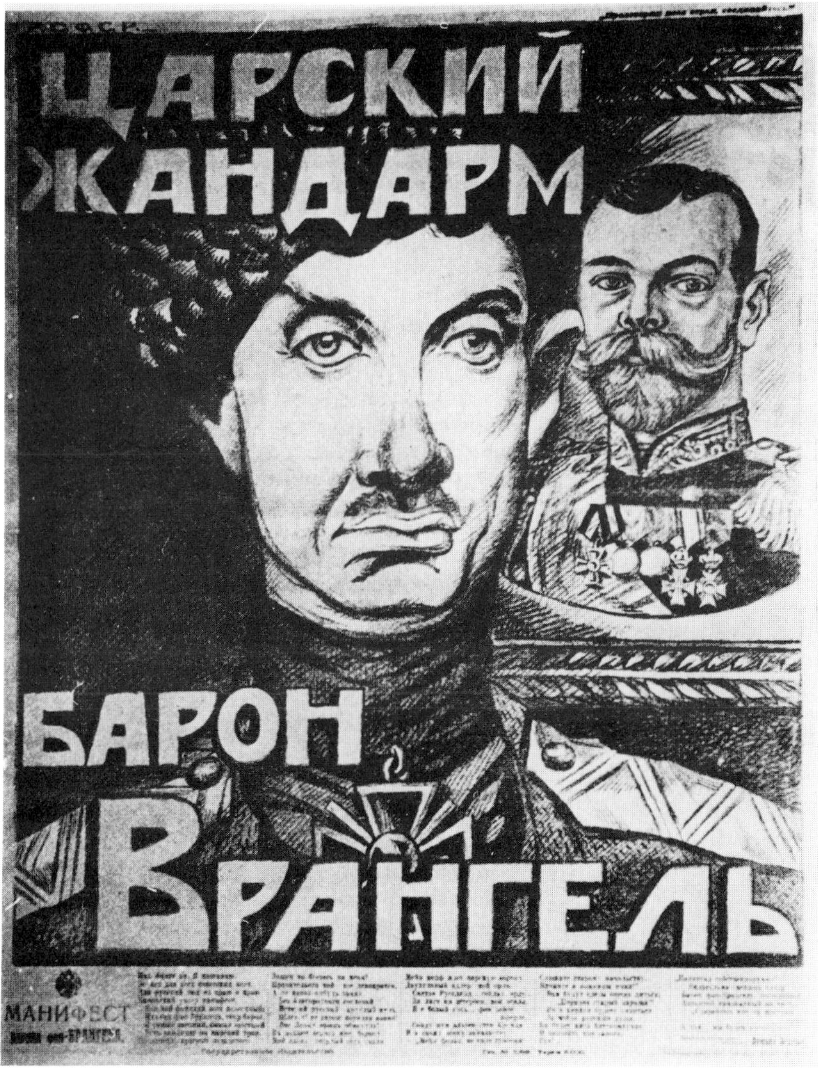

126 Zaren-Gendarm, Baron Wrangel. Manifest des Barons von Wrangel.
Der volle Text, ein deutsch-russisches Kauderwelsch, verfaßt von D. Bednyj, ist mit deutscher Übersetzung gegeben bei Mierau 372–375.
V. Deni, Moskau 1920. 71 × 53 cm, 5000 Ex.

stoßendes Gegenüber für die Kraftgestalten der faschistischen und nazistischen Soldaten zu verbreiten.

Die mit einer Gestalt der Minuspartei befaßte Karikatur kann entweder porträthafte Züge variieren oder den Feind durch sein Handeln disqualifizieren. Die Minuspartei handelt auf Plakatkarikaturen immer böse, d. h. die für die Minus-Handlung benutzten Figuren sind meist nicht mehr als Marionetten einer verzerrten Szene, was am deutlichsten in den Bildgeschichten der »Satire-Fenster« ausgedrückt wird. Unter den bisher genannten Plakaten finden sich zahlreiche Beispiele für eine teils bis ins Extrem und bis zur Unverständlichkeit getriebene Karikierung.

Die *Porträtkarikatur,* ebenfalls aus der Zeitungsillustration stammend, muß
bestimmte Züge von Ähnlichkeit bewahren, zumindest so lange wie die Propa-
ganda den Feind nicht zum Schlagwort-Antimirandum gemacht hat, so daß
schon der Name als Beischrift auf dem Bild volle Wirkung zeigt. Eines der ersten
125 sowjetischen Plakate überhaupt, *»Zar, Pope und Kulak«* erweist sich als Porträt-
karikatur des Zaren Nikolaus II., dem Personifikationen der Geistlichkeit und
des Großbauerntums attachiert sind.[371] Ähnlich die Porträtkarikatur auf dem
126 Plakat *»Der Gendarm des Zaren – Baron Wrangel«,* die sowohl den Zaren als
auch General von Wrangel in Porträtmanier zeigt. Den letzteren[372] kann man im
77 Plakat von dem echten (»weißen«) Porträtplakat über die Porträtkarikatur und
127 weiter über zahlreiche Stufen der Verzerrung verfolgen, etwa das *»Manifest.
Alle Macht den Gutsbesitzern und Kapitalisten. Den Arbeitern und Bauern – die
128 Reitpeitsche!!!«* und *»Wrangel kommt!! Zur Waffe, Proletarier!!«,* bis hin zum
129 physiognomisch nicht mehr erkennbaren Figürchen *(»Die Reihe ist an Wran-
gel!«)* oder zum *Gnom,* der allein durch die Beischrift auf den Politiker referiert.

Speziell in den ersten Jahren nach der Oktoberrevolution griffen die Plakat-
maler nach einem traditionellen Mittel der Charakterisierung von Antimiranda,
das später mehr und mehr außer Gebrauch kam, weil man erkannt hatte, daß die
Allegorie für das Plakatpublikum ungeeignet ist. Als Allegorien für die Minus-
partei dienen Drachen, Hydren oder geflügelte Untiere, Fabelwesen, die nicht
130 nur dem dafür von V. Polonskij gescholtenen A. Apsit[373] dienten, der *»An die
betrogenen Brüder«* den Proletarier-Herkules gegen einen vielköpfigen Drachen

---

[371] Der Geistliche wurde je nach Verbreitungsgebiet variiert, auf der polnischen Fassung ist es entsprechend ein katholischer Pfarrer; die Parole lautet *»Car, klecha i dorobkiewicz«.*

[372] Baron von Wrangel ist von der bolschewistischen Karikatur besonders bedacht worden, allein bei Piltz (Nr. 213) erscheint er auf folgenden Plakaten: 45, 57, 62, 64, 66–69, 71–76, 78, 91.

[373] Polonskij (Nr. 216) 28; White (Nr. 241) 26 f.

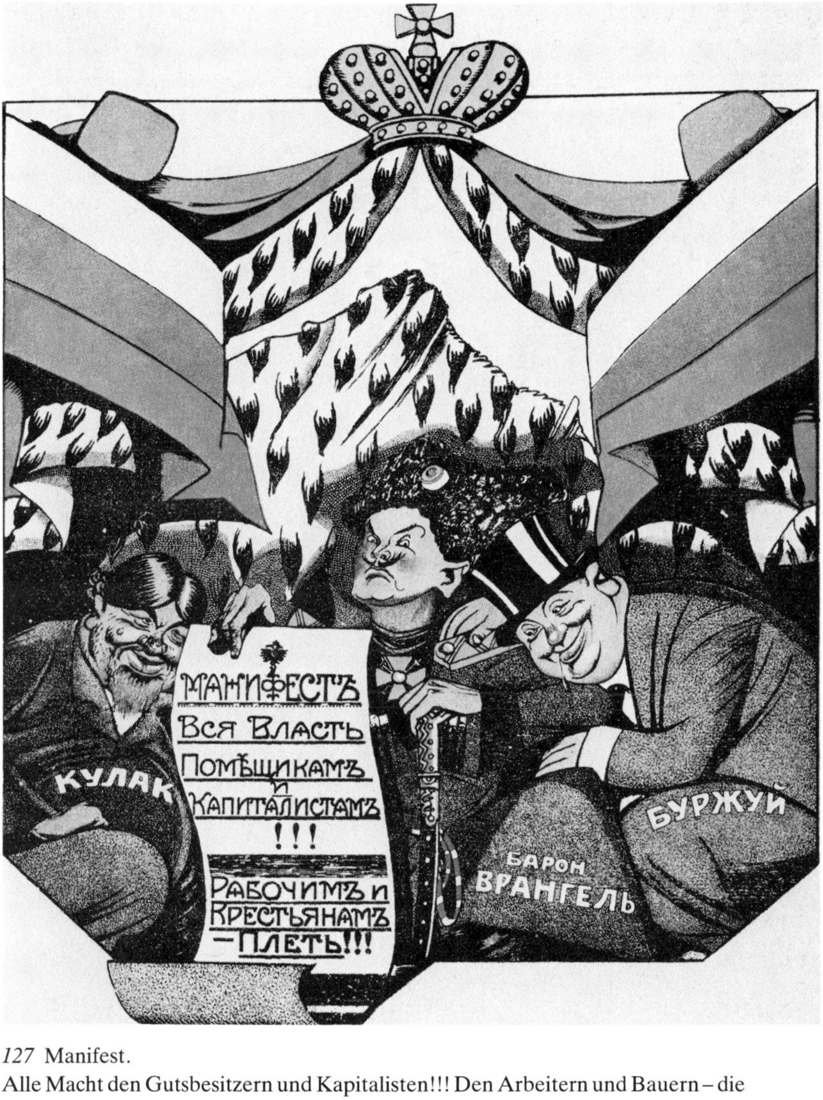

127 Manifest.
Alle Macht den Gutsbesitzern und Kapitalisten!!! Den Arbeitern und Bauern – die Reitpeitsche!!! Auf den Figuren: Großbauer, Baron Wrangel, Bourgeois.
V. Deni, Moskau 1920. 68 × 52 cm, 50 000 Ex.

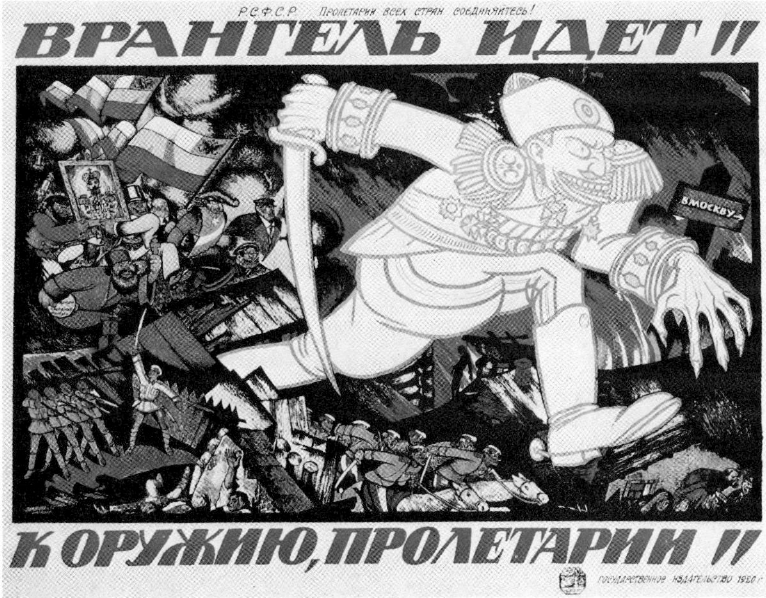

128 Wrangel kommt!! An die Waffe, Proletarier!!
Moskau 1920.

antreten läßt, sondern auch Dmitrij Moor, der das St.-Georgs-Motiv für sein
131 Plakat *»Tod dem Weltimperialismus«* persiflierte, d. h. die Macht des Bösen allegorisierte, nicht personifizierte.

Auch die Tiermetapher erhielt in der Charakteristik der Minuspartei ihren Platz – die Weltkriegsplakate hatten den Weg dazu geebnet. In der antikommu-
32 nistischen Propaganda des Westens wird der Riesenaffe nun für Bolschewismus und Anarchismus verwandt, ebenso die Hyäne. Auf sowjetischer Seite sei die *Spinne* als Metapher für die Geistlichkeit[374] genannt, im Krieg mit Polen
132 wird der Gegner als *Schwein*[375] oder, auf dem Plakat von D. Moor *»Das hoch-*

[374] Die Zeichnung von V. Deni »Die Spinne und die Fliegen« wurde zunächst unter der Überschrift »Die Kreuzspinne« in der Armeezeitung veröffentlicht und danach nebst einer gereimten Fabel von D. Bednyj im Oktober 1919 mit einer Auflage von 81 000 Exemplaren als Plakat herausgegeben. Deutsche Nachdichtung in Mierau (Nr. 202) 261; Piltz (Nr. 214) 120. Butnik-Siverskij (Nr. 162) Nr. 3352, 3353.

[375] *»Schwein, dressiert in Paris«* von V. Deni wurde 1920 herausgegeben. Das Plakat zeigt »Polen« als Ferkel auf dem Arm eines Franzosen. Im Hintergrund wird mit der Aufschrift »Grenzen des Jahres 1772« auf die polnischen Kriegsziele angespielt. Butnik-Siverskj (Nr. 162) Nr. 570.

wohlgeborene Polen – letzter Hund der Entente«, als »Kettenhund« karikiert.[376]

Die sowjetischen Plakatmaler hatten sich durch Adaption und Variation herkömmlicher Elemente der Zeitschriftenkarikatur ein beachtliches Arsenal an Feindbildern geschaffen, das sie virtuos einsetzten. Einiges von dem in den Anfangsjahren Geschaffenen wurde später für innenpolitische Kampagnen weiterverwendet, einzelne Motive sogar im Zweiten Weltkrieg reaktiviert.[377] Insgesamt aber verschwand die bunte Welt der Feindbildkarikaturen aus der Bürgerkriegszeit im Verlauf des Übergangs zur Neuen Ökonomischen Politik und zum Wiederaufbau einer Friedenswirtschaft in der Sowjetunion.

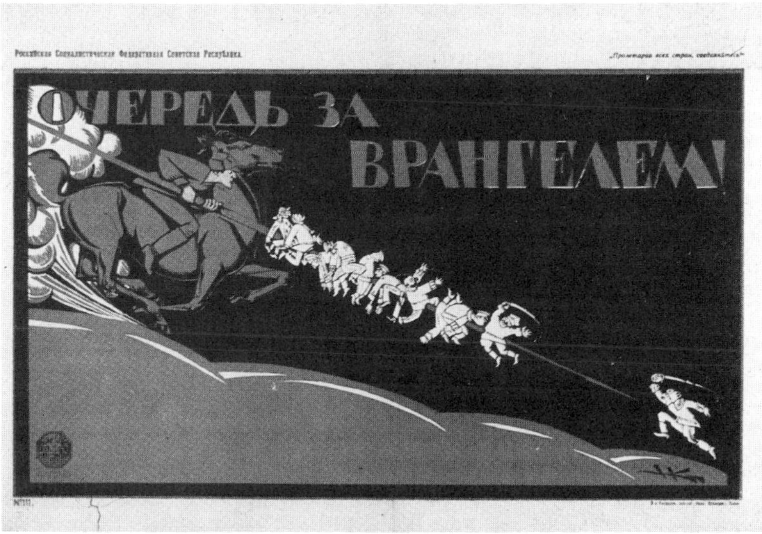

129 Die Reihe ist an Wrangel.
N. M. Kočergin, Moskau 1920. 35 × 53 cm.

---

[376] Daß die antibolschewistischen Bewegungen »Hunde« an der Leine der Entente seien, wird mehrfach ins Bild gesetzt. Vgl. PILTZ (Nr. 85) 17, POLONSKIJ (Nr. 216) 23.

[377] Unter den außenpolitischen Gegnern der UdSSR erhielt das nationalsozialistische Deutschland sehr früh ein Feindbild im engeren Sinne. Das Plakat »Das Antlitz des Faschismus« (Lico fašizma) von 1935 ist von erschreckender Brutalität; Schwein und Giftschlagen sind etwa seit 1935 die Tiermetaphern zur Designation von NS-Deutschland. Material dazu befindet sich in WILD (Nr. 101) Band 4.

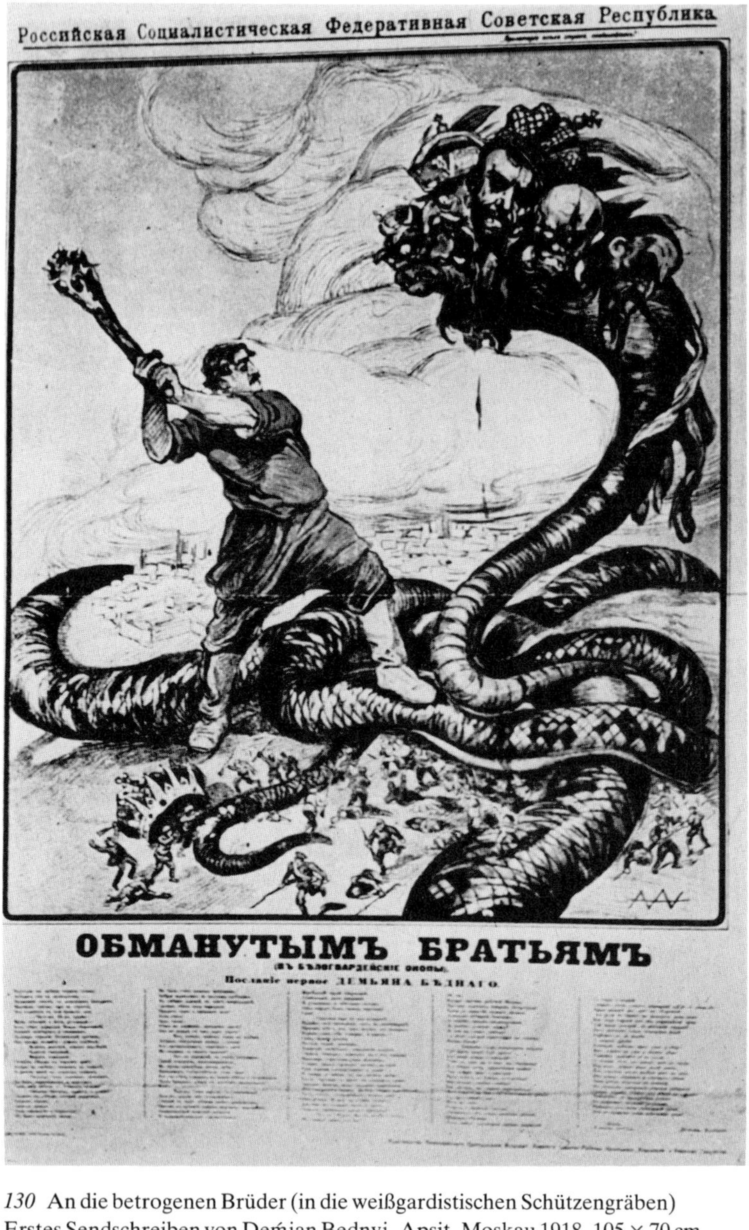

130 An die betrogenen Brüder (in die weißgardistischen Schützengräben)
Erstes Sendschreiben von Demjan Bednyj. Apsit, Moskau 1918. 105 × 70 cm.

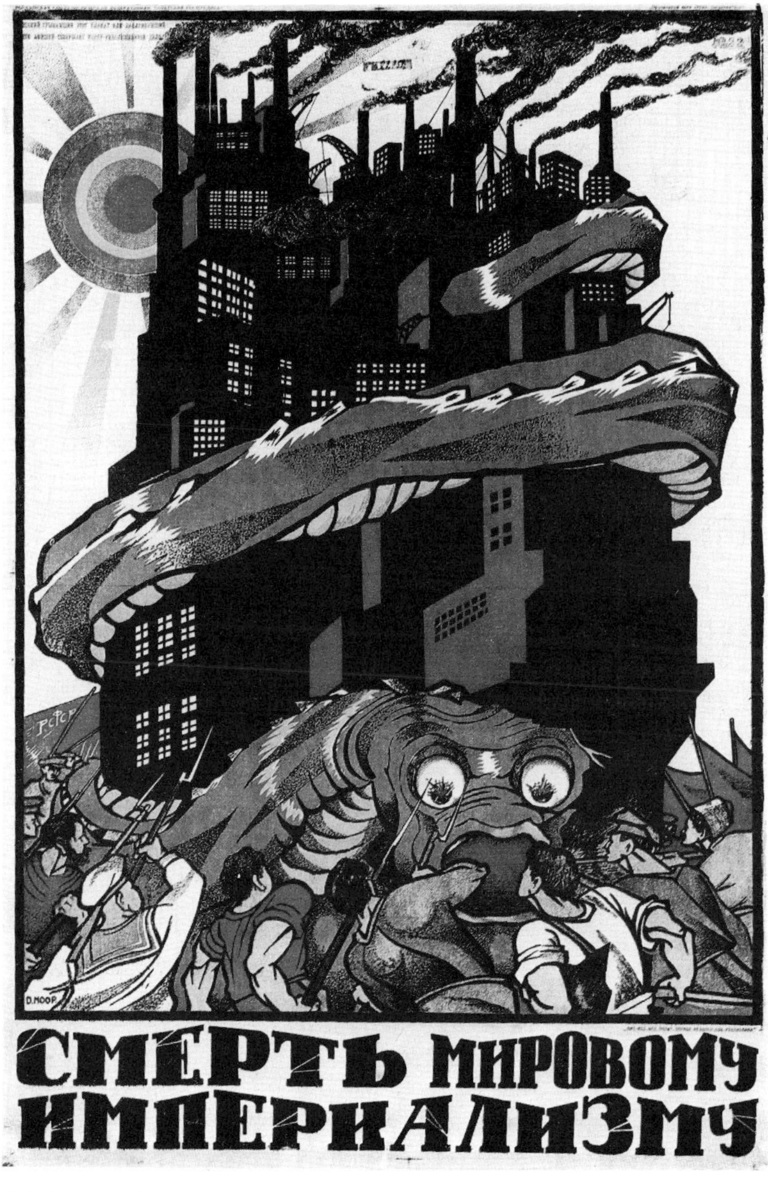

131 Tod dem Weltimperialismus.
D. Moor, Moskau 1919. 106 × 70 cm, 14 250 Ex.

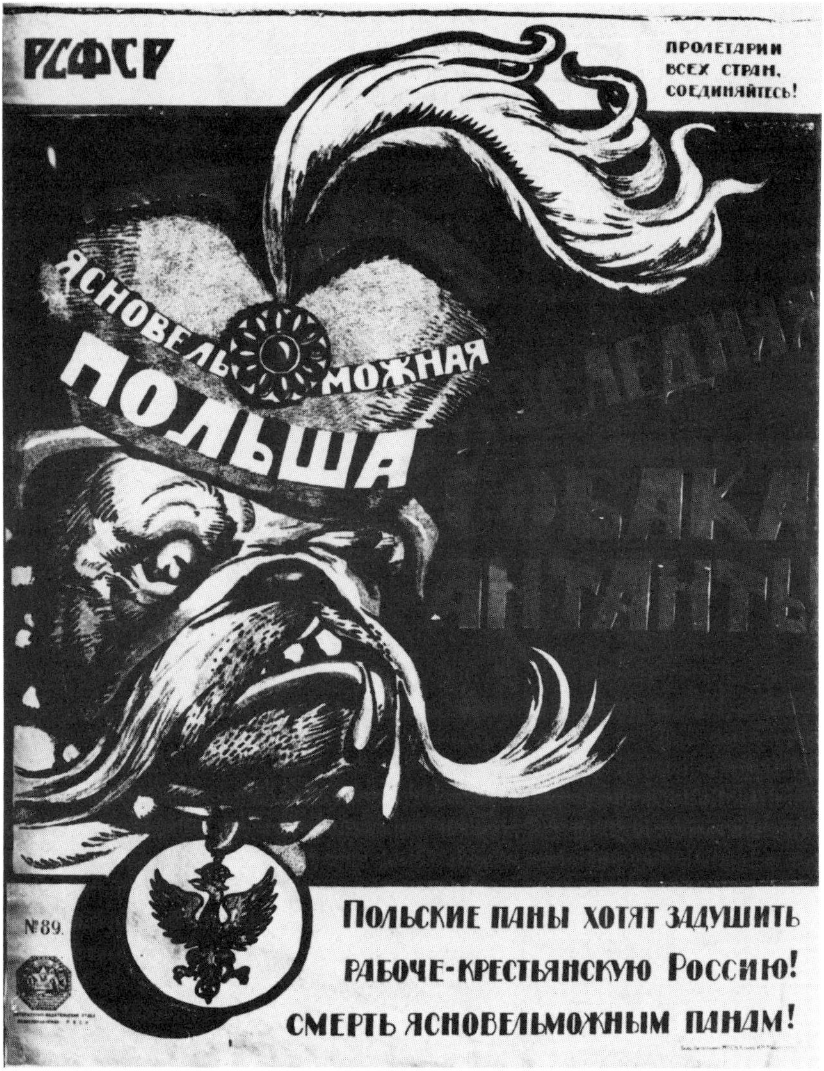

132 Das hochwohlgeborene Polen – letzter Hund der Entente. Die polnischen Pane wollen das Arbeiter-Bauern-Rußland erwürgen! Tod den hochwohlgeborenen Panen! V. Deni, Moskau 1920. 70 × 54 cm, 75 000 Ex.

Mit dem Ende des Ersten Weltkrieges hatte sich das Frauenwahlrecht in Europa fast völlig durchgesetzt, so auch in Sowjetrußland, wo die rechtliche Gleichstellung der Frau mit dem Beginn der sowjetischen Gesetzgebung zusammenfällt. Durch das Frauenwahlrecht wurde die schnelle Entwicklung des politischen Plakats mit beeinflußt, schien es doch so, als könne man die neu hinzugekommene Hälfte der Wähler durch das Bildplakat leichter ansprechen als durch die Presse. Es mag hinzukommen, daß sich schon die kommerzielle Werbung der Vorkriegszeit in beträchtlichem Maße an die Frau gewandt hatte, die einen großen Teil der alltäglichen Kaufentscheidungen fällt. Die Nöte der Weltkriegswirtschaft brachten die Frauen an die Drehbank und damit als gleichberechtigte Heldin auch in die Monumentalpropaganda. Allerdings waren die Plakate, auf denen Frauen Industriearbeit verrichten, höchst selten. Oben ist ein russisches

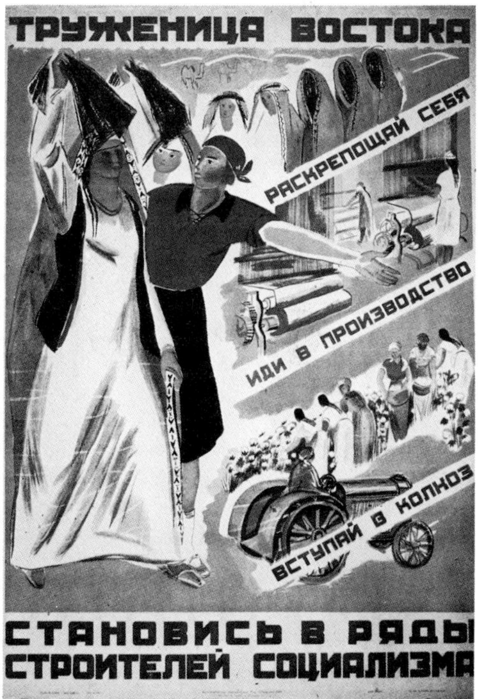

133 Werktätige des Ostens, tritt ein in die Reihen der Erbauer des Sozialismus. Begleitlosungen von oben: Entsklave dich. Gehe in die Produktion. Tritt ein in ein Kolchos.
Moskau 1930. 103 × 71 cm.

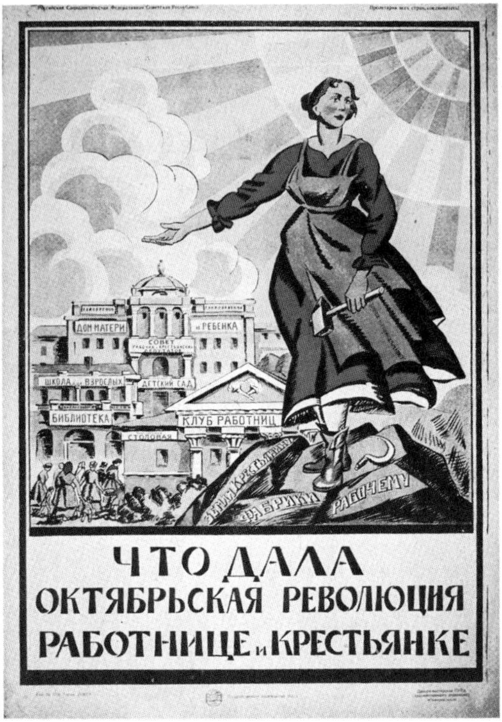

134 Was gab die Oktoberrevolution der Arbeiterin und Bäuerin.
Moskau 1920. 107 × 71 cm, 25 000 Ex.

Beispiel angeführt worden, ein weiteres aus den USA sei genannt: Die »United War Work Campaign« gab gegen Ende des Ersten Weltkrieges ein Plakat mit dem Text heraus: *"Four years in the fight. The women of France. We owe them houses of cheer."* Auf dem Bild erkennt der Amerikaner Französinnen, die ohne (hier dargestellte) Männer eine Metallgießerei betreiben.[378] Ob es analoge Plakate mit Amerikanerinnen gibt, sollte erforscht werden, die Vermutung liegt allerdings nahe, daß man die industrielle Tätigkeit der Frau in das kämpfende Europa lokalisierte und ihr in den USA weiterhin die Hilfstätigkeiten konventioneller Art zuwies.

Die tatsächliche Aktivierung der Frau, vor allem ihre Heranziehung für ökonomische, kulturelle und politische Entscheidungsprozesse, ging in der Sowjetunion nur langsam voran.[379] Zunächst galt es, die Frau aus ihrer untergeord-

[378] Wild (Nr. 101) Bd. 3 (o. Pag.)

[379] Bauermeister-Paetzel (Nr. 157) passim.

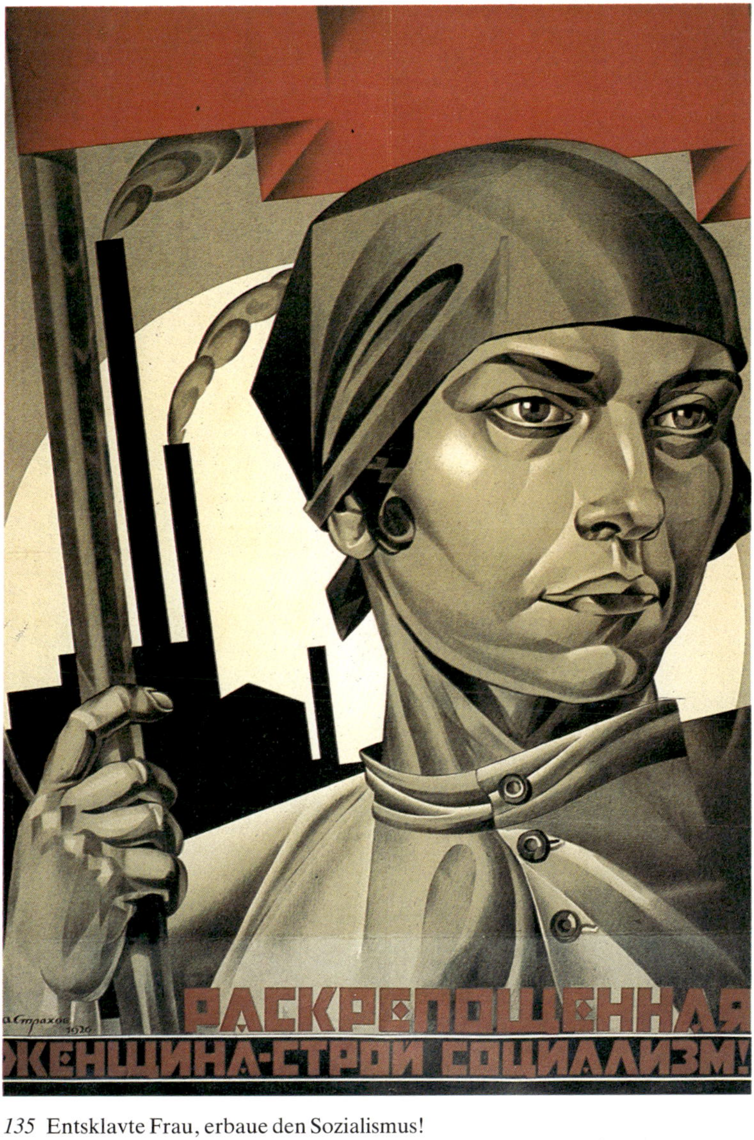

135 Entsklavte Frau, erbaue den Sozialismus!
A. Strachov-Braslavskij, Moskau 1926. 91 × 64 cm.

neten Stellung zu befreien. Auf zahlreichen Plakaten wird das Schlagwort der zwanziger Jahre von der »entsklavten« (raskrepoščennaja) Frau übernommen, das sehr eindrucksvoll etwa in *»Werktätige des Orients, entsklave dich, gehe in die* 133
Produktion, tritt ins Kolchos ein, tritt ein in die Reihen der Erbauer des Sozialismus« (1930) ins Bild gesetzt wird. Das schon angeführte Plakat *»Den Kapitalis-* 51
mus vernichtet habend wird das Proletariat die Prostitution vernichten« aus dem Jahre 1923 zeigt deutlich, daß von einer *Selbst*befreiung der Frau keine Rede sein konnte und der Arbeiter als Retter-Heiland die Eva aus der Hölle des Kapitalismus emporziehen mußte. Daß die Frau immerhin ihren Anteil an der Revolution leistete, wird auf dem Bild *»Was gab die Oktoberrevolution der Arbeiterin und Bäuerin«* durch den Hammer in der Hand der wie eine Barocksta- 134
tue drapierten Dame designiert. Die im Bild zitierten Miranda »Haus von Mutter und Kind«, Kindergarten, Kantine usw. waren eigentlich nur Bedingungen der Ausnutzung weiblicher Arbeitskraft, nicht aber zusätzliche Institutionen für Lebensqualität; das aber wird mittels der lakonischen Beantwortung der Frage-Parole offengelassen.

Die konventionelle Unverbindlichkeit des letzteren Plakats ist kennzeichnend für die ersten Jahre Sowjetrußlands. Als Ausnahme kann es gelten, wenn die

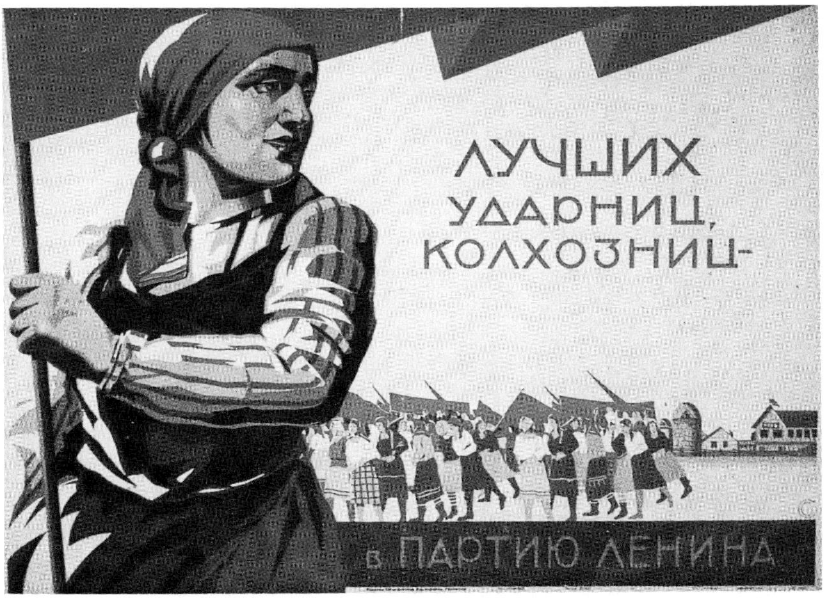

136 Die besten Kolchos-Stoßarbeiterinnen in die Partei Lenins.
S. F. Sokolov, Moskau 1931. 51 × 70 cm.

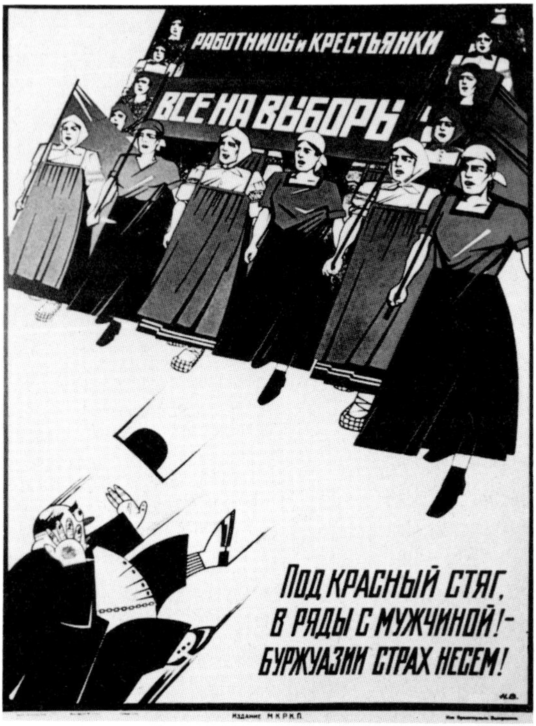

137 Unter die rote Fahne, in eine Reihe mit dem Mann!
Der Bourgeoisie werden wir Angst machen! Auf den Spruchbändern: Arbeiterinnen und Bäuerinnen. Alle zu den Wahlen.
N. Valerianov, Moskau 1925.

101 Frau als Gefährtin des Mannes mit der Zange das glühende Eisen auf den Amboß legen darf, wie auf Plakaten des Jahres 1920 zu sehen.

Ein ausdrucksvolles Plakatporträt der russischen Industriearbeiterin liegt in
135 *»Entsklavte Frau – baue den Sozialismus!«,* 1926 von A. Strachov-Braslavskij geschaffen, vor. Der angedeutete Heiligenschein, wie auch die Wiedergabe introvertierter Konzentration nähern das Bild einem Madonnenbild bzw. einer
136 Marien-Ikone. Fast ein Plagiat dieses Motivs erkennt man auf dem Plakat *»Die besten Kolchos-Stoßarbeiterinnen in die Partei Lenins«* (1931), jedoch ergibt die Erweiterung des Bildraums nur für die Nahsicht weitere Informationen. Im Unterschied zum vorhergehenden Bild, das auf der Ausdrucksfähigkeit des menschlichen Gesichts beruht, bleibt die Figur des weiblichen Fahnenträgers hier ausdruckslos, sie hat den Kontakt mit den Figuren des Hintergrunds verloren und schaut unmotiviert nach hinten.

Besser ist der Versuch, die Macht solidarischer Frauen zu zeigen, in dem bereits interpretierten Plakat *»Arbeiterinnen und Bäuerinnen, alle zu den Wah-*

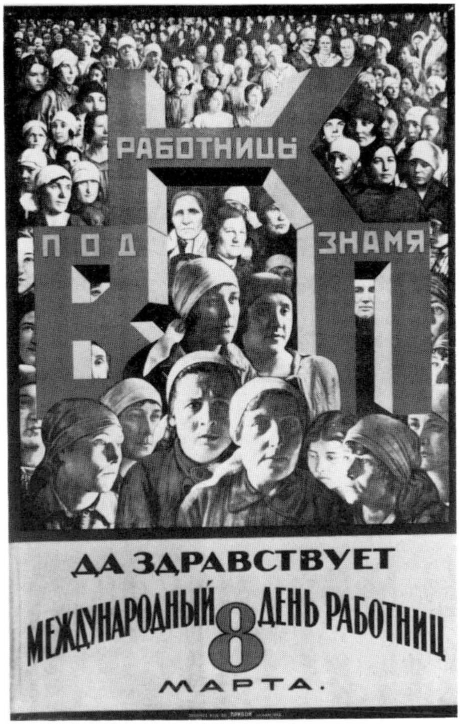

138 Arbeiterinnen unter das Banner der VKP. Es lebe der internationale Tag der Arbeiterin, der 8. März.
Leningrad 1930.

len« von 1925 gelungen. Der Künstler gibt dem Demonstrationszug eine scharfe Frontlinie, die an einen Räumpflug erinnert und zugleich dem Ausspruch »... der Bourgeoisie werden wir Angst machen!« Glaubwürdigkeit verleiht. Nicht der Zusammenhang zwischen Sowjetwahlen und Bourgeoisie ist hier das eigentliche Thema, sondern die Macht der Frauen als gesellschaftliches Potential. Mit ganz anderen Mitteln arbeitet denselben Gedanken das Plakat zum 8. März 1931 aus *»Arbeiterinnen – unter das Banner der VKP. Es lebe der internationale Tag der Arbeiterinnen, der 8. März«*. Ausschnitte aus Versammlungsfotos, wie sie in jenen Jahren in der Presse[380] wie auf Betriebswandzeitungen usw. gang und gäbe waren, füllen das Bildfeld, Frauenköpfe quellen durch die als monumentales Tor konfigurierten Initialen der bolschewistischen Par-

137 *138*

[380] Sartorti (Anm. 190) Abb. 5, 6, Taf. II–III; F. Halle, Die Frau in Sowjetrußland. Berlin 1932, Abb. nach S. 144.

tei.[381] Die Gesichter durchschnittlicher Industriearbeiterinnen geben dem Plakat jene dokumenthafte Glaubwürdigkeit, wie sie nur die Fotomontage erreichen kann. Sie scheinen gleichzeitig die Verengung des Internationalen Frauentages auf einen »Tag der Arbeiterinnen« wie auch die Unterordnung des Feiertages unter das Bedürfnis der Partei nach Mitgliederwerbung zu beglaubigen.

Das *reale* Bild der sowjetischen Frau wird in zahlreichen Fotomontageplakaten aus der Zeit des Ersten Fünfjahrplans, in dem die Aktivierung der Frau von besonderer Bedeutung war, vorgeführt.[382] Auch das *neue,* antizipierende Bild der Frau findet sich unter der Masse von konventionellen Darstellungen, wie sie
139 etwa in *»Jede beliebige Festung erobern wir – für die Eroberung der Technik im*

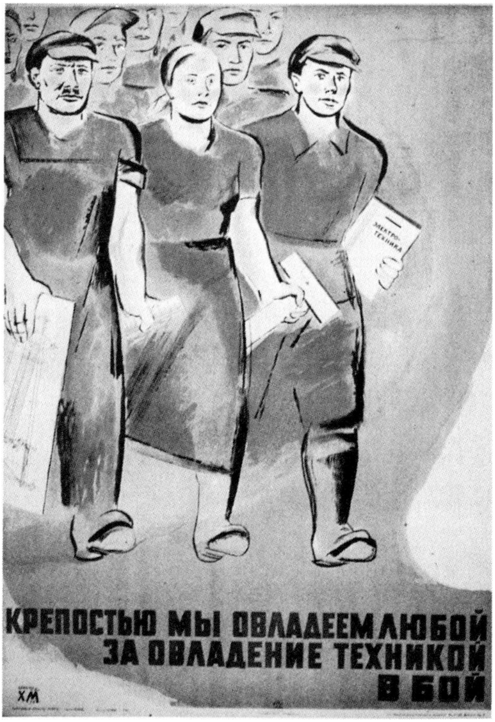

139 Jede beliebige Festung bezwingen wir – für die Beherrschung der Technik im Kampf. Leningrad 1931. 102 × 72 cm.

---

[381] Die Kommunistische Partei der Sowjetunion nannte sich von 1925 bis 1945 »Gesamt-föderative Kommunistische Partei (Bolschewiki)«; abgekürzt russisch VKP (B).

[382] Vgl. die Mappe »Ženščiny strany sovetov« (Nr. 167), außerdem Bauermeister-Paetzel (Nr. 157) mit zahlreichen Abb.

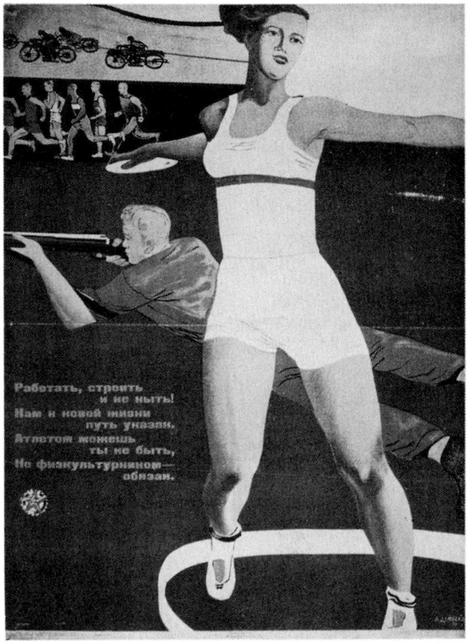

140 Diskuswerferin.
Arbeiten, bauen und nicht trauern! / Uns wurde zum neuen Leben der Weg gezeigt. / Athlet kannst du nicht sein. / Sportler zu sein jedoch bist du verpflichtet.
A. Dejneka, Moskau 1933.
100 × 73 cm.

Kampf« (1931) vorliegt. Hier marschiert die Frau in der ersten Reihe neben den Männern, dennoch wird lediglich ihre Anerkennung als »Mann-gleich« ausgesagt. Immerhin erscheinen zahlreiche Plakate mit individuell gezeichneten Frauen, die durch das optimistische Pathos der Propaganda ausgezeichnet sind. Außerhalb der Arbeitswelt drückt das häufig reproduzierte Plakat von A. Dejneka *»Die Diskuswerferin«* aus dem Jahre 1933 jene autonome Selbstbefreiung *140*
der Frau aus, hier allerdings eingebunden in die Ideologie der Körperertüchtigung und vormilitärischen Ausbildung. Die Diskuswerferin »ist weder Madonna noch Mann-Frau, sondern auf den ersten Blick als sporttreibende Frau zu erkennen. Die Assoziation[en] von Grazie und Eleganz, die das Plakat erweckt, können zwar auch mit den zeitlosen Attributen einer schönen Frau in Verbindung gebracht werden, sind hier aber vielleicht Ausdruck dafür, daß Emanzipation nicht als Schritt vom ›Noch-nicht-Mann‹ zur ›Mann-Frau‹ begriffen wird.«[383]

Ähnlich wie das propagandistische Bild des Proletariers in zwei Typen zerlegt wurde, den muskulösen »Athleten der Industrialisierung« auf der einen Seite

---

[383] Bauermeister-Paetzel (Nr. 157) 46; dazu auch J. Riordan, Sowjetischer Sport als Ritual und Zeremonie, in: Osteuropa 29 (1979) H. 1, 22–36.

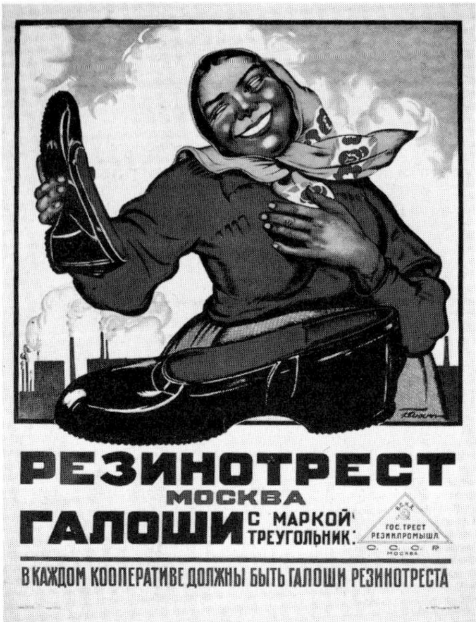

141 Gummi-Trust Moskau, Werbung für Gummischuhe. Gummi-Trust Moskau [Rezinotrest]. Galoschen mit der Marke Dreieck. In jedem Kooperativ muß es Galoschen des Gummi-Trusts geben.
V. S. Bajuškin, Moskau 1925.
68 × 53 cm.

und den zum Techniker, Ingenieur, Konstrukteur arrivierten »Proletarier neuen Typs« auf der anderen, so finden sich auch auf weiblicher Seite Figuren, die Propagandalosungen wie »Die Kader entscheiden alles« oder »Die Technik entscheidet alles« zu illustrieren scheinen. Aus der Gehilfin des Mannes am Amboß qualifiziert sich die Proletarierin entweder zur Facharbeiterin, Maschinenführerin, Traktoristin oder zur Ingenieurin, Volksvertreterin und Sportlerin.

Unabhängig von den Wunsch- und Schaubildern der »neuen Frau« hält sich auf den Plakaten der ökonomischen Reklame das traditionelle und realistische Bild der Landfrau, wie etwa auf dem Plakat des Gummi-Trusts in Moskau, auf
141 dem es heißt *»In jedem Kooperativ muß es Galoschen des Gummi-Trusts geben«*.

Heroismus der Arbeit

Industrialisierung und Schaffung eines Industrieproletariats als tragende Bevölkerungsschicht gehörten zu den grundlegenden Antizipationen der Bolschewiki. Nach der Zwischenzeit der »Neuen Ökonomischen Politik« beginnen diese Ziele wieder ins Zentrum der Politik und ihrer Propaganda zu rücken. Dank der schon erwähnten Untersuchung über das Verhältnis von Industrialisierung und

Pressefotografie in der Sowjetunion läßt sich der wechselnde Stellenwert beschreiben, den die Industrialisierungspropaganda in der »Pravda«, im auflagenstärksten Propagandainstrument der Kommunistischen Partei der Sowjetunion, einnahm. Während der »Neuen Ökonomischen Politik«, im Jahrgang 1925 der »Pravda«, stand Klassenkampf an erster Stelle der durch Illustration hervorgehobenen Themen; nur 9,5 % der Bildmaterialien spiegelten die Industrialisierung wider, und Probleme der Landwirtschaft wurden mit 3,3 %, seltener als das Thema der Schachwettkämpfe, illustriert.[384]

Schon 1927 überrunden Industrialisierungsbilder das Thema Klassenkampf, wobei spezielle Kampagnen, wie die von der »Pravda« im Juli/August 1927 lancierte »Schau der Arbeiterkooperation« mit 32, und die Kampagne für die erste Industrialisierungsanleihe mit 29 Illustrationen bebildert sind. Die Landwirtschaft wird in diesem Jahrgang nur minimal durch Bilder gewürdigt, während sich für das Erhebungsjahr 1929 immerhin 170 Illustrationen (9,1 %) zählen ließen.[385]

Während des Fünfjahrplan-Jahres 1929 nimmt die Bedeutung industrieller Bildberichterstattung in der »Pravda« zu, sie übertrifft gemeinsam mit den Illustrationen zum Sozialistischen Wettbewerb, zur Mobilisierung von Stoßarbeiterbrigaden, zur Tätigkeit der Arbeiter-und-Bauern-Inspektion, zu den Produktionskonferenzen usw. alle anderen Themen um ein Beträchtliches.[386] Aufgrund der Kollektivierungskampagnen steigt in diesem Jahr der Illustrationsanteil landwirtschaftlicher Themen auf 19,8 %, um dann 1933 mit 35,5 % an der Spitze der bildwürdigen Themen zu stehen, während die Industrialisierungsthematik 1933 mit 30,9 % an die zweite Stelle rutscht. Zum Vergleich sei noch angemerkt, daß der Klassenkampf 1931 sogar unter die 10 %-Marke gelangt und auch 1933 mit nur 11,2 % (d. h. 202 Bildern, Karikaturen usw.) ohne Bedeutung bleibt.[387]

Die Zerlegung der Industrialisierung in überschaubare Zeiträume spannte die Bevölkerung in das Wettrennen, »sozialistischer Wettbewerb« genannt, auf eine für die Produktionspropaganda ideale Art ein. Der propagandistische Druck begann von der Parteispitze selbst, wenn die Planziffern immer wieder hochgeschraubt, der Leistungszwang durch Kürzung des Zeitraums (»Fünfjahrplan in vier Jahren«) ins Unerträgliche erhöht wurden.[388] Man geht wohl in der Annahme nicht fehl, daß die irrealen Zielprojektionen nicht so sehr konkrete Wirt-

---

[384] Sartorti (Anm. 190) 81 f.

[385] Ebd. 82 ff.

[386] Ebd. 83 f.

[387] Ebd. 84 f.

[388] Handbuch (Anm. 238) 800 ff.

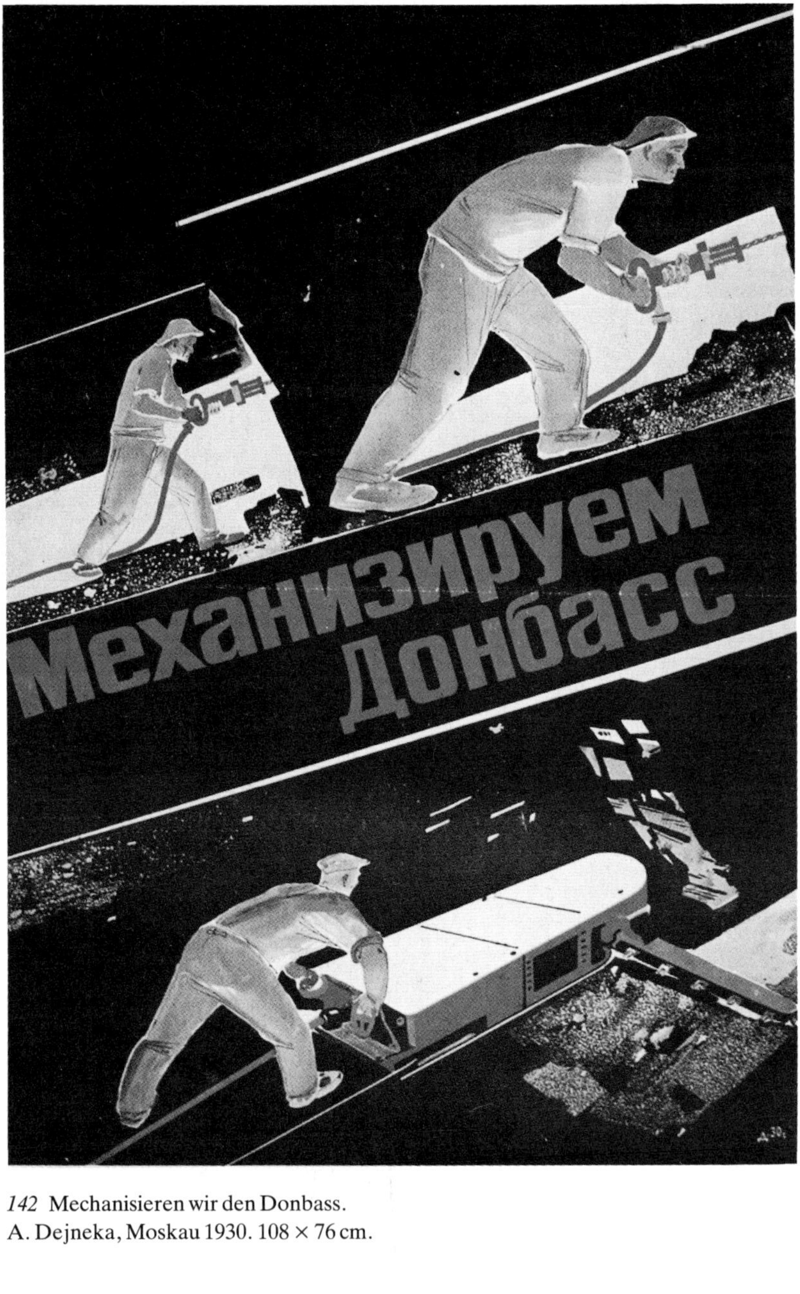

142 Mechanisieren wir den Donbass.
A. Dejneka, Moskau 1930. 108 × 76 cm.

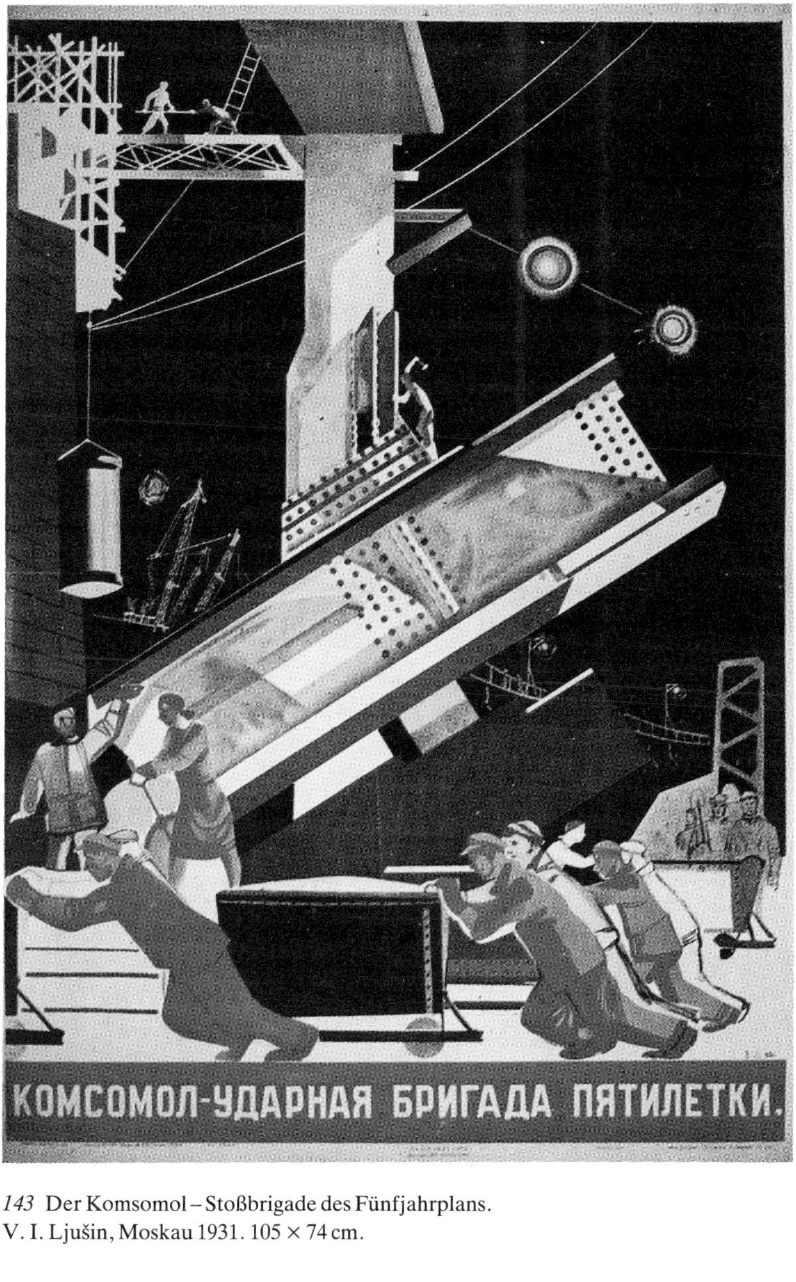

143 Der Komsomol – Stoßbrigade des Fünfjahrplans.
V. I. Ljušin, Moskau 1931. 105 × 74 cm.

schaftspläne, sondern mehr ideologische Antizipationen bildeten, mit deren Hilfe die Bevölkerung auf die Arbeitswelt fixiert werden sollte.

In den Chor der schriftlichen Propagandamedien stimmte auch die bildende Kunst unter der globalen Losung »Kunst in die Produktion« ein.[389] Die Industrielandschaft, die Fabrikhalle und die Maschine werden dominierende Inhalte sowohl des Leinwandbildes als auch des Plakats und des Zeitungsfotos. Auf die Landwirtschaft bezogen ist der Traktor diejenige Maschine, welche auf Tausenden von Bildern neue Produktionsverhältnisse anzeigt – das Großflugzeug, wie
117 auf dem Plakat *»Giganten-Flugzeuge werden über dem Sowjetland brüllen«* von 1935, scheint den Traum von der Beherrschung der unendlichen Weiten der Sowjetunion ausdrücken zu sollen.[390] Arbeitsplatz des Menschen ist auf den Bildern die Werkhalle oder die Industriebaustelle, die sowohl »naturalistisch« durch Fotomontage als auch ganz allgemein durch denotatslose Stahlgerüste vorgewiesen werden können.

50 Das Plakat von Jurij Pimenov *»Wir bauen den Sozialismus«* aus dem Jahre 1927 zeigt vorn links in einer hohen Fabrikhalle mit auf die Landschaft einen dem Betrachter zugewandten Arbeiter, der, halbnackt aus der Untersicht gezeichnet, auf seinem Sockel eher wie ein Atlant wirkt. Im Hintergrund bewegen sich zwischen technischen Objekten ameisenhaft geschäftige Menschenfigürchen. Die klobige Losung und der durch Lavierung verunklärte Atlant im Vordergrund scheinen der feingerasterten Industriezeichnung wie nachträglich aufgesetzt.

142 Eindrucksvolle Arbeitsbilder bringen die Plakate von A. Dejneka *»Mechani-*
143 *sieren wir den Donbass«* aus dem Jahre 1930, und Vladimir Ljušin *»Der Komsomol – Stoßbrigade des Fünfjahrplans«* (1931). Beide Plakate bedienen sich des dunklen Hintergrundes, bei Dejneka ist es die schwarze Kohle, bei Ljušin handelt es sich um Nachtarbeit; beide gebrauchen die Rechtsschräge als Kompositionsrichtung. Dejneka verwendet eine Vorher-Nachher-Konstruktion: Oben erkennt man die Förderung per Preßluftbohrer, unterhalb der Losung arbeitet ein modernes Schrämmgerät.

Die schwere Arbeit des Bergmanns ist nicht beschönigt: Auch der Arbeiter an der Maschine muß tief den Rücken krümmen. Das Plakat kommt mit ganz wenigen Bildelementen und nur zwei Wörtern aus, und darf gerade deshalb als vorbildliches Plakat angesehen werden.

---

[389] Vgl. dazu den gleichnamigen Sammelband (Nr. 192).

[390] Das Riesenflugzeug ist in der Propaganda häufiger anzutreffen, vgl. SARTORTI (Anm. 190) Taf. XX, 1 und XXI, 1 (Pravda-Illustrationen von 1933), wie auch E. GILLEN, Künstlerische Publizisten gegen Romantiker der roten Farbe, in: *Kunst* (Nr. 192) 102–156, hier Abb. 167 (Fotomontageplakat von G. Klucis).

Konstruktionsprinzip bei Ljušin ist das Widerspiel des nach rechts oben weisenden gewaltigen Stahlträgers und der Loren schiebenden Figuren. Deren Anstrengung ist durch die rote Farbgebung unterstrichen und so betont nach links, gegen die Leserichtung, gegen die Konstruktionsrichtung des Stahlträgers gewandt, daß sich daraus eine echte Spannung ergibt, die durch die grelle Ausleuchtung vor dem dunklen Himmel noch unterstrichen wird.

Formal interessant ist das Plakat *»Mit Stoßarbeitertempo, in schnellem Gang* 144
für den Fünfjahrplan in vier Jahren«, das 1930 von einer Kunstwerkstatt in Leningrad geschaffen wurde. Den Künstlern warf man in einer 1931 erschienenen Kritik vor, den Fünfjahrplan als »Muskelanstrengung in der Arbeit« charakterisiert zu haben und in Schematismus verfallen zu sein.[391] Das Plakat weist auf das Gemeinsame, Kollektive in der industriellen Arbeit hin und rekurriert dabei sowohl auf futuristische Methoden von Bewegungsdarstellung als auch auf vom Taylorismus beeinflußte Darstellungen der zwanziger Jahre.

Die politische Dimension der Industrialisierung dürfte ein Plakat-Kollektiv ins Bild zu sezten versucht haben, das 1930 eine Fotomontage mit dem Leninzi-
tat *»Aus dem NÖP-Rußland wird ein sozialistisches Rußland werden«* als Parole 145
geschaffen hat. Die Realitätsfragmente der Fotomontage sind recht willkürlich auf dem Blatt verteilt, dominiert und verbunden durch die Rednerfigur Lenins, aber ohne innere Verbindung miteinander. Lenin ist auf dem Blatt dreimal zu sehen; neben der Parole werden noch vier Aussprüche Lenins zu den entsprechenden Bildausschnitten zitiert. Das Rußland der »Neuen Ökonomischen Politik« dürfte auf diesem Plakat bereits das vergangene Rußland sein, denn moderne Wohn- und Industriebauten, Traktoren auf den Feldern und Lokomotiven auf den Schienen – das soll wohl – gemeinsam mit Stichwort und Verbildlichung des Mirandums »Elektrifizierung« – das werdende sozialistische Rußland designieren.

3. Zur Didaktik des politischen Plakats

Das politische Plakat der ersten Jahrhunderthälfte ist keine vergessene historische Quelle. Zumindest außerhalb akademischer Forschung und Lehre führt es ein Nachleben, das durch zwei Anwendungsgebiete gekennzeichnet ist: Schule und Museum. Teils beträchtliche Bestände in zahlreichen Museen und Archiven bieten sich zu eigenständigen Plakatausstellungen an oder vermitteln dokumentarisches Material, das Zusammenhänge der neuesten Geschichte illustrieren hilft. Nicht selten greift auch der Lehrer zum Plakat als didaktischem Mittel, am

---

[391] Vajsfel'd (Nr. 236) 31 f.

häufigsten, um die Parteienlandschaft der Weimarer Republik lebendig zu machen. Das Angebot der Lehrmittelverlage geht auf dieses Bedürfnis bereits ein,[392] aber auch Bildbände zur politischen Grafik u. ä. bieten Material die Fülle.

Aus der aktuellen Erfahrung heraus wird das Phänomen des politischen Plakats fast immer auf das *Wahl*plakat eingeengt. Für die Zeit der Weimarer Republik mit ihren häufigen Wahlgängen, dem sich ständig verschiebenden Spektrum von Parteien und Wählerschaften kann man die Konzentration auf diesen Ausschnitt wohl verstehen, vor allem auch, weil – über die Lücke der NS-Zeit hinweg – die parlamentarische Tradition der Bundesrepublik damit verglichen werden kann.[393]

Von noch wohl größerer Bedeutung ist die Rolle der Plakatpropaganda als edukatives Medium, das dem Wähler den Ernst der politischen Lage nahebringen, ihm die Verantwortung des Staatsbürgers aufbürden will, unabhängig von der parteigebundenen Stimmenwerbung. Zahlreiche Plakate der Weimarer Republik enthalten gerade diese Tendenz, versuchen, den kaiserlichen Untertanen zum Teilhaber einer politischen Kultur werden zu lassen. Ähnliches geschah zur Zeit des politischen Neubeginns nach dem Zweiten Weltkrieg. Edukative Propaganda spielt auch in jüngster Zeit, zum Teil vom Staate, aber auch von Parteien und anderen Organisationen getragen, eine beträchtliche Rolle; die konstruktive Ostpolitik, Energiebewußtsein und ökologische Problematik seien als Beispiele genannt. Von diesen aktuellen Themen ist leicht der Bogen in die Geschichte zu schlagen, haben doch schon im Ersten Weltkrieg Plakate zum Stromsparen und zum Recycling von Rohstoffen aufgerufen.

Vor der vollen Entfaltung der elektronischen Medien erfüllte das politische Plakat in totalitären Staaten die Funktion des *»Massenführungsmittels«,* wie oben bei der Besprechung der nationalsozialistischen Fachliteratur mehrfach zitiert. »Massenführungsmittel« war das politische Plakat sowohl im Staat der (scheinparlamentarisch gewählten) Sowjets als auch im NSDAP-Staat Adolf Hitlers. Geführt wurden die Massen einerseits den aktuellen Verhaltensmaßregeln der Innenpolitik folgend, andererseits aber auch – und das ist für die didaktische Auswertung des politischen Plakats interessanter – in Richtung auf die ideologischen Utopien »neuer Mensch« und »neue Gesellschaft«. Die Massenführung bemühte sich, traditionelle, überwiegend christliche Werte außer Kraft zu setzen und neue Werte zu oktroyieren, die sich in Schlagworten oder
5 Begriffen wie »Volksgenosse«, politischen Maximen wie *»Ein Volk, ein Reich, ein Führer«,* »Ehre der Arbeit«, »Volk ohne Raum« u. ä. kondensieren ließen.

---

[392] Der Klett-Cotta-Verlag bietet im Rahmen seiner »Schulgalerie« eine Serie »Das politische Plakat in Deutschland 1932–1969« an.

[393] Vorbildlich dafür ist die Zusammenstellung von H. Reimann (Nr. 134 und Anm. 68).

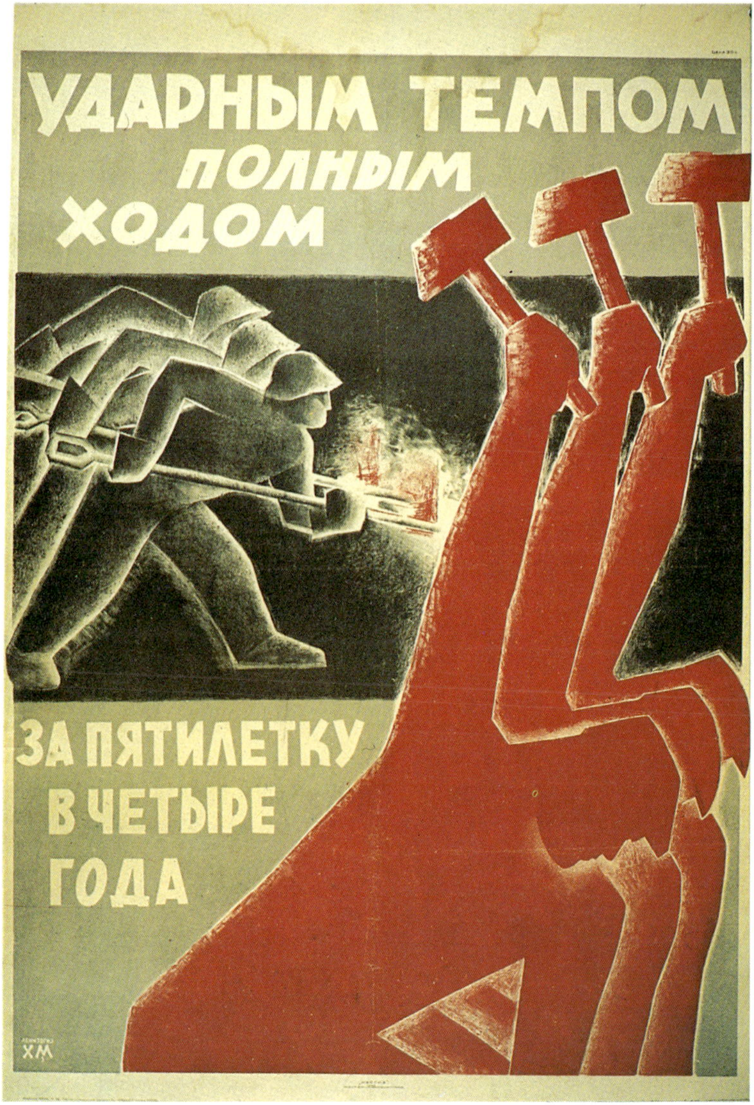

144 Im Stoßtempo, in vollem Gang für den Fünfjahrplan in vier Jahren. Leningrad 1930. 108 × 71 cm.

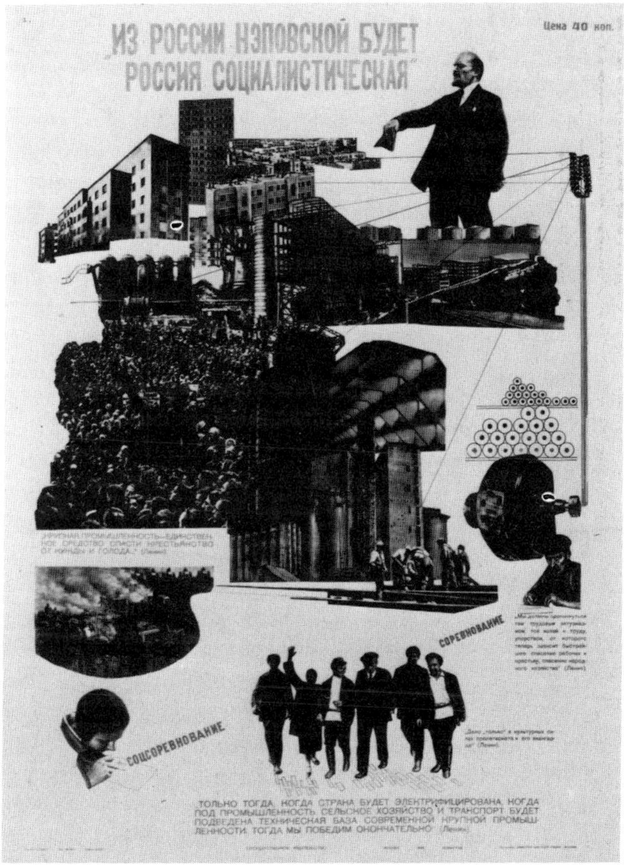

145 »Aus dem NÖP-Rußland wird ein sozialistisches Rußland werden.«
Begleitlosungen von oben: »Die Schwerindustrie ist das einzige Mittel, die Bauernschaft vor Not und Hunger zu bewahren« (Lenin). »Wir müssen von dem Arbeitsenthusiasmus, dem Willen zur Arbeit, der Beharrlichkeit durchdrungen werden, von dem jetzt die eiligste Rettung der Arbeiter und Bauern, die Rettung der Volkswirtschaft abhängt« (Lenin). Wettbewerb – Soz[ialistischer] Wettbewerb. »Nur dann, wenn das Land elektrifiziert ist, wenn unter die Industrie, die Landwirtschaft und den Transport die technische Basis einer modernen Schwerindustrie gelegt worden ist, dann werden wir endgültig siegen« (Lenin).
Moskau 1930. 20 000 Ex.

Bei didaktischer Arbeit, deren Ziel die Aufdeckung politischer Manipulation ist, kann das Plakat mit seinen elliptischen Losungen wertvolles Quellenmaterial bieten. Auch deshalb ist oben einiges Gewicht auf die Erklärung von Parolen gelegt worden.[394] Es ist ja, um auf das im ersten Teil angesprochene Beispiel noch einmal zurückzugreifen, die Parole *»Ein Volk, ein Reich, ein Führer«* weder eine Gleichung noch eine Information, sondern Erfolgsbehauptung (nach der Angliederung Österreichs 1938),[395] Unterwerfung heischendes Postulat und wertsetzende Utopie.

In totalitärer edukativer Propaganda geben die Plakatparolen eine Auswahl griffiger politischer Formeln, die auch weit außerhalb des Mediums Plakat verwendet wurden. Auf den Plakaten läßt sich die politische Parole als Aussage*form* besonders gut fassen; dem historisch Interessierten tritt sie auf dem Plakat deutlicher entgegen als auf der Seite einer Zeitung. Als besonders konzentrierte Form persuasiven Sprechens von Seiten der Massen-Führer gewinnt die Plakatparole beträchtlichen Eigenwert als historische Quelle – die Abwertung als inhaltlose Scheininformation ist sicherlich *nicht* gerechtfertigt. Wie wäre sonst der Propaganda-Aufwand zu erklären, den totalitäre Staaten treiben?[396]

Die Sensibilität gegenüber manipulativen Absichten der Produzenten von Schlagworten kann gesteigert werden, wenn man die politische Parole mit einem Bild zusammenstellt, das in ähnlicher Weise das So-Sein aktueller Phänomene behauptet und dabei die oben dargelegten Syllogismen zeigbar-sichtbar-wirklich-wahr-gut vorspiegelt. Die herabsausende Riesenfaust als nicht schreckendes sondern positiv konnotiertes Ikon der Gewalt richtet sich meist gegen Parlament, Verhandlung, Konfliktbereinigung, der Menschen-wegfegende Besen in Riesenhand gegen soziale Gruppen und politisch Andersdenkende. Die vorausgesetzte Zustimmung des Betrachters wirkt für den Demokraten frappant und macht ihn wachsam.

Propaganda als *Hetze* wäre ein didaktisches Thema, mit dessen Hilfe die Rolle von Feindbildern in der Geschichte des 20. Jahrhunderts verdeutlicht werden kann. Schon die alliierte Greuelpropaganda im Ersten Weltkrieg verbildlicht den Un-Menschen als Gegenpart der eigenen Heroen; die bolschewistische und

---

394 Die Forschungslage ist für diesen Aspekt recht befriedigend, vgl. Abromeit (Nr. 1), Bachem (Nr. 2) und andere.

395 Vgl. dazu die in Wien 1928 gedruckte Kunstpostkarte mit der Parole »Ein Volk – ein Reich« vor einer monumentalen »Germania« – Personifikation. Lebeck-Schütte (Nr. 39) Bd. 1, Nr. 77.

396 Vgl. auch R. Hildebrandt, Von der psychologischen zur physiologischen Form der Massenführung. Ein Versuch über die Anwendung der Theorie I. P. Pawlos in der sowjetischen Propagandatechnik, in: Publizistik 1 (1956) 67–77.

antibolschewistische Propaganda teilte endgültig die politische Ikonographie in Pluspartei und Minuspartei, ein dualistisches System, das über die dreißiger Jahre hinweg bis in den Zweiten Weltkrieg reicht und auch heute in der politischen Propaganda zu finden ist. Der Kunstgriff der Verhetzung durch Entmenschung und Vertierung des anderen ist bekanntlich jahrhundertelang geübte Praxis in der Wort- und Bildpropaganda – deshalb ergäbe sich für das politische Plakat die didaktische Möglichkeit der Kombination mit anderen Bildmedien, einerseits mit der in Zeitungen oder Zeitschriften publizierten Karikatur,[397] andererseits mit der für diesen Zusammenhang sehr ergiebigen Propagandapostkarte. Aus dem Vergleich des monumentalen Mediums mit kleinformatigen Bildträgern, etwa der politischen Kunstpostkarte, ergeben sich Kongruenzen wie Differenzen. M. Schütte nennt die Propagandapostkarte »Kleinplakate des Hasses« und betont, ihr Charakteristikum sei die Möglichkeit für den Käufer, sich zu den »Hetz-, Agitations- und Heroik-Bildern« zu bekennen, sich mit ihnen zu identifizieren, in persönlicher Kommunikation ihre Werbemacht zu vervielfachen.[398] Das »private« Kommunikationsmedium der Postkarte läßt uns an die Bekenntnis-Medien des »button« und des Aufklebers denken; das eine wie das andere mit der staatlich gelenkten Monumentmalerei des Politplakates zu vergleichen, mag an einzelnen Beispielen staatliche Feindbild-Setzung und privates Feindbild-Bekenntnis zusammenbringen.

Die Möglichkeiten einer Ausstellung sind natürlich weiter gespannt als die einer Unterrichtseinheit. Als politische Monumentalmalerei des 20. Jahrhunderts gesehen sticht das politische Plakat der ersten Jahrhunderthälfte durch seinen Einfallsreichtum, wie per Wort und Bild argumentiert werden kann, von der streckenweisen Öde politischer Reklame der Gegenwart erfreulich ab. Seine Attraktivität wird besonders im Kontrast zum über-vergrößerten Fotodokument mehr als deutlich.

Die Plakatausstellung kann sich weit mehr als selbst der Buchautor dem Problem des Kontextes widmen, also dem durch zeitgenössische Fotografien leicht belegbaren Aspekt von Topologie und Kampagne. Die in Wahlkämpfen und edukativen Kampagnen massiert zur Beeinflussung auch der Widerwilligen

---

[397] Für die Zeit des Ersten Weltkrieges sind zwei zeitgenössische Bücher besonders charakteristisch: Ferdinand Avenarius, Das Bild als Verleumder. Beispiele und Bemerkungen zur Technik der Völkerverhetzung. München 1915, sowie von demselben Verfasser: Das Bild als Narr. Die Karikatur in der Völkerverhetzung, was sie aussagt, was sie verrät. München 1918 (3. Aufl. 1921). Unter den zahlreichen neueren Publikationen verdient der Katalog des Westfälischen Landesmuseums Münster hervorgehoben zu werden: Ereigniskarikaturen. Geschichte in Spottbildern 1600–1930. Münster 1983.

[398] Lebeck, Schütte (Nr. 39) 7, 21.

eingesetzten Plakate erhalten durch die Placierung auf Litfaß-Säulen und Häu-
146–149 serwänden, an Straßenkreuzungen und auf beweglichen Trägern jene Zudringlichkeit, die als die »Allgegenwart und Unentrinnbarkeit« des Plakates bezeichnet worden ist – ein Phänomen, das allerdings auf die Stadtkultur begrenzt sein dürfte. Die durch eine Ausstellung verwirklichte Rekonstruktion einer bedeutenden Kampagne (bzw. kontrastiv zweier oder mehrerer) mit Hilfe aller verfügbaren Dokumente, vor allem von Situationsfotos und Plakaten, würde den Mobilisierungs- und Integrationsprozeß verdeutlichen, der aus Widerstrebenden und Gleichgültigen schließlich Sympathisanten und Anhänger einer Idee macht.

Wenn wir von Wahlsiegen, von Massenveranstaltungen der ersten Jahrhunderthälfte hören, seien es Aufmärsche und Thingspiele in Hitler-Deutschland oder Umzüge und Massentheater in Sowjetrußland, dann haben wir Endglieder kommunikativer Prozesse vor uns, in denen das politische Plakat ein wichtiges Glied bildete zwischen dem Beschluß einer Parteiführung und dem demonstrativen Gehorsam der Bevölkerung.

Als dieses Buch im Manuskript bereits abgeschlossen war, wurde in Dortmund eine 468 Exponate große Ausstellung »100 Jahre politisches Plakat«

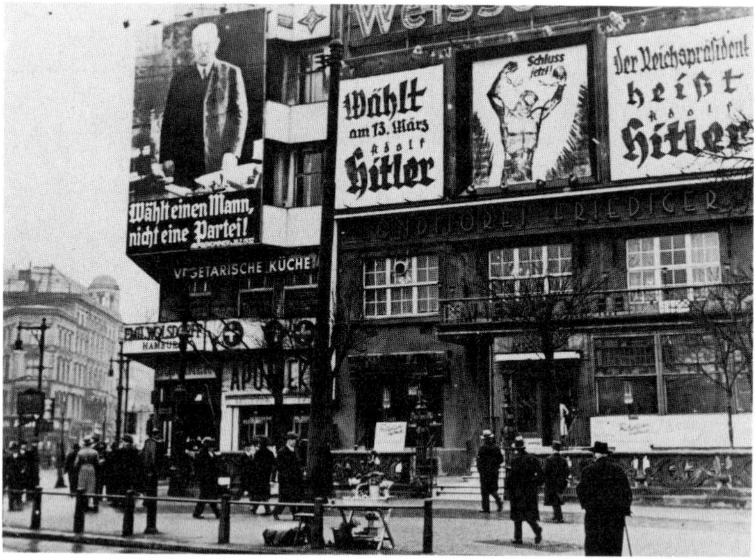

 146 Der Potsdamer Platz in Berlin vor der Reichspräsidentenwahl 1932

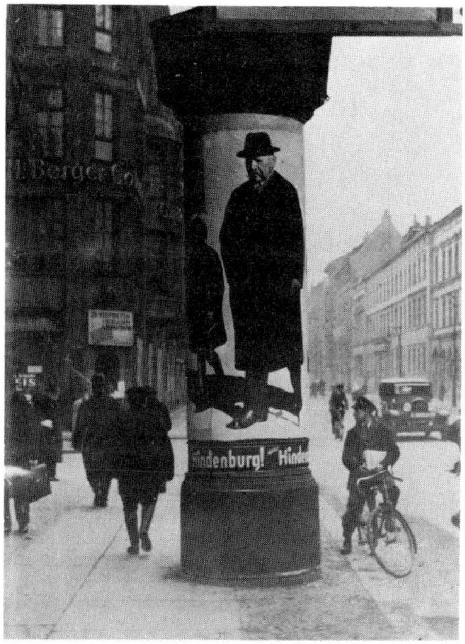

147 Litfaßsäule in Berlin vor der Reichspräsidentenwahl 1932

eröffnet, deren Katalog in Buchform erschienen ist.[399] Der Augenschein ergab die Einsicht, wie einfallslos im didaktischen Sinne Plakatausstellungen immer noch und selbst von berufenen Institutionen – sie wurde vom Dortmunder Institut für Zeitungsforschung aus seinen Beständen zusammengestellt – gestaltet werden. Katalogband und Ausstellung vergleichend fragt man sich, ob nicht doch der Katalog die Konzeption der Ausstellung geprägt habe und nicht umgekehrt. Wie anders könnte man weiße Wände mehrreihig mit Plakaten bepflastern, denen man nichts beigibt als kleine Täfelchen, auf denen pflichtschuldigst die Katalogangaben verzeichnet sind?! Das Ziel der Ausstellung sei es, »das politische Plakat als Printmedium« (!) zu präsentieren, entschuldigend fügt der Herausgeber des Bandes hinzu: »Eine intensive historische Analyse bedarf anderer Mittel als sie einer Ausstellung zu Gebote stehen. Dafür müssen weitere historische Quellen herangezogen werden, die geeignet sind, die Wahr-

[399] Ausstellung im Museum am Ostwall, eröffnet am 9. 8. 1984. Der Katalog erschien in der Reihe der bibliophilen Taschenbücher Nr. 435: H. Bohrmann (Hrsg.) Politische Plakate. Mit Beiträgen von R. Malhotra und M. Hagen. Dortmund 1984. Er enthält Abbildungen von allen Exponaten sowie einen ausführlichen Kommentar von M. Lindemann (573–681), außerdem eine Auswahlbibliographie (683–690).

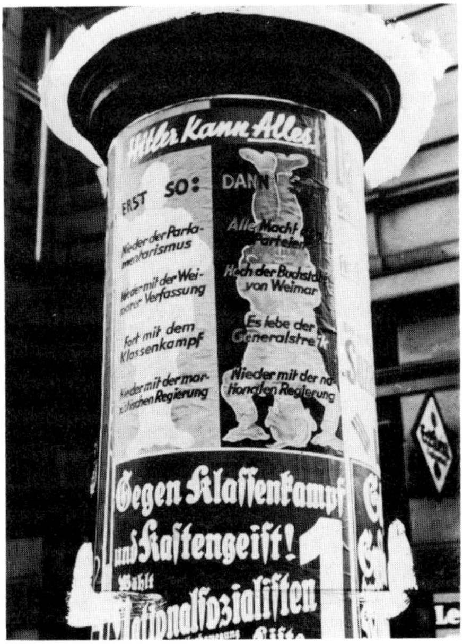

148 Plakate für und gegen die NSDAP vor der Wahl zum 7. Reichstag im November 1932

haftigkeit der Plakataussagen zu qualifizieren.«[400] Der für die Ausstellung Verantwortliche schiebt, wie der geneigte Leser mit Lächeln zur Kenntnis nimmt, das *Problem* namens »politisches Plakat« dem Buchautor zu, und der Bücherschreiber seinerseits gibt es an den Museumsmann zurück, indem er darauf hinweist, daß Wahrhaftigkeit beim politischen Plakat nur ein untergeordnetes Kriterium ist, für den Produzenten ebenso wie für den Nachfahren, der es als historsiche Quelle beschaut. Mit noch so vielen dokumentarischen Beweisen, daß dies und das »Scheininformation« oder politische Lüge sei, wird die Handhabung der »Massenführungsmittel« nicht greifbarer. Die alliierten Greuelplakate im Ersten Weltkrieg, die Diffamierung der nichtbolschewistischen Bewegungen im russischen Bürgerkrieg, die Hetzpropaganda der NSDAP – all das bedarf keiner Widerlegung durch Akten und Fakten.

Sicherlich ist es eine der Aufgaben von Fachbüchern und Katalogbänden, das politische Plakat in seinen historischen Rahmen zu fügen. Dasselbe aber hat auch die Ausstellung zu leisten. Durch chronologische Reihung vieler politischer Plakate erreicht man fast nichts, man strapaziert nur die Leselust (und -geduld) der Betrachter. Wer würde auch auf die Idee kommen, künstlerische

[400] Ebd. 8.

oder kommerzielle Plakate chronologisch zu präsentieren? Die Ausstellung
könnte vieles, was das Buch nicht kann, etwa das Material zu simulierten 147
Situationen zusammenstellen. Ob man originalgroße Litfaßsäulen imitiert und 148
die einander widersprechenden Aufrufe sich so konfrontieren läßt, wie man es
auf historischen Fotografien erkennt, oder ob man den Besucher in kleine 146
Raumeinheiten sperrt, wo er sich von (politischen und ökonomischen) Plakaten,
Situationsfotos und kommentierenden Schrifttafeln umstellt sieht, beides wird
den Kontext samt Zeit und Ort wiederaufleben lassen. Nehmen wir als Beispiel
die Sparen-und-Opfern-Aufrufe des Ersten Weltkriegs: Wenn sich der noch in
einer Überfluß- und Wegwerfzivilisation Lebende plötzlich von Imperativen
eingekreist sähe, die auf den ersten Blick lächerlich erscheinen *(»Spare Seife!«,
»Kanin-Felle abliefern!«, »Sammelt ausgekämmtes Frauenhaar!«, »Wollt ihr Öl,
dann sammelt Bucheckern!«, »Sammelt Obstkerne!«, »Sammelt Brennessel, die
deutsche Baumwolle!«),*[401] die aber gleichwohl, wie an ihrer Eindringlichkeit zu

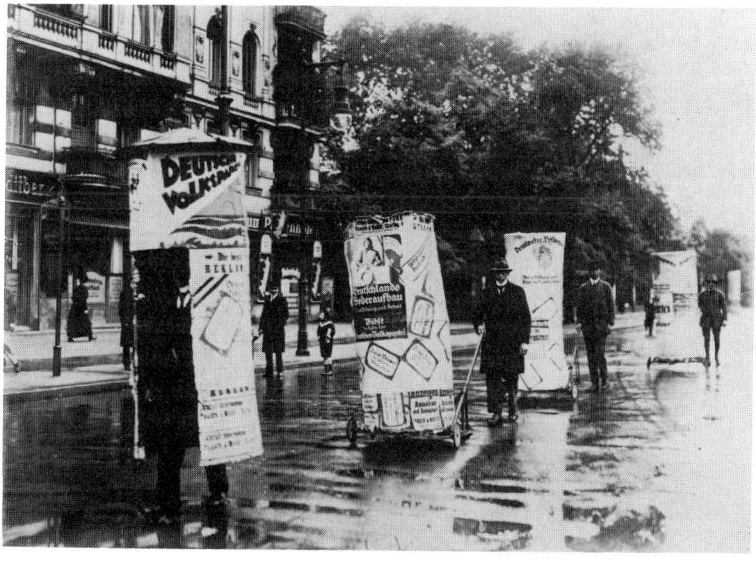

148 Mobile Plakatsäulen in einer Berliner Straße vor der Wahl zum 1. Reichstag 1920

[401] Ebd. Nr. 56, 51, 54, 57, 58, 59.

erkennen, bitter ernst gemeint sind – wäre dann nicht ein Lerneffekt mit Sicherheit zu erwarten?

Das politische Plakat ist eine vielgestaltige historische Quelle, es verlangt vom Wissenschaftler nicht nur analytische Ausdauer, sondern auch Einbildungskraft und einen gewissen didaktischen Eros.

Anhang

Bibliographie
zum politischen Plakat

(Abkürzungen und Translitterationen gemäß DIN 1502)

A. Allgemeines

(zu Theorie, Methode, Sprache und Didaktik des politischen Plakates)

1. Abromeit, H., Das Politische in der Werbung. Wahlwerbung und Wirtschaftswerbung in der Bundesrepublik. Opladen 1972.
2. Bachem, R., Einführung in die Analyse politischer Texte. München 1979.
3. Bauer, W., Die öffentliche Meinung in der Weltgeschichte. Potsdam 1930.
4. Bessler, H., Aussageanalyse. Die Messung von Einstellungen im Text der Aussagen von Massenmedien. Bielefeld 1970.
5. Brandt, W., Zur Erforschung der Werbesprache. Forschungssituation, neuere Monographien, Aufgaben, in: Z. germanist. Linguistik 1979, 1, 66–82.
6. Burkhardt, H., Politische Plakate. Klett Schulgalerie 5, Lehrerhilfen. Stuttgart 1974.
7. Dieckmann, W., Information oder Überredung. Zum Wortgebrauch der politischen Werbung in Deutschland seit der Französischen Revolution. Marburg 1964.
8. Dieckmann, W., Sprache in der Politik. Einführung in die Pragmatik und Semantik der politischen Sprache. 2. Aufl. Heidelberg 1975.
9. Doob, L. W., Public opinion and propaganda. N. Y. 1949.
10. Dovifat, E., Handbuch der Publizistik. Bd. 1. Allgemeine Publizistik. Berlin 1968. Bd. 2: Praktische Publizistik. 1. Teil Berlin 1969.
11. – *dtv-Lexikon* politischer Symbole A–Z. München 1970.
12. Eco, U., Einführung in die Semiotik. München 1972.
13. Eigenwald, R., Textanalytik. 2. Aufl. München 1976.
14. Eucker, J., Plakate. Anmerkungen zum Medium und Vorschläge zu seiner didaktischen Erarbeitung, in: Kunst und Unterr., Heft 49, Juni 1978, 22–32.
15. Feuchtinger, H.-W., Plakatkunst des 19. und 20. Jahrhunderts. Materialien für die Sekundarstufe II. Arbeitstexte für den Kunstunterricht. Hannover 1977.
16. Fina, K., Kritische Graphik in der historisch-politischen Bildung. Würzburg 1975.
17. Flader, D., Pragmatische Aspekte von Werbeslogans, in: D. Wunderlich: Linguistische Pragmatik. Frankfurt 1972, 341–376.
18. Frazer, L., Propaganda. London 1957.
19. Gercke, H., Am Anfang waren Wort und Bild. Aspekte der Kombination von verbaler und visueller Darstellung, in: Kunstforum internat. 33 (1979) H. 3, 24–40.
20. Glimm, G., Die Kampfsprache Lenins, in: Jb. für Gesch. Osteur. 9 (1961) 511–540.

21. GRÜNEWALD, D., Karikatur im Unterricht, Weinheim 1979.
22. HABERMAAS, J., Theorie des kommunikativen Handelns. Bd. 1: Handlungsrationalität und gesellschaftliche Rationalisierung. Frankfurt 1981.
23. HAERTEL, V., Hitler contra Hindenburg – Analyse eines politischen Plakats. Plakate als Mittel fachübergreifenden Unterrichts, in: Gesch. Wiss. Unterr. 26 (1975) 733–743.
24. HOCHBERG, J., Die Darstellung von Dingen und Menschen, in: E. H. Gombrich: Kunst, Wahrnehmung, Wirklichkeit. Frankfurt 1977, 61–114.
25. HOFSTÄTTER, P. R., Einführung in die Sozialpsychologie. Stuttgart 1973.
26. HUNDHAUSSEN, C., Propaganda. Grundlagen, Prinzipien, Materialien, Quellen. Essen 1975.
27. KARSCH, F., Die Sprache der politischen Propaganda. Ein Versuch zur Analyse ihrer Charakteristika, in: Gesch. Wiss. Unterr. 19 (1968) 218–229.
28. KERNER, G., DUROY, R., Bildsprache 1. Lehrbuch für den Fachbereich Bildende Kunst. Visuelle Kommunikation in der Sekundarstufe II. 2. Aufl. München 1978.
29. KERNER, G., DUROY, R., Bildsprache 2. Lehrbuch für den Fachbereich Bildende Kunst. Visuelle Kommunikation in der Sekundarstufe II. München 1981.
30. KLAUS, G., Sprache der Politik. Berlin 1971.
31. KLAUS, G., Die Macht des Wortes. 6. Aufl. Berlin 1972.
32. KLAUS, G., Semiotik und Erkenntnistheorie. 4. Aufl. Berlin 1973.
33. KÖNIG, TH., Reklame-Psychologie, ihr gegenwärtiger Stand – ihre praktische Bedeutung. 2. Aufl. München 1924. [*russ. Ausg.:* T. Kenig: Reklama i plakat kak orudie propagandy. Moskva 1925.]
34. KOWALSKI, K., Die Wirkung visueller Zeichen. Stuttgart 1975.
35. KROEBER-RIEL, W., MEYER-HENTSCHEL, G., Werbung. Steuerung des Konsumentenverhaltens. Würzburg 1982.
36. LASSWELL, H. D., Propaganda Technique in the World War. London 1927.
37. LASSWELL, H. D., Language of Politics, in: Language. Ed. by R. N. Anshen. New York 1957, 270–284.
38. LASSWELL, H. D., The Structure and Function of Communication in Society, in: The Communication of Ideas. New York 1964, 37–51.
39. LEBECK, R., SCHÜTTE, M., Propagandapostkarten. Bd. 1–2. Dortmund 1980.
40. MAZAEV, A. I., Prazdnik kak social'no-chudožestvennoe javlenie. Opyt istoriko-teoretičeskogo issledovanija. Moskva 1978.
41. MOLES, A., L'affiche dans la société urbaine. Paris 1969.
42. MOLES, A., Informationstheorie und ästhetische Wahrnehmung. Köln 1971.
43. MORRIS, CH. W., Grundlagen der Zeichentheorie. Ästhetik und Zeichentheorie. München 1972.
44. MORRIS, CH. W., Zeichen, Sprache und Verhalten. Mit einer Einführung von K.-O. Apel. Düsseldorf 1973.
45. MÜNZENBERG, W., Propaganda als Waffe. Ausgewählte Schriften 1919–1940. Frankfurt 1977.
46. MÜNZENBERG, W., Propaganda als Waffe, in: Ders., Propaganda als Waffe. Ausgewählte Schriften 1919–1940. Frankfurt 1977, 171–315 [erschienen 1937].

47. Nadiraśvili, Š. A., Psichologija propagandy. Tbilisi 1978.
48. Negt, O., Kluge, A., Öffentlichkeit und Erfahrung. Zur Organisationsanalyse von bürgerlicher und proletarischer Öffentlichkeit. Frankfurt 1972.
49. Nusser, P., Anzeigenwerbung. Ein Reader für Studenten und Lehrer. München 1975.
50. Pfeiffer, G., Kunst und Kommunikation. Grundlegung einer kybernetischen Ästhetik. Köln 1972.
51. Plachetka, M. G., Das politische Plakat als Mittel der politischen Bildung, in: Frankf. H., Januar 1975, 30–40.
52. Reimann, H., Öffentliche Meinung, in: Sowjetsystem und Demokratische Gesellschaft. Bd. 4, Freiburg 1970, Sp. 808–828.
53. Reumann, K., Das antithetische Kampfbild. Beiträge zur Bestimmung seines Wesens und seiner Wirkung. Berlin 1966.
54. Reumann, K., Die Karikatur, in: Handbuch der Publizistik. II. Praktische Publizistik. 1. Teil. Berlin 1969, S. 65–90, Abb.
55. Richert, E., Agitation und Propaganda. Das System der publizistischen Massenführung in der Sowjetzone. Berlin 1958.
56. Rickards, M., The Rise and Fall of the Poster. Newton Abbot, Devon 1971.
57. Roloff, H. P., Experimentelle Untersuchung der Werbewirkung von Plakatentwürfen. Leipzig 1927.
58. Sachs, H., Schriften über Reklamekunst. Berlin 1920. (Handbücher der Reklamekunst. 3.)
59. Schönemann, F., Die Kunst der Massenbeeinflussung in den Vereinigten Staaten von Amerika. Berlin 1924.
60. Schottenloher, K., Flugblatt und Zeitung. Ein Wegweiser durch das gedruckte Tagesschrifttum. Berlin 1922.
61. Schütte, M., Politische Werbung und totalitäre Propaganda. Düsseldorf 1968.
62. Searle, J. R., Speech Acts. An Essay in the Philosophy of Language. Cambridge 1969.
63. Szuber, A., Walka o przewagę duchową. Kampanja propagandowa koalicji 1914–1918. Warszawa 1933.
64. Weber, K., Führer und Geführte, Monarch und Untertan. Eine Studie zur politischen Ikonologie und ihre unterrichtliche Umsetzung. Frankfurt 1978.
65. Weinrich, H., Linguistik der Lüge. Heidelberg 1966.
66. – *Wörterbuch* der Semiotik. Hrsg. v. Max Bense, E. Walther. Köln 1973.
67. Yakobson, S., Lasswell, H. D., May Day Slogans in Soviet Russia, 1919–1943, in: Language of Politics. Studies in Quantitative Semantics. Ed. by. H. D. Lasswell, N. Leites. Cambridge/Mass. 1965, 233–297.

B. Das politische Plakat

Übergreifendes

68. Barnicoat, J., Das Poster. München 1972.
69. Darracott, J., The First World War in Posters from the Imperial War Museum, London. New York 1974.
70. Darracott, J., Loftus, B., First World War Posters. 2. Aufl., London 1981.
71. Darracott, J., Loftus, B., Second World War Posters. 2. Aufl. London 1981.
72. – *La dernière guerre* vue à travers les affiches. Paris 1978.
73. Gallo, M., Geschichte der Plakate. Das Plakat als Spiegel der Geschichte. (Herrsching) 1975.
74. Gourevitch, J. P., L'imagerie politique. Paris 1980.
75. – *Guerre* et propagande ou comment armer les esprits. Bruxelles 1983.
76. – *Habt ihr vergessen?* Plakate gegen Gewalt, Diktatur und Krieg aus dem Polnischen Plakatmuseum Warschau. Hamburg 1983.
77. Hampel, J., Grulich, R., Politische Plakate der Welt. München 1971.
78. Hardie, M., Sabin, A. K., War Posters Issued by Belligerent and Neutral Nations 1914–1919. London 1920.
79. Karamančev, V., Proletarskaja simvolika. Moskau 1978.
80. – *Ein Krieg* wird ausgestellt. Die Weltkriegssammlung des Historischen Museums (1914–1918). Themen einer Ausstellung. Inventarkatalog. Frankfurt 1976.
81. Malhotra, R., Thon, Ch., Das frühe Plakat in Europa und den USA. Ein Bestandskatalog. Bd. 1–3, Berlin 1973 ff.: Bd. 1: Großbritannien, Vereinigten Staaten von Amerika. (1973) Bd. 2.: Frankreich, Belgien. (1977).
82. Medebach, F., Das publizistische Plakat, in: Handbuch der Publizistik. II. Praktische Publizistik. 2. Teil. Berlin 1969, 1–38.
83. Müller-Brockmann, J., Geschichte des Plakates. Zürich 1971.
84. Philippe, R., Affiches et caricatures dans l'histoire. Paris 1981.
85. Piltz, G., Geschichte der europäischen Karikatur. Berlin 1976.
86. – *Politische Kommunikation* durch das Plakat. Bonn-Bad Godesberg 1975.
87. Rickards, M., Posters of protest and revolution. Bath (Somerset) 1970.
88. Rickards, M., Posters of the First World War. New York 1968.
89. Rhodes, A., Propaganda. The art of persuasion: World war II. London 1976.
90. Sachs, H., Soldatenwerbung durch Bildplakate, in: Mitt. Verb. dt. Kriegssamml. 1919, 115–127, Abb.
91. Sachs, H., Anleiheplakate der kriegführenden Länder, in: Mitt. Verb. dt. Kriegssamml. 1919, S. 22 u. zahlr. Abb.
92. Sailer, A., Das Plakat. Geschichte, Stil und gezielter Einsatz eines unentbehrlichen Werbemittels. München 1965.
93. Schindler, H., Monographie des Plakats. München 1972.
94. Schockel, E., Das politische Plakat. Eine psychologische Betrachtung. 2. Aufl. München 1939.

95. Schuetzinger, H. C., Kriegsanleiheplakate bei Freund und Feind, in: Das Plakat 9 (1918) 74–77.
96. Schuetzinger, H. C., Angelsächsischer und deutscher Chauvinismus in der politischen Bildreklame, in: Das Plakat 10 (1919) 142–149.
97. Sponsel, J. L., Das moderne Plakat. Dresden 1897.
98. Stanley, P., What Did You Do in the War, Daddy? A Pictorial History of Propaganda Posters. Melborne 1983.
99. Wember, P., Die Jugend der Plakate 1887–1917. Krefeld 1961.
100. Westen, W., Krieg, Kriegerstand und Gebrauchsgraphik, in: Das Plakat 6 (1915) 211–245.
101. Westphal, R., Die Frau im politischen Plakat. Berlin 1979.
101. Wild, W., Das politische Plakat. Ein Sammelwerk in 9 Bänden von Wolfgang Wild, Fornsbach. o. O. o. J., unpaginiert [Bundesarchiv Koblenz].
102. Yanker, G., Prop art. Over 1000 Contemporary Political Posters. London 1972.
103. Zeman, Z., Selling the War. Art and Propaganda in World War II. London 1978.

Deutschsprachiger Bereich

104. – *Anschläge.* Deutsche Plakate als Dokumente der Zeit 1900–1960. Hrsg. v. F. Arnold. Ebenhausen 1963. 3. Aufl. 1977. [andere Aufl. u. d. T.: Anschläge. Deutsche Politik an der Litfaßsäule 1900–1971.]
105. – *Appelle* einer Revolution. Dokumente aus Bayern zum Jahre 1918/1919. Das Ende der Monarchie. Das revolutionäre Interregnum. Die Rätezeit. Hrsg. v. K.-L. Ay, mit einem Vorwort von Carl Amery. München 1968.
106. Behne, A., Das politische Plakat. Herausgegeben in amtlichem Auftrage. Charlottenburg 1919.
107. Bredt, E. W., Das Plakat, seine Freunde und Feinde, sein Recht und Reich. München 1912.
108. Brendel, R., Das Schweizer Plakat. Berlin 1956 (Phil. Diss., ungedruckt)
109. Damus, M., Sozialistischer Realismus und Kunst im Nationalsozialismus. Frankfurt 1981.
110. Diederich, R., Grübling, R., Bartholl, M., Die rote Gefahr. Sozialistische Bildagitation 1918–1976. Berlin 1976.
111. Diederich, R., Grübling, R., Wenn die Kosaken kommen ... Kontinuität und Wandel eines Feindbildes, in: Politische Plakate der Weimarer Republik. Darmstadt 1980, 26–30.
112. Friedeberger, H., Das Künstlerplakat in der Revolutionszeit, in: Das Plakat 10 (1919) 260–277.
113. Gagel, H., Studien zur Motivgeschichte des deutschen Plakats 1900–1914, Berlin 1971.
114. Gehrig, O., Plakatkunst und Revolution. Berlin 1919.
115. Hagen, M., Das politische Plakat als zeitgeschichtliche Quelle, in: Gesch. u. Gesell. 4 (1978) 412–436.

116. Halbert, A., Das Schriftplakat. Das bevorzugte Kind des Krieges, in: Das Plakat 7 (1916) 172–178.
117. Hoffmann, D., Der Mann mit dem Stahlhelm vor Verdun. Fritz Erlers Plakat zur sechsten Kriegsanleihe 1917, in: Die Dekoration der Gewalt. Kunst und Medien im Faschismus. Gießen 1979, 101–114.
118. Linhardt, H., Das Plakat der politischen Parteien. Bonn 1971.
119. Lüthy, E., Das künstlerische politische Plakat in der Schweiz. Basel 1920.
119a. Malhotra, R., Künstler und politisches Plakat, in: Politische Plakate, hrsg. v. H. Bohrmann, Dortmund 1984, 11–48
120. Margadant, B., »Für das Volk – gegen das Kapital.« Plakate der schweizerischen Arbeiterbewegung von 1913–1973. Zürich 1973.
121. Margadant, B., Das Schweizer Plakat. Basel 1983.
122. Medebach, F., Das Kampfplakat. Aufgabe, Wesen und Gesetzmäßigkeit des politischen Plakats, nachgewiesen an den Plakaten der Kampfjahre 1918–1933. Limburg 1941.
123. Meylan, J., Bürger zu den Urnen: 75 Jahre eidgenössischer Abstimmungen im Spiegel des Plakats. Prilly-Lausanne 1979.
124. – Die *Millionen-Montage.* Versuch einer Strukturanalyse, in: E. Siepmann: Montage: John Heartfield. Berlin 1977, S. 240–253.
125. Mittig, H.-E., Die Reklame als Wegbereiterin der nationalsozialistischen Kunst, in: Dekoration der Gewalt. Kunst und Medien im Faschismus. Gießen 1979, 31–52.
126. Müller, G., Das Wahlplakat. Pragmatische Untersuchungen zur Sprache in der Politik am Beispiel von Wahlplakaten aus der Weimarer Republik und der Bundesrepublik. Tübingen 1978.
127. – *Plakate in München 1840–1940. München 1976.*
128. – *Plakatkunst* im Klassenkampf 1924–1932. 24 Politische Plakate der Weimarer Republik. München 1980.
128a. – *Politische Plakate,* hrsg. v. H. Bohrmann. Dortmund 1984.
129. – *Politische Plakate* der Weimarer Republik 1918–1933. Darmstadt 1980.
130. Pleyer, H., Politische Werbung in der Weimarer Republik. Münster 1959.
131. Popitz, K., Plakate der Zwanziger Jahre. Berlin 1977.
132. Rademacher, H., Das deutsche Plakat. Von den Anfängen bis zur Gegenwart. Dresden 1965.
133. Rademacher, H., Künstlerische Ausdrucksmittel im politischen Plakatschaffen in Deutschland von der Novemberrevolution bis zur Errichtung der faschistischen Diktatur. Halle 1970 (Phil. Diss., ungedruckt).
134. Reimann, H., Die politische Affiche in der »Weimarer Zeit«, Wahlplakate als parteipropagandistisches Mittel, in: Ders., Wahlplakate = Anlage zur »Ruperto-Carola«, Heidelberg 13 (1961), S. 5–29.
135. Saby, Ch., L'affiche politique en Suisse. Genf 1923.
136. – *Tagebuch* der Straße. Geschichte in Plakaten. Herausgegeben von der Wiener Stadt- und Landesbibliothek. 2. Aufl. Wien 1981.
137. Wäscher, H., Das deutsche illustrierte Flugblatt. Bd. 1–2. Dresden 1955, 1956.
138. – *Der Weltkrieg* im Maueranschlag. Naturgetreue Nachbildungen der Originale von

Bekanntmachungen und Aufrufen während des Krieges 1914–16. Straßburg, Leipzig (1916–1918).

139. WOLBERT, K., Agitationsstil und Ikonographie politischer Plakate in der Weimarer Republik. Zur politischen Metaphorik in Plakaten bürgerlicher Parteien, in: Politische Plakate der Weimarer Republik. Darmstadt 1980, S. 14–25.

140. – *Zeit* an der Wand. Österreichs Vergangenheit 1848–1965 in den wichtigsten Anschlägen und Plakaten. Wien 1967.

ALLIIERTE DES ERSTEN WELTKRIEGES, USA, WESTEUROPA

141. – Carteles de la Guerra Civil Española. Anonimas y colectivas. Madrid 1981.

142. –*Französische* politische Mauer-Anschläge während der Zeit vom September 1870 bis zum Mai 1871. Amsterdam, Leipzig 1894.

143. GRANTOFF, O., Kriegsgraphik in Frankreich, in: Das Plakat 8 (1917) 40–55, 9 (1918) 125–133.

144. HIRSCHBERG, H., Wie John Bull seine Söldner wirbt. Dokumente aus der englischen Rekrutenwerbung. Berlin 1915.

145. KLEIN, P. K., Art and Revolution in the Spanish Civil War (1936–1939), in: Art and Ideology. Proc. of the Marxism and Art Caucus at the College Art. Assoc. Convention. New York 1978, 22–24.

146a. MALHOTRA, R., Horror-Galerie. Ein Bestiarium der Dritten Französischen Republik. Dortmund 1980.

146. MARCHETTI, ST., Images d'une certaine France. Affiches 1939–1945. Paris 1982.

147. MENEGAZZI, L., Il manifesto italiano 1882/1925. Milano 1974.

148. PETERS, L. F., Kunst und Revolte. Das politische Plakat und der Aufstand der französischen Studenten. Köln 1968.

149. SANDERS, L., British Propaganda during the First World War, 1914–1918. London 1982.

150. – *La tigre* di carta. Viatico alla retorica pubblicitaria. Parma 1970.

151. WOESTYN, H. R., Napoleon in Posters, in: The Poster 1898, Oct., S. 151–155.

SOWJETUNION

152. ADRIANOVA, V. L., RUTENBURG, S. G., Antireligioznyj plakat pervych let sovetskoj vlasti, in: Ežegod. muzeja ist. religii i ateizma 5 (1961) 188–205.

153. – *Affiches* et imageries russes 1914–1921. Musée des deux guerres mondiales, Paris 1982.

154. – *Agitacionno-massovoe* iskusstvo pervych let Oktjabrja. Materialy i issledovanija. Moskva 1971.

155. BABAEVA, P., Welche Art von Plakaten brauchen wir? in: »Kunst in die Produktion«. Bd. 1. Berlin 1977, Dok. 18–19.

156. BABURINA, N. M., Sovetskij političeskij plakat 1917–1980. The Soviet Political Poster from the Lenin Library Collection. Moskau 1984. [Teil 1–3].

157. Bauermeister-Paetzel, C., Ein Huhn ist kein Vogel, ein Weib ist kein Mensch. Die neue Frau in der sowjetischen Kunst zur Zeit der Industrialisierung und Kollektivierung, in: »Kunst in die Produktion«. Bd. 1. Berlin 1977, 24–48.
158. – *Besmertnyj* podvig. 32 plakata »Boevogo Karandaša«. Leningrad 1970.
159. Bibikov, I., Rospis' agitpoezdov i agitparochodov, in: Agitacionno-massovoe iskusstvo pervych let Oktjabrja. Materialy i issledovanija. Moskva 1971, 166–198.
160. Budrina, A. G., Ural'skij plakat vremen graždanskoj vojny. Perḿ 1968.
161. Bojko, S., Rot schlägt weiß. Die neue Graphik und das Desgin der Russischen Revolution. München 1975.
162. Butnik-Siverskij, B. S., Sovetskij plakat ėpochi graždanskoj vojny 1918–1921. Moskva 1960.
163. Chazanova, V., Monumental'naja literatura v gorode, in: Iskusstvo i byt 4 (1972) 151–177.
164. Demosfenova, G., Nurok, A., Šantyko, N., Sovetskij političeskij plakat. Moskva 1962.
165. Devišev, A., O sovetskom političeskom plakate, in: Sovetskoe iskusstvo 1939, No. 6, 105–127.
166. Dmytrienko, M. F., Lystivky bil'šovyc'kych organizacij Ukrainy 1917–1920 rr. jak istoryčne džerelo, Kyiv 1980.
167. Dolinskaja, V. G., Ženščiny strany sovetov. Moskva 1975. [Plakatmappe]
168. Duwakin, W., Rosta-Fenster. Majakowski als Dichter und bildender Künstler. 3. erw. Aufl. Dresden 1980.
169. Eberlein, H., Die Plakatreklame der russischen Sowjetregierung, in: Das Plakat 11 (1920) 579–584.
170. Ėventov, I., Majakovskij – plakatist. Leningrad 1940.
171. Feodorov-Davydov, A. A., Iskusstvo sovetskogo plakata i političeskaja karikatura v sovetskom izobrazitel'nom iskusstve, in: Tridcat' let sovetskogo izobrazitel'nogo iskusstva. Moskva 1948, 149–182.
172. Fülöp-Miller, R., Geist und Gesicht des Bolschewismus. Darstellung und Kritik des kulturellen Lebens in Sowjet-Rußland. Zürich, Leipzig 1926.
173. – *50 Jahre* Sowjetmacht im Plakat. Berlin 1968.
174. Garritano, G., Plakate der russischen Revolution 1917–1929. Berlin 1966. [Plakatmappe]
175. Gassner, H., Gillen E., Zwischen Revolutionskunst und Sozialistischem Realismus. Dokumente und Kommentare. Kunstdebatten in der Sowjetunion von 1917–1934. Köln 1979.
176. Gassner, H., Über die Besonderheit des Verfremdungsverfahrens in der sowjetischen Fotomontage, in: Kultur und Kulturrevolution in der Sowjetunion. Berlin 1978, S. 81–93.
177. Gercenberg, V., Plakat v politprosvetrabote. Moskva 1932.
178. Gillen, E., Künstlerische Publizisten gegen Romantiker der roten Farbe, in: »Kunst in die Produktion«, Bd. 1, Berlin 1977, S. 102–156.
179. Gillen, E., Von der politischen Allegorie zum sowjetischen Montageplakat, in: Kultur und Kulturrevolution in der Sowjetunion. Berlin 1978, S. 57–80.

180. Gomberg-Veržbinskaja, E. P., Russkoe iskusstvo i revoljucija 1905 goda. Leningrad 1960.
181. Guerman, M., Art of the October Revolution. Leningrad 1979.
182. Hallmann, G., Bemerkungen zum sowjetischen politischen Plakat, in: Wiss. Z. Humboldt-Univ. Berlin, Ges.-Sprachwiss. R. 17 (1968) 773–780.
183. Ioffe, M., O tvorčestve chudožnikov kinoplakata, in: Iskusstvo 1953, 23–31.
184. – *Iskusstvo,* proverennoe vremenem. Agitplakat. Moskva 1974.
185. Kämpfer, F., Das frühsowjetische Plakat als historische Quellengruppe. Ein Beitrag zur Erkenntnistheorie des politischen Bildes, in: Forsch. Osteur. Gesch. 25 (1978) 156–168.
186. Kalitina, N. N., Grafika kak vid iskusstva, in: Iskusstvo i zritel'. Leningrad 1961, 47–81.
187. Kassijan, W., Agitator, Ausrufer und Anführer. Einige Fragen zum politischen Plakat, in: Bildende Kunst 1961, 481–484.
188. Koreckij, V., Tovarišč plakat. Opyt, razmyšlenija. 2. verb. u. erw. Aufl. Moskva 1981.
189. Kornilov, P., Kazanskij plakat. Kazań 1929.
190. Kožin, N. A., Abramov, I. S., Narodnyj lubok. Leningrad 1929.
191. Kronman, E., Plakat und Karikatur in Sowjetrußland, in: Slav. Rdsch. 6 (1934) 405–416.
192. – »*Kunst* in die Produktion!« Kunst aus der Produktion. Sowjetische Kunst während der Phase der Kollektivierung und Industrialisierung 1927–1933. Bd. 1: Materialien; Bd. 2: Katalog. Berlin 1977.
193. – *Kunst* in der Revolution. Architektur, Produktgestaltung, Malerei, Plastik, Agitation, Theater, Film in der Sowjetunion. 1917–1932. Frankfurt 1972.
194. Lapšin, V. P. Chudožestvennaja žizń Moskvy i Petrograda v 1917 godu. Moskva 1983.
195. Laškul, Z. V., Ukrainskij sovetskij plakat v gody Velikoj Otečestvennoj vojny (1941–1945). Kiev 1962.
196. Lebedev, P. I., Sovetskoe iskusstvo v period inostrannoj intervencii i graždanskoj vojny. Moskva 1949.
197. – *Listovki* pervych let sovetskoj vlasti. (25. okt. (7 nojabrja) 1917–1925) Katalog kollekcii Gos. publ. bibl. imeni M. E. Saltykova-Ščedrina. Moskva. Bd. 1 1967. Bd. 2 1970.
198. Ljachov, V., Sovetskij reklamnyj plakat. Torgovaja reklama. Zreliščnaja reklama. 1917–1932. Moskva 1972.
199. Ljachov, V. N., Sovetskij reklamnyj plakat i reklamnaja grafika. 1933–1973. Al'bom. Moskva 1977.
200. Mariupol'skij, V., O chudožnike plakata Viktore Govorkove, in: Iskusstvo 1981, 4, 42–45.
201. Maslennikov, N., Ob agit-plakate. Neskol'ko praktičeskich zamečanij politprosvetčiku, in: Sov. iskusstvo 1925, 1, 42–47.
202. Mierau, F., Links, links, links! Eine Chronik in Vers und Plakat. Berlin 1970.
203. – *Monumental'noe* iskusstvo Sssr. Moskva 1978.

204. Moor, D., «Ja – bol'ševik.» Sbornik statej. Moskva 1967.
205. Moor, D. S., Kaufman, R., Sovetskij političeskij plakat 1917–1933, in: Iskusstvo 1933, 4, S. 203–245.
206. – *Nagljadnaja* agitacija. Sbornik statej i materialov. Vyp. 1. Moskva 1981.
207. Nurok, A. Ju., Sovetskij plakat v bor'be za kommunizm. Moskva 1962.
208. Ochočinskij, V., Plakat. Razvitie i primenenie. Leningrad 1926.
209. Ostrovskij, G. S., Lubok v sisteme russkoj chudožestvennoj kul'tury XVII–XX vekov, in: Sov. iskusstvoznanie 2 (1980) 154–168.
210. – *Paris-Moscou* 1900–1930. 2. Aufl. Paris 1979.
211. Pforte, D., Russsische Comic-Strips?, in: Majakowskij – 20 Jahre Arbeit. Düsseldorf 1979.
212. – *50 let* sovetskogo iskusstva. Grafika. Moskva 1967.
213. Piltz, G., Dmitri Moor. München 1974.
214. Piltz, G., Rußland wird rot. Satirische Plakate 1918–1922. Berlin 1977.
215. – *Plakat* i reklama posle Oktjabrja. Leningrad 1926.
216. Polonskij, V., Russkij revoljucionnyj plakat. Moskva 1925.
217. Povolockaja, E., Ioffe, M., Tridcat' let sovetskogo plakata. Moskva 1948.
218. – *Prazdničnyj* narjad Leningrada. Iz opyta chudožestvenno-političeskogo oformlenija. Leningrad 1981.
219. Punin, M., Das russische Plakat 1917–1922. 1. Folge. W. W. Lebedew. Petrograd 1922 [Plakatmappe]
220. Raevskij, S., Plakat A. Strachova. Kiev 1936.
221. Roginskaja, F., Sovetskij lubok. Moskva 1929.
222. – "Rosta Windows". Soviet Political Posters. Leningrad 1981. [Plakatmappe].
223. Roth, P., Lenins Telegrafenagentur Rosta: vor 60 Jahren gegründet, in: Publizistik 23 (1978) 250–259.
224. Roth, P., Der Lubok. Von der Papierikone zum Rosta-Fenster, in: Publizistik 18 (1973) 147–159.
225. Rutenburg, S. G., D. Moor – chudožnik-ateist, in: Ežegod. muzeja istorii religii i ateizma 5 (1961) 168–187.
226. Šantyko, N. I., Grafika, in: Sovetskoe izobrazitel'noe iskusstvo 1917–1941. Moskva 1977, 127–185.
227. Salisbury, H. E., Bilder der russischen Revolution 1900–1930. Berlin 1978.
228. Šapošnikov, F., Agitacionnaja grafika »Jugrosta«, in: Iskusstvo 1959, 1, 66–71.
229. Schlegel, H.-J., Mit wem hältst Du's? Zur Agitationskunst der russischen Revolution und während des Bürgerkrieges, in: Tendenzen 14 (1973) Nr. 92, 19–25.
230. Schmidt, W., Die Rosta-Fenster von Wladimir Lebedew, in: Dresdner Kunstblätter 1967/10.
231. Sidorov, A. A., Grafika. Moskva 1949.
232. – *Sovetskij* političeskij plakat. The Soviet Political Poster. Leningrad 1976. [Plakatmappe]
233. – *Sovetskoe* izobrazitel'noe iskusstvo 1917–1941. Moskva 1977.
234. Strigalev, A., Oformlenie prazdnikov i monumental'naja propaganda v revoljucionnom Petrograde, in: Iskusstvo 1978, 4, 44–49.

235. Sviridova, I. A., Sovetskij političeskij plakat. Moskva 1975.
236. Vajsfel'd, I., Michajlov, A. Plakatno-kartinnaja agitacija na putjach perestrojki. Moskva 1932.
237. Varšavskij, L. R., Očerki po istorii sovremennoj gravjury v Rossii (ksilografija i linogravjura). Moskva 1923.
238. Vatolina, N. N., My – plakatisty. Moskva 1970.
239. Vladič, L. V., Ukrainskij političnij plakat o. O. 1981.
240. Waschik, K., Seht her, Genossen! Plakate aus der Sowjetunion. Herausgegeben von der Rheinisch-Westfälischen Auslandsgesellschaft. Dortmund 1982.
241. White, S. The Political Poster in Bolshevik Russia, in: Sbornik 8 (1982) 24–37.
242. Zemenkov, B., Udarnoe iskusstvo Okon satiry. Moskva 1930.

Übrige Länder Osteuropas

243. Ammann, D., Polnische Plakatkunst. Dortmund 1980.
244. – *Beogradski* politički plakat. The Belgrade political poster. Beograd 1974.
245. Bertalan, P., A magyar Tanácsköztársaság plakátjai. O. O. 1969. [Plakatmappe]
246. Bosilkov, S., Bŭlgarskijat plakat. Predvestnici, ranni projavi, suvremenno razvitie. Sofija 1973.
247. Lenica, J., Moderne Plakatkunst von Trepkowski. Warschau 1958.
248. Nadai, P., Ungarische Kriegsplakate, in: Das Plakat 8 (1917) 30–34.
249. – *Plakat* u Hrvatskoj do 1941. Prinos proučavanju. hrvatskog plakata. Katalog izložbe. Zagreb 1975.
250. – Das *polnische Plakat* von 1892 bis heute. Münsterschwarzach 1980.
251. Stratanovič, G. G., Kitajskij političeskij plakat, in: Sovetskaja ètnografija 1953, H. 2, 103–119.
252. Urazova, L. N., Pol'skij plakat. Istoričeskij očerk. Moskva 1969.

Abbildungsnachweis

Autor und Verlag danken allen Personen und Institutionen, die bei der Beschaffung der Vorlagen behilflich waren und die Reproduktionsgenehmigungen erteilten.

Berlin, Ullstein Bilderdienst 146–149. – Dortmund, Harenberg Kommunikaton, stellte, mit Genehmigung der Rheinisch-Westfälischen Auslandsgesellschaft e. V., Dortmund, die Filme leihweise zur Verfügung für die Abbildungen 33, 44, 51, 84, 135, 144. – Koblenz, Bundesarchiv 3, 12, 18, 39, 40, 46, 47, 49, 67. – London, Imperial War Museum 43, 63, 64, 68, 70, 73, 74, 75, 77, 78, 79, 80, 82, 117. – London, The British Library 83, 118, 123, 138, 145. – Münster, Archiv des Verfassers: 7 a–c, 9, 10, 14, 26, 28, 31,38, 54, 59, 85 100, 105, 106, 107, 108, 110, 116, 119, 126, 127, 128, 130, 137. – Paris, Musée des Deux Guerres Mondiales 1, 25, 71, 76, 88, 91, 102, 111, 112, 122, 125, 132. – Nach Anschläge (104): Mit freundlicher Genehmigung des Verlages Langewiesche-Brandt 5, 6, 11, 13, 35, 41, 42, 48, 53, 56. – Nach Barnicoat (68): 60, 61. – Nach Darracott (69): 16. – Nach Darracot-Loftus (70): 20, 32, 124. – Nach Fülöp-Miller (172): 19, 113. – Nach Kroeber-Riel (35): 45. – Nach Listovki (197): 104. – Nach Mierau (202): 93, 131. – Nach Piltz (214) und mit freundlicher Genehmigung von WAAP, Moskau: 37, 89, 96, 97, 99, 121. – Nach Polonskij (215): 15, 22, 27, 30, 86, 87, 90, 92, 94, 95, 103, 115, 120. – Nach Salisbury (227): 69, 114. – Nach Schockel (94): 2, 4, 29, 34, 36, 55, 57, 58, 62, 65, 66, 109. – Nach Waschik (240): Mit freundlicher Genehmigung des Verlages Harenberg Kommunikation und der Rheinisch-Westfälischen Auslandsgesellschaft e. V., Dortmund: Umschlag und Titelbild, 8, 17, 21, 23, 24, 50, 52, 72, 81, 98, 101, 129, 133, 134, 136, 139, 140, 141, 142, 143.